Minder- und Mehrabführungen nach § 14 Abs. 4, § 27 Abs. 6 KStG

FINANZ- UND STEUERRECHT IN DEUTSCHLAND UND EUROPA

Herausgegeben von Klaus-Dieter Drüen, Hanno Kube und Rainer Wernsmann

Band 15

PETER LANG
Frankfurt am Main · Berlin · Bern · Bruxelles · New York · Oxford · Wien

Arne von Freeden

Minder- und Mehrabführungen nach § 14 Abs. 4, § 27 Abs. 6 KStG

Ausgleichspostenlösung und Einlagelösung

PETER LANG
Internationaler Verlag der Wissenschaften

Bibliografische Information der Deutschen Nationalbibliothek
Die Deutsche Nationalbibliothek verzeichnet diese Publikation in der Deutschen Nationalbibliografie; detaillierte bibliografische Daten sind im Internet über http://dnb.d-nb.de abrufbar.

Zugl.: Düsseldorf, Univ., Diss., 2011

Erstgutachter: Prof. Dr. Klaus-Dieter Drüen
Zweitgutachter: Prof. Dr. Christian Kersting, LL.M.

Gedruckt auf alterungsbeständigem, säurefreiem Papier.

D 61
ISSN 1863-141X
ISBN 978-3-631-61567-6

www.peterlang.de

Meinen Eltern

Vorwort

Die vorliegende Arbeit ist in den Jahren 2008 und 2009 neben meiner beruflichen Tätigkeit als Rechtsanwalt und Steuerberater entstanden. Der Idee für das Thema liegen die „Vergesetzlichung" der Ausgleichspostenlösung in Form von § 14 Abs. 4 KStG durch das Jahressteuergesetz 2008 sowie die Forderung namhafter Vertreter aus Wissenschaft und Praxis nach einer sog. „Einlagelösung" zu Grunde. Es ist davon auszugehen, dass dem Bundesfinanzministerium der Gesetzentwurf für eine Einlagelösung vorliegt. Zwar bleibt mit Blick auf die Diskussion über die Einführung einer Gruppenbesteuerung abzuwarten, ob die Einlagelösung in dieser Form jemals das Licht der Welt erblicken wird. Eine „Erledigung" der Minder- und Mehrabführungs-Thematik ist – getreu dem Motto *„Totgesagte leben länger"* – allerdings zweifelhaft. Denkbar erscheint eine Einlagelösung als Bestandteil einer neuen Gruppenbesteuerung.

Ich danke meinen Eltern, die mich während meiner Schulzeit, meiner Bankausbildung und meinem rechtswissenschaftlichen Studium stets großzügig und bedingungslos unterstützt haben. Ihrer fürsorglichen Erziehung und ihrem Rückhalt verdanken mein Bruder und ich das Erreichen unserer akademischen und beruflichen Ziele. Meinen Eltern widme ich diese Arbeit.

Weiterhin bedanke ich mich bei meinem Doktorvater, Prof. Dr. Klaus-Dieter Drüen, für die Annahme als Doktorand und sein positives Erstgutachten. Sein fachlicher „Input" hat ganz wesentlich zum Gelingen der Arbeit beigetragen. Prof. Dr. Christian Kersting, LL.M. danke ich für die zügige Erstellung des Zweitgutachtens.

Ein besonderer Dank gilt meinem langjährigen „Meister", Prof. Dr. Ulrich Prinz, der mich trotz meines fortgeschrittenen Alters und meiner bereits mehrjährigen beruflichen Tätigkeit zur Verwirklichung meines Promotionsvorhabens ermunterte. Die Entscheidung, mich mit der konzernsteuerrechtlichen Problematik der Minder- und Mehrabführungen auseinanderzusetzen, beruht nicht zuletzt auf dem fachlichen Austausch im Rahmen unserer Zusammenarbeit. Weiterhin danke ich Prof. Dr. Harald Schaumburg für seine Unterstützung sowie meinem Kollegen, Dr. Christian Hick, der während der Dauer meines akademischen Projektes häufig eine (noch) höhere Arbeitsbelastung zu bewältigen hatte.

„Last but not least" danke ich den zahlreichen Kolleginnen und Kollegen der Kanzlei Flick Gocke Schaumburg, die mir jederzeit als steuerrechtliche Sparringpartner zur Verfügung gestanden haben.

Inhaltsverzeichnis

§ 1 Einführung

A. Einleitung

Die ertragsteuerliche Organschaft zwischen einem Organträger und einer Organgesellschaft bewirkt eine tatsächliche und eine steuerliche „Ergebniszusammenführung" auf Ebene des Organträgers. Die tatsächliche Ergebniszusammenführung erfolgt durch die Gewinnabführung der Organgesellschaft bzw. die Verlustübernahme des Organträgers. Rechtsgrundlagen sind der Gewinnabführungsvertrag und das AktG. Die steuerliche Ergebniszusammenführung erfolgt durch Zurechnung des Einkommens der Organgesellschaft an den Organträger. Rechtsgrundlage für die Einkommenszurechnung ist das KStG. Im Ergebnis wird das Einkommen der Organgesellschaft als Bestandteil des Organträgereinkommens auf Ebene des Organträgers besteuert.

Für die Besteuerung von Organträger und Organgesellschaft gilt der Grundsatz der Einmalbesteuerung. Nach diesem Grundsatz darf das im Organkreis erzielte Einkommen weder doppelt noch gar nicht besteuert werden.[1] Dabei soll auch der Gewinn des Organträgers aus der Veräußerung der Beteiligung an der Organgesellschaft vom Grundsatz der Einmalbesteuerung umfasst sein.

Die tatsächliche Gewinnabführung und die steuerliche Einkommenszurechnung erfolgen rechtstechnisch unabhängig voneinander. Das Einkommen einer Organgesellschaft wird dem Organträger z.B. auch dann vollumfänglich zugerechnet, wenn der Gewinn z.B. in Folge einer Rücklagenbildung bei der Organgesellschaft tatsächlich nur anteilig abgeführt wird. In diesem Fall liegt eine Minderabführung vor, die ihre Ursache in organschaftlicher Zeit hat. Veräußert der Organträger die Beteiligung an der Organgesellschaft zu einem späteren Zeitpunkt, wird er – idealtypisch – einen Veräußerungsgewinn (mindestens) in Höhe der Rücklage der Organgesellschaft erzielen. Die im Jahr der Bildung bereits versteuerte Rücklage wird in Form des Veräußerungsgewinns erneut besteuert. Würde es bei diesem Ergebnis bleiben, läge ein Verstoß gegen den Grundsatz der Einmalbesteuerung vor.[2] Um in dem vorstehend skizzierten Fall einer organschaftlichen Minderabführung einen Verstoß gegen den Grundsatz der Einmalbesteuerung zu vermeiden, muss in die Technik der steuer-

---

1 BFH, Urteil vom 29.10.2008, I R 31/08, BFH/NV 2009, 79, 791; Urteil vom 07.02.2007, I R 5/05, BStBl. II 2007, 796; Urteil vom 24.07.1996, I R 41/93, BStBl. II 1996, 614, 615; Urteil vom 02.02.1994, I R 10/93, BStBl. II 1994, 768, 769; Urteil vom 20.08.1986, I R 150/82, BStBl. II 1987, 455, 458; Urteil vom 29.10.1974, I R 240/72, BStBl. II 1975, 126, 128.

2 BFH, Urteil vom 24.07.1996, I R 41/93, BStBl. II 1996, 614, 615 m.w.N.

lichen Einkommenszurechnung „eingegriffen" werden. Im Jahr 1960 erklärt *Rudolf Thiel* in einem Aufsatz:[3]

> „Ich bin [...] der Auffassung, dass den vom Organ gebildeten, aber vom Organträger zu versteuernden Rücklagen durch Ansatz eines Aktivpostens in der Steuerbilanz des Organträgers Rechnung zu tragen ist."

Die Finanzverwaltung schloss sich dieser Auffassung an, das Instrument „organschaftlicher Ausgleichsposten" war erfunden.[4] Das Problem der steuerlichen Behandlung organschaftlicher Minder- und Mehrabführungen schien gelöst zu sein.[5] Nach dieser Auffassung sind beim Organträger in Folge von Minder- und Mehrabführungen der Organgesellschaft, die ihre Ursache in organschaftlicher Zeit haben, organschaftliche Ausgleichsposten zu bilden („Ausgleichspostenlösung"). Die Ausgleichspostenlösung der Finanzverwaltung ist zwar im Grundsatz von Wissenschaft und Praxis akzeptiert. Jedoch bestehen im Zusammenhang mit Bildung, Fortführung und Auflösung organschaftlicher Ausgleichsposten – in Theorie und Praxis – nach wie vor zahlreiche Zweifelsfragen. Nach der Auffassung von *Ewald Dötsch* hat sich das Thema der organschaftlichen Ausgleichsposten „zu einer Art Geheimwissenschaft entwickelt, das – außerhalb der zentralen Fragestellungen – nur wenige Esoteriker in den Unternehmen, in den steuerberatenden Berufen und in der Finanzverwaltung beherrschen".[6]

Im Jahr 2007 „zerstörte" der Bundesfinanzhof mit einer Entscheidung zur Auflösung passiver organschaftlicher Ausgleichsposten die Sichtweise der Finanzverwaltung.[7] Das Gericht lehnte die Besteuerung eines Gewinns aus der Auflösung des Ausgleichspostens mangels gesetzlicher Grundlage ab (Art. 20 Abs. 3 GG). Die (nur) in Verwaltungsanweisungen geregelte Ausgleichspostenlösung war nicht mehr durchsetzbar. Der Gesetzgeber reagierte auf die Entscheidung mit einer Übernahme der Ausgleichspostenlösung in das KStG. Durch das Jahressteuergesetz 2008 wurde § 14 Abs. 4 KStG eingefügt. Die Vorschrift entspricht fast wörtlich der vormals in den Verwaltungsanweisungen geregelten Ausgleichspostenlösung. Eine im Rahmen der parlamentarischen Beratungen zum Jahressteuergesetz 2008 von den Fachebenen des Bundes und der Länder vorgeschlagene Einlagelösung[8] wurde nicht umgesetzt.[9]

Die Ausgleichspostenlösung ist in jüngerer Zeit wieder vermehrt Gegenstand von Veröffentlichungen aus dem Kreis von Vertretern der Finanzverwaltung, der Bera-

---

3 *Thiel*, BB 1960, 735, 736.

4 Z.B. Finanzministerium Baden-Württemberg, S 2526a A – 1/58, BStBl. II 1961, 79 Ziffer 3.

5 Vgl. *Thiel*, StbJb 1961/62, 199, 204.

6 *Dötsch*, Der Konzern 2003, 21; *Dötsch/Pung*, DB 2007, 2669, 2672; zustimmend *Schumacher*, in FS Schaumburg, 477.

7 BFH, Urteil vom 07.02.2007, I R 5/05, BStBl. II 2007, 796, zuvor bereits FG München, Urteil vom 10.12.2004, 6 K 2436/02, EFG 2005, 628; Nichtanwendungserlass, BMF-Schreiben vom 05.10.2007, IV B 7 – S 2770/07/0004, BStBl. I 2007, 743.

8 Eine Einlagelösung wurde bereits von der Bund-Länderarbeitsgemeinschaft „Organschaft" im Jahr 1995 vorgeschlagen, vgl. den Bericht des BMF zur Fortentwicklung des Unternehmensteuerrechts vom 19.04.2001,59, FR 2001, Beilage zu Nr. 11, 20.

9 Vgl. z.B. *Jochen Thiel*, in FS Lang, 755, 769.

tungspraxis sowie der Wissenschaft.[10] Dies dürfte nicht nur daran liegen, dass – nach wie vor – zahlreiche Zweifelsfragen zur Anwendung des § 14 Abs. 4 KStG bestehen, sondern auch an der Tatsache, dass der Maßgeblichkeitsgrundsatz im Umwandlungssteuerrecht auf Grund des SEStEG und die umgekehrte Maßgeblichkeit auf Grund des BilMoG weggefallen sind. Diese Rechtsänderungen führen zu neuen Ursachen für Minder- und Mehrabführungen, deren Umfang im Einzelfall erheblich sein kann. Mit Blick auf § 14 Abs. 4 KStG wird in der Literatur hervorgehoben:[11]

- Das Gesetz äußere sich nicht zur Rechtsnatur der Ausgleichsposten. In Folge dessen seien die Auswirkungen von Transaktionen (z.B. Umwandlungen) auf bestehende Ausgleichsposten – nach wie vor – zweifelhaft.
- Die nur anteilige Bildung von Ausgleichsposten im Fall einer Beteiligung des Organträgers am Nennkapital der Organgesellschaft führe zu unzutreffenden Steuerfolgen. Unter bestimmten Voraussetzungen entstünden weiße Einkünfte.
- Die Bildung eines passiven Ausgleichspostens könne zu einer (ungerechtfertigten) „Steuerstundung" führen. Insbesondere mit Blick auf die Aufgabe der Maßgeblichkeit im Umwandlungssteuerrecht sei diese Regelung zweifelhaft.

Gefordert wird, die Ausgleichspostenlösung durch eine Einlagelösung zu ersetzen.[12] Fast 50 Jahre nach *Rudolf Thiel* schreibt *Ewald Dötsch* in einem Aufsatz:[13]

> „Der abgelehnte Vorschlag [einer Einlagelösung][14] hätte zum Einen zu einer steuersystematisch überzeugenderen Lösung und vor allem zu einem ganz deutlich vereinfachten Organschaftsrecht geführt".

Dieser These wird im Rahmen dieser Arbeit nachgegangen. Es wird überprüft, ob sich die Ausgleichspostenlösung – in Form von § 14 Abs. 4, § 27 Abs. 1 Satz 4, Abs. 6 KStG – in das bestehende System der Organschaftsbesteuerung einfügt und ob die Umsetzung einer Einlagelösung – in Form von § 14 Abs. 4, § 27 Abs. 1 Satz 3 und 4, Abs. 6 KStG-Entwurf – zu einer Vereinfachung und einer „überzeugenderen

---

10 Z.B. *Bareis*, FR 2008, 649, 658; *Breier*, Der Konzern 2011, 11 ff. und 84 ff.; *Dötsch*, Ubg 2008, 117, 122; *Esterer/Bartelt*, BB-Special 1.2010, 2, 4; *Frotscher*, Ubg 2009, 426; *Heurung/Seidel*, Der Konzern 2009, 400; *Kolbe*, StuB 2008, 293; *Lang*, NWB 2009, 118; *Meining*, BB 2009, 1444; *Reiß*, Der Konzern 2008, 9, 30; *Schumacher*, in FS Schaumburg, 477; *Suchanek/Herbst*, FR 2008, 112; *von Freeden/Rogall*, FR 2009, 785.

11 Z.B. *Bareis*, FR 2008, 649, 658; *Dötsch*, Ubg 2008, 117, 122; *Erle/Heurung*, in Erle/Sauter, KStG, § 14 Rn. 511; *Frotscher*, Ubg 2009, 426; *Heurung/Seidel*, Der Konzern 2009, 400, 408; *Kolbe*, StuB 2008, 293; *Lang*, NWB 2009, 118; *Meining*, BB 2009, 1444; *Reiß*, Der Konzern 2008, 9, 30; *Schumacher*, in FS Schaumburg, 477; *Suchanek/Herbst*, FR 2008, 112; *van Lishaut*, FR 2009, 1030, 1036.

12 *Bareis*, FR 2008, 649, 658; *Dötsch/Pung*, DB 2007, 2669, 2672; *Lang*, NWB 2009, 118; *Reiß*, Der Konzern 2008, 9, 30; *Jochen Thiel*, in FS Lang, 755, 757; wohl auch *Erle/Heurung*, in Erle/Sauter, KStG, § 14 Rn. 614; *Heurung/Seidel*, Der Konzern 2009, 400, 408; *van Lishaut*, FR 2009, 1030, 1036; vgl. bereits *Müller-Gatermann*, in FS Ritter, 457, 468. Dagegen scheint *Steffen Neumann* die Ausgleichspostenlösung der Einlagelösung vorzuziehen, Ubg 2010, 673, 674.

13 *Dötsch*, Ubg 2008, 117, 122.

14 Klammerzusatz eingefügt durch den Verfasser.

Systematik“ im Recht der Organschaft führen würde.[15] Unter Berücksichtigung (ausgewählter) bestehender Zweifelsfragen zur Ausgleichspostenlösung werden – quasi in einem Vergleich der Rechtslagen *de lege lata* und *de lege ferenda* – die Unterschiede zwischen Ausgleichsposten- und Einlagelösung gegenübergestellt.

B. Gang der Untersuchung

Im ersten Schritt der Untersuchung wird die Problematik organschaftlicher Minder- und Mehrabführungen in das Recht der körperschaftsteuerlichen Organschaft eingeordnet (§ 2). Die Ursachen für die Entstehung von Minder- und Mehrabführungen werden dargestellt und die Probleme bei der Abgrenzung von Minder- und Mehrabführungen mit Ursache in vororganschaftlicher und organschaftlicher Zeit skizziert. Im zweiten Schritt werden Tatbestand und Rechtsfolgen der gesetzlichen Ausgleichspostenlösung erläutert, die Frage der Verfassungswidrigkeit einer rückwirkenden Anwendung von § 14 Abs. 4 KStG diskutiert sowie die Rechtsnatur organschaftlicher Ausgleichsposten erörtert (§ 3). Im dritten Schritt werden Tatbestand und Rechtsfolgen einer Einlagelösung untersucht. In diesem Zusammenhang wird auch der Vorschlag, vororganschaftliche und organschaftliche Minder- und Mehrabführungen gleich zu behandeln, gewürdigt. Darüber hinaus werden Auswirkungen eines möglichen Übergangs von der Ausgleichsposten- zur Einlagelösung dargestellt (§ 4). Sodann werden Ausgleichspostenlösung und Einlagelösung unter Berücksichtigung (ausgewählter) bestehender Zweifelsfragen verglichen. Es wird geprüft, ob – und inwieweit – eine Einlagelösung im Einzelfall zu einem „überzeugenderen Ergebnis“ führt als die bestehende Ausgleichspostenlösung (§ 5). Die Ergebnisse werden im letzten Teil zusammengefasst (§ 6).

15 Zum Gesetzeswortlaut der Ausgleichspostenlösung und dem möglichen Gesetzeswortlaut einer Einlagelösung, siehe Anlage 1.

§ 2 Minder- und Mehrabführungen im Recht der Organschaft

Im Folgenden wird das Problem dargestellt, das sich in Folge von Minder- oder Mehrabführungen im Recht der Organschaft ergibt, sowie die Möglichkeiten seiner Lösung. Weiterhin werden die Ursachen der Entstehung von Minder- und Mehrabführungen erläutert und die Abgrenzung zwischen vororganschaftlichen und organschaftlichen Minder- und Mehrabführungen skizziert.[16]

A. Organschaftsbesteuerung und das Problem von Minder- und Mehrabführungen

I. Besteuerung von Kapitalgesellschaften und ihrer Gesellschafter

Das Einkommen einer unbeschränkt steuerpflichtigen Kapitalgesellschaft unterliegt der Körperschaft- und Gewerbesteuer. Die Besteuerung des Einkommens der Kapitalgesellschaft erfolgt in zwei Schritten: Im ersten Schritt unterliegt das erzielte Einkommen auf Ebene der Gesellschaft Körperschaft- und Gewerbesteuer. Dabei ist die Kapitalgesellschaft selbst steuerpflichtig, d.h. das Einkommen der Kapitalgesellschaft wird auf Ebene der Gesellschaft besteuert (Grundsatz der subjektbezogenen Besteuerung). Eine Verrechnung des Einkommens der Kapitalgesellschaft mit dem Einkommen ihrer Gesellschafter erfolgt nicht (Trennungsprinzip).[17] Im zweiten Schritt unterliegt das nach Körperschaft- und Gewerbesteuer verbleibende Einkommen in Form der Gewinnausschüttung einer Besteuerung auf Ebene des Gesellschafters („Ausschüttungsbesteuerung" in Form von Einkommen-, Körperschaft- und ggf. Gewerbesteuer). Dabei findet in Abhängigkeit von der Person des Gesellschafters die Abgeltungsteuer, das Teileinkünfteverfahren (§ 3 Nr. 40, § 3c Abs. 2 EStG) oder § 8b KStG Anwendung.

16 Zur Terminologie, siehe Anlage 2.
17 *Hey*, in Tipke/Lang, Steuerrecht, § 11 Rn. 1.

II. Körperschaftsteuerliche Organschaft

Die Organschaft[18] durchbricht die skizzierten Grundsätze.[19] Zwar lässt eine Organschaft die ertragsteuerliche Eigenständigkeit des Organträgers und der Organgesellschaft unberührt. Jedoch führt sie dazu, dass das handelsrechtliche Ergebnis der Organgesellschaft an den Organträger „transferiert" und das Einkommen der Organgesellschaft dem Organträger zugerechnet wird. Die Besteuerung des Einkommens der Organgesellschaft erfolgt auf Ebene des Organträgers. Dabei gilt das Prinzip der Einmalbesteuerung, wonach das im Organkreis erzielte Einkommen zwar nicht doppelt, jedoch einmal besteuert werden soll.[20]

1. Tatbestandsvoraussetzungen der Organschaft

Die (wesentlichen) Tatbestandsvoraussetzungen einer körperschaftsteuerlichen Organschaft sind

- eine finanzielle Eingliederung der Organgesellschaft in den Organträger (§ 14 Abs. 1 Satz 1 Nr. 1 KStG) und
- das Bestehen eines Gewinnabführungsvertrags zwischen dem Organträger und der Organgesellschaft (§ 14 Abs. 1 Satz 1 und Satz 1 Nr. 3 KStG).

Organträger können eine natürliche Person[21], eine originär gewerbliche Personengesellschaft und eine Kapitalgesellschaft sein (§ 14 Abs. 1 Satz 1 Nr. 2 KStG). Der Organträger muss unbeschränkt steuerpflichtig sein (§ 14 Abs. 1 Satz 1 Nr. 2 Satz 1 KStG). Organgesellschaft kann nur eine Kapitalgesellschaft[22] sein (§ 14 Abs. 1 Satz 1, § 17 Satz 1 KStG). Geschäftsleitung und Sitz der Organgesellschaft müssen sich im Inland befinden. Neben diesen Voraussetzung enthält das KStG in den §§ 14 ff. zahlreiche weitere Erfordernisse an eine Organschaft, deren Nichtbeachtung zu ihrer Unwirksamkeit führen kann (z.B. tatsächliche Durchführung des Gewinnabführungsvertrags[23], zeitliche Voraussetzungen an finanzielle Eingliederung[24]).[25]

18 Im Folgenden wird für körperschaftsteuerliche Organschaft der Begriff „Organschaft" verwendet.

19 In der steuerlichen Gestaltungspraxis werden mit einer Organschaft z.B. folgende Ziele verfolgt: Ausgleich positiver und negativer Ergebnisse im Organkreis (steuerliche Ergebniskonsolidierung), Vermeidung einer Entstehung von Verlustvorträgen im Hinblick auf § 8c KStG, Vermeidung verdeckter Gewinnausschüttungen aus konzerninternen Leistungs- und Lieferbeziehungen, Vermeidung von Kapitalertragsteuer, Vermeidung eines „Kaskadeneffekts" nach § 8b Abs. 5 KStG, Vermeidung der Zinsschrankenregelung der §§ 4h EStG, 8a KStG. Vgl. z.B. *Fuhrmann*, KÖSDI 2008, 15989, 15994.

20 BFH, Urteil vom 24.07.1996, I R 41/93, BStBl. II 1996, 614, 615; Urteil vom 07.02.2007, I R 5/05, BStBl. II 2007, 797; vgl. auch *Erle/Heurung*, in Erle/Sauter, KStG, § 14 Rn. 421.

21 Organbeteiligung ist Gegenstand eines Gewerbebetriebs

22 Europäische Gesellschaft, AG, KGaA und – nach § 17 KStG – andere Kapitalgesellschaften (GmbH).

23 § 14 Abs. 1 Satz 1 Nr. 3 KStG.

24 § 14 Abs. 1 Satz 1 Nr. 1 Satz 1 KStG.

25 Vgl. dazu z.B. *Schneider/Hinz*, Ubg 2009, 738, 739 ff.

Darüber hinaus gelten bestimmte Einschränkungen und Besonderheiten (z.B. Nichtberücksichtigung bestimmter Verluste des Organträgers[26], Bruttomethode bei der Einkommensermittlung[27], Organschaft zu einer Zweigniederlassung eines ausländischen Organträgers).

2. Rechtsfolgen der Organschaft

Rechtsfolge der Organschaft ist zunächst die Zurechnung des Einkommens der Organgesellschaft an den Organträger (§ 14 Abs. 1 Satz 1 KStG). Weitere Folge der Organschaft ist, dass der tatsächliche Gewinntransfer von der Organgesellschaft an den Organträger in Form der Gewinnabführung keine Ausschüttungsbesteuerung auslöst. Eine Organschaft führt im „typischen Fall" also dazu, dass der Gewinn der Organgesellschaft an den Organträger – ohne Dividenden- bzw. Ausschüttungsbesteuerung – abgeführt und das Einkommen der Organgesellschaft dem Organträger zugerechnet wird.

a) Einkommen der Organgesellschaft wird dem Organträger zugerechnet

aa) Einkommenszurechnung

Die Rechtsfolge der Zurechnung des Einkommens von der Organgesellschaft an den Organträger ist in § 14 Abs. 1 Satz 1 KStG geregelt. Nicht geregelt ist die „Technik" der Einkommenszurechnung. Legt man die Auffassung der Finanzverwaltung zu Grunde, ist die Einkommenszurechnung – gedanklich – in zwei Schritte zu zerlegen:[28]

Erster Schritt: Nach dem Gewinnabführungsvertrag ist die Organgesellschaft zur Abführung ihres (fiktiven) Jahresüberschusses verpflichtet, der sich nach Abzug eines vorvertraglichen Verlustvortrags und des Betrags ergibt, der in die gesetzliche Rücklage einzustellen ist (§ 291 Abs. 1, § 301 AktG). Entsprechend ist der Organträger verpflichtet, einen Verlust der Organgesellschaft zu übernehmen bzw. auszugleichen (§ 302 Abs. 1 AktG; § 17 Satz 2 Nr. 2 KStG). Dabei ist Gegenstand der Gewinnabführung bzw. Verlustübernahme[29] der Jahresüberschuss bzw. Jahresfehlbetrag, wie er sich (ohne Berücksichtigung der Gewinnabführung bzw. Verlustübernahme) aus der Handelsbilanz ergibt. Die Ergebnisabführung führt somit zu einem tatsächlichen Vermögenstransfer zwischen der Organgesellschaft und dem Organträger (z.B. in Form einer Geldzahlung der Organgesellschaft an den Organträger).[30] Im Ergebnis trifft der wirtschaftliche Erfolg bzw. Misserfolg der Organgesellschaft den Organträger.

---

26 § 14 Abs. 1 Satz 1 Nr. 5 KStG.

27 § 15 KStG.

28 Vgl. z.B. *Bosch*, in Preißer/Pung, C VI. Rn. 245.

29 Für die Begriffe Gewinnabführung und Verlustübernahme wird im Folgenden auch der Begriff Ergebnisabführung verwendet.

30 Vgl. z.B. *Frotscher*, Der Konzern 2007, 34, 35.

Die Gewinnabführung der Organgesellschaft stellt in der Handels- und Steuerbilanz des Organträgers Ertrag, eine Verlustübernahme des Organträgers Aufwand dar (erste Gewinnermittlungsstufe). Das Einkommen des Organträgers wird durch eine Gewinnabführung jedoch nicht erhöht und durch eine Verlustübernahme nicht gemindert (zweite Gewinnermittlungsstufe).[31] „Technisch" wird eine Gewinnabführung beim Organträger somit wie eine steuerfreie Einnahme[32], eine Verlustübernahme wie eine nichtabzugsfähige Ausgabe behandelt.[33] Wirtschaftlich führt eine Gewinnabführung der Organgesellschaft – wie eine Gewinnausschüttung – dazu, dass der Wert der Beteiligung an der Organgesellschaft sinkt. Eine Verlustübernahme des Organträgers führt dazu, dass der Wert der Organbeteiligung „erstarrt", also nicht sinkt.

Zweiter Schritt: Das Einkommen der Organgesellschaft, das dem Organträger nach § 14 Abs. 1 KStG zugerechnet wird, ist getrennt vom Einkommen des Organträgers zu ermitteln.[34] Die Höhe des Einkommens ist nach den allgemeinen Vorschriften zu ermitteln[35], einzelne Besonderheiten ergeben sich aus § 15 und § 16 KStG.[36] Dabei ist die Gewinnabführung der Organgesellschaft[37] bzw. die Verlustübernahme des Organträgers[38] nicht zu berücksichtigen. Das Einkommen der Organgesellschaft ist so zu ermitteln, als ob eine Ergebnisabführung nicht stattgefunden hätte.[39] Die Zurechnung des Einkommens von der Organgesellschaft an den Organträger erfolgt außerhalb der Steuerbilanz.

In diesem Zusammenhang ist hervorzuheben, dass sich das Einkommen der Organgesellschaft aus Steuerbilanzgewinn (erste Gewinnermittlungsstufe) und außerbilanziellen Hinzurechnungen und Kürzungen (zweite Gewinnermittlungsstufe) zusammen-

---

31 R 61 Abs. 1 Satz 2 KStR 2004; BFH, Urteil vom 18.12.2002, I R 51/01, BFH/NV 2003, 572; Urteil vom 24.07.1996, I R 41/93, BStBl. II 1996, 614; Urteil vom 20.08.1986, I R 150/82, BStBl. II 1987, 455, 458; Urteil vom 26.01.1977, I R 101/75, BStBl. II 1977, 441, 442; Urteil vom 29.10.1974, I R 240/72, BStBl. II 1975, 126; die Einzelheiten der Einkommenszurechnung sind umstritten, vgl. z.B. *Wassermeyer*, GmbHR 2003, 313, 314.

32 Eine steuerfreie Einnahme im Sinne des § 3c EStG liegt nicht vor, BMF-Schreiben vom 26.08.2003, IV A 2 – S 2270 – 18/03, BStBl. I 2003, 437, Tz. 24; vgl. *Rödder*, in Herzig, Organschaft, 159.

33 *Müller/Stöcker*, Die Organschaft, Seite 132 Rn. 486.

34 BFH, Urteil vom 26.01.1977, I R 101/75, BStBl. II 1977, 441; Urteil vom 02.02.1994, I R 10/93, BStBl. II 1994, 768; Urteil vom 23.01.2002, XI R 95/97, BStBl. II 2003, 9; *Müller/Stöcker*, Die Organschaft, Seite 123 Rn. 467 m.w.N.

35 Vgl. BFH, Urteil vom 26.01.1977, I R 101/75, BStBl. II 1977, 441; Urteil vom 29.10.1974, I R 240/72, BStBl. II 1975, 126.

36 *Müller/Stöcker*, Die Organschaft, Seite 129 Rn. 481.

37 Handelsrechtlich ist die Gewinnabführung Aufwand der Organgesellschaft und Ertrag des Organträgers, § 277 Abs. 3 Satz 2 HGB.

38 Handelsrechtlich ist die Verlustübernahme Aufwand des Organträgers und Ertrag der Organgesellschaft, § 277 Abs. 3 Satz 2 HGB.

39 R 61 Abs. 1 Satz 1 KStR 2004; BFH, Urteil vom 29.10.1974, I R 240/72, BStBl. II 1975, 126; Urteil vom 26.01.1977, I R 101/75, BStBl. II 1977, 441; Urteil vom 20.08.1986, I R 150/82, BStBl. II 1987, 455; vgl. *Kußmaul/Richter*, DStR 1999, 1717, 1718; *dies.*, BB 2007, 1256, 1257; *Müller/Stöcker*, Die Organschaft, Seite 130 Rn. 483.

setzt.[40] Der Steuerbilanzgewinn spiegelt eine Veränderung des steuerlichen Vermögens der Gesellschaft wider.[41] Bei idealtypischer Betrachtung spiegelt er auch eine Veränderung des Wertes der Gesellschaft wider. Hinzurechnungen und Kürzungen auf Ebene der zweiten Gewinnermittlungsstufe wirken sich dagegen nicht auf den steuerlichen Vermögensbereich der Organgesellschaft aus, insoweit ergeben sich keine Auswirkungen auf den Wert der Gesellschaft.

bb) Grundsatz der Einmalbesteuerung

Das System der Organschaft beruht auf dem Grundsatz der Einmalbesteuerung.[42] Danach dürfen die Zurechnung des Einkommens der Organgesellschaft nach § 14 Abs. 1 Satz 1 KStG und die Einkommensermittlung beim Organträger einerseits nicht zu einer Doppelbesteuerung des Organeinkommens führen. Andererseits soll das Organeinkommen einmal besteuert werden. Umstritten ist, ob der Grundsatz der Einmalbesteuerung nur das Einkommen der Organgesellschaft oder das Einkommen des Organkreises umfasst. Nach Auffassung des Gesetzgebers[43], der Finanzverwaltung[44], der herrschenden Auffassung in der Literatur[45] und (wohl auch) der Rechtsprechung des Bundesfinanzhofs[46] gilt der Grundsatz der Einmalbesteuerung auch, wenn die Organbeteiligung veräußert wird und im Zeitpunkt der Veräußerung ein dem Organträger bereits zugerechnetes Einkommen tatsächlich nicht abgeführt wurde. Danach soll der Grundsatz der Einmalbesteuerung sicherstellen, dass das Einkommen der Organgesellschaft nicht doppelt besteuert wird. Die Tatsache, dass es sich bei dem Gewinn des Organträgers aus der Veräußerung der Organbeteiligung um eigenes Einkommen des Organträgers – und nicht um nach § 14 ff. KStG zuge-

---

40 Vgl. das Schema zur Ermittlung des zu versteuernden Einkommens einer Körperschaft, R 29 KStR 2004, kritisch dazu *Wassermeyer*, DStR 2004, 214.

41 Vgl. *Kußmaul/Richter*, DStR 1999, 1717, 1718.

42 BFH, Urteil vom 29.10.1974, I R 240/72, BStBl. II 1975, 126; Urteil vom 20.08.1986, I R 150/82, BStBl. II 1987, 455; Urteil vom 24.07.1996, I R 41/93, BStBl. II 1996, 614, 615; Urteil vom 07.02.2007, I R 5/05, BStBl. II 2007, 796, 797; R 63 Abs. 1 Satz 3 KStR 2004; *Danelsing*, in Blümich, KStG, § 14 Rn. 9; *Erle/ Heurung*, in Erle/Sauter, KStG, § 14 Rn. 421; *Olbing*, in Streck, KStG, § 14 Rn. 140.

43 BT-Drs. 16/7036, 20.

44 R 63 Abs. 1 Satz 3 KStR 2004.

45 Z.B. *Abrell*, BB 1972, 1401, 1403; *Breier*, Der Konzern 2011, 11, 13; *Brezing*, DStZ A 1970, 244, 245; *Dötsch*, DB 1993, 752; *Dötsch/Witt*, DB 1996, 1592, 1597; *Erle/Heurung*, in Erle/ Sauter, KStG, § 14 Rn.421; *Hübel*, StBp 1984, 11, 13; *ders.*, StBp 1984, 78; *Jurkat*, Die Organschaft im Körperschaftsteuerrecht, Rn. 626; *Loos*, DB 1972, 1356; *Lang*, NWB 2009, 118, 120; *Müller-Gatermann*, in FS Ritter, 457, 468; *Neumann*, in Gosch, KStG, § 14 Rn. 447; *Reiß*, StuB 2004, 812, 815; *Schröder*, StBp 1975, 149, 151; *Thiel*, BB 1960, 735, 736; *Voß*, DStR 1971, 402; *Wassermeyer*, GmbHR 2003, 313, 314; *Walter*, in Ernst & Young, KStG, § 14 Rn. 891; so wohl auch *Weber-Grellet*, StuB 2007, 623, 624, der allerdings wörtlich auf das Organeinkommen abstellt; *Dörfler/Adrian/Geeb*, DStR 2007, 1889, 1890; *Gröbl/Adrian*, in Erle/Sauter, KStG, § 8b Rn. 111.

46 BFH, Urteil vom 29.10.2008, I R 31/08, BFH/NV 2009, 79, 791.

rechnetes Einkommen der Organgesellschaft – handelt, sei unbeachtlich. Zu Grunde gelegt wird eine wirtschaftliche Betrachtung des gesamten Organkreises, d.h. das eigene Einkommen des Organträgers und das zugerechnete Einkommen der Organgesellschaft sind vom Grundsatz der Einmalbesteuerung umfasst. Der Bundesfinanzhof hat die Rechtsfrage in seinem Urteil vom 24.07.1996 – mangels Streiterheblichkeit – allerdings ausdrücklich offen gelassen.[47]

Nach anderer Auffassung von *Kolbe* – mit Hinweis auf das BFH-Urteil vom 07.02.2007[48] – gilt der Grundsatz der Einmalbesteuerung nur für das Einkommen der Organgesellschaft, nicht hingegen für die Besteuerung des Einkommens des Organträgers.[49] Organträger und Organgesellschaft seien selbstständige Rechtsträger, das Einkommen der Organgesellschaft werde nicht in Einkommen des Organträgers umqualifiziert. Ein Gewinn des Organträgers, den dieser aus der Veräußerung der Organbeteiligung erziele, sei Bestandteil des eigenen Einkommens des Organträgers. Eine Besteuerung dieses Veräußerungsgewinns könne deshalb keine Doppelbesteuerung von Einkommen der Organgesellschaft darstellen.[50] Dies gelte auch, wenn der Veräußerungsgewinn des Organträgers auf Grund der Bildung einer versteuerten Rücklage bei der Organgesellschaft erhöht worden sei. Ein Verstoß gegen den Grundsatz der Einmalbesteuerung läge in diesem Fall nicht vor.

Der Bundesfinanzhof unterscheidet in der Begründung seines „Ausgleichsposten-Urteils“ vom 07.02.2007[51] – mit Hinweis auf die Kommentierung von *Kolbe*[52] – gleichfalls:

> „Ein Gewinn aus der Veräußerung der Anteile an der Organgesellschaft […] fällt aber stets als eigener Gewinn des Organträgers und nicht als (organschaftlich zugerechneter) Gewinn der Organgesellschaft an. Nur um die Neutralisierung des Gewinns der Organgesellschaft kann es bei der Bildung von steuerlichen Ausgleichsposten aber gehen; die prinzipielle Unterscheidung von Organträger und Organgesellschaft als selbstständige Rechtsträger bleibt auch in steuerlicher Hinsicht trotz des Ergebnisabführungsvertrags uneingeschränkt erhalten.“

Der Bundesfinanzhof hat sich – zumindest in der vorstehenden – Entscheidung nicht ausdrücklich zu einem Verstoß gegen den Grundsatz der Einmalbesteuerung geäußert.[53] Das Gericht lässt allerdings „durchblicken“ – insoweit ist *Kolbe* zuzustimmen –, dass ein Verstoß gegen den Grundsatz der Einmalbesteuerung möglicherweise nicht vorliegt. Insoweit ist die Kritik von *Kolbe*[54] an der Existenz des § 14 Abs. 4 KStG nachvollziehbar. In einer jüngst veröffentlichten Entscheidung des Bundesfinanzhofs zur

---

47 BFH, Urteil vom 24.07.1996, I R 41/93, BStBl. II 1996, 614, 615; dazu *Gosch*, DStR 1996, 1729, 1731; *Krebs*, FR 1996, 857, 858.

48 BFH, Urteil vom 07.02.2007, I R 5/05, BStBl. II 2007, 796.

49 *Kolbe*, StuB 2008, 293, 297 und in Herrmann/Heuer/Raupach, KStG, § 14 Anm. 93; kritisch dazu *Bareis*, FR 2008, 649, 651.

50 So bereits *Fasold*, BB 1961, 897, 898.

51 BFH, Urteil vom 07.02.2007, I R 5/05, BStBl. II 2007, 796.

52 *Kolbe*, in Herrmann/Heuer/Raupach, KStG, § 14 Anm. 93.

53 Kritisch zu den Ausführungen des BFH, *Reiß*, StuB 2004, 812, 815.

54 „Diese Neuregelung des § 14 Abs. 4 KStG stellt einen Systembruch bei der Besteuerung der Organschaft dar“, *Kolbe*, StuB 2008, 293, 298.

Bildung eines aktiven Ausgleichspostens geht der erste Senat allerdings – wie die ganz herrschende Auffassung – von einer Anwendung des Grundsatzes der Einmalbesteuerung aus.[55] Der Senat unterscheidet nicht zwischen dem Einkommen der Organgesellschaft und dem Gewinn des Organträgers aus der Veräußerung der Organbeteiligung. Insoweit dürften beim Gericht diesbezüglich keine Zweifel hinsichtlich der Reichweite des Grundsatzes der Einmalbesteuerung (mehr) vorliegen.

Der Gesetzgeber hat die skizzierte Streitfrage zumindest für die Thematik der organschaftlichen Minder- und Mehrabführungen in Form von § 14 Abs. 4 KStG beantwortet. Der Vorschrift liegt der Gedanke zu Grunde, das Organkreiseinkommen einmal zu besteuern (Bildung eines passiven Ausgleichspostens). Eine Doppelbesteuerung soll vermieden werden (Bildung eines aktiven Ausgleichspostens). Aus § 14 Abs. 4 KStG folgt somit, dass der im Recht der Organschaft geltende Grundsatz der Einmalbesteuerung hinsichtlich des Organkreiseinkommens gilt. Der Gewinn des Organträgers aus der Veräußerung der Beteiligung an der Organgesellschaft ist von diesem Grundsatz umfasst.

b) Gewinnabführung unterliegt keiner Ausschüttungsbesteuerung

Weitere Rechtsfolge der Organschaft ist die Tatsache, dass die Gewinnabführung keiner Ausschüttungsbesteuerung unterliegt. Die Gewinnabführung der Organgesellschaft ist keine (offene oder verdeckte) Gewinnausschüttung.[56] Deshalb unterliegt die Gewinnabführung auf Ebene des Organträgers – im Grundsatz[57] – auch keiner Ausschüttungsbesteuerung; mit anderen Worten: Der Vermögenstransfer von der Organgesellschaft an den Organträger in Form der Gewinnabführung löst keine Steuerfolge beim Organträger als Gesellschafter aus. Korrespondierend führt eine Verlustübernahme des Organträgers nicht zu nachträglichen Anschaffungskosten auf die Organbeteiligung. Die Verlustübernahme ist keine Einlage.

III. Minder- und Mehrabführungen der Organgesellschaft

Nach der vorstehend skizzierten Besteuerung von Organgesellschaft und Organträger im Rahmen einer Organschaft könnte man vom „Normalfall“ sprechen, wenn sich der Betrag der handelsrechtlichen Ergebnisabführung und der Betrag der steuerlichen Einkommenszurechnung entsprechen. Danach läge ein „Sonderfall“ vor, wenn der – auf der Grundlage handelsrechtlicher Vorschriften ermittelte – abgeführte Gewinn einer Organgesellschaft vom – aus dem Steuerbilanzgewinn abgeleiteten – Einkommen abweicht. In der Praxis ist dieser Sonderfall allerdings der Regelfall.

---

55 BFH, Urteil vom 29.10.2008, I R 31/08, BFH/NV 2009, 79, 791.

56 Vgl. BFH, Urteil vom 18.12.2002, I R 51/01, BStBl. II 2005, 49, 50 m.w.N.

57 Sofern eine Mehrabführung mit Ursache in vororganschaftlicher Zeit vorliegt, gilt die Gewinnabführung in Höhe der Mehrabführung als Gewinnausschüttung, § 14 Abs. 3 Satz 1 KStG.

Beispiel 1:[58] Die Minderabführung

OG bildet in der Handelsbilanz eine Drohverlustrückstellung in Höhe von 10. Der Jahresüberschuss beträgt 90. Da die Drohverlustrückstellung nach § 5 Abs. 4a Satz 1 EStG in der Steuerbilanz nicht gebildet werden darf, beträgt der Steuerbilanzgewinn 100.

Die Gewinnabführung beträgt 90, der Steuerbilanzgewinn beträgt 100. Es liegt eine Minderabführung in Höhe von 10 vor.

1. Begriffe „Minderabführung" und „Mehrabführung"

„Minderabführung" und „Mehrabführung" sind Begriffe aus dem Steuerrecht, die einen (konzern-)steuerrechtlichen Sachverhalt beschreiben. Der typische Sachverhalt einer Minder- oder Mehrabführung liegt vor, wenn der abgeführte Gewinn einer Organgesellschaft vom Steuerbilanzgewinn der Organgesellschaft abweicht (siehe Beispiel 1). Eine Minder- oder Mehrabführung kann deshalb nur während des Bestehens einer Organschaft vorliegen.[59] Sofern in der Literatur die Bezeichnung „steuerliche"[60] oder „handelsrechtliche"[61] Minder- und Mehrabführungen verwendet wird oder von „Minder- und Mehrabführungen in organschaftlicher Zeit"[62] gesprochen wird, sind stets Minder- und Mehrabführungen nach § 14 Abs. 3 KStG oder nach § 14 Abs. 4, § 27 Abs. 6 KStG gemeint. Das Steuerrecht kennt weder „steuerliche Minder- und Mehrabführungen" noch „handelsrechtliche Minder- und Mehrabführungen", sondern nur Minder- und Mehrabführungen. Handels- und Gesellschaftsrecht ist nur der Begriff Gewinnabführung bekannt, nicht dagegen die Begriffe „Minderabführung" oder „Mehrabführung".

Nach dem Zeitpunkt ihrer Verursachung sind zwei Formen von Minder- und Mehrabführungen zu unterscheiden: Minder- und Mehrabführungen mit Ursache in „vororganschaftlicher" Zeit und Minder- und Mehrabführungen mit Ursache in „organschaftlicher" Zeit. Letztere werden im Rahmen dieser Arbeit als organschaftliche Minder- und Mehrabführungen bezeichnet. In diesem Zusammenhang ist hervorzuheben, dass organschaftliche Ausgleichsposten nur die Folge einer organschaftlichen

58 Den Fallbeispielen liegt – sofern nicht anders dargestellt – folgende Überlegung zu Grunde: Ein Organträger (im Folgenden: OT) ist zu 100 v.H. am Nennkapital einer Organgesellschaft (im Folgenden: OG) beteiligt. Es besteht eine Organschaft zwischen OT und OG. Das Wirtschaftsjahr von OT und OG entspricht dem Kalenderjahr. Sofern es zum Verständnis bestimmter Rechtsfragen auf die Rechtsform des Organträgers ankommt, wird eine Rechtsform genannt. Dabei wird unterstellt, dass an einer OT-GmbH & Co. KG nur natürliche Personen beteiligt sind. Aus Vereinfachungsgründen ist davon auszugehen, dass dem Ergebnis von OT lediglich die Gewinnabführung von OG bzw. eine Verlustübernahme von OT zu Grunde liegt.

59 Für den Fall der rückwirkenden nachvertraglichen Minder- oder Mehrabführung, siehe § 3 A. II. 2. a).

60 *Schumacher*, in FS Schaumburg, 477, 478.

61 *Dahlke*, BB 2009, 878, Fn. 6; *Erle/Heurung*, in Erle/Sauter, KStG, § 14 Rn. 454; *Kußmaul/Richter*, DStR 1999, 1717, 1719; *Nagel/Thies* unterscheiden zwischen „handelsrechtlichen" und „steuerlichen" Mehr- und Minderabführungen, GmbHR 2004, 35 ff.

62 *Dötsch/Pung*, Der Konzern 2003, 278.

Minder- oder Mehrabführung sein können. „Organschaftliche Minder- und Mehrabführungen und organschaftliche Ausgleichsposten betreffen somit denselben Themenkomplex, der, je nachdem, ob man ihn aus dem Blickwinkel der Organgesellschaft (dann: organschaftliche Minder- und Mehrabführungen) oder aus dem des Organträgers (dann: organschaftliche Ausgleichsposten) beurteilt, unterschiedliche Bezeichnungen trägt.“[63]

2. Sachverhalt einer Minder- oder Mehrabführung

Eine (typische) Minderabführung liegt vor, wenn der abgeführte Gewinn der Organgesellschaft niedriger ist als ihr Steuerbilanzgewinn (Beispiel 1). Da der Steuerbilanzgewinn nur ein Teil des Einkommens der Organgesellschaft ist (erste Gewinnermittlungsstufe), setzt eine Minderabführung nicht voraus, dass die Größen „abgeführter Gewinn“ und „Einkommen“ voneinander abweichen. Läge im vorstehenden Beispiel 1 eine außerbilanzielle Einkommenskürzung in Höhe von 10 vor, so dass Gewinnabführung und Einkommen identisch wären (nicht aber Gewinnabführung und Steuerbilanzgewin), würde dies am Vorliegen einer Minderabführung nichts ändern.

Eine (typische) Mehrabführung liegt vor, wenn der abgeführte Gewinn der Organgesellschaft höher ist als ihr Steuerbilanzgewinn.

Beispiel 2: Die Mehrabführung

OG löst in der Handelsbilanz eine Drohverlustrückstellung in Höhe von 10 auf. Der Jahresüberschuss beträgt 110. Da die Drohverlustrückstellung nach § 5 Abs. 4a Satz 1 EStG in der Steuerbilanz nicht gebildet worden ist, beträgt der Steuerbilanzgewinn 100.

Die Gewinnabführung beträgt 110, der Steuerbilanzgewinn beträgt 100. Es liegt eine Mehrabführung in Höhe von 10 vor.

3. Problematik und Lösung

Minder- und Mehrabführungen sind nach dem Zeitpunkt ihrer Entstehung zu unterscheiden. Minder- und Mehrabführungen, die ihre Ursache in vororganschaftlicher Zeit haben, stellen eine Problematik bei der Ausschüttungsbesteuerung dar. Dagegen stellen Minder- und Mehrabführungen, die ihre Ursache in organschaftlicher Zeit haben, eine Problematik bei der Einmalbesteuerung des Einkommens im Organkreis dar.

a) Minder- und Mehrabführungen mit Ursache in vororganschaftlicher Zeit

aa) Problematik vororganschaftlicher Minder- und Mehrabführungen

Die Abführung des von der Organgesellschaft erzielten Gewinns an den Organträger löst – anders als eine Gewinnausschüttung – keine Ausschüttungsbesteuerung beim Organträger aus. Dieses organschaftliche „Privileg“ soll aber nur Gewinne der Or-

63 *Dötsch/Pung*, Der Konzern 2003, 278, 282.

gangesellschaft erfassen, die diese in der Zeit der Organschaft erzielt hat.[64] Im Fall einer vororganschaftlichen Mehrabführung wird jedoch Gewinn abgeführt, der von der Organgesellschaft in vororganschaftlicher Zeit erzielt und versteuert worden ist, jedoch erst später – nämlich in der Organschaftszeit – erstmalig in der Handelsbilanz (als abzuführender Gewinn) erscheint.[65]

Beispiel 3: Die Mehrabführung mit Ursache in vororganschaftlicher Zeit

T-GmbH erzielt in vororganschaftlicher Zeit einen Gewinn (vor Rückstellungsbildung) in Höhe von 100. Die Gesellschaft bildet eine Drohverlustrückstellung in Höhe von 10. Der Jahresüberschuss beträgt 90, der Steuerbilanzgewinn beträgt 100. Danach begründet T-GmbH mit ihrem Gesellschafter eine Organschaft.

Nach Begründung der Organschaft löst T-GmbH die Drohverlustrückstellung in Höhe von 10 auf. Steuerfolgen ergeben sich nicht, da der Betrag der Drohverlustrückstellung bereits auf Ebene der T-GmbH besteuert worden ist. Der Betrag in Höhe von 10 wird – als Bestandteil der „normalen" Gewinnabführung (z.B. 100) – an den Organträger abgeführt. Zwar handelt es sich bei dem Betrag in Höhe von 10 um Steuerbilanzgewinn, der in vororganschaftlicher Zeit erwirtschaftet und besteuert worden ist. Jedoch würde – ohne besondere Regelung – keine Ausschüttungsbesteuerung erfolgen, da eine Gewinnabführung vorliegt.

Der Sachverhalt war bis zum Jahr 2004 nicht gesetzlich geregelt. Nach Auffassung der Finanzverwaltung unterliegt die Gewinnabführung der T-GmbH nur in Höhe von 90 keiner Ausschüttungsbesteuerung. Der abgeführte Gewinn sei nur in dieser Höhe während der Zeit der Organschaft erzielt worden. In Höhe von 10 sei der Gewinn in vororganschaftlicher Zeit – also außerhalb einer Organschaft – erzielt und versteuert worden. Ein Transfer dieses Gewinns von der Organgesellschaft an den Organträger „im Rechtskleid" der Gewinnabführung müsse der Ausschüttungsbesteuerung auf Ebene des Organträgers unterliegen.[66] Die Finanzverwaltung behandelte diesen Teil der Gewinnabführung „wie" eine Gewinnausschüttung.[67]

Der Bundesfinanzhof lehnte im Jahr 2002 die Rechtsauffassung der Finanzverwaltung in drei Entscheidungen ab.[68] Nach Auffassung des Bundesfinanzhofs waren auch vororganschaftliche Mehrabführungen wie Gewinnabführungen zu behandeln.[69] Ursache einer Minder- oder Mehrabführung sei die Verpflichtung zur Ergebnisabführung aus dem Gewinnabführungsvertrag.[70] Danach wären Minder- und Mehrabfüh-

64 *Dötsch/Pung*, Der Konzern 2003, 278, 280; *Dötsch/Witt*, Der Konzern 2007, 190, 191; *Müller*, in Mössner/Seeger, KStG, § 14 Rn. 444; vgl. zur steuerrechtlichen Natur des Mehrabführungsbetrags, *Schröder*, StBp 1986, 269, 272; *Jochen Thiel*, FS Raupach, 543, 545.

65 Vgl. *Dötsch/Witt*, Der Konzern 2007, 190, 192; *dies.*, in Dötsch/Jost/Pung/Witt, KStG, § 14 Rn. 401; *Schumacher*, in FS Schaumburg, 477, 480.

66 Vgl. *Dötsch/Pung*, Der Konzern 2003, 278, 283.

67 Abschnitt 59 Abs. 4 Sätze 3 – 5 KStR 1995.

68 BFH, Urteile vom 18.12.2002, I R 51/01, BStBl. II 2005, 49; I R 50/01, Der Konzern 2003, 564; I R 68/01, HFR 2003, 991.

69 Vgl. *Wassermeyer*, GmbHR 2003, 313, 315 ff.

70 Zu den Konsequenzen bei Anwendung von § 38 KStG: *Danelsing*, in Blümich, KStG, § 14 Rn. 192; *Dötsch*, Der Konzern 2004, 531, 532; *Dötsch/Pung*, DB 2005, 10, 11; *Müller*, in Mössner/Seeger, KStG, § 14 Rn. 444/2.

rungen stets in organschaftlicher Zeit verursacht. „Vororganschaftliche“ Minder- und Mehrabführungen existieren nach dieser Auffassung nicht.

bb) Lösung des § 14 Abs. 3 KStG

Der Gesetzgeber hat als Reaktion auf die drei Urteile des Bundesfinanzhofs die Behandlung vororganschaftlicher Minder- und Mehrabführungen durch das EURLUmsG vom 09.12.2004 in Form von § 14 Abs. 3 KStG gesetzlich geregelt.[71] Dabei hat er die in den Verwaltungsanweisungen enthaltene Regelung fast wörtlich in das Gesetz übernommen.[72] Die Vorschrift lautet:[73]

§ 14 Abs. 3 KStG

[1]Mehrabführungen, die ihre Ursache in vororganschaftlicher Zeit haben, gelten als Gewinnausschüttungen der Organgesellschaft an den Organträger. [2]Minderabführungen, die ihre Ursache in vororganschaftlicher Zeit haben, sind als Einlage durch den Organträger in die Organgesellschaft zu behandeln. [3]Mehrabführungen nach Satz 1 und Minderabführungen nach Satz 2 gelten in dem Zeitpunkt als erfolgt, in dem das Wirtschaftsjahr der Organgesellschaft endet. [4]Der Teilwertansatz nach § 13 Abs. 3 Satz 1 ist der vororganschaftlichen Zeit zuzurechnen.

Nach § 14 Abs. 3 KStG werden vororganschaftliche Mehrabführungen als (offene[74]) Gewinnausschüttungen der Organgesellschaft und vororganschaftliche Minderabführungen als Einlagen des Organträgers behandelt.[75] Satz 4 regelt einen besonderen – fiskalisch bedeutsamen – Einzelfall, der für diese Untersuchung unbeachtlich ist.[76] Im vorstehenden Beispiel 3 gilt die Gewinnabführung der T-GmbH nach § 14 Abs. 3 Satz 1 KStG in Höhe von 10 als Gewinnausschüttung.[77] Kapitalertragsteuer ist nach § 44 Abs. 7, § 45a Abs. 1 Satz 1 EStG einzubehalten und abzuführen.

Besonderheiten hinsichtlich des steuerlichen Einlagekontos der Organgesellschaft (§ 27 KStG) ergeben sich nicht.[78] Bei der Organgesellschaft findet – wie bei einer

71 Zu § 14 Abs. 3 KStG z.B. *Dötsch/Pung*, DB 2005, 10, 11; *Flutgraf/Fuchs/Stifter*, DB 2004, 2012; *Herlinghaus*, EFG 2005, 629, 630; *Rödder*, DStR 2005, 217; *Suchanek*, INF 2005, 21, 22.

72 *Danelsing*, in Blümich, KStG, § 14 Rn. 25.

73 Der „fiskalische“ Hintergrund von § 14 Abs. 3 KStG ist eine Sicherstellung der Besteuerung von ehemals gemeinnützigen Wohnungsbaugesellschaften, vgl. dazu z.B. *Dötsch*, Der Konzern 2004, 531, 532/533; *Dötsch/Pung*, Der Konzern 2003, 278, 280; *Dötsch/Witt*, Der Konzern 2007, 190; *Flutgraf/Fuchs/Stifter*, DB 2004, 2012, 2013; *Fuchs*, DB 1995, Beilage Nr. 12, 5; *Jonas*, in StbJb 1996/97, 99, 107; *Pache*, in Herrmann/Heuer/Raupach, KStG, § 14 Anm. 302.

74 Die Behandlung einer vororganschaftliche Mehrabführung ist der einer offenen – nicht der einer verdeckten – Gewinnausschüttung stark angenähert, *Dötsch/Pung*, Der Konzern 2005, 37, 39; *Neumann*, in Gosch, KStG, § 14 Rn. 420; *Pache*, in Herrmann/Heuer/Raupach, KStG, § 14 Anm. 322 a.E.

75 Zufluss- bzw. Einlagezeitpunkt ist das Ende des Wirtschaftsjahres der Organgesellschaft.

76 Regelung betrifft ehemals gemeinnützige Wohnungsunternehmen, siehe dazu z.B. *Frotscher*, in Frotscher/Maas, KStG, § 14 Rn. 439.

77 Zum Regelungsbedarf unter dem körperschaftsteuerrechtlichen Anrechnungsverfahren, *Jochen Thiel* in FS Raupach, 543, 546.

78 Die Rechtsfrage, ob § 27 Abs. 6 KStG im Fall einer vororganschaftlichen Minder- oder Mehrabführung anzuwenden ist, wurde bereits im Jahr 2004 durch Ergänzung von § 27 Abs. 6 Satz 4

„normalen" Ausschüttung – § 27 Abs. 1 Satz 3 KStG Anwendung. Sofern ausschüttbarer Gewinn nicht vorliegt und das steuerliche Einlagekonto der Organgesellschaft einen positiven Bestand ausweist, führt die fiktive Gewinnausschüttung nach § 14 Abs. 3 Satz 1 KStG zu einer Einlagenrückgewähr der Organgesellschaft.

b) Minder- und Mehrabführungen mit Ursache in organschaftlicher Zeit

aa) Problematik organschaftlicher Minder- und Mehrabführungen

Nach dem Grundsatz der Einmalbesteuerung soll das Einkommen im Organkreis, das während der Zeit der Organschaft erzielt wird, einmal besteuert werden. Eine Nicht- oder Doppelbesteuerung muss vermieden werden.[79]

> **Beispiel 4:** Die Minderabführung mit Ursache in organschaftlicher Zeit
>
> Verkehrswert und steuerlicher Buchwert der Beteiligung des OT an OG betragen 0.
>
> Jahr 01: OG erzielt einen Jahresüberschuss in Höhe von 100, sie bildet eine Rücklage nach § 14 Abs. 1 Satz 1 Nr. 4 KStG in Höhe von 10. Die Gewinnabführung der OG beträgt somit 90. OT versteuert das ihm zugerechnete Einkommen in Höhe von 100. Der tatsächliche Wert der Beteiligung an OG beträgt auf Grund der gebildeten Rücklage nunmehr 10.[80]
>
> Jahr 03: OT veräußert die OG-Beteiligung an einen Dritten. Veräußerungserlös und steuerlicher Veräußerungsgewinn betragen 10 (Veräußerungserlös 10 ./. Buchwert 0).
>
> Ohne eine besondere Regelung käme es zu einem Verstoß gegen den Grundsatz der Einmalbesteuerung. OT hat im Jahr 01 das Einkommen in Höhe von 10 (als Bestandteil des Gesamteinkommens in Höhe von 100) versteuert, im Jahr 03 müsste er nochmal die aus dem Einkommen gebildete Rücklage in Höhe von 10 – in Form eines Veräußerungsgewinns – versteuern.

Der Organträger müsste insgesamt ein Einkommen in Höhe 110 (Jahr 01: 100; Jahr 03: 10) versteuern.[81] Die bei der Organgesellschaft gebildete Gewinnrücklage würde – ohne besondere gesetzliche Regelung – im Ergebnis doppelt besteuert. Im Jahr 01 zutreffend als Teil des Einkommens der Organgesellschaft; im Jahr 03 unzutreffend in Form eines Veräußerungsgewinns des Organträgers.[82]

Hervorzuheben ist, dass es im Rahmen des Teileinkünfteverfahrens und im Anwendungsbereich von § 8b KStG im Grundsatz „nur" zu einer anteiligen Doppel- bzw. Nichtbesteuerung käme.[83] Ist der Organträger eine natürliche Person oder eine Personengesellschaft, an der natürliche Personen beteiligt sind, wären 40 v.H. des

KStG beantwortet (Richtlinien – Umsetzungsgesetz – EURLUmsG vom 09.12.2004, BGBl. I 2004, 3310), vgl. dazu z.B. *Dötsch*, Der Konzern 2003, 21, 30; *Dötsch/Pung*, Der Konzern 2003, 278, 282; *dies.*, Der Konzern 2005, 37, 40; *Rödder/Schumacher*, DStR 2002, 105, 110.

79 *Olbing*, in Streck, KStG, § 14 Rn. 140.

80 § 14 Abs. 4 KStG geht von einem „typisierten" Mehrwert aus, *Neumann*, in Gosch, KStG, § 14 Rn. 447.

81 § 3 Nr. 40, § 3c Abs. 2 EStG bzw. § 8b KStG finden nach allgemeinen Grundsätzen Anwendung.

82 Vgl. *Müller*, in Mössner/Seeger, KStG, § 14 Rn. 435.

83 Kritisch zur fehlenden Berücksichtigung der Ausgleichsposten-Thematik im Steuersenkungsgesetz, *Dötsch/Pung*, DB 2000, Beilage Nr. 10, 13.

Veräußerungsgewinns bereits nach § 3 Nr. 40 Satz 1 Buchst. a) EStG steuerfrei. Es käme also „nur" zu einer Doppelbesteuerung hinsichtlich 60 v.H. des Veräußerungsgewinns. Ist der Organträger eine Körperschaft, geht es im Grundsatz nur um eine Doppel- bzw. Nichtbesteuerung hinsichtlich 5 v.H. des Veräußerungsgewinns. 95 v.H. des Gewinns sind bereits nach § 8b Abs. 2 Satz 1, Abs. 5 Satz 1 KStG steuerfrei. Sofern es sich bei den veräußerten Anteilen um (alte) einbringungsgeborene Anteile (§ 21 UmwStG 1995) handelt, wäre der Veräußerungsgewinn allerdings vollumfänglich nach § 8b Abs. 4 KStG a.F., § 34 Abs. 7a KStG steuerpflichtig.

bb) Lösung der Problematik

Geht man davon aus, dass eine Besteuerung des Gewinns aus der Veräußerung der Organbeteiligung nicht zu einem Verstoß gegen den Grundsatz der Einmalbesteuerung führen kann, besteht kein Problem. *Kolbe* geht davon aus, dass der Grundsatz der Einmalbesteuerung nur für das Einkommen der Organgesellschaft gilt. Deshalb lehnt er – konsequent – die Regelung des § 14 Abs. 4 KStG als Systembruch bei der Besteuerung von Organschaften ab.[84] Nach seiner Auffassung setzt das System der Besteuerung von Organschaften keine Regelung der Folgen organschaftlicher Minder- und Mehrabführungen voraus.

Der Gesetzgeber[85], die Finanzverwaltung[86], die ganz herrschende Auffassung in der Literatur[87] und (wohl auch) der Bundesfinanzhof[88] gehen dagegen davon aus, dass organschaftliche Minder- und Mehrabführungen zu einem Verstoß gegen den Grundsatz der Einmalbesteuerung führen können. Danach stellt eine organschaftliche Minder- oder Mehrabführung ein (zu lösendes) Problem dar.

aaa) Behandlung von Minder- und Mehrabführungen nach Einlagegrundsätzen

Die (typische) Ursache organschaftlicher Minder- und Mehrabführungen ist eine Abweichung des abgeführten Gewinns vom Steuerbilanzgewinn.[89] Entweder hat der

---

84 *Kolbe*, StuB 2008, 293, 298.

85 BT-Drs. 16/7036, 20.

86 R 63 Abs. 1 Satz 3 KStR 2004.

87 Z.B. *Abrell*, BB 1972, 1401, 1403; *Brezing*, DStZ A 1970, 245; *Dötsch*, DB 1993, 752; *Dötsch/Witt*, DB 1996, 1592, 1597; *Erle/Heurung*, in Erle/Sauter, KStG, § 14 Rn. 421; *Hübel*, StBp 1984, 11, 13; *ders.*, StBp 1984, 78; *Jurkat*, Die Organschaft im Körperschaftsteuerrecht, Rn. 626; *Loos*, DB 1972, 1356; *Lang*, NWB 2009, 118, 120; *Müller-Gatermann*, in FS Ritter, 457, 468; *Neumann*, in Gosch, KStG, § 14 Rn. 447; *Olbing*, in Streck, KStG, § 14 Rn. 140 und 143; *Reiß*, StuB 2004, 812, 815; *Schröder*, StBp 1975, 149, 151; *Thiel*, BB 1960, 735, 736; *Voß*, DStR 1971, 402; *Wassermeyer*, GmbHR 2003, 313, 314; *Walter*, in Ernst & Young, KStG, § 14 Rn. 891; so wohl auch *Weber-Grellet*, StuB 2007, 623, 624, der allerdings wörtlich auf das Organeinkommen abstellt; *Dörfler/Adrian/Geeb*, DStR 2007, 1889, 1890; *Gröbl/Adrian*, in Erle/Sauter, KStG, § 8b Rn. 111.

88 BFH, Urteil vom 29.10.2008, I R 31/08, BFH/NV 2009, 79, 791.

89 Vgl. bereits RFH, Urteil vom 25.02.1930, I A a 270/29, RStBl. 1930, 273. Darüber hinaus kann eine Minder- oder Mehrabführung auch vorliegen, wenn abgeführter Gewinn und Steuerbilanzgewinn übereinstimmen, siehe § 2 B. II.

Organträger mehr versteuert als er tatsächlich von der Organgesellschaft erhalten hat (Minderabführung) oder der Organträger hat weniger versteuert als er tatsächlich von der Organgesellschaft erhalten hat (Mehrabführung). Ziel einer Lösung muss deshalb sein, den Organträger so zu stellen, als hätte er eine Gewinnabführung in Höhe des Steuerbilanzgewinns erhalten.[90] Dies kann gedanklich in zwei Schritten erfolgen:

(1) Lösung der Problematik organschaftlicher Minderabführungen

Im Fall einer organschaftlichen Minderabführung könnte der Organträger im ersten Schritt so behandelt werden, als läge eine Gewinnabführung in Höhe des (höheren) Steuerbilanzgewinns vor. Dieser Betrag wird auch besteuert. Da der Betrag der Gewinnabführung tatsächlich geringer ist, wird im zweiten Schritt davon ausgegangen, dass der Organträger den Differenzbetrag – also den Betrag, der sich tatsächlich noch auf Ebene der Organgesellschaft befindet – wieder in die Organgesellschaft eingelegt hat.[91] Der Buchwert der Organbeteiligung wäre in Folge der Einlage entsprechend zu erhöhen. Eine Doppelbesteuerung würde vermieden.

Beispiel 5: Organschaftliche Minderabführung ist „wie" eine Einlage zu behandeln

Der in Beispiel 4 skizzierte Fall wäre steuerlich wie folgt zu behandeln: Im ersten Schritt ist davon auszugehen, dass – im Jahr 01 – eine Gewinnabführung in Höhe des Steuerbilanzgewinns vorliegt, also in Höhe von 100 (tatsächlich 90). Im zweiten Schritt ist davon auszugehen, dass OT einen Betrag in Höhe von 10 einlegt (Differenz zwischen „gedachter" und tatsächlicher Gewinnabführung). In Folge der „gedanklichen" Einlage würde der steuerliche Buchwert der Organbeteiligung 10 betragen,[92] das steuerliche Einlagekonto der OG würde sich um 10 erhöhen.

Zwar würden sich keine Auswirkungen bei der laufenden Besteuerung ergeben (OT versteuert Einkommen in Höhe von 100). Bei der Veräußerung der Organbeteiligung wäre der (im Grundsatz steuerpflichtige) Veräußerungsgewinn jedoch 0 (Veräußerungserlös 10 ./. Buchwert 10). Es käme nicht zu einem Verstoß gegen den Grundsatz der Einmalbesteuerung.

---

90 Die Diskussion über die steuerliche Behandlung organschaftlicher Minder- und Mehrabführungen sowie die Bildung organschaftlicher Ausgleichsposten wird im Schrifttum seit Jahrzehnten geführt, vgl. – nach Zeitpunkt der Veröffentlichung – z.B.: *Thiel*, BB 1960, 735; *ders.*, StBJb 1961/62, 201; *Fasold*, BB 1960, 1197; *ders.*, BB 1961, 897; *Krollmann*, GmbHR 1961, 88; *Maas*, GmbHR 1961, 187; *Loos*, BB 1963, 1252, 1253; *Thiel*, BB 1965, 741, 744; *Winter*, BB 1965, 1306; 1308; *Hübl*, DStZ A 1965, 17, 20; *Rose*, DB 1966, 515; *Brezing*, DStZ A 1970, 244; *Abrell*, BB 1972, 1401, 1402; *Weich*, StBp 1973, 6; *Schröder*, StBp 1975, 149, *Bruns*, DB 1975, 2242; *Brezing*, DB 1976, 1030; *Hübel*, StBp 1984, 11; *Müller-Gatermann*, in FS Ritter, 457, 467.

91 Vgl. *Brezing*, DStZ A 1970, 244; *ders.*, DB 1976, 1030; *Dötsch/Pung*, DB 2003, 1970, 1981; *Erle/Heurung*, in Erle/Sauter, KStG, § 14 Rn. 576; *Hübl*, DStZ A 1965, 17, 20; *Jurkat*, BB 1970, 525; *Tesdorpf*, BB 1973, 1575; *Rose*, DB 1966, 556, 558; *Müller*, in Mössner/Seeger, KStG, § 14 Rn. 435.

92 Aktiver Ausgleichsposten wirkt wie zusätzliche Anschaffungskosten für die Organbeteiligung, *Danelsing*, in Blümich, KStG, § 14 Rn. 196a; *Dötsch/Pung*, DB 2003, 1970, 1981; *Erle/Heurung*, in Erle/Sauter, KStG, § 14 Rn. 512; *Füger/Rieger*, FR 2003, 543, 546; *Müller*, in Mössner/Seeger, KStG, § 14 Rn. 435; *Neumann*, in Gosch, KStG, § 14 Rn. 448; *Walter*, in Ernst & Young, KStG, § 14 Rn. 892.

(2) Lösung der Problematik organschaftlicher Mehrabführungen

Im Fall einer Mehrabführung könnte der Organträger im ersten Schritt so behandelt werden, als läge eine Gewinnabführung nur in Höhe des Steuerbilanzgewinns vor. Dieser Betrag wird auch vom Organträger versteuert. Da der Betrag der Gewinnabführung tatsächlich höher ist, wird im zweiten Schritt davon ausgegangen, dass die Organgesellschaft den Differenzbetrag – also den Betrag, der sich in Folge der Gewinnabführung tatsächlich bereits auf Ebene des Organträgers befindet – in Form einer Einlagenrückgewähr ausgekehrt hat.[93] Der Buchwert der Organbeteiligung wäre in Folge der Einlagenrückgewähr entsprechend zu mindern. Eine Nichtbesteuerung würde vermieden.

Beispiel 6: Organschaftliche Mehrabführung ist „wie" eine Einlagenrückgewähr zu behandeln

Jahr 01: Verkehrswert und steuerlicher Buchwert der Beteiligung des OT an OG betragen 100. OG tätigt zwar keine Umsätze, jedoch kommt es auf Grund einer Umwandlungsmaßnahme[94] zur Realisierung stiller Reserven in der Handelsbilanz auf Ebene von OG in Höhe von 100. Der Jahresüberschuss beträgt somit 100, der Steuerbilanzgewinn 0. Das Einkommen soll dem Steuerbilanzgewinn entsprechen. Die Gewinnabführung von OG beträgt 100, die Einkommenszurechnung 0. Der tatsächliche Wert der Beteiligung an OG beträgt nach der Gewinnabführung (idealtypisch) 0, der steuerliche Buchwert 100.

Jahr 03: OT veräußert die OG-Beteiligung. Der Veräußerungserlös beträgt 0. Ohne besondere Regelung würde sich ein steuerlicher Veräußerungsverlust in Höhe von 100 ergeben (Veräußerungserlös 0 ./. steuerlicher Buchwert 100). Es käme zu einer Nichtbesteuerung von Organkreiseinkommen.

Um dies zu verhindern, müsste die organschaftliche Mehrabführung wie folgt behandelt werden: Im ersten Schritt ist davon auszugehen, dass – im Jahr 01 – eine Gewinnabführung in Höhe des Steuerbilanzgewinns vorliegt, also in Höhe von 0 (tatsächlich 100). Im zweiten Schritt ist davon auszugehen, dass OG eine Einlagenrückgewähr in Höhe von 100 an OT vorgenommen hat (Differenz zwischen „gedachter" und tatsächlicher Gewinnabführung). In Folge der „gedanklichen" Einlagenrückgewähr würde der steuerliche Buchwert der Organbeteiligung 0 betragen (Buchwert 100 ./. Einlagenrückgewähr 100), das steuerliche Einlagekonto der OG würde sich um 100 mindern. Zwar würden sich keine Auswirkungen bei der laufenden Besteuerung ergeben (OT versteuert Einkommen in Höhe von 0). Bei der Veräußerung der Organbeteiligung ergäbe sich jedoch kein Veräußerungsverlust, sondern ein Ergebnis in Höhe von 0 (Veräußerungserlös 0 ./. Buchwert 0). Es käme nicht zu einer Nichtbesteuerung.

Die skizzierte Lösung des Problems organschaftlicher Minder- und Mehrabführungen liegt sowohl der Ausgleichsposten- als auch der Einlagelösung zu Grunde.[95]

---

93 *Erle/Heurung*, in Erle/Sauter, KStG, § 14 Rn. 576. Passiver Ausgleichsposten wirkt wie eine Minderung des steuerlichen Buchwerts der Organbeteiligung, *Walter*, in Ernst & Young, KStG, § 14 Rn. 893.

94 Zur Herbeiführung einer organschaftlichen Mehrabführung durch eine Umwandlungsmaßnahme der Organgesellschaft, siehe § 2 B. IV. 1.

95 Die skizzierte Problematik kann sich im Grundsatz auch im Rahmen einer neuen Gruppenbesteuerung (ggf. mit Wegfall der Voraussetzung eines Gewinnabführungsvertrags) ergeben, vgl. z.B. *Günkel/Wagner*, Ubg 2010, 603, 614.

bbb) Umsetzung der Lösung durch Ausgleichspostenlösung in Form von § 14 Abs. 4, § 27 Abs. 1 Satz 4, Abs. 6 KStG

Für eine steuerrechtliche Umsetzung der vorstehenden Lösung in Form von Einlage und Einlagenrückgewähr fehlt (bis heute) die gesetzliche Grundlage. Eine organschaftliche Minderabführung ist keine Einlage nach § 4 Abs. 1 Satz 8 EStG. Der Organträger führt der Organgesellschaft im Fall einer Minderabführung kein Wirtschaftsgut zu und leistet keine Bareinzahlung. Eine organschaftliche Mehrabführung ist keine Leistung der Organgesellschaft nach § 27 Abs. 1 Satz 3 KStG, so dass auch eine Einlagenrückgewähr nicht vorliegt. Die Problematik der organschaftlichen Minder- und Mehrabführungen muss deshalb ohne Rückgriff auf die Tatbestände der Einlage und Einlagenrückgewähr gelöst werden.

Als Lösung hat sich die von *Thiel* vorgeschlagene Bildung organschaftlicher Ausgleichsposten – die „Ausgleichspostenlösung“ – durchgesetzt. Die Berechtigung für die Bildung von Ausgleichsposten wurde in den allgemeinen Regeln des Bilanzsteuerrechts gesehen.[96] Nach der Ausgleichspostenlösung ist bei Vorliegen von Minder- und Mehrabführungen, die ihre Ursache in organschaftlicher Zeit haben, ein aktiver oder passiver Ausgleichsposten in Höhe der Minder- oder Mehrabführung einkommensneutral[97] zu bilden.[98] Technisch handelt es sich um eine Korrektur des steuerlichen Buchwerts der Organbeteiligung in Form eines „Korrekturpostens“ zum Beteiligungsbuchwert der Organbeteiligung. Dieser Posten ist – zumindest nach Auffassung der Finanzverwaltung – bei einer gegenläufigen Mehr- oder Minderabführung in Folgejahren wieder einkommensneutral aufzulösen. Sofern zum Zeitpunkt der Veräußerung der Beteiligung an der Organgesellschaft noch ein Ausgleichsposten besteht, ist er einkommenswirksam aufzulösen. Dadurch erhöht oder vermindert sich ein Veräußerungsgewinn bzw. -verlust. Die Finanzverwaltung hielt an der Ausgleichspostenlösung unverändert auch nach dem Systemwechsel vom Anrechnungs- zum Halbeinkünfteverfahren fest.[99]

---

96 Vgl. z.B. *Schröder*, StBp 1975, 149, 150.

97 Zum Wandel der steuerbilanziellen Bildung von Ausgleichsposten, *Jochen Thiel*, in FS Lang, 755, 757 ff.

98 Nach dem Zeitpunkt der Veröffentlichung: Finanzministerium Baden-Württemberg, S 2526a A – 1/58, BStBl. II 1961, 79 Ziffer 3; BMWF-Schreiben vom 30.12.1971, F/IV B 5-S 2755-42/71, BStBl. I 1972, 2, Anlage Tz. 38; Abschn. 59 KStR 1977; OFD Münster, Verfügung vom 13.06.1980, S-2770-86-St 13-31, verfügbar bei Juris-Online; BMF-Schreiben vom 10.01.1981, IV B 7-S 2820-5/80, BStBl. I 1981, 44, B.I.1; BMF-Schreiben vom 03.09.1986, IV B 7-S 2770-9/86, verfügbar bei Juris-Online; Abschn. 59 Abs. 2, Abs. 5 Sätze 2 und 3 KStR 1995; BMF-Schreiben vom 25.03.1998, IV-B 7-S 1978-21/98, BStBl. I 1998, 268, Tz. Org. 26; BMF-Schreiben vom 28.04.2003, IV A 2-S 2750a-7/03, BStBl. I 292, Tz. 16 und 26; BMF-Schreiben vom 04.06.2003, IV A 2-S 2836-2/03, BStBl. I 2003, 366, Tz. 28; BMF-Schreiben vom 26.08.2003, IV A 2-S 2770-18/03, BStBl. I 2003, 437, Tz. 43; R 63 KStR 2004; OFD Frankfurt am Main, Verfügung vom 08.11.2005, S 2750a A-8-St II 1.01, DStR 2005, 2044; BMF-Schreiben vom 05.10.2007 (Nichtanwendungserlass), IV B 7-S 2770/07/0004, BStBl. I 2007, 743.

99 BMF-Schreiben vom 26.08.2003, IV A 2-S 2770-18/03, BStBl. I 2003, 437, Tz. 43; R 63 KStR 2004; vgl. zu Ausgleichspostenlösung und Systemwechsel, *Dötsch/Pung*, DB 2003, 1970, 1980; *Dötsch/Pinkos*, DB 2005, 125, 132.

Der Bundesfinanzhof lehnte die Rechtsauffassung der Finanzverwaltung hinsichtlich der erfolgswirksamen Auflösung passiver Ausgleichsposten im Jahr 2007 ab.[100] Der „Ausgleichsposten-Entscheidung“ des Bundesfinanzhofs[101] lag die Rechtsfrage zu Grunde, ob die Auflösung eines passiven Ausgleichspostens – auf der Grundlage der Körperschaftsteuerrichtlinien – gegen den Vorbehalt des Gesetzes (Art. 20 Abs. 3 GG) sowie das Prinzip der Besteuerung nach der Leistungsfähigkeit (Art. 3 Abs. 1 GG) verstößt. Der Bundesfinanzhof bejahte einen Verstoß gegen Art. 20 Abs. 3 GG. Eine im Steuerrecht als Eingriffsrecht unverzichtbare gesetzliche Grundlage für eine einkommenswirksame Auflösung von Ausgleichsposten oder eine aus dem Wesen der Organschaft eindeutig ableitbare Pflicht lägen nicht vor.[102] Eine gesetzliche Grundlage für die einkommenswirksame Auflösung von Ausgleichsposten sah das Gericht auch nicht in den Regeln der Organschaftsbesteuerung (§§ 14 ff. KStG). Insbesondere ergäbe sich aus §§ 14 ff. KStG nicht die Anwendung von Einlagegrundsätzen. Die Bildung eines passiven Ausgleichspostens stelle deshalb auch keine Einlagenrückgewähr dar. Die Finanzverwaltung belegte das Urteil mit einem Nichtanwendungserlass.[103]

Der Gesetzgeber hat als Reaktion auf das Urteil die Behandlung organschaftlicher Minder- und Mehrabführungen im Rahmen des Jahressteuergesetzes 2008[104] in § 14 Abs. 4 KStG gesetzlich geregelt.[105] Dabei hat er den Kern der Regelung in den Körperschaftsteuerrichtlinien – fast wörtlich – in das Gesetz übernommen.[106] Nach § 14 Abs. 4 KStG und § 27 Abs. 6 KStG ist Beispiel 5 wie folgt zu lösen.

Zu Beispiel 5: Bildung eines aktiven Ausgleichspostens in Höhe der Minderabführung

Der Sachverhalt in Beispiel 5 ist nach der Ausgleichspostenlösung wie folgt zu behandeln: OT bildet nach § 14 Abs. 4 Satz 1 KStG im Jahr der Minderabführung in seiner Steuerbilanz einkommensneutral einen aktiven Ausgleichsposten in Höhe von 10 (Betrag der Minderabführung). Bei OG ist nach § 27 Abs. 6 KStG das steuerliche Einlagekonto um 10 zu erhöhen.

Bei der Veräußerung der OG-Beteiligung löst OT den aktiven Ausgleichsposten nach § 14 Abs. 4 Satz 2 - 4 KStG einkommenswirksam auf. Der Veräußerungsgewinn würde 0 betra-

---

100 BFH, Urteil vom 07.02.2007, I R 5/05, BStBl. II 2007, 796; vgl. dazu die Anmerkung von *Weber-Grellet*, StuB 2007, 623.

101 BFH, Urteil vom 07.02.2007, I R 5/05, BStBl. II 2007, 798; FG München, Urteil vom 10.12.2004, 6 K 2436/02, EFG 2005, 628.

102 So auch FG Düsseldorf, Urteil vom 24.08.1989, 6 K 382/84 – rechtskräftig, EFG 1990, 77, 78 und die überwiegende Auffassung in der Literatur, *Dötsch*, DB 1993, 752; *Glutsch/Meining*, DB 2007, 308, 310; *Kolbe*, in Herrmann/Heuer/Raupach, KStG, § 14 Anm. 93; *Neumann*, in Gosch, KStG, § 14 Rn. 445, 459. Kritisch *Weber-Grellet*, wonach die zunächst steuerrechtlich unbeachtliche Mehrabführung (erstmals) im Zeitpunkt der Veräußerung steuerrechtlicher Ertrag geworden sei und unter dem Aspekt der vermehrten Leistungsfähigkeit und der steuerlichen Gleichbehandlung erfasst werden müsse, StuB 2007, 623, 626.

103 BMF-Schreiben vom 05.10.2007, IV B 7-S 2770/07/0004, BStBl. I 2007, 743; kritisch *Gosch*, in FS Spindler, 379, 414.

104 BGBl. I 2007, 3150.

105 „Nichtanwendungsgesetz“, *Haarmann*, in Jahrbuch der Fachanwälte für Steuerrecht 2008/2009, 253, 256.

106 *Danelsing*, in Blümich, KStG, § 14 Rn. 196e.

gen (Veräußerungserlös 10 ./. Aufwand aus der Auflösung des aktiven Ausgleichspostens 10). Es kommt nicht zu einem Verstoß gegen den Grundsatz der Einmalbesteuerung.

ccc) Umsetzung der Lösung durch Einlagelösung in Form von § 14 Abs. 4, § 27 Abs. 1 Satz 3 und 4, Abs. 6 KStG-Entwurf

Die Regelung der Folgen organschaftlicher Minder- und Mehrabführungen ist auch ohne Bildung organschaftlicher Ausgleichsposten denkbar.[107] Statt einer Bildung aktiver oder passiver Bilanzposten in Form von Ausgleichsposten könnte der Buchwert der Anteile an der Organgesellschaft erhöht oder vermindert werden.[108] Die Einlagelösung unterscheidet sich von der Ausgleichspostenlösung im Grundsatz nur auf der Rechtsfolgenseite, die Tatbestände beider Lösungen sind identisch.

Zu Beispiel 5: Organschaftliche Minderabführung wird als Einlage behandelt

Der Sachverhalt in Beispiel 5 ist nach der Einlagelösung wie folgt zu behandeln: Die Minderabführung wird nach § 14 Abs. 4 Satz 1 KStG-Entwurf als Einlage des OT in OG behandelt. Der Buchwert der OG-Beteiligung und das steuerliche Einlagekonto der OG erhöhen sich um 10.

Bei der Veräußerung der Organbeteiligung wäre der Veräußerungsgewinn 0 (Veräußerungserlös 10 ./. Buchwert 10). Es kommt nicht zu einem Verstoß gegen den Grundsatz der Einmalbesteuerung.

Bei der gesetzlichen Regelung organschaftlicher Minder- und Mehrabführungen im Rahmen des Jahressteuergesetzes 2008 hat der Gesetzgeber – gegen das Votum der Fachebenen des Bundes und der Länder – an der Ausgleichspostenlösung festgehalten.[109] Die Fachebenen des Bundes und der Länder haben im Rahmen der parlamentarischen Beratungen zum Jahressteuergesetz 2008 vorgeschlagen, die Regelung in den Verwaltungsanweisungen zur Behandlung organschaftlicher Minder- und Mehrabführungen nicht zu übernehmen.[110] Stattdessen wurde die Einlagelösung präferiert, die zu einer Vereinfachung und einer „überzeugenderen Systematik“[111] im Recht der Organschaft führen soll.

107 Eine Einlagelösung wurde bereits von einer Bund-Länder-Arbeitsgruppe im Jahr 1995 vorgeschlagen, vgl. den Bericht der Bundesregierung zur Fortentwicklung des Unternehmensteuerrechts, FR 2001, Beilage zu Nr. 11, 20.

108 Vgl. *Danelsing*, in Blümich, KStG, § 14 Rn. 15; *Dötsch*, DB 1993, 752, 755; *ders.*, Der Konzern 2003, 21, 29; *Dötsch/Pung*, DB 2003, 1970, 1981; *dies.*, DB 2000, Beilage Nr. 10, 14; *Harle/Bank*, BB 2002, 1341, 1345; *Hübel*, StBp 1984, 11, 14; *Krebs*, BB 2001, 2029, 2036; *Krebühl*, DStR 2001, 1730, 1736; *ders.*, DStR 2002, 1241, 1247; *Müller-Gatermann*, in FS Ritter, 457, 468; *Jochen Thiel* in FS Raupach, 543, 556; *Walter*, in Ernst & Young, KStG, § 14 Rn. 891.1.

109 *Müller*, in Mössner/Seeger, KStG, § 14 Rn. 443/1.

110 Vgl. *Dötsch*, DB 1993, 752; *ders.*, in Dötsch/Jost/Pung/Witt, KStG, Vor § 14 Rn. 3; *Dötsch/Pung*, DB 2000, Beilage Nr. 10, 14; *Harle/Bank*, BB 2002, 1341, 1345. Vgl. auch den Bericht der Bundesregierung zur Fortentwicklung des Unternehmensteuerrechts, FR 2001, Beilage zu Nr. 11, 20; dazu *Krebs*, BB 2001, 2029, 2036.

111 *Dötsch*, Ubg 2008, 117, 122.

IV. Nebeneinander vororganschaftlicher und organschaftlicher Minder- und Mehrabführungen

Der Gesetzgeber behandelt vororganschaftliche und organschaftliche Minder- und Mehrabführung unterschiedlich. § 14 Abs. 3 KStG und § 14 Abs. 4 KStG stehen nebeneinander, es besteht kein Spezialitäts- oder Subsidiaritätsverhältnis.[112] Ein Sacherhalt erfüllt entweder den Tatbestand des Absatzes 3 oder den des Absatzes 4. Die Vorschriften unterscheiden sich auf Tatbestandsseite und auf Rechtsfolgenseite. Dieses Nebeneinander vororganschaftlicher und organschaftlicher Minder- und Mehrabführungen wird durch die – dieser Arbeit zu Grunde liegende – Einlagelösung nicht berührt. Die Einlagelösung führt lediglich auf Rechtsfolgenseite zu einer „Überschneidung" mit § 14 Abs. 3 KStG (vororganschaftliche und organschaftliche Minderabführungen sind als Einlage zu behandeln).

In diesem Zusammenhang ist hervorzuheben, dass auch eine Gleichbehandlung vororganschaftlicher und organschaftlicher Minder- und Mehrabführungen denkbar ist („große" Einlagelösung). Z.B. regt *Reiß* an, Minder- und Mehrabführungen unabhängig von ihrem Entstehungszeitpunkt über den Beteiligungsbuchwert abzuwickeln.[113]

V. Zusammenfassung

Eine Organschaft zwischen Organträger und Organgesellschaft führt dazu, dass der Gewinn der Organgesellschaft an den Organträger abzuführen ist. Ein Verlust der Organgesellschaft ist vom Organträger auszugleichen. Das Einkommen der Organgesellschaft – das den Steuerbilanzgewinn (erste Gewinnermittlungsstufe) und außerbilanzielle Hinzurechnungen und Kürzungen (zweite Gewinnermittlungsstufe) umfasst – wird dem Organträger nach § 14 Abs. 1 Satz 1 KStG zugerechnet und bei ihm versteuert. Eine Abweichung zwischen abgeführten Gewinn und Steuerbilanzgewinn der Organgesellschaft, die ihre Ursache in organschaftlicher Zeit hat, führt zu einer organschaftlichen Minder- oder Mehrabführung. Um eine Doppel- oder Nichtbesteuerung von Einkommen, das im Organkreis erzielt wurde, zu vermeiden, hat der Organträger in seiner Steuerbilanz organschaftliche Ausgleichsposten zu bilden (§ 14 Abs. 4 Satz 1 KStG). Bestehende Ausgleichsposten werden im Zeitpunkt der Veräußerung der Organbeteiligung im Rahmen der Ermittlung des Veräußerungsgewinns oder -verlustes einkommenswirksam aufgelöst (§ 14 Abs. 4 Satz 2-4 KStG).

Statt durch Bildung und Auflösung von Ausgleichsposten könnte das Problem organschaftlicher Minder- und Mehrabführungen auch durch Erhöhung oder Minderung des Buchwerts der Organbeteiligung gelöst werden. Organschaftliche Minder- und Mehrabführungen würden wie Einlagen und Einlagenrückgewähr behandelt. Ob

---

112 *Schumacher* hebt hervor, dass § 14 Abs. 3 KStG unter Berücksichtigung der Entstehung der Vorschrift und des Willens des Gesetzgebers nicht „leer läuft", in FS Schaumburg, 477, 480. Vgl. auch *Pache*, in Herrmann/Heuer/Raupach, KStG, § 14 Anm. 321.

113 *Reiß*, Der Konzern 2008, 9, 30; so auch *Dötsch*, Ubg 2011, 1, 9. Siehe dazu § 4 D.

eine solche Einlagelösung zu einer „überzeugenderen Systematik" im Recht der Organschaft führen würde, bleibt zu prüfen. Eine solche Einlagelösung würde am Nebeneinander von § 14 Abs. 3 KStG und § 14 Abs. 4 KStG nichts ändern.

B. Ursachen von Minder- und Mehrabführungen

Das Recht der Organschaft basiert auf einem Nebeneinander von Gewinnabführung und Einkommenszurechnung. In der Praxis weichen Gewinnabführung und Einkommenszurechnung in der Regel voneinander ab. Nicht jede Abweichung zwischen abgeführten Gewinn und Einkommen stellt jedoch eine Minder- oder Mehrabführung dar.[114] Die Gründe für die Entstehung von Minder- und Mehrabführungen sind im Rahmen der Ausgleichspostenlösung und der Einlagelösung identisch. Minder- und Mehrabführungen liegen nach dem Regelbeispiel des § 14 Abs. 4 Satz 6 KStG insbesondere vor, wenn der an den Organträger abgeführte Gewinn und der Steuerbilanzgewinn der Organgesellschaft voneinander abweichen. Unter Berücksichtigung des Tatbestandsmerkmals „insbesondere" können die Ursachen für Minder- und Mehrabführungen somit in zwei Fallgruppen eingeteilt werden: Erstens: Minder- und Mehrabführungen auf Grund einer Abweichung zwischen abgeführtem Gewinn und Steuerbilanzgewinn. Zweitens: Minder- und Mehrabführungen trotz Übereinstimmung von abgeführten Gewinn und Steuerbilanzgewinn.

I. Minder- und Mehrabführungen auf Grund einer Abweichung zwischen abgeführtem Gewinn und Steuerbilanzgewinn

Eine Abweichung von abgeführtem Gewinn und Steuerbilanzgewinn ergibt sich zunächst, wenn die Organgesellschaft den – im Grundsatz abzuführenden – Jahresüberschuss vollständig oder anteilig „zurückbehält". Darüber hinaus ergibt sich eine Abweichung, wenn der Ansatz und/oder die Bewertung von Vermögensgegenständen bzw. Wirtschaftsgütern in Handels- und Steuerbilanz voneinander abweichen. In diesem Fall entsprechen sich handelsrechtlicher Jahresüberschuss und Steuerbilanzgewinn nicht.[115] Die Folge ist, dass der abzuführende Gewinn entweder höher ist als der Steuerbilanzgewinn (Mehrabführung) oder dass der abzuführende Gewinn niedriger ist als der Steuerbilanzgewinn (Minderabführung).

1. Keine Abweichung zwischen Handels- und Steuerbilanz

Die Organgesellschaft kann unter bestimmten Voraussetzungen den – im Grundsatz abzuführenden – Jahresüberschuss vollständig oder anteilig „zurückbehalten" (z.B.

114 Vgl. bereits die Übersicht von *Bruns*, DB 1975, 2242, 2243.
115 Vgl. *Kolbe*, in Herrmann/Heuer/Raupach, KStG, § 14 Anm. 93.

Bildung einer Rücklage[116]). Die Höhe des Steuerbilanzgewinns wird hiervon nicht beeinflusst, gleichfalls liegen keine Bewertungs- oder Bilanzierungsunterschiede zwischen Handels- und Steuerbilanz vor. Selbst wenn der abzuführende Gewinn – ohne Berücksichtigung einer z.B. gebildeten Rücklage – dem Steuerbilanzgewinn entspricht, kommt es in diesem Fall zu einer Minderabführung. Wird die Rücklage in Folgejahren aufgelöst, erhöht sich der abzuführende Gewinn im Jahr der Auflösung. Der Steuerbilanzgewinn wird wiederum nicht beeinflusst, so dass der abzuführende Gewinn den Steuerbilanzgewinn übersteigt und eine Mehrabführung vorliegt. Z.B. führen folgende Transaktionen zu der vorstehend skizzierten Abweichung zwischen abgeführtem Gewinn und Steuerbilanzgewinn:

- Organgesellschaft bildet Gewinnrücklage[117] nach § 272 Abs. 3 HGB,[118]
- Organgesellschaft löst Gewinnrücklage auf,[119]
- eingegliederte AG (§ 319 AktG) löst eine in vororganschaftlicher Zeit gebildete Kapital- oder Gewinnrücklage auf und führt den Betrag an den Organträger ab,[120]
- Organgesellschaft stellt einen Betrag in die gesetzliche Rücklage nach § 300 AktG ein (§ 301 AktG),[121]
- Organgesellschaft gleicht vororganschaftlichen Verlustvortrag aus (§ 301 AktG),[122]
- Organgesellschaft führt auf Grund handelsrechtlicher Gewinnabführungsverbote nicht den ganzen Jahresüberschuss ab.[123]

---

116 *Hoyos/Gröbl* bezeichnen einen in Folge einer Einstellung in die Rücklagen zu bildenden organschaftlichen Ausgleichsposten als „Ausgleichsposten II", in Beck'scher Bilanzkommentar, HGB, § 271 Rn. 138.

117 Nach § 14 Abs. 1 Nr. 4 KStG darf die Organgesellschaft Beträge aus dem Jahresüberschuss nur insoweit in die Gewinnrücklagen (§ 272 Abs. 3 HGB) einstellen, als dies bei vernünftiger kaufmännischer Beurteilung wirtschaftlich begründet ist (steuerliche Mindestabführung).

118 So noch ausdrücklich in § 27 Abs. 6 Satz 2 KStG i.d.F. EURLUmsG. R 63 Abs. 1 Satz 1 KStR 2004; BMF-Schreiben vom 26.08.2003, IV A 2 – S 2770 – 18/03, BStBl. I 2003, 437, Tz. 40; BT-Drs. 16/7036, 28 r.Sp.; *Dötsch*, in Dötsch/Jost/Pung/Witt, KStG, Vor § 14 Rn. 8; *Erle/ Heurung*, in Erle/Sauter, KStG, § 14 Rn. 424; *Kußmaul/Richter*, BB 2007, 1256, 1257. § 27 Abs. 6 Sätze 2 und 3 KStG i.d.F. des UntStFG vom 20.12.2001 lauteten: „Eine Minderabführung liegt insbesondere vor, wenn Beträge aus dem Jahresüberschuss in die Rücklagen eingestellt werden (§ 14 Abs. 1 Nr. 4). Die Auflösung dieser Rücklage führt zu einer Mehrabführung."

119 So noch ausdrücklich in § 27 Abs. 6 Satz 3 KStG i.d.F. EURLUmsG. R 63 Abs. 2 Satz 2 KStR 2004; BMF-Schreiben vom 26.08.2003, IV A 2 – S 2770 – 18/03, BStBl. I 2003, 437, Tz. 40; *Dötsch*, in Dötsch/Jost/Pung/Witt, KStG, Vor § 14 Rn. 8; *Kußmaul/Richter*, BB 2007, 1256, 1257.

120 Vgl. R 61 Abs. 3 KStR 2004; *Dötsch/Witt*, Der Konzern 2007, 190, 193 „eindeutiger Anwendungsfall des § 14 Abs. 3 KStG".

121 BMF-Schreiben vom 26.08.2003, IV A 2 – S 2770 – 18/03, BStBl. I 2003, 437, Tz. 40; *Dötsch*, in Dötsch/Jost/Pung/Witt, KStG, Vor § 14 Rn. 8; *Kußmaul/Richter*, BB 2007, 1256, 1257.

122 R 63 Abs. 2 Satz 2 KStR 2004; BMF-Schreiben vom 26.08.2003, IV A 2 – S 2770 – 18/03, BStBl. I 2003, 437, Tz. 40; *Antweiler*, in Ernst & Young, KStG, § 27 Rn. 227; *Danelsing*, in Blümich, KStG, § 14 Rn. 196a und 196f. Von einer Anwendung des § 14 Abs. 3 Satz 1 KStG gehen z.B. aus *Breier*, Der Konzern 2011, 11, 15 und *Dötsch*, Der Konzern 2010, 99, 101.

123 Z.B. Gewinnausschüttungs- und Gewinnabführungsverbote bei vereinfachter Kapitalherabsetzung, § 233 AktG, § 58d GmbHG; vgl. *Frotscher*, in Frotscher/Maas, KStG, § 14 Rn. 305d. Ab-

2. Abweichung zwischen Handels- und Steuerbilanz

Weichen Bilanzierung und Bewertung in Handels- und Steuerbilanz der Organgesellschaft voneinander ab, entsprechen sich handelsrechtlicher Jahresüberschuss und Steuerbilanzgewinn nicht.[124] Die Abweichung zwischen Handels- und Steuerbilanz ist somit Ursache für die Minder- und Mehrabführung.[125] Eine Abweichung zwischen Handels- und Steuerbilanz kann sich dabei auch auf Grund einer zeitlich unterschiedlichen Erfassung eines Geschäftsvorfalls ergeben.[126] Z.B. führen die folgenden Ansatz- und Bewertungsunterschiede auf Ebene der Organgesellschaft zu der vorstehend skizzierten Abweichung:

- Bildung einer Rückstellung für drohende Verluste aus schwebenden Geschäften,[127]
- Ausweis latenter Steuern nach § 274 HGB,[128]
- Nichtausübung des Wahlrechts zur Aktivierung eines Disagios, § 250 Abs. 3 HGB, H 6.10 EStR 2008,[129]
- Nichtausübung des Wahlrechts zur Aktivierung eines entgeltlich erworbenen Geschäfts- oder Firmenwertes nach § 255 Abs. 4 HGB[130], § 7 Abs. 1 Satz 3 EStG,[131]
- Vorliegen einer nur vorübergehenden Wertminderung im Umlaufvermögen nach § 253 Abs 3. Satz 1 HGB[132], § 6 Abs. 1 Nr. 2 Satz 2 EStG,[133]
- Vornahme einer handelsbilanziellen Abschreibung auf den niedrigeren Zukunftswert im Umlaufvermögen nach § 253 Abs. 3 Satz 3 HGB,[134]

---

führungssperre nach § 268 Abs. 8 HGB i.d.F. des BilMoG, *Erle/Heurung*, in Erle/Sauter, KStG, § 14 Rn. 442.

124 *Hoyos/Gröbl* bezeichnen einen in Folge einer Abweichung von Handels- und Steuerbilanz zu bildenden organschaftlichen Ausgleichsposten als „Ausgleichsposten I", in Beck'scher Bilanzkommentar, HGB, § 271 Rn. 138.

125 Vgl. R 63 Abs. 2 Satz 2 KStR 2004; BMF-Schreiben vom 26.08.2003, IV A 2 – S 2770 – 18/03, BStBl. I 2003, 437, Tz. 40.

126 Vgl. *Dötsch/Pung*, Der Konzern 2008, 150, 156; *Grube/Behrendt*, GmbHR 2005, 1172, 1178; *Heerdt*, DStR 2009, 938, 944; *Pfaar/Welke*, GmbHR 2002, 516, 517; *Meining*, BB 2009, 1444, 1446; *Schumacher*, in FS Schaumburg, 477, 489; *Suchanek*, INF 2005, 21, 24; *Vogel*, Ubg 2010, 618, 625.

127 *Breier*, Der Konzern 2011, 11, 13; *Erle/Heurung*, in Erle/Sauter, KStG, § 14 Rn. 432. Zur Auswirkung einer „Umgliederung" von Rückstellungen in Gewinnrücklagen anlässlich der BilMoG-Umstellung auf bestehende Ausgleichsposten, *Dötsch*, in Dötsch/Jost/Pung/Witt, KStG, § 14 Rn. 504d; *Kröner/Bolik/Gageur*, Ubg 2010, 237, 243.

128 Zur Auswirkung der Ausschüttungssperre des § 274 Abs. 2 Satz 3 HGB, OFD Hannover, Verfügung vom 25.10.2004 – S 2770 – 55 – StO 242.

129 *Erle/Heurung*, in Erle/Sauter, KStG, § 14 Rn. 436; *Kußmaul/Richter*, BB 2007, 1256.

130 Geändert durch das Bilanzrechtsmodernisierungsgesetz, BGBl. I 2009, 1102. *Erle/Heurung* weisen zutreffend darauf hin, dass sich auch nach BilMoG Abweichungen zwischen dem abzuführenden Gewinn und dem Steuerbilanzgewinn ergeben können, in Erle/Sauter, KStG, § 14 Rn. 433.

131 *Kußmaul/Richter*, BB 2007, 1256.

132 Geändert durch das Bilanzrechtsmodernisierungsgesetz, BGBl. I 2009, 1102.

133 *Kußmaul/Richter*, BB 2007, 1256.

134 *Kußmaul/Richter*, BB 2007, 1256.

- Gewährung eines unverzinslichen Darlehens (§ 6 Abs. 1 Nr. 3 Satz 1 EStG),[135]
- handelsrechtliche Abschreibung ist höher oder niedriger als steuerrechtliche Abschreibung,[136]
- Aktivierung von Ingangsetzungskosten in Handelsbilanz nach § 269 HGB[137],[138]
- Gewinn einer Tochter-Personengesellschaft wird nicht entnommen,[139]
- Verlust einer Tochter-Personengesellschaft führt nicht zu einer handelsbilanziellen Teilwertabschreibung,[140]
- Organgesellschaft erleidet Verlust aus gewerblicher Tierzucht oder aus betrieblichen Termingeschäften,[141]
- Korrektur der Steuerbilanz durch Betriebprüfung für das Prüfungsjahr wird in Handelsbilanz nicht nachvollzogen (Handelsbilanz bleibt unverändert, also keine Rückwärtsberichtigung und keine „nachträgliche" zusätzliche Gewinnabführung für das Jahr des steuerlichen Mehrergebnisses),[142]
- Ausgleich vororganschaftlicher Unterschiede zwischen Handels- und Steuerbilanz,[143]
- Ausgliederung eines Teilbetriebs von Organgesellschaft auf Tochtergesellschaft unter Ansatz handelsrechtlicher Zeitwerte und steuerlicher Buchwerte,[144]

---

135 *Stadler/Bindl*, DB 2010, 862, 866.

136 Vgl. z.B. *Breier*, Der Konzern 2011, 11, 13; *Erle/Heurung*, in Erle/Sauter, KStG, § 14 Rn. 435; *Schwetlik*, GmbHR 2009, 1307, 1308.

137 Gestrichen durch das Bilanzrechtsmodernisierungsgesetz, BGBl. I 2009, 1102.

138 *Breier*, Der Konzern 2011, 11, 16; *Heger*, in Gosch, KStG, § 27 Rn. 50; *Neumann/Stimpel*, GmbHR 2008, 57, 64; *Jochen Thiel* in FS Raupach, 555. A.A. *Dötsch/Witt*, nach deren Auffassung keine Abweichung von Gewinnabführung und Einkommenszurechnung vorliegt, da in Höhe der aktivierten Ingangsetzungskosten eine Gewinnabführung nicht erfolgen darf, in Dötsch/Jost/Pung/Witt, KStG, § 14 Rn. 361 a.E. und Rn. 182a a.E. mit weiteren Nachweisen. So auch *Frotscher*, in Frotscher/Maas, KStG, § 14 Rn. 305d, nach dessen Auffassung eine Bilanzierungshilfe auch handelsrechtlich nicht zu einer Vermögensmehrung führt.

139 *Frotscher*, in Frotscher/Maas, KStG, § 14 Rn. 305d.

140 Verluste der Personengesellschaft führen in der Handelsbilanz des Gesellschafters regelmäßig nicht zu einem niedrigeren Ansatz der Beteiligung an der Personengesellschaft, vgl. *Breier*, Der Konzern 2011, 11, 16; *Erle/Heurung*, in Erle/Sauter, KStG, § 14 Rn. 439; *Heurung/Seidel*, Der Konzern 2009, 400, 402; *Neumann/Stimpel*, GmbHR 2008, 57, 64; *Dötsch/Witt*, in Dötsch/Jost/Pung/Witt, KStG, § 14 Rn. 394.

141 *Walter*, in Ernst & Young, KStG, § 14 Rn. 894.

142 *Neumann/Stimpel*, GmbHR 2008, 57, 64; *Dötsch/Witt*, in Dötsch/Jost/Pung/Witt, KStG, § 14 Rn. 394; *Neumann*, in Gosch, KStG, § 14 Rn. 416. Zur Auswirkung von Mehr- und Mindersteuern in Folge einer Betriebsprüfung, *Erle/Heurung*, in Erle/Sauter, KStG, § 14 Rn. 489 ff.

143 *Frotscher*, in Frotscher/Maas, KStG, § 14 Rn. 322; *Dötsch/Witt*, in Dötsch/Jost/Pung/Witt, KStG, § 14 Rn. 437.

144 *Breier*, Der Konzern 2011, 11, 16; *Dötsch*, in Dötsch/Jost/Pung/Witt, KStG, Anh UmwStG (SEStEG) Rn. 34; *Erle/Heurung*, in Erle/Sauter, KStG, § 14 Rn. 437; *Hüffer*, AktG, § 301 Rn. 3; *Baumbach/Hopt*, HGB, § 277 Rn. 4; vgl. R 61 Abs. 5 KStR 2004 für den Fall der Veräußerung eines Teilbetriebs; *Dötsch*, in Kessler/Kröner/Köhler, Konzernsteuerrecht, 243; *ders.*, Ubg 2008, 117, 123; *Dötsch/Pung*, Der Konzern 2008, 150, 157 mit Hinweis darauf, dass sich aus fiskalischer Sicht „unbefriedigende Wirkungen" ergeben, wenn entweder der Organträger

- Verschmelzung einer Tochtergesellschaft „up-stream“ auf Organgesellschaft unter Ansatz handelsrechtlicher Zeitwerte und steuerlicher Buchwerte (Ertrag in Höhe der stillen Reserven),[145]
- Verschmelzung der Organgesellschaft auf andere Gesellschaft,[146]
- Verschmelzung einer Kapitalgesellschaft auf die Organgesellschaft, wobei der steuerliche Übernahmegewinn aus Verschmelzung auf Grund steuerlicher Rückwirkung im Wirtschaftsjahr 01 entsteht, der handelsrechtliche Übernahmegewinn erst mit Registereintragung im Wirtschaftsjahr 02,[147]
- Bildung eines investmentsteuerrechtlichen Ausgleichspostens[148] in der Steuerbilanz der Organgesellschaft.

Hervorzuheben ist in diesem Zusammenhang, dass eine Abweichung zwischen abgeführten Gewinn und Einkommen der Organgesellschaft nicht zu einer Minder- oder Mehrabführung führt, wenn abgeführter Gewinn und Steuerbilanzgewinn identisch sind.[149] Eine Auffassung, nach der eine Korrektur des Einkommens auf der zweiten Gewinnermittlungsstufe (z.B. Einkommenserhöhung auf Grund nichtabziehbarer Betriebsausgaben der Organgesellschaft) stets zu einer Minder- oder Mehrabführung nach § 14 Abs. 4 KStG führt[150], ist abzulehnen.[151] Nach § 14 Abs. 4 Satz 6 KStG ist der abzuführende Gewinn mit dem Steuerbilanzgewinn (Ergebnis der ersten Gewinnermittlungsstufe) und nicht mit dem zuzurechnenden Einkommen (Ergebnis der zweiten Gewinnermittlungsstufe) zu vergleichen. Es ist zwar zutreffend, dass neben der Abweichung von abgeführten Gewinn und Steuerbilanzgewinn weitere Fallgruppen existieren, in denen organschaftliche Minder- und Mehrabführungen vorliegen. Nach § 14 Abs. 4 Satz 6 KStG handelt es sich nämlich „insbesondere“ bei der vorstehend skizzierten Fallgruppe um Minder- oder Mehrabführungen.[152] Jedoch kann aus der

nicht zu 100 v.H. an der Organgesellschaft beteiligt ist (weiße Einkünfte) oder der Organträger keine Kapitalgesellschaft ist (Steuerstundung durch Bildung eines passiven Ausgleichspostens).

145 Vgl. *Dötsch/Pung*, Der Konzern 2008, 150, 156.

146 *Dötsch*, in Dötsch/Patt/Pung/Möhlenbrock, UmwStG, § 11 Rn. 60.

147 Vgl. *Dötsch/Pung*, Der Konzern 2008, 150, 156, Beispiel 16 Buchstabe c) bb).

148 Vgl. BMF-Schreiben vom 18.08.2009, IV C 1 – S 1980 – 1/08/10019, BStBl. I 2009, 931, Tz. 29.

149 Vgl. *Bosch*, in Preißer/Pung, C VI. Rn. 239 a.E.; *Breier*, Der Konzern 2011, 11, 13; *Dötsch/Witt*, in Dötsch/Jost/Pung/Witt, KStG, § 14 Rn. 361; *Erle/Heurung*, in Erle/Sauter, KStG, § 14 Rn. 445; *Euler*, BB 2007, 1444; *Heurung/Seidel*, Der Konzern 2009, 400, 401; *Neumann/Stimpel*, GmbHR 2008, 57, 64; *Jochen Thiel*, in FS Raupach, 549; *ders.*, in FS Lang, 755, 767.

150 Vgl. *Kolbe*, in Herrmann/Heuer/Raupach, KStG, § 14 Anm. 93. Mit Blick auf die Begründung des Gesetzgebers zu § 14 Abs. 4 KStG (BT-Drs. 16/7036, 28) wirft *Kolbe* die Frage auf, ob Minder- und Mehrabführungen nach § 14 Abs. 4 KStG auch auf den Besonderheiten der steuerlichen Gewinnermittlung beruhen können (Korrektur des Steuerbilanzgewinns auf der zweiten Gewinnermittlungsstufe), StuB 2008, 293, 294 und 298. *Sedemund* will – zumindest im Einzelfall – auch außerbilanzielle Korrekturen berücksichtigen, DB 2010, 1255, 1256.

151 *Dötsch/Witt*, in Dötsch/Jost/Pung/Witt, KStG, § 14 Rn. 482a; *Erle/Heurung*, in Erle/Sauter, KStG, § 14 Rn. 464; *Schumacher*, in FS Schaumburg, 477, 479. So auch zur Rechtslage vor Inkrafttreten von § 14 Abs. 4 KStG: *Kolbe*, in Herrmann/Heuer/Raupach, KStG, § 14 Anm. 93; *Kußmaul/Richter*, BB 2007, 1256, 1257.

152 *Suchanek/Herbst*, FR 2008, 112, 115, die – wie *Kolbe*, StuB 2008, 293, 294 – unter Heranziehen der Begründung des Gesetzentwurfs (BT-Drs. 16/7036, 28) die Frage aufwerfen, ob der Ge-

Begründung des Gesetzentwurfs, in dem als Beispiel für eine Mehrabführung ein Ertragszuschuss des Organträgers[153] erwähnt wird, nicht abgeleitet werden, dass der Gesetzgeber Korrekturen auf der zweiten Gewinnermittlungsstufe grundsätzlich in den Anwendungsbereich des § 14 Abs. 4 KStG einbeziehen will. Der Fall des Ertragszuschusses ist insoweit ein „Sonderfall".[154] Die folgenden außerbilanziellen Korrekturen des Steuerbilanzgewinns führen deshalb nicht zu einer Minder- oder Mehrabführung[155]:

- Außerbilanzielle Hinzurechnung nicht abziehbarer Betriebsausgaben,[156]
- außerbilanzielle Kürzung steuerfreier Einnahmen bzw. Vermögensmehrungen[157] und außerbilanzielle Hinzurechnung von steuerlich nicht zu berücksichtigenden Verlusten,[158]
- außerbilanzielle Hinzurechnungen einer verdeckten Gewinnausschüttung,[159]
- Berücksichtigung von „fiktiven Gewinnelementen",[160]
- Ausgleichszahlungen nach § 16 KStG nebst Steuerbelastung hierauf.[161]

Weiterhin liegen keine Minder- und Mehrabführungen vor, wenn die Differenz zwischen Handels- und Steuerbilanz auf einen unzulässigen (oder verspäteten) Bilanzansatz oder auf eine unzulässige Bewertung zurückzuführen ist.[162]

II. Minder- und Mehrabführungen trotz Übereinstimmung von abgeführtem Gewinn und Steuerbilanzgewinn

Nach § 14 Abs. 4 Satz 6 KStG liegen Minder- und Mehrabführungen „insbesondere" bei einer Abweichung von abgeführtem Gewinn und Steuerbilanzgewinn vor. Daraus

---

setzgeber über das bloße Festschreiben der bisherigen Finanzverwaltungsansicht hinaus gehen wollte. In der Begründung des Gesetzentwurfs wird ein „Ertragszuschuss durch den Organträger" als Sachverhalt für eine Mehrabführung genannt. Für weitere Fallgestaltungen, in denen auf der Grundlage des Tatbestandsmerkmals „insbesondere" Besonderheiten gelten sollen, siehe *Breier*, Der Konzern 2011, 84 ff.

153 BT-Drs. 16/7036, 20. Am Vorliegen einer Mehrabführung zweifelnd, *Schumacher* in FS Schaumburg, 477, 479 Fn. 10.

154 Vgl. *Neumann/Stimpel*, GmbHR 2008, 57, 64.

155 Vgl. *Erle/Heurung*, in Erle/Sauter, KStG, § 14 Rn. 463.

156 § 10 Nr. 2-4 KStG, § 4 Abs. 5 EStG, § 160 AO. *Frotscher*, in Frotscher/Maas, KStG, § 14 Rn. 282 und 306; *ders.*, Der Konzern 2007, 34, 36; *Dötsch/Witt*, in Dötsch/Jost/Pung/Witt, KStG, § 14 Rn. 361.

157 *Frotscher*, in Frotscher/Maas, KStG, § 14 Rn. 282; *ders.*, Der Konzern 2007, 34, 36; *Dötsch/Witt*, in Dötsch/Jost/Pung/Witt, KStG, § 14 Rn. 361.

158 §§ 2a, 15 Abs. 4, 15a EStG. *Frotscher*, in Frotscher/Maas, KStG, § 14 Rn. 305e; *ders.*, Der Konzern 2007, 34, 36.

159 Vgl. *Jochen Thiel*, in FS Raupach, 549.

160 *Frotscher*, in Frotscher/Maas, KStG, § 14 Rn. 305e mit Hinweis auf den Hinzurechnungsbetrag nach §§ 7 ff. AStG, den Berichtigungsbetrag nach § 1 AStG und die fiktive Verzinsung nach § 6b Abs. 7 EStG; *ders.*, Der Konzern 2007, 34, 36.

161 *Frotscher*, in Frotscher/Maas, KStG, § 14 Rn. 306; *ders.*, Der Konzern 2007, 34, 36.

162 *Pache*, in Herrmann/Heuer/Raupach, KStG, § 14 Anm. 320.

folgt, dass Minder- und Mehrabführungen nach Auffassung des Gesetzgebers auch vorliegen können, wenn abgeführter Gewinn und Steuerbilanzgewinn übereinstimmen.[163] Ausweislich des Berichts des Finanzausschusses zum Entwurf des Jahressteuergesetz 2008 soll ein Ertragszuschuss des Organträgers an die Organgesellschaft zu einer Mehrabführung führen.[164] Dieser Auffassung ist zuzustimmen.[165] Der Ertragszuschuss ist auf Ebene der Organgesellschaft handelsrechtlich und steuerrechtlich Ertrag. Steuerrechtlich ist dieser Ertrag außerbilanziell – auf der zweiten Gewinnermittlungsstufe – wieder zu kürzen, der Beteiligungsbuchwert sowie das Einlagekonto der Organgesellschaft sind entsprechend zu erhöhen (verdeckte Einlage). Ohne Anwendung von § 14 Abs. 4 KStG würde zwar der Buchwert der Organbeteiligung erhöht. Der tatsächliche Wert der Beteiligung bliebe jedoch – in Folge der (Gewinn-)Abführung des Ertragszuschusses – unverändert. Der steuerliche Gewinn des Organträgers aus einer Veräußerung der Beteiligung wäre zu niedrig. Bildet man dagegen auf Ebene des Organträgers einen passiven Ausgleichsposten in Höhe des Ertragszuschusses, so wird der steuerliche Veräußerungsgewinn entsprechend erhöht.

Beispiel 7: Der Ertragszuschuss

OT ist an OG beteiligt. Der tatsächliche Wert und der steuerliche Buchwert der Beteiligung betragen 10. OT leistet im Jahr 01 einen Ertragszuschuss in Höhe von 100. Der Handelsbilanz- und der Steuerbilanzgewinn der OG betragen in Folge des Ertragszuschusses 100. OG führt den Handelsbilanzgewinn in Höhe von 100 ab, der Wert der Beteiligung erhöht sich demnach nicht. Für steuerrechtliche Zwecke wird der Ertragszuschuss als verdeckte Einlage des OT behandelt. Außerbilanziell wird das Einkommen der OG um 100 gekürzt, der steuerliche Buchwert der Organbeteiligung wird um 100 erhöht (neuer steuerlicher Buchwert: 110). OT bildet in Höhe der Mehrabführung einen passiven Ausgleichsposten in Höhe von 100.

Im Jahr 03 veräußert OT seine Organbeteiligung zum Preis von 10 (= Wert der Beteiligung). Bestände der passive Ausgleichsposten nicht, würde OT – unzutreffend – einen steuerlichen Verlust in Höhe von 100 erzielen (steuerlicher Buchwert 110 ./. Veräußerungserlös 10). In Folge der

---

163 Das Regelbeispiel beschreibt nach Auffassung von *Breier* Abweichungen zwischen Handels- und Steuerbilanz. Der „Schulfall", die Bildung einer Rücklage bei der Organgesellschaft, sei nicht erfasst, Der Konzern 2011, 11, 13. Diese Sichtweise ist m.E. nicht zwingend. § 14 Abs. 4 Satz 6 KStG beschreibt eine Abweichung zwischen den „Größen" abgeführter Gewinn und Steuerbilanzgewinn, nicht eine Abweichung zwischen (fiktivem) handelsrechtlichen Jahresüberschuss und Steuerbilanzgewinn. Die Bildung einer Rücklage lässt den Steuerbilanzgewinn unberührt. Eine Abweichung zwischen der Höhe des abzuführenden Gewinns und dem Steuerbilanzgewinn kann somit auch bei (bewertungstechnischer) Übereinstimmung von Handels- und Steuerbilanz (handelsrechtlicher Jahresüberschuss = Steuerbilanzgewinn) vorliegen, wie z.B. dem Fall einer Rücklagenbildung. So im Ergebnis wohl auch *Steffen Neumann*, Ubg 2010, 673, 676.

164 Der Ertragszuschuss stelle handelsrechtlich Ertrag dar, steuerrechtlich mindere er jedoch erst auf der zweiten Stufe der Gewinnermittlung als verdeckte Einlage das Einkommen, BT-Drs. 16/7036, 20.

165 So auch *Frotscher*, in Frotscher/Maas, KStG, § 14 Rn. 305d und 333a; *Sedemund*, DB 2010, 1255; *Jochen Thiel*, in FS Lang, 755, 772. Dagegen kritisch *Dötsch/Witt*, in Dötsch/Jost/Pung/Witt, KStG, § 14 Rn. 504c; *Erle/Heurung* in Erle/Sauter, KStG, § 14 Rn. 4496 ff.; *Steffen Neumann*, Ubg 2010, 673, 675; *Schumacher*, in FS Schaumburg, 477, 479; *Wischmann*, in Herrmann/Heuer/Raupach, Jahresband 2008, KStG, § 14 Anm. J 07-4.

Auflösung des passiven Ausgleichspostens ergibt sich – zutreffend – kein Veräußerungsgewinn (steuerlicher Buchwert 110 ./. Veräußerungserlös 10 ./. passiver Ausgleichsposten 100 = 0). Der passive Ausgleichsposten „neutralisiert" die Aufstockung des Beteiligungsbuchwerts.

III. Minder- und Mehrabführungen im Verlustfall

Die Entstehung von Minder- und Mehrabführungen ist nicht auf den „Gewinnfall" beschränkt. Auch eine Abweichung zwischen einem vom Organträger auszugleichenden Verlust und dem Steuerbilanzverlust der Organgesellschaft stellt eine Minder- oder Mehrabführung dar.[166] § 14 Abs. 4 KStG ist somit im Verlustfall anwendbar.[167] Insbesondere folgt aus der Formulierung „abgeführter Gewinn" in § 14 Abs. 4 Satz 6 KStG nichts Gegenteiliges.[168] Satz 6 enthält lediglich ein Regelbeispiel.[169]

Beispiel 8: Der Verlustfall

OG tätigt Aufwendungen in Höhe von 100. Weiterhin bildet sie eine Drohverlustrückstellung in Höhe von 10. Der Jahresfehlbetrag beläuft sich somit auf 110, der Steuerbilanzverlust beträgt 100. Es liegt eine Minderabführung in Höhe von 10 vor. Das handelsbilanzielle Ergebnis (./. 110) ist niedriger als das steuerbilanzielle Ergebnis (./. 100).

Der Vollständigkeit halber ist darauf hinzuweisen, dass eine Anwendung des § 14 Abs. 3 KStG im Verlustfall zweifelhaft ist.[170] Vertreter der Literatur weisen darauf hin, dass eine vororganschaftliche Mehrabführung wie eine „Gewinnausschüttung" zu behandeln ist, also ein tatsächlicher Mittelabfluss bei der Organgesellschaft vorliegen müsse. Sofern der Mehrabführung tatsächlich eine Verlustübernahme des Organträgers zu Grunde liegt, scheide eine Behandlung als Gewinnausschüttung (mit Kapitalertragsteuereinbehalt) aus. Diese Auffassung lässt sich nicht auf den Anwendungsbereich des § 14 Abs. 4 KStG übertragen. § 14 Abs. 3 KStG will eine „Ausschüttungsbesteuerung" sicherstellen, dagegen will § 14 Abs. 4 KStG eine Doppel- bzw. Nichtbesteuerung von Organkreiseinkommen vermeiden. Eine solche Doppel- bzw. Nichtbesteuerung kann sich auch im Fall eines Verlustes der Organgesellschaft ergeben.

---

166 *Dötsch/Pung*, Der Konzern 2005, 37, 41; *Erle/Heurung*, in Erle/Sauter, KStG, § 14 Rn. 462; *Heurung/Seidel*, Der Konzern 2009, 400, 403; *Steffen Neumann*, Ubg 2010, 673, 676; *Pache*, in Herrmann/Heuer/Raupach, KStG, § 14 Anm. 320 und 335.

167 So auch *Breier*, Der Konzern 2011, 11, 18; offen gelassen von *Schumacher*, in FS Schaumburg, 477, 480, Fn. 12.

168 *Dötsch/Witt* heben hervor, das Tatbestandsmerkmal „abgeführter Gewinn" sei ungenau. Eine Minder- oder Mehrabführung könne nicht nur im Gewinn-, sondern auch im Verlustfall der Organgesellschaft vorliegen. Deshalb müsse von „abgeführtem Ergebnis" gesprochen werden; in Dötsch/Jost/Pung/Witt, KStG, § 14 Rn. 481; *Frotscher*, in Frotscher/Maas, KStG, § 14 Rn. 305a.

169 *Heurung/Seidel*, Der Konzern 2009, 400, 403.

170 Vgl. dazu *Dötsch/Pung*, Der Konzern 2005, 37, 40; *Dötsch/Witt*, Der Konzern 2007, 190, 191; *Flutgraf/Fuchs/Stifter*, DB 2004, 2012, 2013; *Krinninger/Helm*, BB 2005, 1191, 1193; *Pache*, in Herrmann/Heuer/Raupach, KStG, § 14 Anm. 320; *Neumann*, in Gosch, KStG, § 14 Rn. 420; *Wassermeyer*, GmbHR 2003, 313, 317; von einer Anwendung auch im Verlustfall gehen z.B. aus *Breier*, Der Konzern 2011, 84, 92 und *Erle/Heurung*, in Erle/Sauter, KStG, § 14 Rn. 462.

IV. Zunahme der Anzahl und des Umfangs organschaftlicher Mehrabführungen

Organschaftliche Minderabführungen waren in der Praxis bisher der Regelfall, organschaftliche Mehrabführungen ein Ausnahmefall.[171] In der Praxis dominierten die aktiven Ausgleichsposten. Auf Grund des Gesetzes über steuerliche Begleitmaßnahmen zur Einführung der europäischen Gesellschaft und zur Änderung weiterer steuerlicher Vorschriften vom 7.12.2006 (SEStEG)[172] und des Gesetzes zur Modernisierung des Bilanzrechts vom 25.05.2009 (BilMoG)[173] dürfte sich dies tendenziell ändern.

1. Aufgabe der Maßgeblichkeit im Umwandlungssteuerrecht

Nach Auffassung der Finanzverwaltung standen bis zum Inkrafttreten des SEStEG die im UmwStG vorgesehenen Bewertungswahlrechte unter dem Vorbehalt, dass der Ansatz des übergehenden Vermögens in der steuerlichen Schlussbilanz des übertragenden Rechtsträgers mit dem Grundsatz der Maßgeblichkeit vereinbar ist.[174] Durch das SEStEG ist dieser Maßgeblichkeitsgrundsatz im Bereich des UmwStG weggefallen.[175] Zwar findet sich im UmwStG 2006 keine ausdrückliche Kodifizierung der Nichtgeltung des Maßgeblichkeitsgrundsatzes bei der Ausübung umwandlungssteuerlicher Bewertungswahlrechte. In der Gesetzesbegründung[176] wird jedoch klargestellt, dass die strikte Anknüpfung der Umwandlungsvorgänge an die handelsrechtliche Bilanzierung für die Steuerbilanz aufgegeben wird.[177] Damit hat der Maßgeblichkeitsgrundsatz für die Wertansätze in der Übertragungsbilanz keine Bedeutung mehr.[178] Dies dürfte dazu führen, dass organschaftliche Mehrabführungen in Zukunft zunehmen werden.[179] Dabei kommt auch eine gestalterische Nutzung des § 14 Abs. 4 KStG in Betracht.[180]

---

171 *Danelsing*, in Blümich, KStG, § 14 Rn. 196b; *Schumacher*, in FS Schaumburg, 477, 481.

172 BGBl. I 2006, 2782, 2791.

173 BGBl. I 2009, 1102.

174 BMF-Schreiben vom 25.03.1998, IV B 7 – S 1978 – 21/98, IV B 2 – S 1909 – 33/98, BStBl. I 1998, 268 Rn. 03.01, 11.01, 14.03, 20.30; OFD Münster, Verfügung vom 28.08.2006, – Kurzinformation Einkommensteuer Nr. 18/2006, BB 2006, 2130; dazu: *Jochen Thiel*, DB 2005, 2316, 2319; in der Literatur wird die Auffassung ganz überwiegend abgelehnt: *Haritz/Paetzold,* FR 1998, 352; *Moszka,* in Semler/Stengel, UmwG, Anhang UmwStG Rn. 56; *Rödder/Schumacher,* DStR 2006, 1525, 1528; *Widmann*, in Widmann/Mayer, UmwStG, § 3 Rn. 304; *Schießl,* in Widmann/Mayer, UmwStG, § 11 Rn. 19; der BFH hat sich der Literaturauffassung im Hinblick auf das Bewertungswahlrecht des § 25 i.V.m. § 20 Abs. 1 UmwStG beim Formwechsel einer Personengesellschaft in eine Kapitalgesellschaft angeschlossen, Urteil vom 19.10.2005, I R 38/04, BStBl. II 2006, 568, 569.

175 Vgl. *Dötsch/Pung,* DB 2006, 2704, 2705; *Rödder/Schumacher,* DStR 2006, 1525, 1528; *Teiche,* DStR 2008, 1757, 1759.

176 BT-Drs. 16/2710, 34, 37 und 43.

177 *Teiche,* DStR 2008, 1757, 1759.

178 *Dötsch/Pung,* in Dötsch/Patt/Pung/Möhlenbrock, UmwStG, § 3 Rn. 26.

179 *Bosch*, in Preißer/Pung, C VI. Rn. 253 a.E; *Hans*, BB 2008, 26, 27; *Dötsch*, Ubg 2008, 117, 123 und 125 (§ 14 Abs. 4 KStG als „Steuerstundungslösung“); *ders.*, in Kessler/Kröner/Köhler, Konzern-

Beispiel 9: Das Mehrabführungsmodell

OT ist zu 100 v.H. am Nennkapital von OG beteiligt. Der steuerliche Buchwert der Beteiligung beträgt 10. Das Vermögen von OG umfasst mehrere Teilbetriebe. Der Teilbetrieb A umfasst – handelsrechtlich und steuerrechtlich – stille Reserven in Höhe von 100. OG verfügt über erhebliche Liquidität. OT möchte einen Teil der Liquidität von OG „hochschleusen", Steuern sollen nicht ausgelöst werden. Folgende Transaktion kommt in Betracht:

OG gliedert ihren Teilbetrieb A in eine Tochter-GmbH & Co. KG aus. In der Handelsbilanz werden Zeitwerte angesetzt (Jahresüberschuss: 100), in der Steuerbilanz Buchwerte (§ 24 UmwStG; Steuerbilanzgewinn: 0). Der Jahresüberschuss von OG beträgt 100, der Steuerbilanzgewinn 0. OG führt den Jahresüberschuss in Höhe von 100 an OT ab (Liquiditätstransfer). Da eine organschaftliche Mehrabführung[181] in Höhe von 100 vorliegt, bildet OT einen passiven Ausgleichsposten in dieser Höhe. Das steuerliche Einlagekonto von OG ist um 100 zu mindern. Es ergeben sich keine unmittelbaren steuerlichen Folgen. Insbesondere führt die Tatsache, dass der passive Ausgleichsposten den steuerlichen Buchwert der Organbeteiligung um 90 übersteigt („überschießende" Mehrabführung) nicht (unmittelbar) zu einer Besteuerung.

Im Ergebnis hat OG Liquidität in Höhe von 100 „hochgeschleust", ohne dass es zu unmittelbaren Steuerfolgen gekommen ist.[182]

Im Schrifttum wird in diesem Zusammenhang – kritisch – hervorgehoben, dass sich der im vorstehenden Beispiel zu bildende passive Ausgleichsposten nicht in Folge einer gegenläufigen Minderabführung wieder abbaue, sondern bis zur Veräußerung der Organbeteiligung durch den Organträger bestehen bleibe.[183] Die handelsbilanziell aufgestockten stillen Reserven unterlägen somit erst dann der Besteuerung, wenn die Anteile an der Organgesellschaft veräußert würden und der Ausgleichsposten da-

---

steuerrecht, 243 Rn. 355; *Dötsch/Witt*, in Dötsch/Jost/Pung/Witt, KStG, § 14 Rn. 476; *Frotscher*, Ubg 2009, 426, 431; *Kolbe*, StuB 2008, 293, 294 Fn. 13; *Lang*, NWB 2009, 118, 122; *Schumacher*, in FS Schaumburg, 477, 491.

180 Vgl. *Bosch*, in Preißer/Pung, C VI. Rn. 253 Beispiel 10; *Dötsch/Pung*, DB 2007, 2669, 2673; zur „Herbeiführung" einer Minderabführung durch Verschmelzung, *Schumacher*, in FS Schaumburg, 477, 490; *Frotscher* weist auf die praktischen „Hürden" des Mehrabführungsmodells hin (z.B. Finanzierung der Gewinnabführung, § 15a EStG), Ubg 2009, 426, 432.

181 Da die Ausgliederung zu einem Zeitpunkt erfolgt, in dem eine Organschaft zwischen Organträger und Organgesellschaft besteht, handelt es sich um eine in organschaftlicher Zeit verursachte Mehrabführung (§ 14 Abs. 4 KStG), vgl. *Dötsch*, in Kessler/Kröner/Köhler, Konzernsteuerrecht, 243 Rn. 355. Der Wegfall des Maßgeblichkeitsgrundsatzes in Umwandlungsfällen kann allerdings auch zu erheblichen „vororganschaftlichen Mehrabführungen" führen (§ 14 Abs. 3 KStG): Tochter-GmbH gliedert im Jahr 01 Teilbetrieb in Personengesellschaft aus (HB: Buchwert; StB: gemeiner Wert). Im Jahr 02 begründen Mutter-AG und Tochter-GmbH eine Organschaft. Im Jahr 03 veräußert Tochter-GmbH ihre Beteiligung an Personengesellschaft (HB: Gewinn; StB: kein Gewinn). Es kommt zu einer Mehrabführung von der Tochter-GmbH an die Mutter-AG, deren Ursache (Ausgliederung) in vororganschaftlicher Zeit liegt (im Jahr 01 bestand keine Organschaft).

182 Vgl. *von Freeden/Rogall*, FR 2009, 785, 794; *Frotscher*, Ubg 2009, 426, 432, mit Hinweis darauf, dass die Liquidität von den Gesellschaftern einer Organträger-Personengesellschaft entnommen werden kann.

183 *Lang*, NWB 2009, 118, 123.

durch einkommenswirksam aufzulösen sei.[184] In Abhängigkeit von der Rechtsform des Organträgers seien hiervon 5 v.H. (Organträger ist Kapitalgesellschaft) oder 60 v.H. (Organträger ist natürliche Person) steuerpflichtig. Bis zum Zeitpunkt der Beteiligungsveräußerung käme es zu einer ungerechtfertigten Steuerstundung.[185]

M.E. ist diese Kritik zumindest nicht in jedem Fall zutreffend. Veräußert die Tochter GmbH & Co. KG im vorstehenden Beispiel Wirtschaftsgüter, kommt es zu einer Minderabführung, die auf derselben Ursache beruht wie die Mehrabführung. Der bestehende Ausgleichsposten ist (ggf. anteilig) einkommensneutral aufzulösen. Entsprechendes dürfte zutreffen, wenn übernehmender Rechtsträger eine Organgesellschaft ist.

2. Aufgabe der umgekehrten Maßgeblichkeit durch das BilMoG

In Folge der Abschaffung der umgekehrten Maßgeblichkeit durch das BilMoG werden Abweichungen zwischen Handels- und Steuerbilanz zunehmen.[186] Handelt es sich bei der Gesellschaft um eine Organgesellschaft, so werden organschaftliche Minder- und Mehrabführungen ausgelöst.

Im Zusammenhang mit dem BilMoG ist auf die gesetzliche Erweiterung der Abführungssperre nach § 301 AktG hinzuweisen.[187] Danach darf die Organgesellschaft einen nach § 268 Abs. 8 HGB ausschüttungsgesperrten Betrag nicht an den Organträger abführen. Eine Abführungssperre besteht für selbst geschaffene immaterielle Vermögensgegenstände und für einen Überhang aktiver latenter Steuern. In Höhe der Abführungssperre kommt es zu einer Nichtabführung von Gewinn. Der abgeführte Gewinn ist in diesem Fall niedriger als der Steuerbilanzgewinn, so dass eine Minderabführung nach § 14 Abs. 4 Satz 1 KStG vorliegt.

V. Zusammenfassung

Minder- und Mehrabführungen entstehen, wenn die Organgesellschaft einen Teil des Jahresüberschusses in Rücklagen einstellt oder wenn Bilanzierung und Bewertung in Handels- und Steuerbilanz voneinander abweichen. Die gilt auch, wenn die Organgesellschaft einen handelsrechtlichen und/oder steuerlichen Verlust erzielt. Darüber hinaus können Minder- und Mehrabführungen im Einzelfall auch vorliegen, wenn abgeführter Gewinn und Steuerbilanzgewinn der Organgesellschaft übereinstimmen.

Durch Aufgabe des Maßgeblichkeitsgrundsatzes im Umwandlungssteuerrecht und Aufgabe der umgekehrten Maßgeblichkeit werden Minder- und Mehrabführungssachverhalte tendenziell zunehmen. Dabei können insbesondere Umwandlungen auf Ebene der Organgesellschaft zu Mehrabführungen in erheblicher Höhe führen.

---

184 *Lang*, NWB 2009, 118, 123.

185 *Dötsch*, Ubg 2008, 117, 123; *Lang*, NWB 2009, 118, 123; *Jochen Thiel*, in FS Lang, 755, 770.

186 *Bosch*, in Preißer/Pung, C VI. Rn. 253 a.E.

187 Vgl. *Gelhausen/Althoff*, WPg 2009, 584 und 629.

C. Abgrenzung des § 14 Abs. 3 KStG von § 14 Abs. 4 KStG

Minder- und Mehrabführungen haben ihre Ursache entweder in vororganschaftlicher oder in organschaftlicher Zeit. Vororganschaftliche Minder- und Mehrabführungen sind in § 14 Abs. 3 KStG geregelt. Eine vororganschaftliche Mehrabführung gilt nach § 14 Abs. 3 Satz 1 KStG als Gewinnausschüttung, die – zumindest im Grundsatz – eine sofortige Ausschüttungsbesteuerung auslöst.[188] Kapitalertragsteuer ist nach § 44 Abs. 7 Satz 3 EStG einzubehalten. Nach der Verwendungsreihenfolge des § 27 Abs. 1 Satz 3 KStG kann im Einzelfall auch eine Rückzahlung aus dem Einlagekonto vorliegen, die mit dem Buchwert der Organbeteiligung zu verrechnen ist.[189] Eine vororganschaftliche Minderabführung ist nach § 14 Abs. 3 Satz 2 KStG als Einlage des Organträgers in die Organgesellschaft zu behandeln.

Organschaftliche Minder- und Mehrabführungen sind in § 14 Abs. 4 und § 27 Abs. 6 KStG geregelt. Eine organchaftliche Minder- oder Mehrabführung löst – im Rahmen der gegenwärtigen Ausgleichspostenlösung – keine unmittelbaren Steuerfolgen aus. Auf Ebene des Organträgers ist (einkommensneutral) ein Ausgleichsposten zu bilden, auf Ebene der Organgesellschaft ist nach § 27 Abs. 6 KStG das Einlagekonto zu erhöhen oder zu mindern. Vororganschaftliche und organschaftliche Minder- und Mehrabführungen stehen somit nebeneinander. Sofern eine Minder- oder Mehrabführung vorliegt, muss folgende Frage beantwortet werden: Handelt es um eine vororganschaftliche oder eine organschaftliche Minder- oder Mehrabführung? In der Praxis ist die Beantwortung der Frage häufig schwierig und mit erheblichen Rechtsunsicherheiten behaftet.[190]

Eine Abgrenzung vororganschaftlicher und organschaftlicher Minder- und Mehrabführungen ist – mit Einschränkungen – auch im Rahmen der Einlagelösung erforderlich. Die Einlagelösung unterscheidet sich auf Tatbestandsseite nicht von der Ausgleichspostenlösung. Die Erforderlichkeit einer Abgrenzung würde lediglich vermieden, wenn vororganschaftliche und organschaftliche Minder- und Mehrabführungen gleich behandelt würden. *Reiß* schlägt eine solche Gleichbehandlung vor, wobei Minder- und Mehrabführungen – unabhängig von ihrem Verursachungszeitpunkt – als Einlage oder Einlagenrückgewähr behandelt werden sollen. Diese „große" Einlagelösung durchbricht das gegenwärtige Nebeneinander vororganschaftlicher und organschaftlicher Minder- und Mehrabführungen.[191]

---

188 Eine unmittelbare Steuerfolge ergibt sich nach allgemeinen Grundsätzen nicht, wenn der Organträger im Jahr der vororganschaftlichen Mehrabführung einen Verlust erzielt.

189 Eine vororganschaftliche Mehrabführung könnte bei Verwendung des steuerlichen Einlagekontos eine Einlagenrückgewähr nach § 22 Abs. 1 Satz 6 Nr. 3 UmwStG darstellen, vgl. dazu *Rödder/Stangl*, Ubg 2008, 39, 41.

190 Vgl. zu Zweifelsfällen, *Meining*, BB 2009, 1444; *Schumacher*, in FS Schaumburg, 477.

191 Siehe § 2 A. IV.

I. Abgrenzung nach dem Zeitpunkt der Ursache einer Minder- oder Mehrabführung

Eine Anwendung der § 14 Abs. 4, § 27 Abs. 6 KStG setzt voraus, dass Minder- und Mehrabführungen vorliegen, „die ihre Ursache in organschaftlicher Zeit“ haben. Fraglich ist somit – erstens –, was die „Ursache“ einer Minder- oder Mehrabführung ist und – zweitens – was die „organschaftliche Zeit“ ist.

1. Tatbestandsmerkmal „Ursache“

Die Anwendung von § 14 Abs. 4 Satz 1 KStG setzt eine „Ursache“ einer Minder- oder Mehrabführung voraus. Zwar verwendet das Gesetz das Tatbestandsmerkmal „Ursache“, jedoch fehlt eine gesetzliche Definition. Allerdings folgt aus dem Regelbeispiel des § 14 Abs. 4 Satz 6 KStG, dass eine Abweichung von abgeführtem Gewinn und Steuerbilanzgewinn eine Ursache im Sinne des § 14 Abs. 1 Satz 1 KStG ist. Da § 14 Abs. 3 Satz 1 und 2 KStG und § 14 Abs. 4 Satz 1 und 6 KStG jeweils auf eine (einzige) Ursache abstellen, kann eine Minder- oder Mehrabführung jeweils nur eine einzige Ursache haben. Die vom Bundesfinanzhof vor Inkrafttreten der § 14 Abs. 3 und Abs. 4 KStG vertretene Rechtsauffassung[192], wonach Ursache von Minder- und Mehrabführungen der Gewinnabführungsvertrag bzw. die darin begründete Pflicht zur Gewinnabführung ist, lässt sich mit Blick auf die Existenz von § 14 Abs. 3 und Abs. 4 KStG nicht mehr vertreten. Nach dieser Auffassung gäbe es ausschließlich organschaftliche Minder- und Mehrabführungen nach § 14 Abs. 4 KStG, § 14 Abs. 3 KStG wäre eine Regelung ohne Anwendungsbereich.

a) Buchhalterische Erfassung eines Geschäftsvorfalls als Ursache

Nach der Begründung des Gesetzentwurfs von § 14 Abs. 3 KStG ist auf den „steuerlich relevanten Sachverhalt“ abzustellen, der zur jeweiligen Minder- oder Mehrabführung führt.[193] Die Begründung des Entwurfs von § 14 Abs. 4 KStG nennt als Beispiel einer Ursache die Bildung von Gewinnrücklagen im Sinne des § 272 Abs. 3 HGB.[194] Das Tatbestandsmerkmal Ursache wird nicht erläutert. Unter Berücksichtigung der bisherigen Verwaltungsauffassung dürfte Ursache ein Geschäftsvorfall der Organgesellschaft sein[195], der zu einer Abweichung zwischen abgeführtem Gewinn und Steuerbilanzgewinn führt.[196] Dem folgt im Grundsatz auch die überwiegende Literatur, wobei

---

192 BFH, Urteil vom 18.12.2002, I R 51/01, BStBl. II 2005, 49, 51.

193 BT-Drs. 15/3667, 36.

194 BT-Drs. 16/7036, 20.

195 Kritisch zur „geschäftsvorfallbezogenen Betrachtungsweise“ der Finanzverwaltung, *Rödder*, DStR 2005, 217, 221.

196 Rechtsauffassung der Finanzverwaltung vor Inkrafttreten von § 14 Abs. 3 KStG, R 59 Abs. 4 Satz 1 KStR 1995. Diese Ursache muss bei angenommener Organschaft zur Bildung eines organschaftlichen Ausgleichspostens führen, R 59 Abs. 4 Satz 2 KStR 1995.

konkret auf die erste Buchung eines Geschäftsvorfalls abgestellt wird, der Grundlage einer Minder- oder Mehrabführung ist.[197] In Folge der Buchung ergäbe sich eine bilanzielle Auswirkung. Diese bilanzielle Auswirkung sei Ursache der Minder- oder Mehrabführung und entscheide auch darüber, ob ein aktiver oder passiver Ausgleichsposten zu bilden sei (z.B. Buchung der Bildung einer Drohverlustrückstellung).[198] Eine erneute (gegenläufige) bilanzielle Auswirkung derselben Ursache sei lediglich „Folgewirkung" (z.B. Buchung der Auflösung einer Drohverlustrückstellung).[199] Soweit eine Abweichung rechtsfehlerhaft ausgewiesen werde, solle auf den frühesten rechtlich möglichen Zeitpunkt abgestellt werden.[200] *Dötsch/Witt* und *Lang* stellen im Zusammenhang mit der Auslegung von § 14 Abs. 3 KStG gleichfalls auf den „früheren Geschäftsvorfall" ab, der erstmalig zu einer Abführungsdifferenz geführt hat.[201] Dabei sei dieser Geschäftsvorfall periodenübergreifend mit einer späteren Minder- oder Mehrabführung zu verknüpfen. Bei der (rückwirkenden) Änderung der steuerrechtlichen Abschreibungsdauer eines Wirtschaftsgutes stelle die Abschreibungskürzung für jedes (einzelne) Wirtschaftsjahr eine Ursache dar.[202] In diesem Fall lägen mehrere Geschäftsvorfälle vor, die jeweils zu einer einzelnen Abführungsdifferenz führen.

Nach dieser Auffassung ist auch ein Verlustvortrag der Organgesellschaft, der bei Begründung der Organschaft besteht und handelsrechtlich nach § 301 Satz 1 AktG mit dem Jahresüberschuss zu verrechnen ist, eine Ursache für eine Minderabführung.[203] Mehrsteuern in Folge einer Betriebsprüfung soll als Ursache die Einkommenserhöhung im entsprechenden Wirtschaftsjahr zu Grunde liegen.[204] Auf Grund der Tatsache, dass die Handelsbilanz in Folge einer Betriebsprüfung regelmäßig nicht angepasst wird, kann es im entsprechenden Wirtschaftsjahr „rückwirkend" zu einer Differenz zwischen Jahresüberschuss und Steuerbilanzgewinn kommen (Jahresüberschuss bleibt unverän-

197 *Danelsing*, in Blümich, KStG, § 14 Rn. 193; *Frotscher*, in Frotscher/Maas, KStG, § 14 Rn. 305b; *Grube/Behrendt*, GmbHR 2005, 1172, 1174; *Neumann*, in Gosch, KStG, § 14 Rn. 418; *ders.*, Ubg 2010, 673, 678; *Pache*, in Herrmann/Heuer/Raupach, KStG, § 14 Anm. 321; *Schumann/Kempf*, FR 2006, 219, 222; *Jochen Thiel*, in FS Raupach, 543, 550

198 *Lang*, NWB 2009, 118, 121.

199 *Frotscher*, in Frotscher/Maas, KStG, § 14 Rn. 305b; so auch *Grube/Behrendt/Heeg*, GmbHR 2006, 1026, 1027.

200 *Pache*, in Herrmann/Heuer/Raupach, KStG, § 14 Anm. 321.

201 *Dötsch/Witt*, Dötsch/Jost/Pung/Witt, KStG, § 14 Rn. 463; vgl. auch *Dötsch/Pung*, die auf das Ereignis abstellen, auf dem der Unterschied zwischen der handelsrechtlichen Gewinnabführung und der Vermögensmehrung in der Steuerbilanz beruht, Der Konzern 2008, 150, 151; so auch *Lang*, NWB 2009, 118, 119.

202 *Dötsch/Pung*, Der Konzern 2008, 150, 154.

203 Nach § 301 Satz 1 AktG kann die Organgesellschaft als ihren Gewinn höchstens den ohne die Gewinnabführung entstehenden Jahresüberschuss, vermindert um einen Verlustvortrag aus dem Vorjahr [...] abführen. Für steuerliche Zwecke ist ein Verlustabzug nach § 15 Satz 1 Nr. 1 KStG nicht zulässig. Vgl. *Dötsch/Pung*, Der Konzern 2008, 150, 154.

204 *Dötsch/Witt*, Der Konzern 2007, 190, 197.

dert, Steuerbilanzgewinn wird in Folge einer Betriebsprüfung erhöht).[205] Diese Differenz ist Ursache einer (späteren) Minder- oder Mehrabführung.

Nach Auffassung von *Meining* stellen die gesetzlichen Bestimmungen, nach denen ein Geschäftsvorfall für handels- und steuerrechtliche Zwecke abweichend zu behandeln ist, die Ursache für Minder- und Mehrabführungen dar.[206] Danach soll z.B. eine gesetzliche Bestimmung, nach der eine zeitversetzte Erfassung eines handels- und steuerlichen Übernahmegewinns erfolgt, Ursache im Sinne des § 14 Abs. 4 KStG sein (z.B. Verschmelzung auf Organgesellschaft auf den 31.12.01/01.01.02).[207]

b) Regelbeispiel des § 14 Abs. 4 Satz 6 KStG

Der herrschenden Auffassung ist zuzustimmen. Die Ursache einer Minder- oder Mehrabführung nach § 14 Abs. 4 Satz 1 KStG ist gesetzlich zwar nicht definiert. Jedoch folgt aus dem Regelbeispiel des § 14 Abs. 4 Satz 6 KStG, dass Ursache ein Ereignis ist, das zu einer Abweichung von abgeführtem Gewinn und Steuerbilanzgewinn führt. Bei dem Ereignis muss es sich um einen Geschäftsvorfall handeln, der sich in der Buchführung der Organgesellschaft niederschlägt. Die Buchführung ist nämlich Grundlage für die Bestimmung der Größen „abgeführter Gewinn" und „Steuerbilanzgewinn". Die erstmalige Erfassung dieses Geschäftsvorfalls in der Buchführung ist Ursache im Sinne des § 14 Abs. 4 Satz 1 KStG. Danach kann z.B. auch die buchhalterische Erfassung einer Umwandlungsmaßnahme auf Ebene der Organgesellschaft Ursache nach § 14 Abs. 4 Satz 1 KStG sein. Eine gesetzliche Vorschrift, in der die handels- oder steuerrechtliche Behandlung eines Geschäftsvorfalls geregelt ist, stellt keine Ursache nach § 14 Abs. 3 und Abs. 4 dar. Ursache ist der – zeitlich einzuordnende – Geschäftsvorfall, der einer Anwendung der gesetzlichen Vorschrift zu Grunde liegt.

Bei der Ursache muss es sich nicht um eine Transaktion mit – rechtlicher oder wirtschaftlicher – „Außenwirkung" handeln. Deshalb ist z.B. nicht der Erwerb eines bestimmten Wirtschaftsguts Ursache für eine Minder- oder Mehrabführung, die in Folge unterschiedlicher handels- und steuerrechtlicher Abschreibung ausgelöst wird. Ursache nach § 14 Abs. 4 Satz 1 KStG ist vielmehr die jeweilige buchhalterische Erfassung des Abschreibungsaufwands im entsprechenden Wirtschaftsjahr.

2. Tatbestandsmerkmal „in organschaftlicher Zeit"

Die Anwendung des § 14 Abs. 4 KStG setzt eine Minder- oder Mehrabführung voraus, die ihre Ursache „in organschaftlicher Zeit" hat. Liegt dagegen eine Minder- oder Mehr-

---

205 Für die Bestimmung des Zeitpunktes der Ursache ist unbeachtlich, ob in dem Wirtschaftsjahr eine Organschaft bestand.

206 *Meining*, BB 2009, 1444, 1446; *ders.*, Mehr- bzw. Minderabführungen in der körperschaftsteuerlichen Organschaft, 46.

207 Von einem Anwendungsfall des § 14 Abs. 4 KStG gehen aus, *Meining*, BB 2009, 1444, 1446; *Schumacher*, in FS Schaumburg, 477, 489. Dagegen gehen *Dötsch/Pung* von einem Fall des § 14 Abs. 3 KStG aus, Der Konzern 2008, 150, 156.

abführung vor, die ihre Ursache in vororganschaftlicher Zeit hat, ist § 14 Abs. 3 KStG anwendbar. Abzugrenzen sind somit die Tatbestandsmerkmale „vororganschaftliche Zeit" und „organschaftliche Zeit". Die Tatbestandsmerkmale sind gesetzlich nicht definiert.[208]

Die Begründung zum Gesetzentwurf von § 14 Abs. 3 KStG stellt auf steuerlich relevante Sachverhalte ab, die vor der steuerlichen Wirksamkeit der Organschaft verwirklicht worden sind und die in organschaftlicher Zeit zu Minder- oder Mehrabführungen führen.[209] Nach Auffassung des Gesetzgebers liegt das Tatbestandsmerkmal „vororganschaftliche Zeit" dann vor, wenn die Ursache der Minder- oder Mehrabführung in der Zeit vor der steuerlichen Wirksamkeit der Organschaft liegt. Unter Berücksichtigung der BFH-Urteile vom 18.12.2002 ist davon auszugehen, dass eine Organschaft mit Beginn des Wirtschaftsjahres der Organgesellschaft „steuerlich wirksam" wird, in dem die Voraussetzungen der §§ 14 ff. KStG vorliegen, d.h. im Zeitpunkt des Eintritts in die Organschaft.[210] In der Begründung zum Gesetzentwurf von § 14 Abs. 4 KStG ist das Tatbestandsmerkmal „organschaftliche Zeit" zwar nicht erläutert.[211] Unter Berücksichtigung der vorstehend skizzierten Begründung zum Entwurf von § 14 Abs. 3 KStG dürfte jedoch klar sein, dass die „vororganschaftliche Zeit" der Zeitraum vor Eintritt in die Organschaft ist, die „organschaftliche Zeit" der Zeitraum ab Eintritt in die Organschaft.

Hervorzuheben ist, dass der Begründung der Gesetzentwürfe nicht zu entnehmen ist, ob es auf die steuerliche Wirksamkeit einer bestimmten Organschaft ankommt bzw. ob die steuerliche Wirksamkeit der Organschaft aus Sicht des Organträgers oder der Organgesellschaft zu prüfen ist. Wird z.B. der Organträger einer Organgesellschaft in Folge einer Transaktion „ausgetauscht" (z.B. Verschmelzung OT I auf OT II), könnte es sich für Zwecke des § 14 Abs. 3, Abs. 4 KStG um die Fortsetzung der bestehenden Organschaft oder um die Begründung einer neuen Organschaft handeln. Sofern man von der Begründung einer neuen Organschaft ausgeht, wäre der Zeitraum vor Wirksamwerden der (neuen) Organschaft vororganschaftliche Zeit im Sinne des § 14 Abs. 3 KStG, obwohl auch in der Zeit vor der neuen Organschaft eine wirksame Organschaft bestanden hat.

Beispiel 10: Verschmelzung OT I auf OT II

OT I ist an OG beteiligt. Im Jahr 06 bildet OT I einen aktiven Ausgleichsposten zur OG-Beteiligung (Ursache: Bildung Drohverlustrückstellung auf Ebene OG). Zum 01.01.07 wird

208 *Dötsch/Pung*, Der Konzern 2008, 150, 157, regen eine Verlautbarung der Finanzverwaltung zur Abgrenzung von § 14 Abs. 3 und Abs. 4 KStG in Form eines BMF-Schreibens an.

209 BT-Drs. 15/3677, 36.

210 Dem Urteil vom 18.12.2002, I R 51/01, BStBl. II 2005, 49, 50 liegt ein Sachverhalt zu Grunde, in dem ein Gewinnabführungsvertrag während des Wirtschaftsjahres der Organgesellschaft (01.10-30.09) abgeschlossen wird. Der BFH stellt den Urteilstatbestand insoweit wie folgt dar: „[...] Die Klägerin [...] schloss im September 1991 [...] einen Beherrschungs- und Gewinnabführungsvertrag, der seit dem 1. Oktober 1990 steuerlich wirksam ist. [...] Bereits vor dem Wirksamwerden des vorgenannten Vertrages hatte sie handelsbilanziell Rückstellungen für Gnadengehälter und Jubiläumsgelder gebildet."

211 BT-Drs. 16/7036, 20.

OT I unter Ansatz gemeiner Werte auf OT II verschmolzen. OT II und OG schließen einen neuen Gewinnabführungsvertrag. Aus Sicht von OG besteht eine „nahtlose" Organschaft. OG löst die Drohverlustrückstellung auf, es kommt zu einer Mehrabführung.

Aus Sicht von OG dürfte die Mehrabführung in organschaftlicher Zeit verursacht sein (§ 14 Abs. 4 KStG), aus Sicht von OT II ist die Mehrabführung in vororganschaftlicher Zeit verursacht (§ 14 Abs. 3 KStG).

Die Finanzverwaltung stellt in R 59 Abs. 4 Satz 1 KStR 1995 – also vor Inkrafttreten von § 14 Abs. 3 KStG – auf die „vorvertragliche Zeit" ab.[212] Die Formulierung „vorvertraglich" dürfte dabei nicht so zu verstehen sein, dass die Finanzverwaltung im Rahmen der Abgrenzung von vororganschaftlich und organschaftlich an das Vorliegen eines bestimmten Gewinnabführungsvertrags – also an eine vertragliche Regelung – anknüpfen will.[213] Vielmehr dürfte auch die Finanzverwaltung auf das Vorliegen einer Organschaft abstellen. Würde ein bestimmter Gewinnabführungsvertrag zwischen einem Organträger und einer Organgesellschaft – auf Grund von außersteuerlichen Gründen – durch einen neuen Vertrag ersetzt, wäre eine Minder- oder Mehrabführung, deren Ursache im Zeitraum der Geltung des ersten Gewinnabführungsvertrags liegt, stets vororganschaftlich. Die Finanzverwaltung stellt in R 59 Abs. 4 Satz 2 KStR 1995 auf einen Zeitraum ab, in dem eine steuerrechtlich anerkannte Organschaft zwischen Organträger und Organgesellschaft bestanden hat.[214] Auf einen bestimmten Gewinnabführungsvertrag dürfte es danach nicht ankommen. Die Begriffe „vorvertraglich" und „vororganschaftlich" werden insoweit also gleichbedeutend benutzt.[215] Im Übrigen beurteilt die Finanzverwaltung das Vorliegen der „vororganschaftlichen Zeit" aus Sicht des Organträgers.[216] Danach ist der Zeitraum, der vor Wirksamwerden einer Organschaft zwischen einem (bestimmten) Organträger und einer (bestimmten) Organgesellschaft liegt, die vororganschaftliche Zeit. Wird der Organträger im Rahmen einer Transaktion – unter Fortsetzung der Organschaft – „ausgetauscht" (z.B. Verschmelzung OT I auf OT II), dürften die in der Zeit der Organschaft zwischen OT I und der Organgesellschaft verursachten Geschäftsvorfälle aus Sicht von OT II – zumindest im Grundsatz – in vororganschaftlicher Zeit verursacht sein.

Nach den Entscheidungen des Finanzgerichts Düsseldorf vom 06.03.2001 und 20.03.2001 liegt eine vororganschaftlich verursachten Mehrabführung vor,

212 Die KStR 2004, das BMF-Schreiben vom 22.12.2007, IV B 7 – S 2770 – 9/04, BStBl. I 2005, 65 sowie das BMF-Schreiben vom 28.10.1997, IV B 7 – S 2770 – 29/97, BStBl. I 1997, 939 enthalten keine Erläuterung des Begriffs „vororganschaftliche Verursachung".

213 Vgl. auch OFD Düsseldorf, die auf „vororganschaftliche Zeit" abstellt, Verfügung vom 26.03.1998, S 2770 A – St 1311, abrufbar bei Juris-Online; vgl. zur Auffassung der Finanzverwaltung vor Inkrafttreten von § 14 Abs. 3 KStG, *Wischmann*, in Herrmann/Heuer/Raupach, Jahresband 2005, KStG, § 14 Anm. J 04-7.

214 R 59 Abs. 4 Satz 2 KStR 1995: „[…] in den betreffenden Jahren eine steuerrechtlich anerkannte Organschaft mit Gewinnabführungsvertrag bestanden hätte.".

215 So auch *Dötsch/Witt*, Der Konzern 2007, 190, 194 und *Erle/Heurung*, in Erle/Sauter, KStG, § 14 Rn. 473.

216 *Dötsch/Witt*, Der Konzern 2007, 190, 195 mit Hinweis auf R 59 Abs. 4 Sätze 3-5 KStR 1995.

„wenn die handelsrechtliche Mehrabführung ihre Ursache letztlich in einem Geschäftsvorfall hat, der sich steuerlich bereits in einem Veranlagungszeitraum gewinnerhöhend ausgewirkt hat, für den eine steuerlich anzuerkennende Organschaft noch nicht bestanden hat.“[217]

Das Finanzgericht Düsseldorf hebt hervor, dass eine in „vororganschaftlicher Zeit“ verursachte Mehrabführung dadurch gekennzeichnet ist, dass ein Gewinn von der Organgesellschaft an den Organträger abgeführt wird, der bereits in einem früheren – nicht von den Regeln der Organschaft erfassten Veranlagungszeitraum – angefallen und versteuert worden ist.[218] Entsprechendes dürfte auch für eine Minderabführung gelten. Im Übrigen stellt das Finanzgericht Düsseldorf klar, dass es für die Abgrenzung von „vororganschaftliche Zeit“ und „organschaftliche Zeit“ nicht auf den Zeitpunkt der Eintragung des Gewinnabführungsvertrags in das Handelsregister ankommt.[219] Abzustellen sei auf den rückwirkenden Beginn der Organschaft. Geschäftsvorfälle, die bis zur Eintragung des Gewinnabführungsvertrages – und damit seiner zivilrechtlichen Wirksamkeit – eintreten, sind deshalb in organschaftlicher Zeit eingetreten. Das Finanzgericht Münster und der Bundesfinanzhof erläutern das Merkmal „vororganschaftliche Mehrabführung“ in ihren Entscheidungen zur steuerlichen Behandlung vororganschaftlich verursachter Mehrabführungen nicht, sondern verweisen auf die Regelung in den KStR 1995 und die Darstellung im Schrifttum.[220] Allerdings liegt den BFH-Urteilen zur steuerlichen Behandlung vororganschaftlich verursachter Mehrabführungen vom 18.12.2002[221] – wie auch der Entscheidung des Finanzgerichts Münster – der Gedanke zu Grunde, Ursache einer Gewinnabführung sei der Gewinnabführungsvertrag. Ein Gewinnabführungsvertrag verpflichte zur Abführung des „ganzen Gewinns“, die organschaftliche Gewinnabführung habe ihre Veranlassung ausschließlich in dem abgeschlossenen Gewinnabführungsvertrag.[222] Eine Gewinnabführung sei deshalb stets in organschaftlicher Zeit verursacht. Im Ergebnis mussten sich somit weder das Finanzgericht Münster noch der Bundesfinanzhof mit einer Definition des Merkmals „in organschaftlicher Zeit“ auseinandersetzen.[223]

In der Literatur werden verschiedene Auffassungen vertreten, wobei zwischen einem Normalfall und Sonderfällen unterschieden werden kann.

217 FG Düsseldorf, Urteil vom 06.03.2001, 6 K 332/98 K, F, AO, EFG 2001, 919, 921; Urteil vom 20.03.2001, 6 K 5206/98 K, EFG 2001, 917.

218 FG Düsseldorf, Urteil vom 06.03.2001, 6 K 332/98 K, F, AO, EFG 2001, 919, 921; Urteil vom 20.03.2001, 6 K 5206/98 K, EFG 2001, 917.

219 FG Düsseldorf, Urteil vom 06.03.2001, 6 K 332/98 K, F, AO, EFG 2001, 919, 921; Urteil vom 20.03.2001, 6 K 5206/98 K, EFG 2001, 917.

220 FG Münster, Urteil vom 04.05.2001, 9 K 4668/98 K, F, EFG 2001, 1319, 1320; BFH, Urteil vom 18.12.2002, I R 51/01, BStBl. II 2005, 49, 50.

221 BFH, Urteile vom 18.12.2002, I R 50/01, Der Konzern 2003, 564; I R 51/01, BStBl. II 2005, 49; I R 68/01, HFR 2003, 991.

222 BFH, Urteile vom 18.12.2002, I R 50/01, Der Konzern 2003, 564; I R 51/01, BStBl. II 2005, 49, 51; I R 68/01, HFR 2003, 991, 992.

223 FG München, Urteil vom 10.12.2004, 6 K 2436/02, EFG 2005, 628; BFH, Urteil vom 07.02.2007, I R 5/05, BStBl. II 2007, 796.

a) Abgrenzung im „Normalfall"

Der Sachverhalt eines „Normalfalls" ist dadurch gekennzeichnet, dass eine Minder- oder Mehrabführung Folge einer (einzige) Ursache ist, die einem (einzigen) bestimmten Zeitpunkt zugeordnet werden kann.

Beispiel 11: Bildung einer Drohverlustrückstellung

Bis zum Ende des Jahres 02 bestand eine Organschaft zwischen OT I und OG. Im Jahr 02 hat OG eine Drohverlustrückstellung gebildet. Zum 01.01.03 erwirbt OT II die OG-Beteiligung von OT I. OT II und OG begründen eine Organschaft. Im Jahr 03 löst OG die Rückstellung wieder auf, es kommt zu einer Mehrabführung.

Die Bildung der Drohverlustrückstellung – und nicht ihre Auflösung – ist Ursache der Mehrabführung. Die Bildung der Rückstellung erfolgte im Jahr 02. Erfolgte die Bildung in vororganschaftlicher Zeit (dann: Mehrabführung nach § 14 Abs. 3 KStG) oder in organschaftlicher Zeit (dann: Mehrabführung nach § 14 Abs. 4 KStG)?

Im Grundsatz lassen sich die beiden in der Literatur vertretenen Auffassungen zum Normalfall nach dem „Blickwinkel" unterscheiden. Nach einer Auffassung ist die Abgrenzung von vororganschaftlich und organschaftlich aus Sicht der Organgesellschaft vorzunehmen, nach einer anderen Auffassung aus Sicht des Organträgers.

aa) Abgrenzung aus Sicht der Organgesellschaft?

Nach einer Auffassung ist die vororganschaftliche Zeit – in Abgrenzung zur organschaftlichen Zeit – aus Sicht der Organgesellschaft zu bestimmen.[224] Auf ein konkretes Organschaftsverhältnis komme es danach nicht an, d.h. ein „Auswechseln" des Organträgers im Rahmen einer Einzelrechtsnachfolge (z.B. Veräußerung der Organbeteiligung[225], Einbringung in andere Organgesellschaft desselben Organkreises[226]) oder einer Gesamtrechtsnachfolge[227] sei unbeachtlich. Der Zeitraum vor Wirksamwerden eines Gewinnabführungsvertrags zwischen der Organgesellschaft und einem Organträger sei dann keine vororganschaftliche Zeit, wenn die Organgesellschaft zu einem (alten) Organträger bereits organschaftlich eingebunden war. Nach dieser Auffassung wäre die Mehrabführung in Beispiel 11 in organschaftlicher Zeit verursacht.

---

224 So wohl *Erle/Heurung*, in Erle/Sauter, KStG, § 14 Rn. 410 mit Hinweis auf den Wortlaut von § 14 Abs. 3 KStG; *Schumacher*, DStR 2006, 310, 312; offen gelassen von *Schumacher*, in FS Schaumburg, 477, 480.

225 *Erle/Heurung*, in Erle/Sauter, KStG, § 14 Rn. 410.

226 *Herlinghaus*, in Rödder/Herlinghaus/van Lishaut, UmwStG, Anh. 3 Rn. 71; ablehnend, *Dötsch/Witt*, in Dötsch/Jost/Pung/Witt, KStG, § 14 Rn. 461 und *Dötsch*, in Dötsch/Jost/Pung/Witt, KStG, Anh UmwStG (SEStEG) Rn. 45.

227 „Überlegenswert", *Dötsch/Witt*, in Dötsch/Jost/Pung/Witt, KStG, § 14 Rn. 461. Erfasst ist auch die Ausgliederung nach § 123 Abs. 3 UmwG, § 21 UmwStG, *Schumacher*, DStR 2006, 310, 312.

bb) Abgrenzung aus Sicht des Organträgers?

Nach der überwiegend in der Literatur vertretenen Auffassung ist die vororganschaftliche Zeit der Zeitraum, der vor dem steuerlichen Wirksamwerden des Gewinnabführungsvertrags liegt, die Zeit nach Wirksamwerden des Vertrags ist die organschaftliche Zeit.[228] Dabei sei auf den Organträger abzustellen, d.h. es sei aus Sicht des Organträgers zu prüfen, ob die Ursache für eine Minder- oder Mehrabführung in vororganschaftlicher oder organschaftlicher Zeit liegt[229] und ob eine erste Buchung bereits in dieser Zeit vorgenommen wurde.[230] Der Geschäftsvorfall hat in diesem Fall bereits bilanzielle Auswirkungen in vororganschaftlicher Zeit gehabt und reiche mit Folgewirkungen in die organschaftliche Zeit hinein.[231] Bestand zwischen dem Organträger und der Organgesellschaft zum Zeitpunkt des Geschäftsvorfalls keine Organschaft, handele es sich um eine in vororganschaftlicher Zeit verursachte Mehr- oder Minderabführung.[232] Bestand dagegen bereits eine Organschaft zwischen dem Organträger und der Organgesellschaft, handele es sich um eine in organschaftlicher Zeit verursachte Minder- oder Mehrabführung. Nach dieser Rechtsauffassung ist stets auf das konkrete Organschaftsverhältnis zwischen einem Organträger und einer Organgesellschaft abzustellen.[233] Ein Geschäftsvorfall, der zu einem Zeitpunkt verursacht worden ist, in dem ein Organschaftsverhältnis zwischen der Organgesellschaft und einem Organträger bestand, ist aus Sicht eines „neuen“ Organträgers eine Ursache aus vororganschaftliche Zeit. Aus Sicht des neuen Organträgers lag zu der Organgesellschaft im Zeitpunkt der Verursachung nämlich kein Organschaftsverhältnis vor. Nach dieser Auffassung ist die Mehrabführung in Beispiel 11 in vororganschaftlicher Zeit verursacht.

aaa) Auswechseln eines Gewinnabführungsvertrags

Zwar kommt es nach dieser Rechtsauffassung für die Abgrenzung von vororganschaftlicher Zeit und organschaftlicher Zeit auf das konkrete Organschaftsverhältnis an.

---

228 *Dötsch/Pung*, Der Konzern 2005, 37, 41; *Frotscher*, in Frotscher/Maas, KStG, § 14 Rn. 305b; *Grube/Behrendt/Heeg*, GmbHR 2006, 1026, 1027; *Kolbe*, StuB 2008, 293, 295; *Kußmaul/Richter*, BB 2007, 1256, 1260; *Lang*, NWB 2009, 118, 119; *Pache*, in Herrmann/Heuer/Raupach, KStG, § 14 Anm. 321 und 330; *Rödder*, DStR 2005, 217, 219; *Schwarz/Müller*, in Mössner/Seeger, KStG, § 14 Rn. 444/4; *Walter*, in Ernst & Young, KStG, § 14 Rn 891. So im Grundsatz auch *Schumacher*, DStR 2006, 310, 311. Vgl. zur Auslegung von § 27 Abs. 6 i.d.F. des EURLUmsG, *Meining*, Mehr- bzw. Minderabführungen in der körperschaftsteuerlichen Organschaft, 46 ff.

229 *Dötsch*, in Dötsch/Jost/Pung/Witt, KStG, Anh UmwStG (SEStEG) Rn. 45 (Veräußerung der Organbeteiligung) und Rn. 47, 49 (Einbringung der Organbeteiligung); vgl. *Danelsing*, in Blümich, KStG, § 14 Rn. 194 mit Hinweis auf die Begründung des Gesetzentwurfs; so wohl auch *Neumann*, in Gosch, KStG, § 14 Rn. 418.

230 *Dötsch/Witt*, Der Konzern 2007, 190, 191; *Frotscher*, in Frotscher/Maas, KStG, § 14 Rn. 305b; so wohl auch *Neumann*, in Gosch, KStG, § 14 Rn. 418.

231 *Frotscher*, in Frotscher/Maas, KStG, § 14 Rn. 305b.

232 Vgl. *Dötsch/Pung*, Der Konzern 2008, 150, 153.

233 *Meining*, Mehr- bzw. Minderabführungen in der körperschaftsteuerlichen Organschaft, 41; *Neumann*, in Gosch, KStG, § 14 Rn. 418.

Ein Auswechseln des Gewinnabführungsvertrags soll jedoch – zumindest im Grundsatz – unbeachtlich sein. Die Beendigung eines bestehenden Gewinnabführungsvertrags gefolgt vom Abschluss eines neuen Vertrags – ohne Entstehen einer „Organschaftspause" – soll insoweit nichts an dem konkreten Organschaftsverhältnis ändern.[234] Führt das Auswechseln des Gewinnabführungsvertrags zu einer „Organschaftspause" wird differenziert: Nach einer Auffassung umfasst die vororganschaftliche Zeit lediglich die Zeit der Organschaftspause (Ursache in Organschaftspause = Verursachung in vororganschaftlicher Zeit).[235] Nach einer anderen Auffassung umfasst die vororganschaftliche Zeit – neben der Zeit der Organschaftspause – auch den Zeitraum der ersten Organschaft, d.h. vororganschaftliche Zeit ist der Zeitraum, der vor dem Beginn der bestehenden Organschaft liegt.[236]

bbb) Organschaftskette

Im Rahmen einer Organschaftskette (z.B. Beteiligungskette Mutter-Tochter-Enkel) ist jede Beteiligungsstufe gesondert zu beurteilen.[237] Die Frage, ob im Verhältnis Muttergesellschaft/Tochtergesellschaft eine Minder- oder Mehrabführung in vororganschaftlicher oder organchaftlicher Zeit verursacht worden ist, muss aus Sicht der Muttergesellschaft als Organträger bestimmt werden. Entscheidend ist der Zeitpunkt der Verursachung auf Ebene der Tochtergesellschaft als Organgesellschaft. Im Übrigen führt die Tatsache, dass im Verhältnis Tochtergesellschaft/Enkelgesellschaft eine vororganschaftliche Mehrabführung vorliegt, nicht zu einer Mehrabführung im Verhältnis Muttergesellschaft/Tochtergesellschaft.[238] Die vororganschaftliche Mehrabführung erhöht zwar den von der Tochtergesellschaft abzuführenden Gewinn. Jedoch erhöht sie gleichfalls den Steuerbilanzgewinn, eine Abweichung im Sinne des § 14 Abs. 4 Satz 6 KStG liegt nicht vor.

ccc) Regelung des § 14 Abs. 4 KStG

M.E. ist die Abgrenzung zwischen den Tatbestandsmerkmalen vororganschaftliche Zeit und organschaftliche Zeit aus Sicht des Organträgers vorzunehmen. Zweck des

---

234 *Dötsch*, in Dötsch/Jost/Pung/Witt, KStG, Anh UmwStG (SEStEG) Rn. 46; *Dötsch/Pung*, Der Konzern 2008, 150, 153; *Dötsch/Witt*, Der Konzern 2007, 190, 194; *dies.*, in Dötsch/Jost/Pung/Witt, KStG, § 14 Rn. 461; *Neumann*, in Gosch, KStG, § 14 Rn. 418; *Schumacher*, DStR 2006, 310, 311.

235 *Erle/Heurung*, in Erle/Sauter, KStG, § 14 Rn. 479; *Neumann*, in Gosch, KStG, § 14 Rn. 418.

236 *Dötsch/Witt*, Der Konzern 2007, 190, 194; *dies.*, in Dötsch/Jost/Pung/Witt, KStG, § 14 Rn. 470 und 460.

237 *Dötsch/Witt*, in Dötsch/Jost/Pung/Witt, KStG, § 14 Rn. 510; *Frotscher*, in Frotscher/Maas, KStG, § 14 Rn. 329; *Haarmann*, in Jahrbuch der Fachanwälte für Steuerrecht 2008/2009, 253, 258; *Kolbe*, StuB 2008, 293, 295; *Neumann*, in Gosch, KStG, § 14 Rn. 423; *Pache*, in Herrmann/Heuer/Raupach, KStG, § 14 Anm. 327; *Vanselow*, GmbH-StB 2004, 305.

238 *Dötsch/Witt*, in Dötsch/Jost/Pung/Witt, KStG, § 14 Rn. 512; *Jochen Thiel*, in FS Raupach, 543, 563.

§ 14 Abs. 4 KStG ist die Sicherstellung des Grundsatzes der Einmalbesteuerung, d.h. eine Doppel- oder Nichtbesteuerung von Organkreiseinkommen soll verhindert werden. Dabei ist Gegenstand des Grundsatzes der Einmalbesteuerung das Einkommen der Organgesellschaft und das Einkommen des Organträgers, das dieser aus der Veräußerung der Organbeteiligung erzielt. § 14 Abs. 4 KStG regelt also die Vermeidung der Doppel- bzw. Nichtbesteuerung von Einkommen eines (bestimmten) Organkreises. Die Vorschrift ist anwendbar, wenn eine Minder- oder Mehrabführung der Organgesellschaft des Organkreises vorliegt, die auf einer Ursache in organschaftlicher Zeit dieses Organkreises beruht; mit anderen Worten: Die Organgesellschaft muss zum Zeitpunkt der Verursachung bereits dem Organkreis angehören. Ob dies der Fall ist, kann nur aus Sicht des Organträgers beantwortet werden. Gehörte die Organgesellschaft z.B. zum Zeitpunkt der Verursachung einer (späteren) Mehrabführung einem anderen Organkreis an (Organkreis I; OT I), so ist die Mehrabführung innerhalb des neuen Organkreises (Organkreis II; OT II) in vororganschaftlicher Zeit verursacht. Stellt man auf die Sichtweise des Organträgers des Organkreises II (OT II) ab, kommt man zum zutreffenden Ergebnis.

Im Übrigen folgt dieses Ergebnis auch aus der Systematik des § 14 KStG. § 14 Abs. 1 KStG regelt die Voraussetzungen und Rechtsfolgen einer Organschaft zwischen einem (bestimmten) Organträger und der Organgesellschaft. Beide Steuersubjekte sind Parteien des nach 14 Abs. 1 Satz 1 Nr. 3 KStG erforderlichen Gewinnabführungsvertrags. Absatz 4 der Vorschrift knüpft auf Grund seiner Stellung im KStG an Absatz 1 an und regelt die steuerliche Behandlung organschaftlicher Minder- und Mehrabführungen dieses (bestimmten) Organschaftsverhältnisses. Ursachen für Minder- und Mehrabführungen, die während des Bestehens dieser Organschaft gesetzt werden, sind Ursachen im Sinne des § 14 Abs. 4 KStG. Danach handelt es sich in Beispiel 11 um eine Mehrabführung, die in vororganschaftlicher Zeit verursacht ist. § 14 Abs. 3 KStG wäre anwendbar.

b) Abgrenzung in „Sonderfällen“

Die folgenden – als „Sonderfälle“ bezeichneten – Fallgruppen zeichnen sich durch Besonderheiten aus.[239]

aa) Abschreibungsfall

Der „Abschreibungsfall“ ist durch die Besonderheit gekennzeichnet, dass mehrere Veranlagungszeiträume betroffen sind. Anders als bei einem „Normalfall“ (z.B. Bildung einer Drohverlustrückstellung), umfasst der wirtschaftliche Sachverhalt mehrere rechtliche Ursachen im Sinne des § 14 Abs. 4 KStG. In der Praxis ergibt sich das Problem, wenn die Nutzungsdauer eines Wirtschaftsgutes der Organgesellschaft von

239 Für den Sonderfall der Verursachnung einer Minder- oder Mehrabführung auf Ebene einer der Organgesellschaft nachgeordneten Personengesellschaft, siehe *Dötsch/Pung*, Der Konzern 2010, 223 ff.

der Betriebsprüfung für Steuerzwecke angepasst wird. Statt einer „kurzen“ legt die Finanzverwaltung eine „lange“ steuerliche Nutzungsdauer zu Grunde; mit anderen Worten der (jährliche) steuerliche Abschreibungsaufwand wird „nach unten“ korrigiert. Da die Handelsbilanz unverändert bleibt, ergeben sich jährliche Abweichungen zwischen handels- und steuerrechtlicher Abschreibung, die – im ersten Schritt – zu Minderabführungen führen. Nach der Beendigung der handelsrechtlichen Abschreibung kommt es – im zweiten Schritt – zu gegenläufigen Mehrabführungen.

Beispiel 12: Unterschiedliche Abschreibung in Handels- und Steuerbilanz[240]

T-GmbH erwirbt ein Wirtschaftsgut (handelsrechtliche Abschreibung linear über 5 Jahre, steuerliche Abschreibung linear über 10 Jahre). In den Jahren 01 – 05 ist der Jahresüberschuss niedriger als der Steuerbilanzgewinn, in den Jahren 06 – 10 ist der Jahresüberschuss höher als der Steuerbilanzgewinn. Ab dem Jahr 04 besteht eine Organschaft zwischen OT und T-GmbH (OG).

Sind die Mehrabführungen in den Jahren 06 – 10 (alle) in organschaftlicher Zeit verursacht?

Nach einer in der Literatur vertretenen Auffassung gelten für die Abgrenzung von in vororganschaftlicher und in organschaftlicher Zeit verursachter Minder- und Mehrabführungen die Grundsätze des „Normalfalls“.[241] Es ist also danach zu fragen, ob die Ursache für die jeweilige Minder- oder Mehrabführung in vororganschaftlicher oder in organschaftlicher Zeit liegt. Dabei gilt die Besonderheit, dass die jährlichen Abweichungen nicht auf einer (einzigen) Ursache in einem Zeitpunkt beruhen, sondern jede Abweichung (nebst gegenläufiger Abweichung) auf einer eigenen Ursache mit unterschiedlichem Entstehungszeitpunkt beruht. Deshalb kann eine Minder- oder Mehrabführung im „Abschreibungsfall“ anteilig vororganschaftlich und anteilig organschaftlich verursacht sein. Eine gegenläufige Mehrabführung kann nach dieser Auffassung anteilig als vororganschaftlich und organschaftlich zu behandeln sein. Danach wären die Mehrabführungen in Beispiel 12 zum Teil in vororganschaftlicher Zeit verursacht (Ursache ist die Abschreibungsdifferenz in vororganschaftlicher Zeit). Dabei soll neben der Aufteilung der jeweiligen gegenläufigen Mehrabführung[242] auch eine Behandlung nach First-In-First-Out Grundsätzen in Betracht kommen.[243] Legt man First-In-First-Out Grundsätze zu Grunde, wären in Beispiel 12 die

240 Beispiel nach *Lang*, NWB 2009, 118, 119.

241 *Dötsch/Pung*, Der Konzern 2008, 150, 154; *Lang*, NWB 2009, 118, 119.

242 So wohl *Erle/Heurung* in Erle/Sauter, KStG, § 14 Rn. 488.

243 *Dötsch/Pung*, Der Konzern 2008, 150, 154. Danach wären gegenläufige Mehrabführungen zunächst in voller Höhe als in vororganschaftlicher Zeit veranlasst zu behandeln. Erst nachdem gegenläufige Mehrabführungen in Höhe der in vororganschaftlicher Zeit liegenden Abschreibungsdifferenz geleistet worden sind, lägen organschaftliche Mehrabführungen vor. Der Betrag der organschaftlichen gegenläufigen Mehrabführungen entspricht dem Betrag der vorausgegangenen organschaftlichen Minderabführungen.

Mehrabführungen für die Jahre 06-08 in vororganschaftlicher Zeit verursacht[244], die Mehrabführungen für die Jahre 09-10 wären in organschaftlicher Zeit verursacht.[245]

bb) Ausgleich eines vororganschaftlichen handelsrechtlichen Verlustvortrags

Der Ausgleich eines vororganschaftlichen handelsrechtlichen Verlustvortrags[246] im Rahmen des § 301 AktG ist nach Auffassung der Finanzverwaltung und nach Teilen der Literatur[247] in organschaftlicher Zeit verursacht. Danach ist eine Minderabführung in Folge eines Verlustausgleichs in organschaftlicher Zeit verursacht. Es ist ein aktiver Ausgleichsposten zu bilden.[248] Nach einer anderen Auffassung ist der Verlustausgleich vororganschaftlich verursacht. Danach ist die entsprechende Minderabführung in vororganschaftlicher Zeit verursacht.[249] Der Buchwert der Organbeteiligung wäre – wie bei einer Einlage – zu erhöhen.[250]

cc) Prüfungsbedingte Mehrsteuern

Prüfungsbedingte Mehrsteuern einer Organgesellschaft für Geschäftsvorfälle aus vororganschaftlicher Zeit sind in vororganschaftlicher Zeit veranlasst.[251] Im Jahr der Nachzahlung wird der (abzuführende) Jahresüberschuss gemindert, nicht jedoch der Steu-

---

244 Ursache sind die Abschreibungsdifferenzen in den vororganschaftlichen Jahren 01-03.

245 Ursache sind Abschreibungsdifferenzen in den organschaftlichen Jahren 04-05, die in den Jahren 04 und 05 zu organschaftlichen Minderabführungen geführt haben.

246 § 301 Satz 1 AktG, § 15 Satz 1 Nr. 1 KStG.

247 *Danelsing*, in Blümich, KStG, § 14 Rn. 196f.; *Walter*, in Ernst & Young, KStG, § 15 Rn. 12 und § 14 Rn. 891.

248 R 63 Abs. 2 KStR 2004. Nach Auffassung von *Frotscher* liegt eine steuerliche Einlage vor, die durch Aktivierung auf dem Beteiligungskonto abzubilden ist. Ein aktiver Ausgleichsposten sei nicht zu bilden, *Frotscher*, in Frotscher/Maas, KStG, § 15 Rn. 5 mit Hinweis auf BFH, Urteil vom 08.03.1955, I R 73/54 U, BStBl. III 1955, 187.

249 *Breier*, Der Konzern 2011, 11, 15; *Dötsch*, Der Konzern 2010, 99, 101; *Dötsch/Pung*, Der Konzern 2008, 150, 154; *Erle/Heurung*, in Erle/Sauter, KStG, § 14 Rn. 507; so wohl auch *Neumann*, in Gosch, KStG, § 14 Rn. 421a; *van Lishaut*, FR 2009, 1030, 1036 „Archetypus einer vororganschaftlich verursachten Gewinnabführung“.

250 *Neumann* scheint von einer vororganschaftlichen Minderabführung auszugehen, in Gosch, KStG, § 14 Rn. 421a, allerdings kann nach seiner Auffassung ein aktiver Ausgleichsposten gebildet werden, Rn. 455. Begreift man einen in Folge einer Minderabführung zu bildenden aktiven Ausgleichsposten als Zusatzposten zum Beteiligungsbuchwert ist das steuerliche Ergebnis im Grundsatz zwar zutreffend (Bildung aktiver Ausgleichsposten entspricht Einlage). Allerdings müsste *Neumann* diesen aktiven Ausgleichsposten auch während seiner Fortführung wie „echten“ Beteiligungsbuchwert behandeln (z.B. Teilwertabschreibung auf Ausgleichsposten, Verrechenbarkeit des Ausgleichspostens mit Einlagenrückgewähr der Organgesellschaft). Im Übrigen scheidet die Bildung von Ausgleichsposten bei vororganschaftlichen Minder- und Mehrabführungen nach § 14 Abs. 3 KStG aus.

251 Ein Anspruch aus dem Steuerschuldverhältnis entsteht mit Verwirklichung des (Steuer-)Tatbestands, § 38 AO. Vgl. *Dötsch/Witt*, Der Konzern 2007, 190, 198; *Neumann*, in Gosch, KStG, § 14 Rn. 419.

erbilanzgewinn.[252] Diese Differenz zwischen abgeführtem Gewinn und Steuerbilanzgewinn beruht auf der Erhöhung des Einkommens für die vororganschaftliche Zeit.[253]

dd) Umwandlung des Organträgers

Bei der Umwandlung eines Organträgers (Verschmelzung, Spaltung) stellt sich die Frage, ob eine – nach der Umwandlung des Organträgers – erfolgende Minder- oder Mehrabführung der Organgesellschaft, deren Ursache im Rahmen der Umwandlung „übertragen" worden ist, in vororganschaftlicher oder in organschaftlicher Zeit verursacht ist.[254]

Nach ganz überwiegend vertretener Auffassung in der Literatur führt die Übertragung der Beteiligung an der Organgesellschaft im Wege einer Verschmelzung des Organträgers auf einen anderen Rechtsträger unter Ansatz der steuerlichen Buchwerte und bei Fortsetzung der Organschaft dazu, dass die „organschaftliche Zeit" im Sinne des § 14 Abs. 4 KStG fortgesetzt wird.[255] Aus Sicht des neuen Organträgers ist eine Minder- oder Mehrabführung, die in der Zeit der Organschaft zwischen der Organgesellschaft und des übertragenden Organträgers verursacht worden ist, also keine in vororganschaftlicher Zeit verursachte Minder- oder Mehrabführung. Dies gilt entsprechend für eine Übertragung der Organbeteiligung im Rahmen einer Spaltung des Organträgers.[256] Da der Gesetzgeber durch das Jahressteuergesetz 2009[257] „klargestellt" hat, dass § 23 Abs. 1 UmwStG auch auf den Anteilstausch nach § 21 UmwStG Anwendung findet, gilt das Vorstehende auch für eine Einbringung der Organbeteiligung in eine Kapitalgesellschaft.[258]

Bei Ansatz der gemeinen Werte endet die „organschaftliche Zeit".[259] In diesem Fall liegt aus Sicht des neuen Organträgers eine vororganschaftliche Zeit vor.[260]

252 Vgl. *Walter/Stümper*, GmbHR 2003, 825.

253 *Meining*, Mehr- bzw. Minderabführungen in der körperschaftsteuerlichen Organschaft, 101; *Walter/Stümper*, GmbHR 2003, 825.

254 Z.B. Verschmelzung eines Organträgers auf einen (neuen) Organträger, siehe Beispiel 13.

255 *Dötsch*, in Dötsch/Jost/Pung/Witt, KStG, Anh UmwStG (SEStEG) Rn. 46; *Dötsch/Pung*, Der Konzern 2008, 150, 153; *Erle/Heurung*, in Erle/Sauter, KStG, § 14 Rn. 481; der übernehmende Organträger trete in diesem Fall in die Rechtsstellung des übernehmenden Rechtsträgers ein, § 4 Abs. 2 Satz 1, § 13 Abs. 3, § 23 Abs. 1, Abs. 3 und Abs. 4 UmwStG; *Herlinghaus*, in Rödder/Herlinghaus/van Lishaut, UmwStG, Anh. 3 Rn. 71, wonach auch der (nahtlose) Abschluss eines neuen Gewinnabfühungsvertrags zwischen dem neuen Organträger und der Organgesellschaft ohne Auswirkung sein soll; *Neumann*, in Gosch, KStG, § 14 Rn. 418; *Schumacher*, DStR 2006, 310, 311; *ders.*, in FS Schaumburg, 477, 483, wonach der Eintritt in die steuerliche Rechtsstellung des übertragenden Rechtsträgers entscheidend sein soll.

256 *Schumacher*, in FS Schaumburg, 477, 483.

257 BGBl. I 2008, 2794.

258 *Schumacher*, in FS Schaumburg, 477, 483; ablehnend für die Zeit vor Ergänzung des § 23 Abs. 1 UmwStG, *Dötsch/Pung*, Der Konzern 2008, 150, 155.

259 § 3 Abs. 1, § 11 Abs. 1 UmwStG. *Dötsch/Pung*, Der Konzern 2008, 150, 153.

260 *Dötsch/Pung*, Der Konzern 2008, 150, 153.

II. Abgrenzung nach der „Herkunft“ der Ursache einer Minder- oder Mehrabführung

Nach einer in der Literatur vertretenen Auffassung[261] und (wohl auch) der Auffassung der Finanzverwaltung[262] sollen vororganschaftliche und organschaftliche Minder- und Mehrabführungen auch nach der „Herkunft“ ihrer Ursache unterschieden werden. Danach können Minder- und Mehrabführungen inner- oder außerorganschaftlich veranlasst sein. Der Zeitpunkt der Ursache soll insoweit keine Rolle spielen. Innerorganschaftliche Minder- und Mehrabführungen sind nach § 14 Abs. 4 KStG zu behandeln, außerorganschaftliche Minder- und Mehrabführungen nach § 14 Abs. 3 KStG.

1. Minder- und Mehrabführungen mit „innerorganschaftlicher“ Ursache

Innerorganschaftliche Minder- und Mehrabführungen liegen vor, wenn ihre Ursache von der Organgesellschaft selbst gesetzt wurde. Da die Abgrenzung von § 14 Abs. 3 und Abs. 4 KStG aus Sicht des Organträgers vorzunehmen ist, liegt eine innerorganschaftliche Minder- oder Mehrabführung auch vor, wenn die Ursache von einer anderen Organgesellschaft – desselben Organkreises – gesetzt worden ist und diese Gesellschaft unter Ansatz steuerlicher Buchwerte auf die Organgesellschaft umgewandelt wird.[263]

Beispiel 13: Verschmelzung OG I auf OG II

OT ist zu jeweils 100 v.H. am Nennkapital der OG I und der OG II beteiligt. OG I bildet im Jahr 01 eine Drohverlustrückstellung (organschaftliche Minderabführung). Im Jahr 02 wird OG I unter Buchwertansatz auf OG II verschmolzen. OG II löst die Drohverlustrückstellung auf. Die Mehrabführung ist in organschaftlicher Zeit verursacht.

2. Minder- und Mehrabführungen mit „außerorganschaftlicher“ Ursache

Eine außerorganschaftliche Minder- oder Mehrabführung soll vorliegen, wenn die Ursache der Minder- oder Mehrabführung von „außerhalb“ der Organgesellschaft im Wege einer Gesamtrechtsnachfolge auf die Organgesellschaft übertragen wurde.[264] Das Merkmal „vororganschaftlich verursacht“ soll nach § 12 Abs. 3 UmwStG auf die

261 *Dötsch/Witt*, Der Konzern 2007, 190, 191.

262 Vgl. zum Übergang von Verlustvorträgen z.B. im Rahmen einer Verschmelzung nach § 12 Abs. 3 Satz 2 UmwStG a.F., BMF-Schreiben vom 25.03.1998, IV B 7 – S 1978 – 21/98, IV B 2 – S 1909 – 33/98, BStBl. I 1998, 268, Tz. Org. 27.

263 *Dötsch/Pung*, Der Konzern 2008, 150, 156; *Neumann*, in Gosch, KStG, § 14 Rn. 418; *Schumacher*, DStR 2006, 310, 312.

264 Nach einer Kurzinformation der OFD Münster vom 09.12.2010 sind durch Umwandlungsvorgänge auf Organgesellschaften verursachte außerorganschaftliche Minder- oder Mehrabführungen nach § 14 Abs. 3 KStG zu behandeln, OFD Münster, Kurzinformation Körperschaftsteuer Nr. 003/2010 vom 09.12.2010, DStR 2011, 367.

Organgesellschaft übergehen.[265] Außerorganschaftliche Minder- und Mehrabführungen sind gesetzlich nicht geregelt und deshalb auch nach Inkrafttreten von § 14 Abs. 3 und Abs. 4 KStG problematisch.[266]

Beispiel 14: Verschmelzung Schwester-GmbH auf OG

OT ist zu jeweils 100 v.H. am Nennkapital der T-GmbH und der OG und der T-GmbH (keine Organgesellschaft) beteiligt. T-GmbH bildet im Jahr 01 eine Drohverlustrückstellung. Im Jahr 02 wird T-GmbH unter Buchwertansatz auf OG verschmolzen. OG löst die „erworbene" Drohverlustrückstellung auf, so dass es zu einer Mehrabführung kommt.

Die Minder- oder Mehrabführung, die sich in Folge einer außerorganschaftlichen Ursache ergibt, ist nach einer in der Literatur vertretenen Auffassung eine vororganschaftliche Minder- oder Mehrabführung nach § 14 Abs. 3 KStG.[267] Dabei liegt nach dieser Auffassung eine außerorganschaftliche Ursache nur vor, wenn – aus Sicht des Organträgers – die Ursache von außerhalb des Organkreises stammt.[268] Im Grundsatz liegt deshalb in Beispiel 14 eine vororganschaftliche Mehrabführung vor, da T-GmbH nicht Organgesellschaft war. In der Literatur wird die Problematik z.T. mit Hinweis auf die (frühere) steuerliche Behandlung eines im Rahmen einer Verschmelzung auf eine Organgesellschaft übergehenden Verlustvortrags behandelt (§ 12 Abs. 3 Satz 2 UmwStG 1995). Die Finanzverwaltung behandelte einen solchen (auf die Organgesellschaft übergegangenen) Verlustvortrag bei der Organgesellschaft als vororganschaftlichen Verlustvortrag (§ 15 Satz 1 Nr. 1 KStG).[269] Diese Rechtsauffassung war – soweit ersichtlich – bislang nicht Gegenstand einer gerichtlichen Überprüfung. Unter Berücksichtigung des Wortlauts von § 14 Abs. 4 Satz 1 KStG, der ausdrücklich auf das Merkmal „organschaftliche Zeit" – also auf einen Zeitpunkt bzw. Zeitraum – abstellt, erscheint die Existenz außerorganschaftlicher Ursachen zumindest zweifelhaft. Unklar ist in diesem Zusammenhang, ob auch der Zeitpunkt der Entstehung der Ursache als „steuerliches Merkmal" übergehen könnte. In diesem Fall könnte in Beispiel 14 eine organschaftliche Mehrabführung vorliegen, wenn zum Zeitpunkt der Bildung der Rückstellung bei T-GmbH bereits eine Organschaft zwischen OT und OG bestand.

---

265 *Dötsch/Pung*, Der Konzern 2008, 150, 156; *Dötsch/Witt,* Der Konzern 2007, 190, 197; *Dötsch*, in Dötsch/Jost/Pung/Witt, KStG, Anh UmwStG (SEStEG) Rn. 48; *Schumacher*, in FS Schaumburg, 477, 487.

266 Vgl. *Pache*, in Herrmann/Heuer/Raupach, KStG, § 14 Anm. 321; *Rödder*, DStR 2005, 217, 220; *Sedemund*, DB 2010, 1255; *Wischmann*, in Herrmann/Heuer/Raupach, Jahresband 2008, KStG, § 14 Anm. J 07-3.

267 *Dötsch*, in Dötsch/Jost/Pung/Witt, KStG, Anh UmwStG (SEStEG) Rn. 48 und Rn. 52; *Dötsch/Witt*, in Dötsch/Jost/Pung/Witt, KStG, § 14 Rn. 468; *dies.*, Der Konzern 2007, 190, 197 und 199; *Dötsch/Pung*, Der Konzern 2008, 150, 156; *Schumacher*, in FS Schaumburg, 477, 487; zweifelnd *Grube/Behrendt/Heeg*, GmbHR 2006, 1026 und 1079.

268 *Dötsch*, in Dötsch/Jost/Pung/Witt, KStG, Anh UmwStG (SEStEG) Rn. 48; *Schumacher*, in FS Schaumburg, 477, 487, auch zum Fall der „Ursachen-Übertragung" durch Einbringung eines Teilbetriebs vom Organträger.

269 BMF-Schreiben vom 25.03.1998, IV B 7 – S 1978 – 21/98, IV B 2 – S 1909 – 33/98, BStBl. I 1998, 268, Tz. Org. 27.

Der Vollständigkeit halber ist darauf hinzuweisen, dass Ursache einer Minder- oder Mehrabführung auch der Umwandlungsvorgang selbst sein kann (Minderabführung in Form eines Übernahmegewinns[270]).[271] Im Rahmen einer Umwandlung auf die Organgesellschaft entsteht ein Übernahmegewinn (oder -verlust), wenn Anteilsbuchwert und Buchwert der übergehenden Wirtschaftsgüter voneinander abweichen. Besteht eine Differenz zwischen handelsrechtlichem und steuerlichem Übernahmegewinn, ergibt sich eine Minder- oder Mehrabführung. Ein ähnlicher Sachverhalt ergibt sich, wenn handelsrechtlicher und steuerrechtlicher Übernahmegewinn in unterschiedliche Wirtschaftsjahre fallen.[272] Da dieser Vorgang – aus Sicht des Organträgers und der Organgesellschaft – innerhalb der Organschaftszeit liegt, wird z.T. von einem Anwendungsfall des § 14 Abs. 4 KStG ausgegangen.[273] Nach anderer Auffassung soll es sich um einen Anwendungsfall des § 14 Abs. 3 KStG handeln.[274] Aus Sicht der übernehmenden Organgesellschaft beruhe die Minder- oder Mehrabführung auf einer außerorganschaftlichen Ursache.

III. Zusammenfassung

Die Abgrenzung des § 14 Abs. 3 KStG von § 14 Abs. 4 KStG erfolgt nach dem Zeitpunkt der Ursache, die der jeweiligen Minder- und Mehrabführung zu Grunde liegt. Dabei ist die Abgrenzung nach herrschender Auffassung aus der Sicht des Organträgers vorzunehmen. Ist eine Ursache zu einem Zeitpunkt gesetzt worden, zu dem keine Organschaft bestand, so liegt eine Minder- und Mehrabführung im Sinne des § 14 Abs. 3 KStG vor. Ist die Ursache dagegen zu einem Zeitpunkt gesetzt worden, in dem eine Organschaft zum Organträger bestand, ist § 14 Abs. 4 KStG anwendbar.

Im Hinblick auf die Ausgleichspostenlösung und die Einlagelösung ergeben sich – zumindest im Grundsatz – keine Unterschiede. Die Einlagelösung durchbricht nämlich nicht das Nebeneinander vororganschaftlicher und organschaftlicher Minder- und Mehrabführungen. Allerdings würde die Einlagelösung die Anzahl der Abgrenzungsfälle einschränken: Nach § 14 Abs. 3 Satz 1 KStG sind vororganschaftliche Minderabführungen als Einlage des Organträgers zu behandeln. Im Rahmen einer Einlagelösung würden nach § 14 Abs. 4 Satz 1 KStG-Entwurf auch organschaftliche Minderabführungen als Einlage des Organträgers behandelt. Insoweit wäre im Fall einer Minder-

270 *Dötsch/Pung*, Der Konzern 2008, 150, 156; *Frotscher*, in Frotscher/Maas, KStG, § 14 Rn. 284.; *Meining*, Mehr- bzw. Minderabführungen in der körperschaftsteuerlichen Organschaft, 148/149.

271 *Grube/Behrendt*, GmbHR 2005, 1172, 1174; *Schumacher*, in FS Schaumburg, 477, 484 mit Hinweis auf FG Hamburg, Urteil vom 14.09.1999, VI 103/98, EFG 2000, 150, 152; vgl. BMF-Schreiben vom 25.03.1998, IV B 7 – S 1978 – 21/98, IV B 2 – S 1909 – 33/98, BStBl. I 1998, 268, Tz. Org. 26.

272 Vgl. *Pfaar/Welke*, GmbHR 2002, 516, 517.

273 *Schumacher*, in FS Schaumburg, 477, 484; so auch *Grube/Behrendt*, GmbHR 2005, 1172, 1177; *Meining*, BB 2009, 1444, 1446.

274 BMF-Schreiben vom 25.03.1998, IV B 7-S 1978-21/98, IV B 2-S 1909-33/98, BStBl. I 1998, 268, Tz. Org 26; *Dötsch/Pung*, Der Konzern 2008, 150, 156.

abführung eine Abgrenzung nicht mehr erforderlich. Eine Gleichbehandlung vororganschaftlicher und organschaftlicher Minder- und Mehrabführungen würde das Problem der Abgrenzung des § 14 Abs. 3 KStG von § 14 Abs. 4 KStG beseitigen.

§ 3 Ausgleichspostenlösung der § 14 Abs. 4, § 27 Abs. 1 Satz 4, Abs. 6 KStG

Das Problem organschaftlicher Minder- und Mehrabführungen wird im Rahmen der Ausgleichspostenlösung durch Bildung und Auflösung von Ausgleichsposten beim Organträger gelöst. Die bislang in Verwaltungsanweisungen geregelte Ausgleichspostenlösung ist nun in § 14 Abs. 4, § 27 Abs. 1 Satz 4, Abs. 6 KStG enthalten. Da der Gesetzgeber eine rückwirkende Anwendung der Vorschrift bestimmt hat, stellt sich die Frage nach der Verfassungsmäßigkeit einer rückwirkenden Anwendung der Vorschrift. Um die Frage zu beantworten, wie sich Transaktionen auf Ebene des Organträgers oder der Organgesellschaft auf bestehende Ausgleichsposten auswirken, muss die Rechtsnatur eines Ausgleichspostens bestimmt werden. Im Folgenden werden Tatbestand und Rechtsfolgen der Ausgleichspostenlösung in Form von § 14 Abs. 4, § 27 Abs. 1 Satz 4, Abs. 6 KStG, die Frage der Verfassungsmäßigkeit einer rückwirkenden Anwendung der Vorschrift und die Rechtsnatur organschaftlicher Ausgleichposten untersucht.

A. Tatbestand und Rechtsfolgen der Ausgleichspostenlösung

Tatbestandsvoraussetzungen organschaftlicher Minder- und Mehrabführungen und die Rechtsfolgen für den Organträger sind in § 14 Abs. 4 KStG geregelt. Die Vorschrift unterscheidet zwei Tatbestände: Erster Tatbestand ist das Vorliegen von Minder- und Mehrabführungen mit Ursache in organschaftlicher Zeit (§ 14 Abs. 4 Satz 1 und 6 KStG). Rechtsfolge ist die Bildung eines organschaftlichen Ausgleichspostens[275] in der Steuerbilanz des Organträgers (§ 14 Abs. 4 Satz 1 KStG). Die Rechtsfolge für die Organgesellschaft – Erhöhung bzw. Minderung des Einlagekontos – ist in § 27 Abs. 6 KStG geregelt. Zweiter Tatbestand ist die Veräußerung der Organbeteiligung bzw. die einer Veräußerung gleichgestellten Sachverhalte (§ 14 Abs. 4 Satz 2 bis 5 KStG). Rechtsfolge ist die einkommenswirksame Auflösung bestehender organschaftlicher Ausgleichsposten. Eine einkommensneutrale Auflösung von Ausgleichsposten im Fall einer gegenläufigen Mehr- oder Minderabführung ist in § 14 Abs. 4 KStG nicht geregelt.

---

275 Nach Auffassung von *Reiß* hat „ein derartiger Begriff in einem Gesetz nichts zu suchen", Der Konzern 2008, 9, 30.

I. Bildung eines organschaftlichen Ausgleichspostens

1. Tatbestandsvoraussetzungen des § 14 Abs. 4 Satz 1 KStG

Nach § 14 Abs. 4 Satz 1 KStG ist Tatbestandsvoraussetzung für die Bildung eines organschaftlichen Ausgleichspostens das Vorliegen einer Minder- oder Mehrabführung, die ihre Ursache in organschaftlicher Zeit hat. Danach setzt die Bildung eines organschaftlichen Ausgleichspostens voraus, dass

- eine Minder- oder Mehrabführung vorliegt und
- die Ursache für diese Minder- oder Mehrabführung in organschaftlicher Zeit liegt.

Im Übrigen setzt eine Anwendung des § 14 Abs. 4 KStG voraus, dass eine wirksame Organschaft nach § 14 Abs. 1 Satz 1 KStG besteht, mit anderen Worten: Liegt zum Zeitpunkt des Sachverhalts keine wirksame Organschaft vor, ist § 14 Abs. 4 KStG nicht anwendbar.

a) Tatbestandsmerkmale „Minderabführung“ und „Mehrabführung“

Die Tatbestandsmerkmale „Minderabführung“ und „Mehrabführung“ sind im Gesetz nicht definiert. § 14 Abs. 4 Satz 6 KStG nennt allerdings ein Regelbeispiel:[276]

> Minder- oder Mehrabführungen im Sinne des Satzes 1 liegen insbesondere vor, wenn der an den Organträger abgeführte Gewinn von dem Steuerbilanzgewinn der Organgesellschaft abweicht und diese Abweichung in organschaftlicher Zeit verursacht ist.

Der Tatbestand des § 14 Abs. 4 Satz 1 KStG liegt danach vor, wenn der abgeführte Gewinn vom Steuerbilanzgewinn der Organgesellschaft abweicht und die Abweichung in organschaftlicher Zeit verursacht ist.[277] Nach dem Wortlaut des § 14 Abs. 4 Satz 6 KStG können (gleichzeitig) mehrere organschaftliche Minder- und Mehrabführungen in einem Wirtschaftsjahr vorliegen. Danach führt jede Ursache im Sinne des § 14 Abs. 4 Satz 1 KStG zu einer gesonderten Minder- oder Mehrabführung.[278]

Hervorzuheben ist, dass aus dem Regelbeispiel nicht die Höhe der Minder- oder Mehrabführung folgt. Insbesondere muss der Differenzbetrag zwischen abgeführtem Gewinn und Steuerbilanzgewinn nicht identisch mit dem Betrag der Minder- oder Mehrabführung sein. Aus Satz 6 folgt lediglich, dass Minder- und Mehrabführungen

---

276 *Heurung/Seidel*, Der Konzern 2009, 400, 403; *Kolbe*, StuB 2008, 293, 294; so wohl auch *Teller*, in Kanzler/Nacke, Steuergesetzgebung 2008/2009, 260 „beispielhafte Definition“; vgl. zu Regelbeispielen im Steuerrecht mit Blick auf § 8 Abs. 4 Satz 2 KStG a.F., *Janssen*, DStZ 2005, 856. In der Begründung des Gesetzentwurfs wird der Begriff „Definition“ verwendet, BT-Drs 7036, 20; vom Vorliegen einer „Legaldefiniton“ gehen aus, *Danelsing*, in Blümich, KStG, § 14 Rn. 196f; *Dötsch*, Ubg 2008, 117, 119; *Dötsch/Witt*, in Dötsch/Jost/Pung/Witt, KStG, § 14 Rn. 481; *Frotscher*, in Frotscher/Maas, KStG, § 14 Rn. 305a; *Schumacher*, in FS Schaumburg, 477, 479; so wohl auch *Werning*, in Blümich, KStG, § 27 Rn. 67 und 68 mit Bezugnahme auf das (alte) „Musterbeispiel“ des § 27 Abs. 6 Satz 2 KStG a.F.

277 Vgl. zu einem Definitionsversuch, *Schumann/Kempf*, FR 2006, 219, 220.

278 *Bosch*, in Preißer/Pung, C VI. Rn. 246.

vorliegen, wenn eine Differenz zwischen den „Größen" abgeführter Gewinn und Steuerbilanzgewinn besteht.

Beispiel 15: Minder- und Mehrabführungen in einem Wirtschaftsjahr

OG führt folgende Transaktionen durch:

a) Bildung Drohverlustrückstellung in Höhe von 10 (Folge: Organschaftliche Minderabführung),
b) Handelsrechtliche Mehrabschreibung eines Wirtschaftsgutes in Höhe von 10 (Folge: Organschaftliche Minderabführung),
c) Zurechnung eines steuerlichen Verlustes einer Tochter-Personengesellschaft in Höhe von 50 ohne handelsbilanzielle Folge (Folge: Organschaftliche Mehrabführung).

Die Abweichung zwischen den Größen abgeführter Gewinn und Steuerbilanzgewinn beträgt 30. Dies bedeutet jedoch nicht, dass eine einzige Mehrabführung nach § 14 Abs. 4 Satz 1 KStG in Höhe von 30 vorliegt. Nach bisheriger Auffassung der Finanzverwaltung liegen zwei Minderabführungen in Höhe von jeweils 10 und eine Mehrabführung in Höhe von 50 vor. Es sind – nach zumindest bisheriger Auffassung der Finanzverwaltung – zwei aktive und ein passiver Ausgleichsposten zu bilden.

Unter Berücksichtigung der im Gesetz genannten Größen abgeführter Gewinn und Steuerbilanzgewinn könnte man mit Blick auf § 14 Abs. 4 Satz 6 KStG die Auffassung vertreten, dass in einem Wirtschaftsjahr der Organgesellschaft entweder eine Minder- oder eine Mehrabführung in Höhe der Differenz zwischen beiden Größen[279] vorliegt.[280] Die Verwendung des Plurals „Minder- oder Mehrabführungen" knüpft lediglich an die Verwendung des Plurals in Satz 1 an. Danach käme es zwingend zu einer Saldierung organschaftlicher Minder- und Mehrabführungen. Im Übrigen wird in diesem Zusammenhang in der Literatur – zu Recht kritisch – hervorgehoben, dass das Merkmal „Steuerbilanzgewinn" ungenau ist.[281] Der Steuerbilanzgewinn einer Organgesellschaft ist nämlich bereits um den Betrag der Gewinnabführung der Organgesellschaft gekürzt. Deshalb sei auf den „Steuerbilanzgewinn vor Gewinnabführung und Verlustübernahme" abzustellen.

Das Merkmal „insbesondere" in Satz 6 stellt klar, dass neben dem Fall einer Differenz zwischen abgeführtem Gewinn und Steuerbilanzgewinn weitere Sachverhalte existieren, die Minder- oder Mehrabführungen mit Ursache in organschaftlicher Zeit darstellen. In § 14 Abs. 4 Satz 6 KStG ist lediglich ein Sachverhalt in Form eines Regelbeispiels skizziert, bei dessen Vorliegen eine Minder- oder Mehrabführung „insbesondere"[282] vorliegt. Eine Minder- oder Mehrabführung kann also auch vorliegen, wenn

---

279 So zumindest für die Zeit vor Inkrafttreten von § 14 Abs. 4 KStG, *Schröder*, StBp 1975, 176; *Weich*, StBp 1973, 6.

280 *Rödder* hebt mit Blick auf § 14 Abs. 3 KStG hervor, dass nach dem Wortlaut der Vorschrift eine Saldierung vororganschaftlicher Minder- und Mehrabführungen möglich sein müsste, DStR 2005, 217, 221. Diese Auffassung lässt sich unter Heranziehen von § 14 Abs. 4 Satz 6 KStG, der auch für Zwecke des § 14 Abs. 3 KStG anwendbar sein soll, stützen.

281 *Dötsch/Witt*, in Dötsch/Jost/Pung/Witt, KStG, § 14 Rn. 481; *Frotscher*, in Frotscher/Maas, KStG, § 14 Rn. 305a, *Schumacher*, in FS Schaumburg, 477, 479; *Jochen Thiel*, in FS Raupach, 543, 549.

282 Das „insbesondere" ist ein Zeichen von Ratlosigkeit des Gesetzgebers, *Reiß*, Der Konzern 2008, 9, 30.

keine Abweichung zwischen abgeführtem Gewinn und Steuerbilanzgewinn der Organgesellschaft besteht (z.B. Ertragszuschuss des Organträgers[283]).[284] Im Übrigen können Minder- und Mehrabführungen nach § 14 Abs. 4 Satz 1 und Satz 6 KStG auch vorliegen, wenn abgeführter Gewinn und Steuerbilanzgewinn „zufällig" übereinstimmen.

Beispiel 16: Minder- und Mehrabführung in einem Wirtschaftsjahr

Folgende Transaktionen erfolgen bei OG innerhalb desselben Wirtschaftsjahres:

a) Bildung Drohverlustrückstellung in Höhe von 10 (Folge: Organschaftliche Minderabführung),
b) Zurechnung eines steuerlichen Verlustes einer Tochter-Personengesellschaft ohne handelsbilanzielle Auswirkung in Höhe von 10 (Folge: Organschaftliche Mehrabführung).

Es dürften nach Auffassung der Finanzverwaltung jeweils eine Minder- und eine Mehrabführung im Sinne des § 14 Abs. 4 Satz 1 und 6 KStG vorliegen. Dennoch kommt es nicht zu einer Abweichung zwischen den Größen abgeführter Gewinn und Steuerbilanzgewinn. Der Wortlaut des § 14 Abs. 4 Satz 6 KStG ist nicht erfüllt.

Der Vollständigkeit halber ist darauf hinzuweisen, dass das Regelbeispiel des § 14 Abs. 4 Satz 6 KStG m.E. auch Minder- und Mehrabführungen nach § 14 Abs. 3 KStG beschreibt.[285] Danach liegen Minder- und Mehrabführungen im Sinne des § 14 Abs. 3 KStG vor, wenn der an den Organträger abgeführte Gewinn vom Steuerbilanzgewinn der Organgesellschaft abweicht und diese Abweichung in vororganschaftlicher Zeit verursacht worden ist. Der Auffassung von *Meining*, wonach § 14 Abs. 4 Satz 6 KStG auf vororganschaftliche Minder- und Mehrabführungen nicht übertragbar sein soll[286], wird nicht gefolgt. Zwar trifft die Feststellung von *Meining* zu, dass die gesetzliche Stellung von § 14 Abs. 4 Satz 6 KStG „missglückt" ist. Die Tatsache, dass Satz 6 Bestandteil von § 14 Abs. 4 KStG ist, spricht nämlich dafür, Satz 6 nicht für Zwecke des § 14 Abs. 3 KStG anzuwenden. Jedoch folgt aus der Begründung des Gesetzentwurfs, dass Satz 6 auch bei der Anwendung von § 14 Abs. 3 KStG anwendbar ist.[287] Vor diesem Hintergrund muss in Satz 6 auch die Eingrenzung auf Minder- und Mehrabführungen, die in „organschaftlicher Zeit verursacht sind" (Satz 6 wiederholt insoweit die Formulierung von Satz 1), gesehen werden.[288]

283 Bericht des Finanzausschusses zum Entwurf des JStG 2008, BT-Drs. 16/7036, 20.

284 Siehe dazu § 2 B. II.

285 Vgl. *Danelsing*, in Blümich, KStG, § 14 Rn. 196f; *Erle/Heurung*, in Erle/Sauter, KStG, § 14 Rn. 468; *Frotscher*, in Frotscher/Maas, KStG, § 14 Rn. 305; *Schumacher*, in FS Schaumburg, 477, 479; *Schumann/Kempf*, FR 2006, 219, 220.

286 *Meining*, BB 2009, 1444, 1446.

287 BT-Drs 16/7036, 20.

288 *Frotscher*, in Frotscher/Maas, KStG, § 14 Rn. 305b, kritisiert die Formulierung von § 14 Abs. 4 Satz 6 KStG. Das Merkmal „Verursachung in organschaftlicher Zeit" sei sowohl in Satz 1 als auch in Satz 6 verwendet worden. Insoweit sei das Gesetz nicht sorgfältig formuliert worden. M.E. ist diese Kritik nicht begründet. § 14 Abs. 4 Satz 6 KStG ist ein Regelbeispiel für eine organschaftliche Minder- oder Mehrabführung ([...] in organschaftlicher Zeit verursacht [...]), das jedoch auch für Zwecke des § 14 Abs. 3 KStG herangezogen werden kann.

b) Tatbestandsmerkmal „Ursache in organschaftlicher Zeit"

Das Tatbestandsmerkmal „Ursache in organschaftlicher Zeit" ist bereits unter § 2 C. erläutert. Im Grundsatz hat eine Minder- oder Mehrabführung ihre Ursache in organschaftlicher Zeit, wenn der Geschäftsvorfall, der Grund für die Minder- oder Mehrabführung ist, in organschaftlicher Zeit buchhalterisch erfasst worden ist.

2. Rechtsfolge des § 14 Abs. 4 Satz 1 KStG

Sofern der Tatbestand des § 14 Abs. 4 Satz 1 KStG erfüllt ist, „ist in der Steuerbilanz des Organträgers ein besonderer aktiver oder passiver Ausgleichsposten in Höhe des Betrags zu bilden, der dem Verhältnis der Beteiligung des Organträgers am Nennkapital der Organgesellschaft entspricht". Die Rechtsform des Organträgers (Körperschaft, Personengesellschaft oder natürliche Person) hat keine Auswirkung auf die Höhe des Ausgleichspostens.[289] Für die Bildung eines Ausgleichspostens gilt das Folgende:

- Bildung eines aktiven oder eines passiven Ausgleichspostens,
- Bildung des Postens erfolgt in der Steuerbilanz des Organträgers,
- Bildung des Postens erfolgt einkommensneutral,
- Posten ist in Höhe des Minder- bzw. Mehrabführungsbetrags zu bilden, der dem Verhältnis der Beteiligung des Organträgers am Nennkapital der Organgesellschaft entspricht.

a) Bildung eines aktiven oder passiven Ausgleichspostens

Nach § 14 Abs. 4 Satz 1 KStG ist für organschaftliche Minder- und Mehrabführungen (das Gesetz verwendet den Plural) ein besonderer aktiver oder passiver Ausgleichsposten (das Gesetz verwendet den Singular) zu bilden. Das Merkmal „besonderer" besagt nach Auffassung von *Dötsch*, dass es sich steuerbilanziell bei dem organschaftlichen Ausgleichsposten nicht um einen Bestandteil des Beteiligungsbuchwerts handelt.[290] Aus § 14 Abs. 4 Satz 1 KStG folgt im Übrigen nicht, wie Ausgleichsposten bei Vorliegen von mehreren (verschiedenen) organschaftlichen Minder- und Mehrabführungen zu bilden sind. In Betracht kommt die Bildung von mehreren (aktiven und/oder passiven) Ausgleichsposten und die Bildung (nur) eines einzigen Postens.[291]

---

289 BMF-Schreiben vom 26.08.2003, IV A 2 – S 2770 – 18/03, BStBl. I 2003, 437, Tz. 43; OFD Frankfurt am Main, Verfügung vom 8.11.2005, DStR 2005, 2044; *Kußmaul/Richter*, BB 2007, 1256, 1259; *Richter*, Ansätze einer Konzernbesteuerung in Deutschland, 315 ff.; *ders.*, GmbHR 2004, 1192, 1197.

290 Vgl. *Dötsch*, Ubg 2008, 117, 124.

291 Siehe dazu § 5 A.

b) Ausgleichsposten ist in der Steuerbilanz des Organträgers zu bilden

aa) Ausgleichspostenbildung in Steuerbilanz

Der besondere Ausgleichsposten ist nach § 14 Abs. 4 Satz 1 KStG in der Steuerbilanz des Organträgers zu bilden.[292] Eine „außerbilanzielle“ Bildung des Ausgleichspostens scheidet danach aus.[293] Allerdings setzt die Bildung eines Ausgleichspostens in der Steuerbilanz voraus, dass der Organträger eine Steuerbilanz aufstellt. Dies ist nicht zwingend. Insbesondere begründet § 14 Abs. 4 KStG keine Pflicht zur Aufstellung einer Steuerbilanz.[294] Sofern der Organträger keine Steuerbilanz aufstellt, ist der Ausgleichsposten in der Überleitungsrechnung nach § 60 Abs. 2 EStDV zu bilden.[295] § 14 Abs. 4 Satz 1 KStG sieht eine Bildung von Ausgleichsposten bei anderen Gesellschaften, also bei Nicht-Organträger-Gesellschaften, nicht vor. Danach wäre z.B. im Fall einer mittelbaren Organschaft die Bildung eines Ausgleichspostens bei einer Zwischengesellschaft nicht möglich.[296]

Die Bildung der Ausgleichsposten in der Steuerbilanz hat keine Auswirkungen auf die Handelsbilanz des Organträgers. Die Maßgeblichkeit der Handelsbilanz für die Steuerbilanz wird insoweit durchbrochen. Der Betrag einer Minder- oder Mehrabführung ist handelsbilanziell „nicht sichtbar“.

bb) Ausgleichspostenbildung erhöht oder mindert steuerliches Betriebsvermögen des Organträgers

Die Bildung des Ausgleichspostens in der Steuerbilanz führt dazu, dass das steuerliche Betriebsvermögen des Organträgers (§ 4 Abs. 1 Satz 1, § 5 Abs. 1 Satz 1 EStG) erhöht oder gemindert wird.[297] Ein aktiver Ausgleichsposten erhöht das steuerliche Be-

---

292 Sofern keine Steuerbilanz aufgestellt wird, sind die Ausgleichsposten in der steuerlichen Überleitungsrechnung nach § 60 Abs. 2 EStDV auszuweisen, *Dötsch/Witt*, in Dötsch/Jost/Pung/Witt, KStG, § 14 Rn. 486; *Frotscher*, in Frotscher/Maas, KStG, § 14 Rn. 312. Vgl. die entsprechende Thematik beim steuerlichen Einlagekonto, BMF-Schreiben vom 4.6.2003, IV A 2-S 2836-2/03, BStBl. I 2003, 366, Tz. 18: § 27 Abs. 1 Satz 4 KStG enthält keine Verpflichtung zur Aufstellung einer Steuerbilanz.

293 So der BFH für die Zeit vor Inkrafttreten von § 14 Abs. 4 KStG: Ausgleichsposten sind Erinnerungsposten, die außerhalb der Steuerbilanz zu bilden sind, z.B. BFH, Urteil vom 29.10.2008, I R 31/08, BFH/NV 2009, 79, 791 m.w.N.

294 *Dötsch/Witt*, in Dötsch/Jost/Pung/Witt, KStG, § 14 Rn. 486; *Frotscher*, in Frotscher/Maas, KStG, § 14 Rn. 312.

295 *Dötsch/Witt*, in Dötsch/Jost/Pung/Witt, KStG, § 14 Rn. 486; *Frotscher*, in Frotscher/Maas, KStG, § 14 Rn. 312.

296 *Frotscher*, in Frotscher/Maas, KStG, § 14 Rn. 331 a.E. Nach Auffassung von *Bosch* ist im Fall einer mittelbaren Organschaft auch bei der Zwischengesellschaft – gegen den Wortlaut von § 14 Abs. 4 Satz 1 KStG – ein Ausgleichsposten zu bilden, in Preißer/Pung, C VI. Rn. 255.

297 *Von Freeden/Rogall*, FR 2009, 785, 788. Insoweit besteht ein Unterschied zum umwandlungssteuerlichen Ausgleichsposten („Luftposten“, BMF-Schreiben vom 25.03.1998, IV B 7 – S 1978 – 21/98, IV B 2 – S 1909 – 33/98, BStBl. I 1998, 268, Rz. 20.27), der nicht am Betriebsvermögensvergleich teilnehmen soll, *dazu Schmitt*, in Schmitt/Hörtnagl/Stratz, UmwStG, § 20

triebsvermögen des Organträgers, ein passiver Ausgleichsposten mindert es. Die Bildung von organschaftlichen Ausgleichsposten wirkt sich also unmittelbar auf den Steuerbilanzgewinn des Organträgers aus.[298] In diesem Zusammenhang ist hervorzuheben, dass vor Inkrafttreten des § 14 Abs. 4 KStG organschaftliche Ausgleichsposten auch außerhalb der Steuerbilanz gebildet werden konnten. Eine gesetzliche Regelung mit gegenteiligem Inhalt existierte nicht. Eine „außerbilanzielle" Bildung von Ausgleichsposten beeinflusste den Steuerbilanzgewinn nicht. Durch § 14 Abs. 4 KStG ist nunmehr klargestellt, dass der Posten in der Steuerbilanz zu bilden ist. Außerbilanziell bestehende Posten sind deshalb nach Inkrafttreten des § 14 Abs. 4 KStG (einkommensneutral) in die Bilanz zu überführen bzw. „einzubuchen". Diese Einbuchung erhöht oder mindert den Steuerbilanzgewinn des Organträgers in dem entsprechenden Wirtschaftsjahr, eine Auswirkung auf das Einkommen ergibt sich nicht.

cc) Ausgleichsposten kann Bedeutung für die laufende Besteuerung des Organträgers haben

Das Ziel der Ausgleichspostenlösung – also des § 14 Abs. 4 KStG bzw. der organschaftlichen Ausgleichsposten – ist die Sicherstellung der Einmalbesteuerung bzw. die Vermeidung der Doppelbesteuerung im Organkreis. Dieses Ziel wird durch Bildung der Ausgleichsposten und ihre einkommenswirksame Auflösung im Zeitpunkt der Veräußerung der Organbeteiligung erreicht. *Dötsch/Witt* heben hervor, dass

> „in der großen Masse der Fälle, in denen bei fortbestehender Organschaft die Differenz zwischen Handels- und Steuerbilanz später wieder entfällt bzw. eine zuvor gebildete Rücklage bei der Organgesellschaft wieder aufgelöst und der Betrag an den Organträger abgeführt wird, die Bildung, Fortentwicklung und spätere Auflösung der Ausgleichsposten [...] eine Beschäftigungstherapie für Unternehmen und Finanzverwaltung [...] ist."[299]

Dieser Feststellung ist „auf den ersten Blick" zwar zuzustimmen. Den organschaftlichen Ausgleichsposten kann auf Grund der in § 14 Abs. 4 Satz 1 KStG angeordneten Bildung in der Steuerbilanz jedoch auch für die laufende Besteuerung des Organträgers materielle Bedeutung zukommen. Die Bildung von Ausgleichsposten, ihre Erhöhung, Minderung oder Auflösung beeinflusst nämlich den Steuerbilanzgewinn des Organträgers. Die Tatsache, dass die Bildung von Ausgleichsposten einkommensneutral erfolgt, ändert hieran nichts. Die Größe „Steuerbilanzgewinn" (des Organträgers) ist z.B. Grundlage für die Bestimmung des nicht entnommenen Gewinns im Sinne des § 34a EStG (Thesaurierungsbegünstigung).[300]

Rn. 267; *Herlinghaus*, in Rödder/Herlinghaus/van Lishaut, UmwStG, § 20 Rn. 147 a.E.; *Widmann*, in Widmann/Mayer, UmwStG (SEStEG), § 20 R 171 ff.

298 Die Bildung von Ausgleichsposten hat somit Auswirkung auf Tatbestände, die an den Steuerbilanzgewinn anknüpfen (z.B. § 15a EStG, § 34a Abs. 2 EStG).

299 *Dötsch/Witt*, in Dötsch/Jost/Pung/Witt, KStG, § 14 Rn. 477.

300 Vgl. zu den Auswirkungen von organschaftlichen Ausgleichsposten bei § 34a EStG, *von Freeden/Rogall*, FR 2009, 785 und § 5 J.

Beispiel 17: Organschaftliche Ausgleichsposten und Thesaurierungsbegünstigung

Die natürliche Person G ist als Kommanditist am Vermögen der OT-GmbH & Co. KG beteiligt, diese wiederum ist zu 100 v.H. am Nennkapital der OG beteiligt. OG bildet eine Drohverlustrückstellung in Höhe von 10. Die Gewinnabführung beträgt 90, das zugerechnete Einkommen 100 (Einkommen soll der Höhe des Steuerbilanzgewinns entsprechen). Die OT-GmbH & Co. KG bildet einkommensneutral einen aktiven Ausgleichsposten in Höhe von 10.

Das Einkommen von OG in Höhe von 100 wird auf Ebene des G besteuert. M.E. kann G auf das „volle" Einkommen in Höhe von 100 die Thesaurierungsbegünstigung des § 34a EStG anwenden. Der nicht entnommene (Steuerbilanz-)Gewinn der OT-GmbH & Co. KG nach § 34a Abs. 2 EStG beträgt 100 (Gewinnabführung 90 + steuerbilanzieller Ertrag aus der Bildung des aktiven Ausgleichspostens 10).

Selbst wenn eine Ursache für eine organschaftliche Minder- oder Mehrabführung vor Veräußerung der Organbeteiligung entfällt, muss die Bildung und Fortführung von Ausgleichsposten keine bloße „Beschäftigungstherapie" sein. Im Gegenteil, eine zutreffende Bildung und Fortführung eines Ausgleichspostens kann Voraussetzung für eine zutreffende laufende Besteuerung des Organträgers sein. In diesem Fall erfüllt sich der einzige Zweck der nach § 14 Abs. 4 KStG zu bildenden Ausgleichsposten nicht in der einkommenswirksamen Auflösung nach § 14 Abs. 4 Satz 2 bis 4 KStG, sondern bereits in der Berücksichtigung bei der Anwendung anderer Tatbestände, die an den Steuerbilanzgewinn anknüpfen.

c) Einkommensneutrale Bildung des Ausgleichspostens

Nach ausdrücklicher Regelung in den Verwaltungsanweisungen erfolgte die Bildung eines Ausgleichspostens bislang einkommensneutral.[301] Dies wird auch von der Rechtsprechung[302] und der Literatur – soweit ersichtlich – nicht in Frage gestellt. Z.B. mindert die Bildung eines passiven Ausgleichspostens zwar den Steuerbilanzgewinn des Organträgers, nicht jedoch dessen Einkommen.[303]

Fraglich ist, ob mit Blick auf § 14 Abs. 4 KStG eine gegenteilige Auffassung vertretbar wäre.[304] § 14 Abs. 4 Satz 1 KStG regelt zwar die Bildung von Ausgleichsposten „in" der Steuerbilanz. Jedoch sieht die Vorschrift z.B. nicht (ausdrücklich) vor, dass die Bildung eines Ausgleichspostens „bei der Ermittlung des Einkommens (des Organ-

---

301 R 63 Abs. 1 Satz 3 KStR 2004.

302 Die „alte" Begründung des BFH, die einkommensneutrale Bildung des Ausgleichspostens folge schon aus seinem Charakter als – außerhalb der Steuerbilanz zu bildender – Erinnerungsposten, ist nach Inkrafttreten des § 14 Abs. 4 KStG nicht mehr vertretbar, vgl. BFH, Urteil vom 29.10.2008, I R 31/08, BFH/NV 2009, 79, 791. Nach § 14 Abs. 4 Satz 1 KStG ist ein Ausgleichsposten in der Steuerbilanz zu bilden.

303 Steuerbilanzgewinnminderung durch Ausgleichspostenbildung mit außerbilanzieller Einkommenserhöhung im Jahr der Postenbildung.

304 *Jochen Thiel* sieht das „fiskalische Risiko", dass ein Finanzgericht mit Blick auf den Wortlaut des § 14 Abs. 4 KStG von einer das Einkommen des Organträgers mindernden Bildung eines passiven Ausgleichspostens ausgehen könnte, in FS Lang, 755, 772.

trägers) außer Ansatz"[305] bleibt.[306] Die Formulierung aus R 63 Abs. 1 Satz 3 KStR 2004 hat der Gesetzgeber nicht in das Gesetz übernommen. Man könnte deshalb mit Blick auf den Gesetzeswortlaut die Auffassung vertreten, dass die Bildung eines passiven Ausgleichspostens eine Minderung des Einkommens des Organträgers zur Folge hat.[307] Entsprechend würde die Bildung eines aktiven Ausgleichspostens das Einkommen erhöhen.[308] Im Schrifttum zu § 14 Abs. 4 KStG wird – soweit ersichtlich – diese Frage nicht problematisiert, es wird – wie bisher und mit Blick auf die KStR 2004 – von einer einkommensneutralen Bildung ausgegangen.[309]

Aus der Entstehungsgeschichte des § 14 Abs. 4 KStG folgt, dass Ausgleichsposten einkommensneutral zu bilden sind. Der Gesetzgeber wollte die Verwaltungsauffassung „vergesetzlichen". Die Verwaltungsauffassung umfasst auch die einkommensneutrale Bildung von Ausgleichsposten. Eine materielle Änderung der Rechtslage sollte durch § 14 Abs. 4 KStG nicht erfolgen.[310] Darüber hinaus lässt sich die Tatsache, dass Ausgleichsposten einkommensneutral zu bilden sind, auch aus § 14 Abs. 4 KStG ableiten.[311] § 14 Abs. 4 Satz 3 KStG bestimmt, dass sich das Einkommen des Organträgers in Folge einer „Auflösung" von Ausgleichsposten im Rahmen einer Veräußerung der Organbeteiligung erhöht oder verringert. Daraus kann im Umkehrschluss abgeleitet werden, dass sich das Einkommen bei der „Bildung" von Ausgleichsposten nicht erhöht oder verringert. Die Bildung von Ausgleichsposten nach § 14 Abs. 4 Satz 1 KStG erfolgt somit einkommensneutral.

d) Anteilige Bildung des Ausgleichspostens

Nach § 14 Abs. 4 Satz 1 KStG ist ein organschaftlicher Ausgleichsposten „in Höhe des Betrags zu bilden, der dem Verhältnis der Beteiligung des Organträgers am Nennkapital der Organgesellschaft entspricht". Sofern ein Organträger zu 100 v.H. am Nennkapital der Organgesellschaft beteiligt ist, ist der Ausgleichsposten in Höhe

---

305 Vgl. z.B. die Formulierung von § 8b Abs. 1 Satz 1 KStG.

306 *Dötsch/Pung*, DB 2007, 2669, 2674; *Teller*, in Kanzler/Nacke, Steuergesetzgebung 2007/2008, 258, 260; *Jochen Thiel*, in FS Lang, 755, 767.

307 *Dötsch/Pung*, heben – in diesem Zusammenhang – die „wortlautgetreue" Anwendung der Steuergesetze durch den I. Senat hervor, Der Konzern 2003, 278, 283.

308 Die amtliche Anlage ORG zur Körperschaftsteuererklärung für das Jahr 2008 sieht – wie bisher – in Zeilen 8 und 9 eine einkommensneutrale Bildung von Ausgleichsposten vor.

309 *Bareis*, FR 2008, 649, 652 ff.; *Danelsing*, in Blümich, KStG, § 14 Rn. 196g; *Dötsch*, in Dötsch/Jost/Pung/Witt, KStG, § 14 Rn. 491; *Frotscher*, in Frotscher/Maas, KStG, § 14 Rn. 313; *ders.*, Ubg 2009, 426, 431; *Kolbe*, StuB 2008, 293, 295; *Lang*, NWB 2009, 118, 120; *Müller*, in Mössner/Seeger, KStG, § 14 Rn. 443/1; *Neumann*, in Gosch, KStG, § 14 Rn. 449; *Teller*, in Kanzler/Nacke, Steuergesetzgebung 2007/2008, 258, 260; *Reiß*, Der Konzern 2008, 9, 29; *Schumacher*, in FS Schaumburg, 477, 481; *Suchanek/Herbst*, FR 2008, 112 ff.; *Wischmann*, in Herrmann/Heuer/Raupach, Jahresband 2008, KStG, § 14 Anm. J 07-4.

310 BT-Drs. 16/7036, 20 f.

311 So wohl auch *Erle/Heurung*, die eine einkommensneutrale Bildung des Ausgleichspostens „indirekt" aus § 14 Abs. 4 KStG ableiten, in Erle/Sauter, KStG, § 14 Rn. 531.

von 100 v.H. der Minder- oder Mehrabführung zu bilden.[312] Ist der Organträger dagegen zu weniger als 100 v.H. am Nennkapital der Organgesellschaft beteiligt (z.B. zu 90 v.H.), so ist der Ausgleichsposten nur in Höhe des Verhältnisses der Beteiligung des Organträgers zum gesamten Nennkapital zu bilden.

Beispiel 18:[313] Bildung einer freien Rücklage nach § 14 Abs. 1 Satz 1 Nr. 4 KStG

OT-KG ist zu 90 v.H. an OG beteiligt. M ist als außenstehender Minderheitsgesellschafter zu 10 v.H. an OG beteiligt. Der Ausgleichsanspruch des M soll sich nach dem Gewinnabführungsvertrag rechnerisch auf 10 v.H. des Jahresüberschusses der OG belaufen. Der Jahresüberschuss der OG beträgt 100.

Im Jahr 01 leistet OG eine Ausgleichszahlung in Höhe von 10. Die Ausgleichszahlung löst KSt in Höhe von rd. 1,8 aus (Einkommen OG: 20/17 von 10). In Höhe des restlichen Gewinns bildet OG eine Rücklage nach § 272 Abs. 3 HGB, § 14 Abs. 1 Satz 1 Nr. 4 KStG (Rücklage: 88,2). Für das Jahr 01 ergeben sich folgende Beträge:

	abzuführender Gewinn	**Steuerbilanzgewinn**	**Einkommen**
Gewinn vor Ausgleichszahlung und Rücklagenbildung	100	100	100
./. Ausgleichszahlung	10	10	-,-[314]
./. Steuer auf Ausgleichszahlung[315]	1,8	1,8	-,-[316]
./. Rücklagenbildung	88,2	-,-	-,-
	0	**88,2**	**100**
Minderabführung	88,2		
Einkommen OG			11,8
Einkommen OT			88,2

OT-KG bildet einen aktiven Ausgleichsposten nach § 14 Abs. 4 Satz 1 KStG in Höhe von „nur“ 79,38 (90 v.H. der Minderabführung). Im Jahr 03 werden – alternativ – die folgenden Transaktionen durchgeführt:

a) OG löst die Rücklage in Höhe von 88,2 auf und führt sie nach § 301 Satz 2 AktG an OT-KG ab (gegenläufige Mehrabführung).
b) OT-KG und M veräußern ihre Anteile an einen Erwerber. OT-KG erzielt einen Preis in Höhe von 79,39 (90 v.H. der Rücklage), M in Höhe von 8,8 (10 v.H. der Rücklage).

Führt § 14 Abs. 4 KStG zu zutreffenden Ergebnissen?

312 *Müller*, in Mössner/Seeger, KStG, § 14 Rn. 439.
313 Nach *Frotscher*, Der Konzern 2007, 34, 40 und *Neumann*, in Gosch, KStG, § 14 Rn. 459.
314 Ausgleichszahlung ist eine nicht abziehbare Betriebsausgabe, § 4 Abs. 5 Satz 1 Nr. 9 EStG.
315 Ausgleichszahlung 10 * 20/17 = eigenes Einkommen der OG 11,8; Steuersatz 15 v.H. auf 11,8 = 1,8.
316 Körperschaftsteuer ist eine nicht abziehbare Aufwendung nach § 10 Nr. 2 KStG.

aa) Beteiligung des Organträgers am Nennkapital der Organgesellschaft

Das Nennkapital der Organgesellschaft ist im Fall einer GmbH das Stammkapital nach § 5 GmbHG, im Fall einer Aktiengesellschaft das Grundkapital nach § 6 AktG. Bei einer unmittelbaren Beteiligung des Organträgers am Nennkapital der Organgesellschaft ergeben sich keine Schwierigkeiten. Die Beteiligung des Organträgers liegt in diesem Fall in Form von GmbH-Anteilen oder Aktien vor. Besonderheiten ergeben sich, wenn der Organträger (nur oder auch) mittelbar an der Organgesellschaft beteiligt ist oder wenn die Organgesellschaft eigene Anteile hält.

aaa) Mittelbare Beteiligung des Organträgers

Da § 14 Abs. 4 Satz 1 KStG nicht auf eine „unmittelbare" Beteiligung abstellt, ist auch eine mittelbare Beteiligung des Organträgers an der Organgesellschaft zu berücksichtigen.[317] Für die Bestimmung der (mittelbaren) Beteiligung des Organträgers am Nennkapital der Organgesellschaft ist durchzurechnen.[318] Dabei sind beim Durchrechnen auch vermittelnde Gesellschaften einzubeziehen, bei denen der Organträger nicht über die Mehrheit der Stimmrechte verfügt (§ 14 Abs. 1 Satz 1 Nr. 1 Satz 2 KStG).[319] Die Auffassung von *Dötsch/Witt*, wonach nur vermittelnde Gesellschaften im Sinne des § 14 Abs. 1 Satz 1 Nr. 1 Satz 2 KStG einzubeziehen sind,[320] widerspricht m.E. § 14 Abs. 4 KStG, dessen Zweck die Vermeidung der Doppel- und Nichtbesteuerung im Organkreis ist. Nach § 14 Abs. 4 KStG ist auf die – unmittelbare oder mittelbare – Beteiligung des Organträgers am Nennkapital der Organgesellschaft abzustellen. Eine Stimmrechtsmehrheit bzw. eine finanzielle Eingliederung ist in diesem Zusammenhang keine Voraussetzung.[321] Würde man bei der Bestimmung der Höhe der mittelbaren Beteiligung des Organträgers für Zwecke des § 14 Abs. 4 KStG nur vermittelnde Gesellschaften im Sinne des § 14 Abs. 1 Satz 1 Nr. 1 Satz 2 KStG einbeziehen, käme es zu einer partiellen Doppel- oder Nichtbesteuerung.

bbb) Eigene Anteile der Organgesellschaft

Fraglich ist, ob eigene Anteile der Organgesellschaft bei der Bestimmung der Höhe der Beteiligung des Organträgers am Nennkapital der Organgesellschaft zu berücksichtigen sind.

---

317 Vgl. *Dötsch/Witt*, in Dötsch/Jost/Pung/Witt, KStG, § 14 Rn. 518; *Frotscher*, Der Konzern 2007, 34, 42; *ders.* in Frotscher/Maas, KStG, § 14 Rn. 331; *Heurung/Seidel*, Der Konzern 2009, 400, 401; *Kolbe*, StuB 2008, 293, 295; *Neumann*, in Gosch, KStG, § 14 Rn. 447.

318 So wohl auch *Breier*, Der Konzern 2011, 11, 24.

319 So wohl auch *Frotscher*, Der Konzern 2007, 34, 42.

320 *Dötsch/Witt*, in Dötsch/Jost/Pung/Witt, KStG, § 14 Rn. 519.

321 So wohl auch *Erle/Heurung*, die hervorheben, dass die Beteiligungserfordernisse des § 14 Abs. 1 Satz 1 Nr. 1 und die des § 14 Abs. 4 KStG voneinander abweichen können, in Erle/Sauter, KStG, § 14 Rn. 534.

Beispiel 19: Organgesellschaft hält eigene Anteile

OT ist zu 95 v.H. am Nennkapital der OG beteiligt. OG hält eigene Anteile in Höhe von 5 v.H. des Nennkapitals. OG bildet eine Drohverlustrückstellung in Höhe von 10, so dass eine Minderabführung in dieser Höhe vorliegt.

In welcher Höhe ist bei OT ein aktiver Ausgleichsposten zu bilden?

Soweit ersichtlich, wird die Frage in der Literatur nicht behandelt. Man könnte die Auffassung vertreten, dass eigene Anteile der Organgesellschaft für Zwecke des § 14 Abs. 4 KStG nicht „Nennkapital mindernd" zu berücksichtigen sind. Diese Auffassung ließe sich damit begründen, dass die eigenen Anteile der Organgesellschaft aus zivilrechtlicher Sicht weiterhin existent sind. Das Nennkapital wird nicht gemindert. Daran ändert auch der bilanzielle „Nettoausweis" eigener Anteile nach BilMoG nichts.[322]

Die vorstehend skizzierte Auffassung wäre abzulehnen. Eigene Anteile sind für Zwecke des § 14 Abs. 4 KStG vom Nennkapital der Organgesellschaft abzuziehen. Danach erhöhen die eigenen Anteile der Organgesellschaft die Beteiligungsquote des Organträgers in Beispiel 19.[323] Die Vermögensrechte der eigenen Anteile der Organgesellschaft ruhen, d.h. die Organgesellschaft erhält auf Grund ihrer eigenen Anteile keinen Anteil am Gewinn der Gesellschaft.[324] Die Organgesellschaft ist nicht außenstehender Gesellschafter nach § 304 AktG, § 16 KStG. Sofern ein Organträger alleine an der Organgesellschaft beteiligt ist, erfolgt die wirtschaftliche Zurechnung des ganzen Gewinns an ihn. Entsprechendes gilt für die Einkommenszurechnung nach § 14 Abs. 1 Satz 1 KStG. Ein Grund für eine (nur) anteilige Bildung eines Ausgleichspostens besteht nicht. § 14 Abs. 4 KStG ist insoweit teleologisch zu reduzieren. In Beispiel 19 ist ein aktiver Ausgleichsposten in Höhe von 10 zu bilden.

Festzuhalten ist insoweit, dass eine 100 v.H.-Beteiligung des Organträgers auch vorliegt, wenn zum Vermögen der Organgesellschaft eigene Anteile gehören. Entscheidend ist, dass kein außenstehender Gesellschafter vorhanden ist.

---

322 Nach § 272 Abs. 1a HGB sind eigene Anteile ab dem Jahr 2010 nicht in der Bilanz auszuweisen. In Höhe der eigenen Anteile ist eine Rücklage zu bilden, der Nennwert der eigenen Anteile ist vom Nennkapital abzusetzen, vgl. *Früchtl/Fischer*, DStZ 2009, 112, 115; *Küting/Reuter*, StuB 2008, 495, 496; *dies.*, BB 2008, 658; *Mayer*, Ubg 2008, 779, 781; *Rodewald/Pohl*, GmbHR 2009, 32, 34.

323 Diese Auffassung vertritt die Finanzverwaltung bezüglich § 8 Abs. 4 KStG a.F., BMF-Schreiben vom 16.04.1999, IV C 6 – S 2745 – 12/99, BStBl. I 1999, 455, Tz. 3 und wohl auch bezüglich § 8c KStG, vgl. *Olbing,* in Streck, KStG, § 8c Rn. 69; bezüglich § 17 EStG, H 17 Abs. 2 EStR 2008; bezüglich § 13b Abs. 1 Nr. 3 Satz 1 ErbStG, gleich lautende Erlasse der obersten Finanzbehörden der Länder zur Umsetzung des Gesetzes zur Reform des Erbschaftsteuer- und Bewertungsgesetzes vom 25.06.2009 (Anwendung der geänderten Vorschriften des Erbschaftsteuer- und Schenkungsteuergesetzes), BStBl. I 2009, 713, Abschnitt 21 Abs. 2 Satz 2.

324 Die Tatsache, dass auch die Stimmrechte der eigenen Anteile ruhen, ist für Zwecke des § 14 Abs. 4 KStG nicht von Bedeutung.

bb) Anteilige Bildung des Ausgleichspostens bei außenstehenden Gesellschaftern

Sofern ein außenstehender Gesellschafter vorhanden ist, ist der Ausgleichsposten in Höhe des Betrags der Minder- oder Mehrabführung zu bilden, der dem Verhältnis der Beteiligung des Organträgers am Nennkapital der Organgesellschaft entspricht.

Beispiel 20: Außenstehender Gesellschafter

OT ist zu 95 v.H. am Nennkapital der OG beteiligt. Ein außenstehender Gesellschafter hält die restlichen 5 v.H. OG bildet eine Drohverlustrückstellung in Höhe von 10.

Bei OT ist ein aktiver Ausgleichsposten in Höhe von 9,5 zu bilden.

Nach § 304 Abs. 1 Satz 1 AktG muss ein Gewinnabführungsvertrag einen angemessenen Ausgleich für die außenstehenden Gesellschafter in Form einer wiederkehrenden Geldleistung vorsehen (Ausgleichszahlung).[325] Dies gilt grundsätzlich auch, wenn die Organgesellschaft die Rechtsform der GmbH hat.[326] Schuldner der Ausgleichszahlung ist nach einer Auffassung der andere Vertragsteil[327] (Organträger), nach einer anderen Auffassung die Gesellschaft[328] (Organgesellschaft). Die Gesellschaft kann auf jeden Fall als Zahlstelle fungieren.[329] Die Zahlung durch die Organgesellschaft führt zu einer entsprechenden Minderung der Gewinnabführung.[330] Die Angemessenheit der Ausgleichszahlung richtet sich nach der Dividende, die ohne den Gewinnabführungsvertrag voraussichtlich verteilt worden wäre.[331] Maßgeblich ist das Prinzip der Vollausschüttung.[332] Die Bildung anderer Gewinnrücklagen – gemeint sind freie Gewinnrücklagen – mindern die Ausgleichszahlung nicht (§ 304 Abs. 2 Satz 1 AktG).[333] Die Ausgleichszahlung ist bei der leistenden Gesellschaft eine nicht abziehbare Betriebs-

---

325 Ein Vertrag, der keinen Ausgleich vorsieht, ist nichtig (§ 304 Abs. 3 Satz 1 AktG). Wenn der Organträger die Rechtsform der AG oder KGaA hat, kann ein variabler Ausgleich vereinbart werden, der sich nach der Dividende des Organträgers richtet (§ 304 Abs. 2 Satz 2 AktG; Ermittlung des variablen Ausgleichs basiert auf der Annahme, die Organgesellschaft sei auf den Organträger verschmolzen worden).

326 Zur Anwendung des § 304 AktG im Fall einer GmbH, vgl *Schumacher*, in Herzig, Organschaft, 199.

327 LG Mannheim, Beschluss vom 30.05.1994, 23 AktE 1/90, AG 1995, 89, 90; *Bilda*, in Münchener Kommentar, AktG, § 304 Rn. 32; *Hüffer*, AktG, § 304 Rn. 4; *Koppensteiner*, in Kölner Kommentar, AktG, § 304 Rn. 22; *Krieger*, in Münchener Handbuch des Gesellschaftsrechts, Band 4, Aktiengesellschaft, § 70 Rn. 63, 72; *Emmerich/Habersack*, Konzernrecht, § 21 II 3; *Exner*, Beherrschungsvertrag und Vertragsfreiheit, 1984, 173 ff. und 178.

328 *Hüchting*, Abfindung und Ausgleich im aktienrechtlichen Beherrschungsvertrag, 1972, 8 ff.

329 *Hüffer*, AktG, § 304 Rn. 4; *Koppensteiner*, in Kölner Kommentar, AktG, § 304 Rn. 22.

330 *Neumann*, in Gosch, KStG, § 16 Rn. 23. Die Ausgleichszahlung verringert als Betriebsausgabe auch den Steuerbilanzgewinn. Deshalb liegt keine Minderabführung nach § 14 Abs. 4 Satz 6 KStG vor.

331 *Hüffer*, AktG, § 304 Rn. 5.

332 OLG Stuttgart, Beschluss vom 13.03.1994, 4 W 56/93, AG 1994, 564, 565; *Hüffer*, AktG, § 304 Rn. 11.

333 *Hüffer*, AktG, § 304 Rn. 11; *ders.*, in FS Kruse, 651, 666; *Bilda*, in Münchener Kommentar, AktG, § 304 Rn. 87; *Emmerich*, in Emmerich/Habersack, Aktien- und GmbH-Konzernrecht, § 304 Rn. 32; *Koppensteiner*, in Kölner Kommentar, AktG, § 304 Rn. 56; *Krieger*, in Münchener Handbuch der AG, § 70 Rn. 67; *Meilicke*, DB 1974, 417, 419.

ausgabe (§ 4 Abs. 5 Satz 1 Nr. 9 EStG).[334] § 16 KStG bestimmt die Steuerfolgen für die Organgesellschaft. Diese hat ihr Einkommen nach § 16 Satz 1 KStG in Höhe von 20/17 der geleisteten Ausgleichszahlungen selbst zu versteuern.[335] Dies gilt nach § 16 Satz 2 KStG auch, wenn der Organträger die Ausgleichszahlung geleistet hat.[336] Das Einkommen der Organgesellschaft wird dem Organträger im Fall einer Ausgleichszahlung also nicht vollumfänglich zugerechnet, das Gesamteinkommen der Organgesellschaft ist um das von der Organgesellschaft zu versteuernde Einkommen zu kürzen.[337] Erzielt eine Organgesellschaft ein Einkommen von 100 und leistet sie eine Ausgleichszahlung in Höhe von 17, beträgt das der Organgesellschaft zuzurechnende Einkommen 20 (20/17 der Ausgleichszahlung) und das dem Organträger zuzurechnende Einkommen 80 (100 ./. 20).[338] Bei der die Ausgleichszahlung leistenden Organgesellschaft mindert die Ausgleichszahlung und der entsprechende Steueraufwand den Gewinn bzw. erhöht den Verlust.[339] Dies führt zu einer Minderung der Gewinnabführung bzw. zu einer Erhöhung der Verlustübernahme.

Festzuhalten ist insoweit, dass im Fall außenstehender Gesellschafter nur ein Teil des Ergebnisses der Organgesellschaft an den Organträger abgeführt wird.

aaa) „Richtigkeit" der gesetzlichen Regelung zur anteiligen Bildung von Ausgleichsposten nach § 14 Abs. 4 Satz 1 KStG ist fraglich

Die Regelung des § 14 Abs. 4 Satz 1 KStG, die eine (nur) anteilige Bildung von Ausgleichsposten vorsieht, entspricht der Regelung in den Körperschaftsteuerrichtlinien[340] und der Rechtsauffassung des Bundesfinanzhofs[341]. Der Gesetzgeber hat diese Rechtsauffassung in Form von § 14 Abs. 4 Satz 1 KStG „vergesetzlicht". Im Schrifttum wird die (nur) anteilige Bildung von Ausgleichsposten kritisiert. Im Grundsatz stehen sich zwei Auffassungen gegenüber.

bbb) Anteilige Bildung von Ausgleichsposten ist zutreffend

Nach Auffassung der Finanzverwaltung[342] ist eine anteilige Bildung von Ausgleichsposten zutreffend. Dieser Auffassung hat sich der Bundesfinanzhof – für die Zeit vor

334 R 65 Abs. 1 Satz 1 KStR 2004; *Neumann*, in Gosch, KStG, § 16 Rn. 22.

335 Nur die Versteuerung des Einkommens durch die Organschaft ermöglicht unabhängig von der Rechtsform des Organträgers eine gleiche Behandlung der Ausgleichszahlungen, *Schumacher*, in Herzig, Organschaft, 193, 203; *Witt*, in Dötsch/Jost/Pung/Witt, KStG, § 16 Rn. 27.

336 Vgl. BMF-Schreiben vom 16.04.1991, IV B 7 – S 2770 – 11/91, BB 1991, 1108; *Schumacher*, in Herzig, Organschaft, 193, 202.

337 § 16 KStG ist eine Zurechnungsvorschrift, die die Rechtsfolgen des § 14 KStG modifiziert, *Neumann*, in Gosch, KStG, § 16 Rn. 1 a.E. und Rn. 24.

338 Weitere Beispiele bei *Neumann*, in Gosch, KStG, § 16 Rn. 27.

339 *Schumacher*, in Herzig, Organschaft, 193, 200.

340 R 63 Abs. 1 Satz 3, Abs. 2 KStR 2004.

341 BFH, Urteil vom 24.07.1996, I R 41/93, BStBl. II 1996, 614.

342 R 63 Abs. 1 Satz 3, Abs. 2 KStR 2004; BMF-Schreiben vom 26.08.2003, IV A 2 – S 2770 – 18/03 –, BStBl. I 2003, 437, Tz. 43.

Inkrafttreten von § 14 Abs. 4 KStG – angeschlossen.[343] Der Entscheidung lag die Rechtsfrage zu Grunde, ob ein (aktiver) organschaftlicher Ausgleichsposten nur anteilig zu bilden ist, wenn der Organträger nicht zu 100 v.H. am Nennkapital der Organgesellschaft beteiligt ist. Der Bildung des Ausgleichspostens lag eine Rücklagenbildung nach § 14 Abs. 1 Satz 1 Nr. 4 KStG zu Grunde. Der Bundesfinanzhof bejahte die Frage. Der Erlös des Organträgers aus der Veräußerung der Organbeteiligung werde durch die Bildung der Rücklage auf Ebene der Organgesellschaft nur entsprechend der Beteiligungsquote des Organträgers erhöht. Deshalb sei ein aktiver Ausgleichsposten im Zeitpunkt der Minderabführung auch nur in entsprechender Höhe zu bilden. Der nicht abgeführte Gewinn der Organgesellschaft wachse im Übrigen dem Wert der Anteile der Minderheitsgesellschafter zu; mit anderen Worten: Eine Rücklage der Organgesellschaft nach § 14 Abs. 1 Satz 1 Nr. 4 KStG erhöht anteilig auch den Wert der Anteile der Minderheitsgesellschafter.[344] Die Einkommenszurechnung an den Organträger im Jahr der Bildung des Ausgleichspostens könne auch nicht rückgängig gemacht werden. Im Übrigen sei auch nicht von einer „Einlage" des Organträgers in die Organgesellschaft – in Form eines Verzichts auf den Gewinnabführungsanspruch – in Höhe der gebildeten Rücklage auszugehen. Einlagegrundsätze fänden keine Anwendung. Nach dieser Auffassung erscheint die gesetzliche Regelung des § 14 Abs. 4 Satz 1 KStG als „richtig".

Nach einer in der Literatur vertretenen Auffassung ist die anteilige Bildung von Ausgleichsposten – zumindest im Grundsatz – zutreffend.[345] *Neumann* weist für die Begründung – anknüpfend an ein Beispiel von *Frotscher* – auf den Zusammenhang zwischen der anteiligen Bildung von Ausgleichsposten nach § 14 Abs. 4 Satz 1 KStG und der Ausgleichzahlungen an außenstehende Gesellschafter nach § 16 KStG hin.[346]

Nach einer weiteren in der Literatur vertretenen Auffassung ist die anteilige Bildung von Ausgleichsposten bezüglich aktiver Posten zutreffend, bezüglich passiver Posten dagegen systematisch unzutreffend.[347] Die Minderung des Einkommens in Folge der Auflösung eines aktiven Ausgleichspostens sei das Korrektiv für den erhöhten Veräußerungsgewinn, der sich auf Grund der „Werterhöhung" der Organgesellschaft in Folge einer Minderabführung ergibt. Da der Organträger, der zu weniger als 100 v.H. an der Organgesellschaft beteiligt ist, an der Werterhöhung der Organgesellschaft nur in Höhe seiner Beteiligungsquote partizipiere, sei es gerechtfertigt, auch nur in dieser Höhe einen aktiven Ausgleichsposten zu bilden.[348] Im Ergebnis habe der Organträger zwar ein höheres Einkommen versteuert, als ihm an Gewinn tatsächlich zugeflossen sei. Dies entspräche jedoch dem Prinzip der Einmalbesteuerung im Organkreis, da bei der Organgesellschaft überhaupt kein steuerpflichtiges Ein-

343 BFH, Urteil vom 24.07.1996, I R 41/93, BStBl. II 1996, 614.

344 BFH, Urteil vom 24.07.1996, I R 41/93, BStBl. II 1996, 614, 615.

345 *Krebs*, FR 1996, 857; *ders.*, BB 1996, 1301, 1302; *Kußmaul/Richter*, BB 2007, 1256, 1260; *Neumann*, in Gosch, KStG, § 14 Rn. 459; *Paltizsch*, StBp 1978, 181.

346 *Neumann*, in Gosch, KStG, § 14 Rn. 459.

347 *Lang*, NWB 2009, 118, 123.

348 *Lang*, NWB 2009, 118, 123 mit Hinweis auf BFH, Urteil vom 24.7.1996, I R 41/93, BStBl. II 1996, 614.

kommen angesetzt werde. Die anteilige Bildung eines passiven Ausgleichspostens führe dagegen zu weißen Einkünften in Höhe der Differenz zwischen der Mehrabführung und der Höhe des Ausgleichspostens.[349] Diesbezüglich sei eine Gesetzeskorrektur wünschenswert.[350]

ccc) Anteilige Bildung von Ausgleichsposten ist unzutreffend

Nach Auffassung des FG München[351] und der überwiegend in der Literatur vertretenen Ansicht[352] ist eine anteilige Bildung von Ausgleichsposten unzutreffend. Danach wären Ausgleichsposten, unabhängig von der Höhe der Beteiligung des Organträgers, stets in Höhe der Minder- oder Mehrabführung zu bilden. Bei Zugrundelegen dieser Auffassung ist die Regelung des § 14 Abs. 4 Satz 1 KStG „falsch".[353] Hinzuweisen ist darauf, dass der dieser Arbeit zu Grunde liegende Entwurf einer Einlagelösung[354] keine anteilige Einlage oder Einlagenrückgewähr bzw. keine anteilige Erhöhung oder Minderung des Beteiligungsbuchwerts der Organbeteiligung vorsieht (§ 14 Abs. 4 Satz 1 KStG-Entwurf). Die Einlagelösung würde insoweit den von Teilen der Literatur geforderten Verzicht auf eine anteilige Berücksichtigung organschaftlicher Minder- und Mehrabführungen umsetzen.

Nach dieser Auffassung führt die anteilige Bildung eines aktiven Ausgleichspostens nach § 14 Abs. 4 Satz 1 KStG im Fall der Veräußerung der Organbeteiligung zu einer potenziellen Doppelbesteuerung, die anteilige Bildung eines passiven Ausgleichspostens zur Entstehung von weißen Einkünften (partielle Nichtbesteuerung[355]).[356] Die anteilige Bildung der Ausgleichsposten stelle die Steuerneutralität weder im Fall der Veräußerung der Organbeteiligung, noch im Fall der Auflösung und Abführung einer

349 *Lang*, NWB 2009, 118, 123; so auch *Dötsch*, Ubg 2008, 117, 124.

350 *Lang*, NWB 2009, 118, 123.

351 FG München, Urteil vom 8.2.1993, 7 K 3788/90, EFG 1993, 545, 546.

352 *Bareis*, FR 2008, 649, 657; *Curtius-Hartung*, in FS Rose, 313, 317 f.; *Dötsch/Witt*, in Dötsch/Jost/Pung/Witt, KStG, § 14 Rn. 508; *Erle/Heurung*, in Erle/Sauter, KStG, § 14 Rn. 540 ff.; *Frotscher*, in Frotscher/Maas, KStG, § 14 Rn. 315; *ders.*, Der Konzern 2007, 34, 40; *ders.*, Ubg 2009, 426, 433; *Gassner*, in Lademann, KStG, § 14 Rn. 100; *Haarmann*, in Jahrbuch der Fachanwälte für Steuerrecht 2008/2009, 253, 258; *Heurung/Klübenspies*, BB 2003, 2483, 2494; *Krebs*, FR 1996, 857; *ders.*, BB 1996, 1301, 1303; *Müller*, in Mössner/Seeger, KStG, § 14 Rn. 443; *Reiß*, Der Konzern 2008, 9, 30; *Tesdorpf*, StBp 1981, 82, 83; *Jochen Thiel*, in FS Lang, 755, 770 ff.; *Witt*, Die Organschaft im Ertragsteuerrecht, 181 f.; kritisch auch *Schröder*, StBp 1975, 176, 181; wohl auch *Bosch*, in Preißer/Pung, C VI. Rn. 254; kritisch auch *Breier*, Der Konzern 2011, 11, 17.

353 „Schwachstelle in der Systematik" der Ausgleichsposten, *Frotscher*, in Frotscher/Maas, KStG, § 14 Rn. 316; *Bareis*, FR 2008, 649, 657; *Haarmann*, in Jahrbuch der Fachanwälte für Steuerrecht 2008/2009, 253, 258; *Müller*, in Mössner/Seeger, KStG, § 14 Rn. 443; *Reiß*, Der Konzern 2008, 9, 30.

354 Für den möglichen Gesetzeswortlaut einer Einlagelösung, siehe Anlage 1.

355 Kritisch mit Blick auf die Aufgabe der Maßgeblichkeit bei Umwandlungen, *Dötsch/Witt*, in Dötsch/Jost/Pung/Witt, KStG, § 14 Rn. 508 und Rn. 482.

356 *Müller*, in Mössner/Seeger, KStG, § 14 Rn. 443.

Rücklage sicher.[357] Im Übrigen führe die anteilige Bildung von Augleichsposten zum „Auseinanderfallen“ von Ausgleichsposten und Einlagekontoerhöhung/-minderung.[358] Das Einlagekonto mindert bzw. erhöht sich nach § 27 Abs. 6 KStG nämlich – unabhängig von der Höhe der Beteiligung des Organträgers – stets in Höhe der Minderabführung bzw. in Höhe der Mehrabführung. Zutreffend wäre nach dieser Auffassung, die Ausgleichsposten in der Höhe zu bilden, in der die Vermögensmehrung der Organgesellschaft dem Organträger im Einkommen zugerechnet wird.[359] Dem Organträger werde der volle, nicht der beteiligungsbezogene Betrag der Vermögensmehrung zugerechnet.[360] Die Tatsache, dass sich der Organträger die Vermögensmehrung der Organgesellschaft (z.B. Rücklage) während der Organschaft jederzeit abführen lassen könne, rechtfertige die steuerliche Zurechnung der Vermögensmehrung zum Organträger.[361] Die Bildung eines Ausgleichspostens in (voller) Höhe der Minder- oder Mehrabführung führt nach dieser Auffassung zu folgenden Auswirkungen:

(1) Gegenläufige Mehr- oder Minderabführung

Im Fall einer gegenläufigen Mehr- oder Minderabführung ist der komplette Ausgleichsposten einkommensneutral aufzulösen. Die auf Ebene der Organgesellschaft befindliche Vermögensmehrung wird dabei vollumfänglich an den Organträger ausgekehrt. Dieser hat die Vermögensmehrung auch vollumfänglich versteuert. Die Bildung eines Ausgleichspostens in Höhe der Minder- oder Mehrabführung dürfte zum zutreffenden Ergebnis führen.

Zu Beispiel 18:[362] Auskehrung der Rücklage an den Organträger

Nach der skizzierten Auffassung wäre die Bildung eines aktiven Ausgleichspostens in Höhe von 88,2 zutreffend. Im Fall der Auskehrung der Rücklage in Höhe von 88,2 von OG an OT ist der Ausgleichsposten in Höhe von 88,2 einkommensneutral aufzulösen. OT hat die ihm zustehende Vermögensmehrung einmal versteuert.

(2) Veräußerung der Organbeteiligung

Bei der Veräußerung der Organbeteiligung fließt dem Organträger lediglich ein Teil der Vermögensmehrung der Organgesellschaft in Form des Veräußerungserlöses zu.[363] Die einkommenswirksame Auflösung eines aktiven Ausgleichspostens würde zur Entste-

---

357 *Frotscher,* in Frotscher/Maas, KStG, § 14 Rn. 316; vgl. auch *Müller*, in Mössner/Seeger, KStG, § 14 Rn. 442 und 443; *Müller-Gatermann*, in FS Ritter, 457, 469; vgl. auch *Kußmaul/Richter*, BB 2007, 1256, 1259.

358 *Dötsch/Witt*, in Dötsch/Jost/Pung/Witt, KStG, § 14 Rn. 508.

359 Einen Alternativvorschlag zur anteiligen Bildung von Ausgleichsposten stellt *Frotscher* ausführlich dar, in Frotscher/Maas, KStG, § 14 Rn. 318; zustimmend *Dötsch/Witt*, in Dötsch/Jost/Pung/Witt, KStG, § 14 Rn. 388; *Müller*, in Mössner/Seeger, KStG, § 14 Rn. 443.

360 *Müller*, in Mössner/Seeger, KStG, § 14 Rn. 443.

361 *Frotscher*, in Frotscher/Maas, KStG, § 14 Rn. 318.

362 Nach *Frotscher*, Der Konzern 2007, 34, 40 und *Neumann*, in Gosch, KStG, § 14 Rn. 459.

363 *Frotscher*, in Frotscher/Maas, KStG, § 14 Rn. 319.

hung eines Veräußerungsverlustes führen. § 3 Nr. 40, § 3c Abs. 2 EStG oder § 8b KStG wären anwendbar.

Zu Beispiel 18:[364] Veräußerung der Organbeteiligung

Nach der skizzierten Auffassung wäre die Bildung eines aktiven Ausgleichspostens in Höhe von 88,2 zutreffend. Im Fall der Veräußerung der Organbeteiligung wäre der Ausgleichsposten einkommenswirksam aufzulösen. Es ergibt sich ein Veräußerungsverlust in Höhe von 8,81 (Veräußerungserlös 79,39 ./. aktiver Ausgleichsposten 88,20), der beim OT § 3 Nr. 40, § 3c Abs. 2 EStG oder § 8b KStG unterliegt. Unter Berücksichtigung des Veräußerungsverlustes hat der Gesellschafter des OT die ihm zustehende Vermögensmehrung (Veräußerungserlös 79,39) einmal versteuert (Einkommenszurechnung im Jahr der Bildung der Rücklage 88,2 ./. Veräußerungsverlust 8,81).[365]

(3) Beendigung der Organschaft

Im Fall der Beendigung der Organschaft ohne Veräußerung der Organbeteiligung (z.B. Kündigung oder Aufhebung des Gewinnabführungsvertrags) müssten bestehende Ausgleichsposten nach dieser Auffassung anteilig einkommenswirksam aufgelöst werden. Der Organträger habe nicht mehr die Möglichkeit, sich die Vermögensmehrung in voller Höhe durch eine Gewinnabführung zu verschaffen.[366] Deshalb habe der Organträger zuviel versteuert. Der Ausgleichsposten sei in Höhe der Beteiligung des Minderheitsgesellschafters einkommenswirksam aufzulösen.

Zu Beispiel 18:[367] Beendigung der Organschaft

Nach der skizzierten Auffassung wäre die Bildung eines aktiven Ausgleichspostens in Höhe von 88,2 zutreffend. Der aktive Ausgleichsposten ist nach dieser Auffassung in Höhe der Beteiligung des Minderheitsgesellschafters einkommenswirksam aufzulösen. Beim OT ergibt sich ein Verlust in Höhe von 8,82 (Veräußerungsgewinn 79,38 ./. Ausgleichsposten 88,2 = Verlust 8,82).

Im Fall einer (anteiligen) Abführung der Rücklage wäre der verbleibende aktive Ausgleichsposten erfolgsneutral mit der Ausschüttung zu verrechnen (Ausgleichsposten 88,2 ./. anteilige Rücklage 79,38).[368] Bei der Veräußerung der Organbeteiligung wäre der verbleibende aktive Ausgleichsposten (8,82)Veräußerungsgewinn mindernd aufzulösen (Veräußerungsgewinn 0 ./. Ausgleichsposten 8,82 = Verlust 8,82). Die Vermögensmehrung des OT (90 v.H. der Rücklage = 79,38) ist vom OT einmal versteuert worden (Einkommenszurechnung im Jahr der Bildung der Rücklage 88,2 ./. Verlust aus der Auflösung des Ausgleichspostens 8,82).

---

364 Nach *Frotscher*, Der Konzern 2007, 34, 40 und *Neumann*, in Gosch, KStG, § 14 Rn. 459.

365 Die Tatsache, dass der Veräußerungsverlust im Rahmen des Teileinkünfteverfahren nur in Höhe von 60 v.H. und im Rahmen von § 8b Abs. 3 KStG gar nicht steuerlich berücksichtigt wird, ist eine Folge der unterschiedlichen Besteuerung von laufendem Einkommen und Veräußerungsgewinn bzw. -verlust.

366 *Frotscher*, in Frotscher/Maas, KStG, § 14 Rn. 321. Der gegenwärtige Wortlaut des § 14 Abs. 4 KStG lässte eine anteilige (einkommenswirksame) Auflösung eines Ausgleichspostens bei Beendigung der Organschaft nicht zu. So möglicherweise aber *Erle/Heurung*, in Erle/Sauter, KStG, § 14 Rn. 607.

367 Nach *Frotscher*, Der Konzern 2007, 34, 40 und *Neumann*, in Gosch, KStG, § 14 Rn. 459.

368 *Frotscher*, in Frotscher/Maas, KStG, § 14 Rn. 321.

In diesem Zusammenhang ist hervorzuheben, dass § 14 Abs. 4 KStG eine einkommenswirksame Auflösung von Ausgleichsposten im Fall der Beendigung der Organschaft nicht vorsieht. Die Beendigung einer Organschaft ist auch kein Sachverhalt, der – wie z.B. eine Umwandlung der Organgesellschaft auf eine Personengesellschaft – einer Veräußerung der Organbeteiligung nach § 14 Abs. 4 Satz 5 KStG gleichgestellt werden kann. Eine gesetzliche Umsetzung der vorstehenden Auffassung setzt deshalb auch insoweit eine Ergänzung des Gesetzes voraus, die bloße Streichung der Bestimmung zur anteiligen Bildung von Ausgleichsposten genügt nicht. Zu regeln wäre, dass ein bestehender Ausgleichsposten im Fall der Beendigung der Organschaft nur in Höhe des Betrags fortzuführen ist, der dem Verhältnis der zu diesem Zeitpunkt bestehenden Beteiligung des Organträgers am Nennkapital der Organschaft entspricht. Der übersteigende Teil des Ausgleichspostens wäre einkommenswirksam aufzulösen.

(4) Stellungnahme

Die in § 14 Abs. 4 Satz 1 KStG angeordnete anteilige Bildung von Ausgleichsposten führt zu unzutreffenden Ergebnissen. Der überwiegend in der Literatur vertretenen Auffassung wird insoweit gefolgt. Sofern ein Minderheitsgesellschafter an der Organgesellschaft beteiligt ist, kann es trotz § 14 Abs. 4 KStG zu einer Doppel- bzw. Nichtbesteuerung kommen. Im Gegensatz zur Ausgleichspostenlösung sieht die Einlagelösung bei Beteiligung außenstehender Gesellschafter keine anteilige Einlage oder Einlagenrückgewähr vor. Die Einlagelösung führt insoweit zum zutreffenden Ergebnis. Deshalb könnte man die Einlagelösung – auf den ersten Blick – als „überzeugendere Lösung" qualifizieren. Die anteilige Bildung von Ausgleichsposten ist jedoch nicht Wesensmerkmal der Ausgleichspostenlösung. Bei Verzicht auf eine anteilige Bildung von Ausgleichsposten, also einer Änderung von § 14 Abs. 4 KStG, ändert sich der Charakter der Lösung nicht. Somit ist eine Einlagelösung keine „überzeugendere Lösung" als eine Ausgleichspostenlösung ohne anteilige Bildung von Ausgleichsposten. Der Gesetzgeber könnte die skizzierte Schwachstelle der Ausgleichspostenlösung durch eine Änderung von § 14 Abs. 4 KStG beseitigen.

3. Folgen der Ausgleichspostenlösung auf Ebene der Organgesellschaft

§ 14 Abs. 4 KStG regelt die Folgen organschaftlicher Minder- und Mehrabführungen nur für den Organträger. Da der gesetzlichen Ausgleichspostenlösung die Überlegung zu Grunde liegt, organschaftliche Minder- und Mehrabführungen wie Einlagen und Einlagenrückzahlungen zu behandeln, müssen sie – wie Einlagen und Einlagenrückzahlungen – das steuerliche Einlagekonto der Organgesellschaft berühren. Da eine organschaftliche Minderabführung steuerrechtlich weder eine Einlage ist, noch als eine solche behandelt wird, bedarf es einer besonderen gesetzlichen Regelung.[369] Diese Rege-

369 Vgl. *Kolbe*, in Herrmann/Heuer/Raupach, KStG, § 14 Anm. 93 zu § 27 Abs. 6 Satz 1 KStG a.F. *Müller/Stöcker* gehen davon aus, dass eine Minderabführung bereits nach § 27 Abs. 6 KStG als Einlage des Organträgers zu behandeln ist, die den Buchwert der Organbeteiligung erhöht, Die

lung enthält § 27 Abs. 6 KStG. Die Vorschrift bestimmt, dass im Fall einer Minderabführung – wie bei einer „echten" Einlage – das steuerliche Einlagekonto der Organgesellschaft zu erhöhen und im Fall einer Mehrabführung – wie bei einer „echten" Einlagenrückgewähr – zu mindern ist. Dabei gilt für Mehrabführungen die Besonderheit, dass das Einlagekonto negativ werden kann (§ 27 Abs. 1 Satz 4 KStG).

Hinzuweisen ist darauf, dass eine dem § 27 Abs. 6 KStG entsprechende Vorschrift im Fall einer Einlagelösung überflüssig wäre. Bei einer Einlagelösung in Form von § 14 Abs. 4 KStG-Entwurf folgt die Erhöhung des steuerlichen Einlagekontos der Organgesellschaft im Fall einer organschaftlichen Minderabführung bereits aus dem Charakter der fiktiven Einlage. Eine organschaftliche Mehrabführung gilt als fiktive Einlagenrückgewähr und mindert das Einlagekonto.

a) Tatbestandsvoraussetzungen des § 27 Abs. 6 KStG

Die Tatbestandsvoraussetzungen des § 27 Abs. 6 KStG entsprechen den Tatbestandsvoraussetzungen des § 14 Abs. 4 Satz 1 KStG: Es muss eine Minder- oder Mehrabführung vorliegen, die ihre Ursache in organschaftlicher Zeit hat. Das Tatbestandsmerkmal „Minder- oder Mehrabführung" ist inhaltlich identisch mit dem Merkmal des § 14 Abs. 4 KStG. Es dürften keine Sachverhalte denkbar sein, in denen zwar § 14 Abs. 4 KStG anwendbar ist, § 27 Abs. 6 KStG dagegen nicht.

b) Rechtsfolge des § 27 Abs. 6 KStG

Eine organschaftliche Minderabführung der Organgesellschaft erhöht das Einlagekonto der Gesellschaft, eine Mehrabführung vermindert es (§ 27 Abs. 6 KStG). Dabei kann eine Mehrabführung zu einem negativen Einlagekonto führen (§ 27 Abs. 1 Satz 4 KStG). Das Einlagekonto ist stets in voller Höhe des Minder- oder Mehrabführungsbetrags zu erhöhen oder zu mindern. Dagegen ist ein Ausgleichsposten auf Ebene des Organträgers bei nur anteiliger Beteiligung des Organträgers an der Organgesellschaft nur anteilig zu bilden. Die Höhe eines nach § 14 Abs. 4 Satz 1 KStG zu bildenden Ausgleichspostens entspricht also nicht stets der Erhöhung oder Minderung des Einlagekontos. Darüber hinaus folgt aus § 14 Abs. 4 KStG oder § 27 Abs. 6 KStG auch keine zwingende „Korrespondenz" zwischen Ausgleichspostenbildung und Einlagekontoveränderung. Das Gesetz behandelt in § 14 Abs. 4 KStG ausschließlich die Ebene des Organträgers, in § 27 Abs. 6 KStG ausschließlich die Ebene der Organgesellschaft.

Der Rechtscharakter der Erhöhung oder Minderung des Einlagekontos nach § 27 Abs. 6 KStG ist unklar. Die Finanzverwaltung hat sich zum Rechtscharakter – soweit ersichtlich – nicht geäußert. In der Literatur wird – m.E. zutreffend – hervorgehoben, dass eine organschaftliche Minderabführung und die entsprechende Erhöhung des steuerlichen Einlagekontos der Organgesellschaft keine Einlage ist.[370] Entsprechend

Organschaft, Seite 179 Rn. 654. Deshalb sei § 14 Abs. 4 KStG nicht zwingend erforderlich. Dieser Auffassung ist nicht zuzustimmen. § 27 Abs. 6 KStG ist kein Einlagetatbestand.

370 *Neumann*, in Gosch, KStG, § 14 Rn. 421; so zumindest für die Zeit vor Inkrafttreten von § 14 Abs. 4 KStG, *Erle*, in Erle/Sauter, 2. Auflage, KStG, § 14 Rn. 313.

ist auch eine Mehrabführung keine Einlagenrückgewähr. Diese Feststellung ist für den Fall von Bedeutung, in dem das Gesetz an das Vorliegen einer Einlage oder Einlagenrückgewähr Rechtsfolgen knüpft.[371]

II. Fortführung organschaftlicher Ausgleichsposten zwischen Bildung nach § 14 Abs. 4 Satz 1 KStG und Auflösung nach § 14 Abs. 4 Satz 2 KStG

Im Gesetz ist die Bildung und Auflösung organschaftlicher Ausgleichsposten geregelt. Dagegen ist die Fortführung der Ausgleichsposten, also ihre steuerliche Behandlung zwischen Bildung und Auflösung, nicht normiert. Gleichfalls fehlt eine gesetzliche Aussage zur Rechtsnatur der Ausgleichsposten. Unklar ist deshalb, wie Ausgleichsposten im Rahmen von Transaktionen zu behandeln sind (z.B. Umwandlung des Organträgers) und ob Ausgleichsposten Gegenstand einer Teilwertabschreibung sein können. Eine vergleichbare Frage stellt sich im Rahmen der Einlagelösung nicht. Bei der Einlagelösung besteht beim Organträger nur die Organbeteiligung. Zusätzliche Ausgleichsposten, die möglicherweise einen „eigenen Rechtscharakter" haben und anders als die Beteiligung an der Organgesellschaft zu behandeln sind, bestehen nicht. Im Zusammenhang mit der Fortführung von Ausgleichsposten stellen sich – neben den vorstehenden Fragen – z.B. die folgenden Themen.

1. Einkommensneutrale Auflösung von Ausgleichsposten in Fortführungsphase sieht § 14 Abs. 4 KStG nicht vor

Für eine Minder- oder Mehrabführung mit Ursache in organschaftlicher Zeit ist beim Organträger ein Ausgleichsposten zu bilden (§ 14 Abs. 4 Satz 1 KStG). Sofern die Ursache dieser Minder- oder Mehrabführung während der Zeit der Organschaft entfällt, kommt es erneut zu einer Minder- oder Mehrabführung, allerdings – gedanklich – mit „umgekehrtem Vorzeichen".[372] Eine solche Minder- oder Mehrabführung wird als „gegenläufige Mehr- oder Minderabführung" bezeichnet. Z.B. folgt einer originären Minderabführung eine gegenläufige Mehrabführung. Minderabführung und gegenläufige Mehrabführung haben dieselbe Ursache.[373]

Beispiel 21: Gegenläufige Mehrabführung

Im Jahr 01 bildet OG eine Drohverlustrückstellung (organschaftliche Minderabführung). Beim OT ist ein aktiver Ausgleichsposten zu bilden. Im Jahr 02 löst OG die Rückstellung wieder auf (organschaftliche Mehrabführung). Ursache der Minder- sowie der Mehrabführung ist die Bildung der Drohverlustrückstellung im Jahr 01. Bei der Mehrabführung handelt es sich um eine gegenläufige Mehrabführung, die einer originären Minderabführung nachfolgt.

---

371 Siehe dazu § 5 K. und L.

372 R 63 Abs. 1 Satz 4 KStR 2004; *Frotscher*, in Frotscher/Maas, KStG, § 14 Rn. 334.

373 Vgl. *Neumann*, in Gosch, KStG, § 14 Rn. 460.

a) *Regelung in den Körperschaftsteuerrichtlinien*

Die Finanzverwaltung hat die Behandlung gegenläufiger Mehr- und Minderabführungen in den Körperschaftsteuerrichtlinien geregelt.[374] Danach ist ein entsprechender aktiver Ausgleichsposten, dessen Bildung durch eine Rücklage der Organgesellschaft verursacht worden ist, einkommensneutral aufzulösen, wenn die Rücklage abgeführt wird. Rechtsprechung[375] und Literatur haben dieser Behandlung – soweit ersichtlich – nicht widersprochen.

Zu Beispiel 21: Einkommensneutrale Auflösung des aktiven Ausgleichspostens

Die – in Beispiel 21 dargestellte – gegenläufige Mehrabführung von OG im Jahr 02 soll nach Auffassung der Finanzverwaltung bei OT nicht zur Bildung eines passiven Ausgleichspostens führen. Stattdessen ist der im Jahr 01 gebildete aktive Ausgleichsposten einkommensneutral aufzulösen; mit anderen Worten: Die gegenläufige Mehrabführung ist mit dem aktiven Ausgleichsposten zu verrechnen.

Soweit ersichtlich, geht die Finanzverwaltung auch im Anwendungsbereich des § 14 Abs. 4 KStG von der Existenz gegenläufiger Mehr- und Minderabführungen aus.[376] Gleichfalls wird auch in der Literatur die Existenz von Minder- und Mehrabführungen in Form gegenläufiger Mehr- und Minderabführungen nicht in Frage gestellt.[377]

b) *Existenz gegenläufiger Mehr- und Minderabführungen ist unter Berücksichtigung des Gesetzeswortlauts zweifelhaft*

Die Existenz gegenläufiger Mehr- und Minderabführungen ist m.E. zweifelhaft. Nach § 14 Abs. 4 KStG existieren nur Minder- und Mehrabführungen, die zur Bildung von Ausgleichsposten führen. Eine einkommensneutrale Auflösung von Ausgleichsposten in Folge einer gegenläufigen Mehr- oder Minderabführung sieht § 14 Abs. 4 KStG nicht vor. Der Gesetzgeber hat die skizzierte Regelung gegenläufiger Mehr- oder Minderabführungen in den KStR 2004 nicht in § 14 Abs. 4 KStG übernommen. Eine der R 63 Abs. 1 Satz 4 KStR 2004 entsprechende Regelung fehlt in § 14 Abs. 4 KStG. Das Gesetz spricht nur von Minder- und Mehrabführungen, die zur Bildung eines organschaftlichen Ausgleichspostens führen.[378] Gegenläufige Mehr- und Minderabführungen, die zu einer einkommensneutralen Auflösung bestehender Ausgleichsposten

---

374 Zur Auflösung einer Rücklage der Organgesellschaft, R 63 Abs. 1 Satz 4 KStR 2004.

375 BFH, Urteil vom 07.02.2007, I R 5/05, BStBl. II 2007, 796.

376 Die amtliche Anlage ORG zur Körperschaftsteuererklärung für das Jahr 2008 sieht in Zeilen 8 und 9 eine einkommensneutrale Auflösung von Ausgleichsposten in Folge einer gegenläufigen Mehr- oder Minderabführung vor.

377 *Müller*, in Mössner/Seeger, KStG, § 14 Rn. 435 mit Hinweis auf R 63 Abs. 1 Satz 4 KStR 2004; *Schumacher*, in FS Schaumburg, 477, 481. *Olbing* scheint zwar im Grundsatz auch davon auszugehen, dass gegenläufige Mehr- und Minderabführungen nach § 14 Abs. 4 KStG wie bisher zu behandeln sind, jedoch lässt er eine Saldierung von Ausgleichsposten zu, in Streck, KStG, § 14 Rn. 144.

378 § 27 Abs. 6 KStG erwähnt gleichfalls keine gegenläufigen Mehr- und Minderabführungen.

führen, kennt das Gesetz dagegen nicht.[379] M.E. ergibt sich die Existenz gegenläufiger Mehr- und Minderabführungen auch nicht aus § 14 Abs. 4 Satz 5 KStG. Zwar trifft die Feststellung von *Frotscher*, die Aufzählung der Gründe für eine Auflösung von Ausgleichsposten in Satz 5 sei nicht abschließend, zu.[380] Jedoch erfasst Satz 5 nicht den Fall gegenläufiger Mehr- oder Minderabführungen.[381] Satz 5 regelt „veräußerungsgleiche" Sachverhalte und knüpft an Satz 2 und Satz 3 an. Danach sind Ausgleichsposten bei Vorliegen der Tatbestandsmerkmale des Satzes 5 einkommenswirksam aufzulösen. Eine – gesetzlich nicht geregelte – gegenläufige Mehr- oder Minderabführung soll jedoch nicht zu einer einkommenswirksamen Auflösung, sondern zu einer einkommensneutralen Auflösung bestehender Ausgleichsposten führen. Dieser Fall wird in Satz 5 nicht geregelt. Satz 5 erfasst nur Sachverhalte, die zu einer einkommenswirksamen Auflösung von Ausgleichsposten führen.

Festzuhalten ist insoweit, dass nach § 14 Abs. 4 KStG gegenläufige Mehr- und Minderabführungen nicht existieren. Eine materielle Auswirkung dürfte sich daraus jedoch nicht ergeben. Gegenläufige Mehr- und Minderabführungen sind nach dem Wortlaut des § 14 Abs. 4 KStG wie „normale" Minder- und Mehrabführungen zu behandeln. Dabei sind aktive und passive Ausgleichsposten zu saldieren. Somit wird ein Ausgleichsposten aus einer originären Minderabführung durch eine spätere (gegenläufige) Mehrabführung – im Ergebnis einkommensteuerneutral – abgebaut.

2. Auflösung von Ausgleichsposten in nachorganschaftlicher Zeit

Eine Auflösung von Ausgleichsposten kann auch in nachorganschaftlicher Zeit erfolgen. Diese Fallgruppe ist von einer gesetzlichen Auflösung nach § 14 Abs. 4 Satz 2 KStG zu unterscheiden; es handelt sich um eine Auflösung in der Fortführungsphase.

a) Auflösung von Ausgleichsposten in Folge einer nachvertraglichen Gewinnabführung

In Folge einer Betriebsprüfung kann es in nachorganschaftlicher Zeit zu einer (rückwirkenden) Erhöhung des steuerlichen Gewinns kommen (z.B. Verrechnungspreiskorrektur im Jahr 05 für das Jahr 01).[382] Dadurch ergibt sich für das entsprechende Wirtschaftsjahr ein höherer Steuerbilanzgewinn (z.B. Einkommenserhöhung für das Jahr 01). Der für das Wirtschaftsjahr tatsächlich abgeführte Gewinn bleibt unverändert, so dass es nachträglich zu einer organschaftlichen Minderabführung für dieses Wirtschaftsjahr kommt (z.B. Minderabführung im Jahr 01). Es ist rückwirkend ein aktiver Ausgleichsposten zu bilden. Wird der erhöhte Gewinn in nachorganschaftlicher Zeit – nach Korrektur durch die Betriebsprüfung – von der ehemaligen Organ-

379 *Frotscher*, in Frotscher/Maas, KStG, § 14 Rn. 305e.

380 *Frotscher*, in Frotscher/Maas, KStG, § 14 Rn. 314 a.E.

381 Nach der Auffassung von *Frotscher* ergibt sich die Existenz gegenläufiger Mehr- und Minderabführungen aus der Systematik der Ausgleichsposten und aus § 14 Abs. 4 Satz 5 KStG, in Frotscher/Maas, KStG, § 14 Rn. 314 a.E und Rn. 334 a.E.

382 Vgl. dazu *Starke*, DB 1996, 1490.

gesellschaft an den Organträger gezahlt, liegt eine nachvertragliche organschaftliche Gewinnabführung vor (z.B. Abführung im Jahr 05).[383] Diese nachvertragliche Gewinnabführung stellt eine gegenläufige Mehrabführung dar und führt – nach herrschender Auffassung – zur einkommensneutralen Auflösung des aktiven Ausgleichspostens im Jahr 05.

b) Auflösung eines aktiven Ausgleichspostens in Folge einer Einlagenrückgewähr

Nach Beendigung der Organschaft sind bestehende Ausgleichsposten fortzuführen. Kommt es in der Zeit nach Beendigung der Organschaft zu einer Einlagenrückgewähr der ehemaligen Organgesellschaft an den ehemaligen Organträger, so stellt sich die Frage, ob auf Ebene des ehemaligen Organträgers eine Verrechnung mit einem aktiven Ausgleichsposten möglich ist. In der Literatur wird die Auffassung vertreten, dass eine Verrechnung eines aktiven Ausgleichspostens mit einer Einlagenrückgewähr möglich ist.[384] Der aktive Ausgleichsposten sei die steuerbilanzielle Folge einer organschaftlichen Minderabführung, die auf Ebene der Organgesellschaft nach § 27 Abs. 6 KStG zur Erhöhung des steuerlichen Einlagekontos führt. Geht man davon aus, dass ein aktiver Ausgleichsposten ein Zusatzposten zum Buchwert der Organbeteiligung ist, so müsse eine Rückzahlung des erhöhten Einlagekontos mit dem aktiven Ausgleichsposten verrechenbar sein.[385] Die Abwicklung entspricht insoweit einer Einlagenrückgewähr nach § 27 Abs. 1 Satz 3 KStG.[386] Dieser Auffassung ist zuzustimmen. Insbesondere steht dieser Auffassung § 14 Abs. 4 KStG nicht entgegen. Die Vorschrift lässt es – mit Blick auf § 27 Abs. 6 KStG – vielmehr zu, Ausgleichsposten als Zusatzposten zum Buchwert der Organbeteiligung zu behandeln.

In diesem Zusammenhang ist hervorzuheben, dass sich die vorstehende Frage im Fall einer Einlagelösung nicht stellt. Im Rahmen der Einlagelösung wird kein aktiver Ausgleichsposten gebildet, sondern der Buchwert der Organbeteiligung in Folge einer fiktiven Einlage erhöht. Eine Einlagenrückgewähr nach Beendigung der Organschaft führt deshalb nicht zu Besonderheiten, d.h. eine Verrechnung mit dem erhöhten Buchwert ist möglich.

---

383 BFH, Urteil vom 05.04.1995, I R 156/93, BB 1995, 1626, 1628; *Erle/Heurung*, in Erle/Sauter, KStG, § 14 Rn. 608; *Müller*, in Mössner/Seeger, KStG, § 14 Rn. 439; *Neumann*, in Gosch, KStG, § 14 Rn. 466; Vgl. zur Bilanzänderung, R 63 Abs. 4 KStR 2004; *Olbing*, in Streck, KStG, § 14 Rn. 143 a.E.

384 Vgl. *Breier*, Der Konzern 2011, 11, 20; *Hübel*, GmbHR 1991, 475, 477; *Lohmann/Heerdt*, DB 2008, 1937, 1938; *Dötsch/Witt*, in Dötsch/Jost/Pung/Witt, KStG, § 14 Rn. 545.

385 Nach der Aufassung von *Breier* handelt es sich bei dem Ausgleichsposten zwar um eine Bilanzierungshilfe, die Verrechnung einer Einlagenrückgewähr soll aber möglich sein, Der Konzern 2011, 11, 20.

386 Zur Einlagenrückgewähr, BMF-Schreiben vom 9.1.1987, IV B 2-S 2143-24/86, BStBl. I 1987, 171.

c) Auflösung eines Ausgleichspostens in Folge einer nachvertraglichen Ausschüttung eines abführungsgesperrten Betrags

Nach § 301 Satz 1 AktG i.d.F. des BilMoG dürfen ausschüttungsgesperrte Beträge (§ 268 Abs. 8 HGB i.d.F. des BilMoG) nicht abgeführt werden. Die Bildung eines abführungsgesperrten Betrags führt m.E. zu einer organschaftlichen Minderabführung der Organgesellschaft, da der abgeführte Gewinn niedriger ist als der Steuerbilanzgewinn. Der Fall entspricht der Bildung einer Rücklage nach § 14 Abs. 1 Satz 1 Nr. 4 KStG. Sofern die Voraussetzungen für die Abführungssperre während der Organschaft nicht entfallen, kommt es nicht zu einer Abführung des abführungsgesperrten Betrags. Der Organträger erhält den „gesperrten" Gewinn nicht. Wirtschaftlich dürfte dies dann von Bedeutung sein, wenn außenstehende Gesellschafter vorhanden sind. In diesem Fall erhöht der nicht abgeführte Gewinn den Wert der Beteiligung des Organträgers an der Organgesellschaft nur anteilig. In der Literatur wird deshalb vorgeschlagen, im Gewinnabführungsvertrag – in Form einer „nachlaufenden Verpflichtung" – einen nachvertraglichen Transfer des gesperrten Gewinnanteils zu vereinbaren.[387] Danach hätte der Organträger bei Wegfall der Voraussetzungen für die Abführungs- bzw. Ausschüttungssperre einen Anspruch auf (Aus-)Zahlung des entsprechenden Gewinns.

Beispiel 22: Nachvertragliche Ausschüttung eines abführungsgesperrten Betrags?

OT ist zu 90 v.H., ein Dritter zu 10 v.H. an OG beteiligt. Zwischen OT, dem Dritten und OG besteht eine Vereinbarung, wonach – vereinfacht – ein nach § 301 Satz 1 AktG i.d.F. des BilMoG, § 268 Abs. 8 HGB i.d.F. des BilMoG gesperrter Betrag nach Beendigung der Organschaft von OG an OT zu zahlen ist.

Im Jahr 05 erzielt OG einen Jahresüberschuss in Höhe von 100. Auf Grund von § 268 Abs. 8 HGB i.d.F. des BilMoG ist eine Abführungssperre in Höhe von 30 zu bilden. OT bildet in Folge der Minderabführung einen anteiligen aktiven Ausgleichsposten nach § 14 Abs. 4 Satz 1 KStG. Die Organschaft wird im Jahr 06 beendet, im Jahr 07 entfallen die Voraussetzungen für die Abführungs- bzw. Ausschüttungssperre. OG zahlt an OT auf der Grundlage der „nachlaufenden Vereinbarung" einen Betrag in Höhe von 30.

Ergibt sich eine Auswirkung auf den aktiven Ausgleichsposten?

Fraglich ist zunächst, ob es sich bei der Zahlung um eine Gewinnausschüttung oder eine (nachvertragliche) Gewinnabführung handelt. Eine Gewinnabführung dürfte – mangels Organschaft – nicht vorliegen. Geht man davon aus, dass es sich bei der nachvertraglichen Zahlung um eine (disquotale verdeckte oder ggf. offene) Gewinnausschüttung handelt, dürfte der aktive Ausgleichsposten im Grundsatz unberührt bleiben. Eine Auflösung nach § 14 Abs. 4 Satz 2 KStG scheidet aus, da eine Veräußerung der Organbeteiligung nicht vorliegt. Etwas anderes dürfte allerdings dann gelten, wenn die Zahlung zu einer Verwendung des steuerlichen Einlagekontos führt (§ 27 Abs. 1 Satz 3 KStG). In diesem Fall kann – wie vorstehend für eine nachvertragliche Einlagenrückgewähr skizziert – eine Verrechnung mit dem bestehenden Ausgleichsposten erfolgen.

---

387 *Gelhausen/Althoff*, WPg 2009, 629, 633.

3. Fortführungsphase auf Ebene der Organgesellschaft

Der Vollständigkeit halber ist darauf hinzuweisen, dass sich im Gegensatz zur Fortführung organschaftlicher Ausgleichsposten auf Ebene des Organträgers auf Ebene der Organgesellschaft keine Besonderheiten ergeben. Für die Fortführung des steuerlichen Einlagekontos, das in Folge der Minderabführung erhöht bzw. in Folge der Mehrabführung gemindert wurde, gelten die allgemeinen Grundsätze. Insbesondere ergeben sich keine Besonderheiten im Zusammenhang mit gegenläufigen Mehr- und Minderabführungen. Diese führen nach § 27 Abs. 6 KStG zu entsprechenden Einlagekontominderungen bzw. -erhöhungen.

III. Auflösung organschaftlicher Ausgleichsposten nach § 14 Abs. 4 Satz 2 bis 5 KStG

In § 14 Abs. 4 Satz 2 bis 5 KStG ist die einkommenswirksame Auflösung organschaftlicher Ausgleichsposten bei Veräußerung der Organbeteiligung bzw. bei Vorliegen eines veräußerungsgleichen Sachverhalts bestimmt.[388] Die Einlagelösung in Form von § 14 Abs. 4 KStG-Entwurf sieht – mangels Ausgleichsposten – eine entsprechende Regelung nicht vor.

1. Tatbestandsvoraussetzungen des § 14 Abs. 4 Satz 2 KStG

Die Auflösung organschaftlicher Ausgleichsposten nach § 14 Abs. 4 Satz 2 KStG setzt voraus, dass

- die Organbeteiligung veräußert wird (Grundtatbestand, § 14 Abs. 4 Satz 2 KStG) oder
- ein der Veräußerung gleichgestellter Sachverhalt vorliegt (Auffangtatbestand, § 14 Abs. 4 Satz 5 KStG).

Sofern die zwischen dem Organträger und der Organgesellschaft bestehende Organschaft durch z.B. eine Aufhebung des Ergebnisabführungsvertrags lediglich beendet wird, erfolgt keine Auflösung der Ausgleichsposten.[389]

388 *Dötsch/Witt*, sehen in der einkommenswirksamen Auflösung der Ausgleichsposten ihren einzigen Zweck, in Dötsch/Jost/Pung/Witt, KStG, § 14 Rn. 527. Geht man davon aus, dass die in der Steuerbilanz des Organträgers zu bildenden Ausgleichsposten den Steuerbilanzgewinn des Organträgers materiell beeinflussen, dürften sie auch bei der laufenden Besteuerung des Organträgers einen Zweck erfüllen, vgl. z.B. zu Ausgleichsposten und § 34a EStG, *von Freeden/Rogall*, FR 2009, 785.

389 Vgl. z.B. *Bosch*, in Preißer/Pung, C VI. Rn. 247.

a) *Veräußerung der Organbeteiligung*

Nach § 14 Abs. 4 Satz 2 KStG ist eine „Veräußerung der Organbeteiligung“ tatbestandsmäßig. Eine Veräußerung ist eine entgeltliche Übertragung des rechtlichen oder zumindest des wirtschaftlichen Eigentums der Organbeteiligung auf einen anderen Rechtsträger.[390] Tatbestandsmäßig sind auch Tausch und tauschähnliche Rechtsgeschäfte. Dagegen ist eine Veräußerung von Anteilen m.E. nicht in jedem Fall tatbestandsmäßig (Veräußerung von Anteilen an die Organgesellschaft[391]; Veräußerung von identifizierbaren Anteilen, die nach Bildung eines Ausgleichspostens erworben worden sind[392]).

Im Übrigen setzt § 14 Abs. 4 Satz 2 KStG keine „unmittelbare“ Veräußerung durch den Organträger voraus. Dies dürfte zwar der Normalfall sein. Jedoch erfasst der Wortlaut des Gesetzes z.B. auch eine Veräußerung der Organbeteiligung durch eine Zwischengesellschaft im Fall einer mittelbaren Organschaft (Beteiligungskette: Organträger-Zwischengesellschaft-Organgesellschaft). In diesem Fall liegt zumindest mittelbar eine Veräußerung durch den Organträger vor. Dagegen ist die Veräußerung einer Beteiligung an der Organgesellschaft durch einen außenstehenden Gesellschafter nicht tatbestandsmäßig.[393] Insoweit liegt nämlich „in den Händen“ des außenstehenden Gesellschafters keine Organbeteiligung vor. Organgesellschaft ist die Gesellschaft nur aus Sicht des Organträgers (oder des ehemaligen Organträgers).

aa) *Anteilige Veräußerung der Organbeteiligung*

Fraglich ist, ob nach § 14 Abs. 4 Satz 2 KStG auch eine anteilige Veräußerung der Organbeteiligung tatbestandsmäßig ist.[394]

Beispiel 23: Anteilige Veräußerung der Organbeteiligung an einen Dritten

OT ist zu 100 v.H. am Nennkapital von OG beteiligt. Tatsächlicher Wert und steuerlicher Buchwert der Beteiligung betragen 1.000. Eine Umwandlungsmaßnahme[395] auf Ebene von OG führt im Jahr 07 zu einer organschaftlichen Mehrabführung in Höhe von 100, der tatsächliche Wert der Beteiligung sinkt auf 900. Bei OT ist ein passiver Ausgleichsposten in Höhe von 100 zu bilden. Im Jahr 08 beenden OT und OG die Organschaft, OT veräußert 99 v.H. seiner Organbeteiligung an einen Dritten (Veräußerungserlös 891 = 99 v.H. von 900).[396] In Höhe

---

390 Vgl. z.B. zu § 17 EStG, BFH, Urteil v. 11.07.2006, VIII R 32/04, BStBl. II 2007, 296.

391 Siehe dazu § 5 H. II.

392 Siehe dazu § 5 G. I.

393 Ausnahmsweise kann auch eine Veräußerung durch einen außenstehenden Gesellschafter tatbestandsmäßig sein: Wird eine Organschaft nach Bildung von Ausgleichsposten beendet und wird aus dem OT ein außenstehender Gesellschafter (z.B. Beitritt eines neuen Organträgers im Rahmen einer Kapitalerhöhung), so ist eine spätere Veräußerung der Beteiligung durch den „außenstehenden Geselslchafter“ (= ehemaliger Organträger) tatbestandsmäßig.

394 *Erle/Heurung* heben zutreffend hervor, dass der Tatbestand des § 14 Abs. 4 Satz 2 KStG nur die Veräußerung „aller“ vom Organträger gehaltenen Anteile regelt („Veräußerung der Organbeteiligung“), in Erle/Sauter, KStG, § 14 Rn. 556.

395 Vgl. Beispiel 14.

396 Im Rahmen der Anteilsveräußerung dürfte der Organträger – idealtypisch – einen Verlust erzielen.

von 1 v.H. bleibt OT beteiligt. Ohne Berücksichtigung des passiven Ausgleichspostens ergibt sich ein Veräußerungsverlust in Höhe von 99 (Veräußerungserlös 891 ./. anteiliger Buchwert 990).

Ist der passive Ausgleichsposten bei der anteiligen Veräußerung der Organbeteiligung einkommenswirksam aufzulösen oder kann er bis zu vollständigen Veräußerung der Beteiligung bestehen bleiben?

Nach – soweit ersichtlich – einheitlich in der Literatur vertretener Auffassung soll eine anteilige Veräußerung der Organbeteiligung tatbestandsmäßig sein.[397] Ein bestehender Ausgleichsposten soll in diesem Fall anteilig aufzulösen sein. Dies folge aus § 14 Abs. 4 Satz 1 KStG, wonach ein Ausgleichsposten nur entsprechend der Beteiligungsquote des Organträgers zu bilden sei.[398] Danach wäre der passive Ausgleichsposten in Beispiel 23 anteilig einkommenswirksam aufzulösen, so dass sich kein Veräußerungsverlust ergäbe (Veräußerungserlös 891 + anteilige Auflösung passiver Ausgleichsposten 99 ./. anteiliger Buchwert 990 = 0). Im Rahmen der Einlagelösung bestehen keine Zweifel. Die Mehrabführung hätte zu einer Minderung des Beteiligungsbuchwerts geführt, so dass sich bei anteiliger Veräußerung der Beteiligung kein Veräußerungsverlust ergeben würde.

Geht man davon aus, dass Ausgleichsposten keinen beteiligungs- oder buchwertähnlichen Charakter haben, könnte man unter Berücksichtigung des Wortlauts von § 14 Abs. 4 Satz 2 KStG vertreten, dass ein bestehender Ausgleichsposten erst im Fall der vollumfänglichen Veräußerung der Organbeteiligung aufzulösen ist. Nach Satz 2 erfolgt eine Auflösung im Zeitpunkt der „Veräußerung der Organbeteiligung". Im Übrigen ist in § 14 Abs. 4 KStG – trotz Regelung der anteiligen Bildung eines Ausgleichspostens – keine „anteilige" Auflösung geregelt. Darüber hinaus ist dem Gesetz nicht zu entnehmen, dass Ausgleichsposten Bestandteil der Organbeteiligung sind. Im Ergebnis führt diese Auffassung auch nicht zu unzutreffenden Ergebnissen. Das Ziel der Ausgleichspostenlösung, eine Doppel- oder Nichtbesteuerung zu vermeiden, wird erreicht. Bei Zugrundelegen dieser Auffassung könnte der passive Ausgleichsposten in Beispiel 23 bis zur vollständigen Veräußerung der Organbeteiligung fortgeführt werden.

bb) Veräußerung von Anteilen an einer Organträger-Personengesellschaft

Nach § 14 Abs. 4 Satz 2 KStG ist eine „Veräußerung der Organbeteiligung" tatbestandsmäßig. Fraglich ist, ob auch die Veräußerung eines Anteils an einer Organträger-Personengesellschaft tatbestandsmäßig ist. Personengesellschaften unterliegen für Einkommen- und Körperschaftsteuerzwecke dem „Transparenzprinzip".[399] Steu-

397 *Dötsch/Witt*, in Dötsch/Jost/Pung/Witt, KStG, § 14 Rn. 528; *Erle/Heurung*, in Erle/Sauter, KStG, § 14 Rn. 556 und 559; *Frotscher*, in Frotscher/Maas, KStG, § 14 Rn. 335; *Kolbe*, StuB 2008, 293, 296.

398 *Kolbe*, StuB 2008, 293, 296; *Erle/Heurung* folgern eine anteilige Auflösung aus einer „Gesamtschau" und der § 14 Abs. 4 Satz 1 KStG zu Grunde liegenden Systematik, in Erle/Sauter, KStG, § 14 Rn. 556.

399 *Preißer*, in Preißer/Pung, B II. Rn. 1 ff.

ersubjekt ist nicht die Personengesellschaft, sondern der Gesellschafter. Der Mitunternehmeranteil des Gesellschafters ist „die Summe der Anteile des Gesellschafters an den Wirtschaftsgütern der Mitunternehmerschaft".[400] Danach umfasst der Mitunternehmeranteil auch die zum Gesamthandsvermögen der Organträger-Personengesellschaft gehörende Organbeteiligung. Bei der Veräußerung eines Mitunternehmeranteils ist aus steuerlicher Sicht nicht der Anteil an der Gesellschaft (z.B. Kommanditanteil) Veräußerungsgegenstand, sondern der ideelle Anteil des Veräußerers an den einzelnen Wirtschaftsgütern des Gesamthandsvermögens.[401] Somit stellt eine Veräußerung des Mitunternehmeranteils eine (anteilige) Veräußerung des ideellen Anteils des Mitunternehmers an der Organbeteiligung dar. Bestehende Ausgleichsposten sind nach § 14 Abs. 4 Satz 2 KStG anteilig aufzulösen.[402]

b) Einer Veräußerung gleichgestellte Sachverhalte

Nach 14 Abs. 4 Satz 5 KStG sind bestimmte Sachverhalte einer „Veräußerung" im Sinne des § 14 Abs. 4 Satz 2 KStG gleichgestellt, d.h. auch diese Sachverhalte führen zu einer einkommenswirksamen Auflösung organschaftlicher Ausgleichsposten. Satz 5 erfasst dagegen nicht den Fall einer einkommensneutralen Auflösung in Folge einer gegenläufigen Mehr- oder Minderabführung.[403] Einer Veräußerung gleichgestellt sind nach Satz 5 insbesondere

- die Umwandlung der Organgesellschaft auf eine Personengesellschaft oder eine natürliche Person,
- die verdeckte Einlage der Beteiligung an der Organgesellschaft und
- die Auflösung der Organgesellschaft.

Bei dieser Aufzählung handelt es sich um Regelbeispiele für einen der Veräußerung gleichgestellten Fall.[404] Die Aufzählung der Sachverhalte ist somit nicht abschließend.

aa) Sachverhalt „Umwandlung der Organgesellschaft auf eine Personengesellschaft oder eine natürliche Person"

Die Umwandlung der Organgesellschaft auf eine Personengesellschaft oder eine natürliche Person kann in Form eines Formwechsels oder einer Verschmelzung erfolgen. Unbeachtlich ist, ob die Transaktion unter Ansatz des Buchwerts, eines Zwischenwerts oder des gemeinen Werts erfolgt. Bestehende Ausgleichsposten sind nach § 14 Abs. 4 Satz 5 KStG in jedem Fall aufzulösen.

---

400 BFH, Beschluss vom 25.02.1991, GrS 7/89, BStBl. II 1991, 691.

401 *Stuhrmann*, in Blümich, EStG, § 16 Rn. 143.

402 So auch *Erle/Heurung*, in Erle/Sauter, KStG, § 14 Rn. 593; *Frotscher*, in Frotscher/Maas, KStG, § 14 Rn. 340a; *Wacker*, in Schmidt, EStG, § 16 Rn. 161.

403 Nach Auffassung von *Frotscher* ist der Fall einer gegenläufigen Mehr- oder Minderabführung, die zu einer einkommensneutralen Auflösung von Ausgleichsposten führt, unter Satz 5 zu subsumieren, in Frotscher/Maas, KStG, § 14 Rn. 314 a.E. Dieser Auffassung wird nicht zugestimmt, siehe dazu § 3 A. II.

404 *Kolbe*, StuB 2008, 293, 296.

bb) Sachverhalt „Verdeckte Einlage der Beteiligung an der Organgesellschaft"

Nach § 14 Abs. 4 Satz 5 KStG ist auch die verdeckte Einlage der Organbeteiligung einer Veräußerung gleichgestellt. Tatbestandsmäßig ist nach zutreffender Ansicht in der Literatur – wie bei § 17 Abs. 1 Satz 2 EStG und § 23 Abs. 1 Satz 5 Nr. 2 EStG – nur die verdeckte Einlage der Organbeteiligung in eine andere Kapitalgesellschaft.[405] Die Regelung entspricht insoweit § 8b Abs. 2 Satz 6 KStG. Die verdeckte Einlage der Organbeteiligung in eine Personengesellschaft ist nicht tatbestandsmäßig, wenn der Buchwert angesetzt wird.[406]

cc) Sachverhalt „Auflösung der Organgesellschaft"

Die Auflösung der Organgesellschaft ist nach § 14 Abs. 4 Satz 5 KStG gleichfalls einer tatbestandsmäßigen Veräußerung der Organbeteiligung gleichgestellt. Dabei ist der Tatbestand bereits im Zeitpunkt über den Beschluss der Auflösung der Gesellschaft erfüllt.[407] Die Gesellschaft ist nämlich bereits mit Auflösungsbeschluss aufgelöst (§ 60 Abs. 1 Nr. 2 GmbHG, § 262 Abs. 1 Nr. 2 AktG). Nach der – kritischen – Auffassung von *Frotscher* dürfe das Gesetz eine Auflösung der Ausgleichsposten erst für den Zeitpunkt der tatsächlichen Abwicklung der Gesellschaft anordnen, also für den Zeitpunkt der tatsächlichen Übertragung des Vermögens von der Organgesellschaft auf den Organträger.[408] § 14 Abs. 4 Satz 5 KStG sei insoweit unzutreffend. Eine Auflösung der Ausgleichsposten im Zeitpunkt des Beschlusses über die Auflösung der Organgesellschaft führe zu Problemen, wenn die Organgesellschaft später (doch) als werbende Gesellschaft fortgeführt werde.[409] In diesem Fall komme es zu einer Auflösung der Ausgleichsposten beim Organträger ohne dass ihm die entsprechende Vermögensmehrung oder Vermögensminderung der Organgesellschaft in Form von Veräußerungs- oder Liquidationserlös zufließe. Eine Einlagelösung würde die Auffassung von *Frotscher* umsetzen. In diesem Fall käme es – mangels Ausgleichsposten – erst bei tatsächlicher Abwicklung zu einer Besteuerung.

dd) Weitere im Gesetz nicht genannte Sachverhalte

Der Gesetzgeber stellt durch die Verwendung des Wortes „insbesondere" in Satz 5 klar, dass weitere Sachverhalte einer Veräußerung der Organbeteiligung gleichgestellt sind. Dies dürfte insbesondere für eine Umwandlung des Organträgers oder der

---

405 *Dötsch/Witt*, in Dötsch/Jost/Pung/Witt, KStG, § 14 Rn. 533.

406 *Dötsch/Witt*, in Dötsch/Jost/Pung/Witt, KStG, § 14 Rn. 533 mit Hinweis auf § 6 Abs. 5 Sätze 3 bis 5 EStG.

407 *Dötsch/Witt*, in Dötsch/Jost/Pung/Witt, KStG, § 14 Rn. 534; *Frotscher* stimmt dem unter Berücksichtigung des Wortlauts von § 14 Abs. 4 Satz 5 KStG zu, in Frotscher/Maas, KStG, § 14 Rn. 341.

408 *Frotscher*, in Frotscher/Maas, KStG, § 14 Rn. 341.

409 *Frotscher*, in Frotscher/Maas, KStG, § 14 Rn. 341.

Organgesellschaft unter Ansatz gemeiner Werte gelten. In diesem Fall sind bestehende Ausgleichsposten einkommenswirksam aufzulösen.

Eine Auflösung von Ausgleichsposten soll auch bei Beschränkung des Besteuerungsrechts der Bundesrepublik Deutschland (§ 12 Abs. 1 Satz1 KStG) bzw. bei Wegzug der Organgesellschaft erfolgen.[410] Verlegt eine Organgesellschaft ihre Geschäftsleitung oder ihren Sitz und scheidet sie dadurch aus der unbeschränkten Steuerpflicht in einem Mitgliedstaat der Europäischen Union oder einem Staat aus, auf den das Abkommen über den Europäischen Wirtschaftsraum Anwendung findet, gilt sie nach § 12 Abs. 3 Satz 1 KStG als aufgelöst. Entsprechendes gilt, wenn die Organgesellschaft auf Grund eines Abkommens zur Vermeidung der Doppelbesteuerung infolge der Verlegung ihres Sitzes oder ihrer Geschäftsleitung als außerhalb des Hoheitsgebietes eines Mitgliedstaats der Europäischen Union oder eines Staates, auf den das Abkommen über den Europäischen Wirtschaftsraum Anwendung findet, als ansässig anzusehen ist (Wegzug der Organgesellschaft, § 12 Abs. 3 Satz 2 KStG).

Weiterhin sind Ausgleichsposten bei einer Aufwärts-Verschmelzung (up-stream merger) der Organgesellschaft auf den Organträger aufzulösen. Es handelt sich um einen veräußerungsgleichen Vorgang, der zur „Auflösung" der Gesellschaft führt. § 14 Abs. 4 Satz 5 KStG ist einschlägig.[411] Unbeachtlich ist, ob die Verschmelzung unter Ansatz des Buchwerts erfolgt. Die Auflösung der Ausgleichsposten hat im Zusammenhang mit der Ermittlung des Übernahmegewinns oder -verlustes nach § 12 Abs. 2 Satz 2 UmwStG zu erfolgen.[412] Entsprechendes müsste gelten, wenn der Organträger auf die Organgesellschaft verschmolzen wird (down-stream merger).

Eine Betriebsaufgabe gilt bereits nach § 16 Abs. 3 Satz 1 EStG als Veräußerung. Deshalb ist in diesem Fall § 14 Abs. 4 Satz 2 KStG unmittelbar anwendbar, ein Fall des § 14 Abs. 4 Satz 5 KStG liegt nicht vor.

ee) Einer Veräußerung nicht gleichgestellte Sachverhalte

Die Verschmelzung und Spaltung der Organgesellschaft ist zwar im Grundsatz eine Veräußerung der Organbeteiligung nach § 13 Abs. 1 UmwStG. Bei Ansatz des Buchwerts treten die Anteile an der übernehmenden Körperschaft jedoch nach § 13 Abs. 2 Satz 2 UmwStG an die Stelle der Anteile an der Organgesellschaft. In diesem Fall liegt keine Veräußerung im Sinne des § 14 Abs. 4 Satz 2 oder 5 KStG vor.[413]

Ausgleichsposten sind auch bei Beendigung einer Organschaft nicht aufzulösen.[414] Dies gilt nach § 14 Abs. 4 KStG unabhängig davon, ob die Ausgleichsposten noch

410 *Suchanek/Herbst*, FR 2008, 112, 115 Fn. 30. *Erle/Heurung* stimmen dieser Auffassung zu, sofern die Transaktion zur Hebung der in den Anteilen an der Organgesellschaft vorhandenen stillen Reserven führt, in Erle/Sauter, KStG, § 14 Rn. 566.

411 *Schumacher*, in FS Schaumburg, 477, 483.

412 *Schumacher*, in FS Schaumburg, 477, 483; *Widmann*, in Widmann/Mayer, UmwStG, § 4 Rn. 131.

413 *Dötsch/Witt*, in Dötsch/Jost/Pung/Witt, KStG, § 14 Rn. 532; *Frotscher*, in Frotscher/Maas, UmwStG, § 14 Rn. 338; *Schumacher*, in FS Schaumburg, 477, 482.

414 R 63 Abs. 3 Satz 1 KStR 2004; *Breier*, Der Konzern 2011, 11, 16; *Danelsing*, in Blümich, KStG, § 14 Rn. 196h; *Neumann*, in Gosch, KStG, § 14 Rn. 462. Die Auffassung von *Erle/Heurung*,

erforderlich sind, um eine drohende Doppelbelastung zu vermeiden.[415] Der Gesetzgeber scheint somit – wie bislang die Finanzverwaltung – einen Zusammenhang zwischen Organbeteiligung und Ausgleichsposten, nicht jedoch zwischen Organschaft und Ausgleichsposten zu sehen, mit anderen Worten: Der Ausgleichsposten folgt dem „Schicksal" der Organbeteiligung, nicht dem Schicksal der Organschaft. Diese Feststellung hat (auch) Bedeutung für die Bestimmung der Rechtsnatur der Ausgleichsposten.[416] Aus dieser Behandlung des Ausgleichspostens kann gefolgert werden, dass der Gesetzgeber den Ausgleichsposten als Zusatzposten oder Korrekturposten zum Beteiligungsbuchwert behandelt. Darüber hinaus dürfte die Feststellung für die Beantwortung der Frage, wie Ausgleichsposten „technisch" aufzulösen sind, heranzuziehen sein (Netto- oder Bruttomethode).[417]

2. Rechtsfolge des § 14 Abs. 4 Satz 2 bis 4 KStG

a) Ausgleichsposten sind einkommenswirksam aufzulösen

Nach § 14 Abs. 4 Satz 2 bis 4 KStG sind bestehende organschaftliche Ausgleichsposten im Zeitpunkt der Veräußerung der Organbeteiligung einkommenswirksam – unter Anwendung von § 3 Nr. 40, § 3c Abs. 2 EStG und § 8b KStG[418] – aufzulösen. Nach § 14 Abs. 4 Satz 3 KStG erhöht oder verringert sich das Einkommen des Organträgers. Im Übrigen unterscheidet das Gesetz nicht zwischen Ausgleichsposten, die vor Inkrafttreten des § 8b KStG gebildet worden sind und solchen, die danach gebildet worden sind.[419]

Sofern das Gesetz auf das Einkommen des „Organträgers" abstellt, ist der Wortlaut ungenau. Zum Zeitpunkt der Auflösung der Ausgleichsposten muss der Veräußerer nämlich nicht (mehr) Organträger sein. Denkbar ist, dass die Organschaft vor dem Zeitpunkt der Auflösung der Ausgleichsposten beendet worden ist (Beendigung der Organschaft führt nicht zur Auflösung der Ausgleichsposten). Möglicherweise ist der Veräußerer – also der frühere Organträger – sogar zwischenzeitlich außenstehender Gesellschafter geworden.

---

wonach ein Ausgleichsposten nur in Höhe der (ggf. verminderten) Beteiligung des Organträgers an der Organgesellschaft fortzuführen ist, widerspricht m.E. dem Gesetzeswortlaut, in Erle/Sauter, KStG, § 14 Rn. 607.

415 *Olbing* geht von einer Fortführung der Ausgleichsposten aus, sofern sie noch erforderlich sind, um eine noch drohende Doppelbelastung zu vermeiden, in Streck, KStG, § 14 Rn. 145.

416 Siehe dazu § 3 C.

417 Siehe dazu § 5 A.

418 *Neumann/Stimpel* kritisieren, § 14 Abs. 4 Satz 4 KStG bringe nicht hinreichend klar zum Ausdruck, dass die Regelungen des Halb- bzw. Teileinkünfteverfahrens auf den Ertrag bzw. Aufwand aus der Auflösung des Ausgleichspostens genauso anzuwenden sind, wie auf das Ergebnis aus der Veräußerung der Organbeteiligung, GmbHR 2008, 57, 64.

419 *Frotscher*, in Frotscher/Maas, KStG, § 14 Rn. 343a. Kritisch bereits für die Zeit vor Inkrafttreten von § 14 Abs. 4 KStG, *Erle*, in Erle/Sauter, 2. Auflage, KStG, § 14 Rn. 311; *Nagel/Thies*, GmbHR 2004, 35, 38.

Auch nach Inkrafttreten des § 14 Abs. 4 KStG ist unklar, wie bestehende Ausgleichsposten „technisch" aufzulösen sind. In Betracht kommt eine Auflösung im Zusammenhang mit der Ermittlung des Gewinns oder Verlustes aus der Veräußerung der Organbeteiligung (Nettomethode). Alternativ kommt eine „isolierte" Auflösung des Postens in Betracht, also eine Auflösung außerhalb der Ermittlung des Veräußerungsgewinns (Bruttomethode).[420]

b) Auflösung erfolgt im Zeitpunkt der Veräußerung

Nach § 14 Abs. 4 Satz 2 KStG erfolgt die Auflösung der Ausgleichsposten im Zeitpunkt der Veräußerung der Organbeteiligung. Es handelt sich also um eine auf einen Stichtag bezogene Rechtsfolge. Fraglich ist, was der Zeitpunkt der Veräußerung ist.

Beispiel 24: Rückwirkender Formwechsel der Organgesellschaft

OT ist an OG beteiligt. Bei OT besteht ein aktiver Ausgleichsposten. Im Jahr 02 wird OG ertragsteuerneutral – rückwirkend – in eine Personengesellschaft umgewandelt (Formwechsel nach § 9 UmwStG). Steuerlicher Übertragungsstichtag ist der 31.12.01. Der aktive Ausgleichsposten ist nach § 14 Abs. 4 Satz 5 KStG einkommenswirksam aufzulösen. Erfolgt die Auflösung des aktiven Ausgleichspostens im Jahr 01 oder im Jahr 02?

Geht man – m.E. zutreffend – davon aus, dass ein Ausgleichsposten ein Zusatzposten zum Beteiligungsbuchwert ist und geht man – m.E. zutreffend – davon aus, dass der Aufwand oder Ertrag aus der Auflösung eines Ausgleichspostens Bestandteil des Gewinns oder Verlustes aus der Veräußerung der Organbeteiligung ist, so muss auf den steuerlichen Übertragungsstichtag abgestellt werden. Andernfalls käme es z.B. im Fall einer rückwirkenden Realisierung eines Gewinns oder Verlustes aus der Umwandlung der Organgesellschaft zu einer „isolierten" Auflösung des Ausgleichspostens. Deshalb ist m.E. auf den steuerlichen Übertragungsstichtag abzustellen. In Beispiel 24 erfolgt die einkommenswirksame Auflösung des Ausgleichspostens am 31.12.01.

3. Ebene der Organgesellschaft

Die Veräußerung der Organbeteiligung führt nicht zu Auswirkungen auf Ebene der Organgesellschaft. Insbesondere ergeben sich keine Auswirkungen auf das steuerliche Einlagekonto der Organgesellschaft. § 27 Abs. 6 KStG enthält keine diesbezüglichen Regelungen. Deshalb berührt die Transaktion das steuerliche Einlagekonto der Oragangesellschaft nicht.

IV. Zusammenfassung

Die in § 14 Abs. 4 KStG geregelte Ausgleichspostenlösung regelt die einkommensneutrale Bildung eines organschaftlichen Ausgleichspostens und dessen einkommenswirksame Auflösung. Die Bildung eines Ausgleichspostens führt beim Organträger in

420 Siehe dazu § 5 A.

keinem Fall zu einer Steuerentstehung. Kommt es in der Organschaftszeit zu einer gegenläufigen Mehr- oder Minderabführung, ist ein bestehender Ausgleichsposten – nach Auffassung der Finanzverwaltung und der Literatur – einkommensneutral aufzulösen. Gesetzlich geregelt ist dieser Fall nicht. In diesem Fall löst die organschaftliche Minder- oder Mehrabführung keine Steuer aus. Erst eine Veräußerung der Organbeteiligung oder ein veräußerungsgleicher Sachverhalt führen zu einer einkommenswirksamen Auflösung bestehender Ausgleichsposten, also zu einer unmittelbaren Steuerfolge in Form eines erhöhten oder geminderten Veräußerungsgewinns bzw. -verlustes.

§ 14 Abs. 4 Satz 1 KStG sieht eine anteilige Bildung eines Ausgleichspostens für den Fall vor, dass der Organträger nicht zu 100 v.H. am Nennkapital der Organgesellschaft beteiligt ist. Diese Regelung ist m.E. zwar unzutreffend, jedoch nicht zwingender Bestandteil einer gesetzlichen Ausgleichspostenlösung. Ein Verzicht auf die anteilige Bildung von Ausgleichsposten würde den Charakter der Ausgleichspostenlösung, also die Bildung von Ausgleichsposten statt einer Erhöhung oder Minderung des Beteiligungsbuchwerts in Folge einer fiktiven Einlage oder Einlagenrückgewähr, nicht verändern.

Die Fortführung von Ausgleichsposten, deren Rechtsnatur sowie die Technik der Bildung und Auflösung sind im Gesetz nicht geregelt. Das Gesetz lässt diesbezügliche Rechtsfragen offen. Im Rahmen einer Einlagelösung würden sich diese Rechtsfragen – mangels Ausgleichsposten – nicht stellen.

B. Verfassungswidrigkeit einer rückwirkenden Anwendung des § 14 Abs. 4 KStG

Nach § 34 Abs. 9 Nr. 5 KStG[421] ist § 14 Abs. 4 KStG auch für Veranlagungszeiträume vor 2008 anzuwenden. Der Gesetzgeber hat somit eine rückwirkende Anwendung der Vorschrift bestimmt. Danach soll § 14 Abs. 4 KStG eine gesetzliche Grundlage (Art. 20 Abs. 3 GG) für die – einen Steuerpflichtigen belastende – einkommenswirksame Auflösung von passiven Ausgleichsposten in Wirtschaftsjahren vor 2008 darstellen. Fraglich ist, ob die rückwirkende Anwendung von § 14 Abs. 4 KStG einen Verstoß gegen das verfassungsrechtliche Rückwirkungsverbot darstellt.[422] Bei der Beantwortung der Frage sind drei Sachverhalte zu unterscheiden:

- Bildung und Auflösung eines passiven Ausgleichspostens vor dem Jahr 2007,
- Bildung und Auflösung eines aktiven Ausgleichspostens vor dem Jahr 2007 und
- Bildung eines passiven Ausgleichspostens vor dem Jahr 2007 und Auflösung im Jahr 2007 oder später.

---

421 Bei der Vorschrift handelt es sich um intertemporales Steuerrecht, das keine Regelung des sachlichen Rechts beinhaltet, *Suchanek/Herbst,* FR 2008, 112, 115.

422 Vgl. *Gosch,* in FS Spindler, 379, 414 „[...] erhielt § 14 Abs. 4 einen neuen Abs. 4, [...], der wundersamerweise allerdings auch für Veranlagungszeiträume vor 2008 anzuwenden sein soll. Vermutlich hofft man [gemeint ist der Gesetzgeber], eine übergangslose Situation sei verfassungsfest, [...]“.

Bei der Untersuchung der Fallgruppen ist zu prüfen, ob eine echte oder unechte Rückwirkung von Steuergesetzen vorliegt.

I. Echte und unechte Rückwirkung von Steuergesetzen

Das Bundesverfassungsgericht unterscheidet bei Gesetzen mit Vergangenheitsbezug zwischen echter und unechter Rückwirkung.

1. Echte Rückwirkung ist im Grundsatz unzulässig

Nach der Rechtsprechung des Bundesverfassungsgerichts ist eine echte Rückwirkung von Steuergesetzen (Rückbewirkung von Rechtsfolgen) nach dem Rechtsstaatsprinzip des Grundgesetzes im Grundsatz unzulässig. Die echte Rückwirkung betrifft den zeitlichen Anwendungsbereich der Norm, indem sie anordnet, eine Rechtsfolge solle schon für einen vor dem Zeitpunkt der Verkündung liegenden Zeitraum eintreten.[423] Eine echte Rückwirkung liegt vor, wenn ein Gesetz nachträglich ändernd in bereits abgewickelte, der Vergangenheit angehörende Tatbestände eingreift[424] (abgeschlossener Sachverhalt). Eine echte Rückwirkung von Steuergesetzen kann im Einzelfall ausnahmsweise gerechtfertigt sein. Das Bundesverfassungsgericht geht von einer Rechtfertigung aus, wenn ein Bagatellfall[425] vorliegt, eine unklare, verworrene oder zweifelhafte Rechtslage[426] beseitigt worden ist, eine ungültige oder verfassungswidrige Norm[427] ersetzt worden ist, zwingende Gründe des Allgemeinwohls[428] vorlagen, kein schutzwürdiges Vertrauen[429] des Bürgers in den Fortbestand der geltenden Rechtslage mehr bestand oder die alte Rechtslage nach zwischenzeitlicher Änderung der höchstrichterlichen Rechtsprechung[430] wieder hergestellt wurde.[431]

---

423 BVerfG, Beschluss vom 03.12.1997, 2 BvR 882/97, BVerfGE 97, 67, 78.

424 *Herzog,* in Maunz/Dürig, GG, Art. 20 Rn. 76.

425 Z.B. BVerfG, Beschluss vom 11.10.1962, 1 BvL 22/57, BVerfGE 14, 288, 299.

426 Z.B BVerfG, Beschluss vom 04.05.1960, 1 BvL 17/57, BVerfGE 11, 64, 72; Urteil vom 19.12.1961, 2 BvL 6/59, BVerfGE 13, 261, 273; Beschluss vom 23.03.1971, 2 BvL 2/66, 2 BvR 168, 196, 197, 210, 472/66, BVerfGE 30, 367, 387.

427 Z.B. BVerfG, Beschluss vom 24.07.1957, 1 BvL 23/52, BVerfGE 7, 89, 94.

428 Z.B. BVerfG, Urteil vom 01.07.1953, 1 BvL 23/5, BverfGE 2, 380, 405; Beschlus vom 14.05.1986, 2 BvL 2/83, BverfGE 72, 200, 260; Beschluss vom 03.12.1997, 2 BvR 882/97, BVerfGE 97, 67, 81.

429 Z.B. BVerfG, Beschluss vom 10.03.1971, 2 BvL 3/68, BVerfGE 30, 272, 287.

430 BVerfG, Beschluss vom 23.01.1990, 1 BvL 4, 5, 6, 7/87, BVerfGE 81, 228, 239.

431 *Drüen,* StuW 2006, 358, 360; *Hey,* in Herrmann/Heuer/Raupach, EStG, Einf. R. 525; *Spindler,* DStR 1998, 953, 955.

2. Unechte Rückwirkung ist im Grundsatz zulässig

Nach ständiger Rechtsprechung des Bundesverfassungsgerichts soll eine unechte Rückwirkung von Steuergesetzen grundsätzlich zulässig sein.[432] Ausnahmsweise soll eine unechte Rückwirkung unzulässig sein, wenn bei Abwägung im Einzelfall das Vertrauen des Einzelnen auf den Fortbestand einer bestimmten Regelung gegenüber dem Wohl der Allgemeinheit überwiegt.[433] Die unechte Rückwirkung betrifft den sachlichen Anwendungsbereich einer Norm und ist gegeben, wenn die Rechtsfolgen eines Gesetzes erst nach Verkündung einer Norm eintreten, ihr Tatbestand aber Sachverhalte erfasst, die bereits vor Verkündung „ins Werk gesetzt wurden".[434] Eine unechte Rückwirkung liegt vor, wenn auf gegenwärtige noch nicht abgeschlossene Sachverhalte bzw. Rechtsbeziehungen für die Zukunft eingewirkt wird[435] (offener Sachverhalt). Unechte Rückwirkungen sind bereits dann mit dem rechtsstaatlichen Vertrauensschutzprinzip vereinbar, wenn das schutzwürdige Bestandsinteresse des Einzelnen die gesetzlich verfolgten Gemeinwohlinteressen bei der gebotenen Interessenabwägung nicht übersteigt.[436] Im Steuerrecht ist in über fünfzigjähriger Rechtsprechungspraxis bisher keine einzige unechte Rückwirkung für verfassungswidrig erklärt worden.[437]

3. Veranlagungszeitraumrechtsprechung

Im Steuerrecht gelten für die Abgrenzung von echter und unechter Rückwirkung einige Besonderheiten. Da das Jahressteuergesetz 2008 am 28.12.2007 verkündet wurde, könnte man aus den oben dargelegten Grundsätzen folgern, dass es sich bei der Anwendung des Gesetzes für den Zeitraum vom 1.1.2007 bis 27.12.2007 um eine echte, im Grundsatz unzulässige Rückwirkung handelt, da sich die Anwendung des Gesetzes auf einen Zeitraum vor Verkündung des Jahressteuergesetzes 2008 erstreckt. Das Bundesverfassungsgericht legt insoweit jedoch eine restriktive Sichtweise zu Grunde. Bei periodischen Steuern auf das Einkommen liegt lediglich eine unechte Rückwirkung vor, wenn das Gesetz noch vor Jahresende mit Wirkung auf den Jahresanfang beschlossen wird.[438] Der Steueranspruch entsteht in diesem Fall erst mit

---

432 Z.B. BVerfG, Beschluss vom 08.03.1983, 2 BvL 27/81, BVerfGE 63, 312, 328f.

433 *Drüen,* StuW 2006, 358, 361.

434 BVerfG, Beschluss vom 08.07.1971, 1 BvR 766/66, BVerfGE 31, 275, 292; Beschluss vom 14.05.1986 2 BvL 2/83, BverfGE 72, 200, 242; Beschluss vom 05.02.2002, 2 BvR 348/93, BVerfGE 105, 17, 37.

435 *Herzog,* in Maunz/Dürig, GG, Art. 20 Rn. 76.

436 Vgl. z.B. BVerfG, Beschluss vom 24.05.2001, 1 BvL 4/96, BVerfGE 103, 392, 403; Beschluss vom 05.02.2002, 2 BvR 305/93, BVerfGE 105, 17, 37; *Hey,* in Herrmann/Heuer/Raupach, EStG, Einf. Rn. 525.

437 *Hey,* in Herrmann/Heuer/Raupach, EStG, Einf. Rn. 525; *Ratschow,* in Blümich, EStG, § 2 Rn. 19.

438 Kritisch z.B. *Arndt/Schumacher,* NJW 1998, 1538; *Drüen,* StuW 2006, 358, 361; *ders.,* in Tipke/Kruse AO, § 4 Rn. 16a, 26; *Friauf,* BB 1972, 669, 675; *Hey,* Steuerplanungssicherheit als Rechtsproblem, 229; *Lang,* WPg 1998, 163, 171; *Schaumburg,* DB 2000, 1884, 1886; *Schmidt,*

Ablauf des Veranlagungszeitraums; für die Körperschaftsteuer nach § 30 Nr. 3 KStG in der Regel mit Ablauf des Kalenderjahres.[439] Der Gesetzgeber hat von dieser Rechtsprechung ständigen Gebrauch gemacht und Änderungen für die gesamte Besteuerungsperiode noch kurz vor dem Jahresende verkündet.[440] Wenn man diese Rechtsprechung zu Grunde legt, wirkt sich das Jahressteuergesetz 2008, das am 28.12.2007 verkündet worden ist, als unechte Rückwirkung auf den Veranlagungszeitraum 2007 aus.[441] Eine rückwirkende Anwendung von § 14 Abs. 4 KStG für das Jahr 2007 ist danach nicht verfassungswidrig.

II. Rückwirkung von § 14 Abs. 4 KStG

1. Auflösung passiver Ausgleichsposten vor dem Jahr 2007

Beispiel 25: Veräußerung der Organbeteiligung im Jahr 2006

OT hat im Jahr 2006 eine Organbeteiligung veräußert. Zum Zeitpunkt der Veräußerung bestand ein passiver Ausgleichsposten. OT hat die Auflösung des Ausgleichspostens einkommensneutral behandelt. Die Betriebsprüfung erhöht das Einkommen in Höhe des Ertrags aus der Auflösung des passiven Ausgleichspostens für 2006 auf der Grundlage von §§ 14 Abs. 4 Sätze 2 bis 4, 34 Abs. 9 Nr. 5 KStG. Hätte ein Rechtsmittel gegen den Körperschaftsteuerbescheid 2006 Aussicht auf Erfolg?

Nach Auffassung des Gesetzgebers und einer teilweise in der Literatur vertretenen Auffassung[442] ist eine rückwirkende Anwendung von § 14 Abs. 4 KStG kein Verstoß gegen das Rückwirkungsverbot. § 14 Abs. 4 KStG sei lediglich eine „klarstellende gesetzliche Festschreibung" der Grundsätze zur Bildung und Auflösung von Ausgleichsposten.[443] Auf Grund der langjährigen gefestigten und anerkannten Übung habe sich eine gewohnheitsrechtliche Situation[444] bei der Besteuerung der Ausgleichsposten entwickelt. Es sei erkennbar, dass der Gesetzgeber sich die Verwaltungsgrundsätze[445] zu Eigen gemacht habe und bei seinen Steuerreformgesetzen von einer Geltung dieser Grundsätze ausgegangen sei. Der Gesetzgeber gehe davon aus, dass § 14 Abs. 4 KStG eine bestehende Rechtslage lediglich „klarstellt" und nicht

---

DB 1998, 1199, 1202. In der „Schiffsbeteiligungs-Entscheidung" vom 3.12.1997, 2 BvR 882/97, BVerfGE 97, 67 hat das Bundesverfassungsgericht die Veranlagungszeitraumrechtsprechung für die Aufhebung von Steuervergünstigungen eingeschränkt, jedoch nicht aufgegeben.

439 BVerfG, Beschluss vom 19.01.1961, 2 BvL 6/59, BVerfGE 13, 261, 274; Beschluss vom 14.05.1986, 2 BvL 2/83, BVerfGE 72, 200, 240.

440 *Hey,* in Herrmann/Heuer/Raupach, EStG, Einf. Rn. 524.

441 *Frotscher,* in Frotscher/Maas, KStG, § 14 Rn. 305.

442 BT-Drs. 16/7036, 20; *Dötsch/Witt,* in Dötsch/Jost/Pung/Witt, KStG, § 14 Rn. 549; vgl. auch *Bareis*, FR 2008, 649, 658; *Frotscher* geht davon aus, dass eine echte Rückwirkung ausnahmsweise zulässig ist, in Frotscher/Maas, KStG, § 14 Rn. 305; mit Hinweis auf die Ansicht der Finanzverwaltung, *Breier*, Der Konzern 2011, 11, 16; offen gelassen von *Reiß*, Der Konzern 2008, 9, 12.

443 BT-Drs 16/7036, 20.

444 Ablehnend, *Weber-Grellet*, StuB 2007, 623, 625.

445 R 63 Abs. 2 i.V.m. Abs. 3 Satz 2 und 3 KStR 2004.

eine neue Rechtslage schafft. Diese Überlegung könne darauf gestützt werden, dass von verfassungsrechtlicher Relevanz nur solche Gesetze sind, die die bisherige Rechtslage in belastender Weise verändern. Der Bundesfinanzhof habe in anderem Zusammenhang[446] entschieden, dass solche Gesetze nicht belastend sind, die lediglich eine bisher schon praktizierte Rechtsüberzeugung festschreiben oder eine bisher bestehende Rechtslage klarstellen.[447] Unter Berücksichtigung der Historie der Ausgleichsposten und der bestehenden Verwaltungsanweisungen habe in der Vergangenheit zu keinem Zeitpunkt die Situation bestanden, dass die Unternehmen sich auf eine rechtliche Beurteilung hätten verlassen können, wie sie in dem entschiedenen Einzelfall durch das Urteil des Bundesfinanzhof vom 07.02.2007[448] getroffen worden ist. § 14 Abs. 4 KStG habe lediglich klarstellenden Charakter, es sei weder eine Rückwirkung, noch eine Rückbewirkung oder Rückanknüpfung zu erkennen.[449] Nach dieser Auffassung hätte in Beispiel 25 ein Rechtsmittel keine Aussicht auf Erfolg.

Nach einer anderen Auffassung liegt ein Verstoß gegen das Rückwirkungsverbot vor, soweit § 14 Abs. 4, § 34 Abs. 9 Nr. 5 KStG rückwirkend eine einkommenswirksame Auflösung von passiven Ausgleichsposten im Fall der Veräußerung der Organbeteiligung anordnen.[450] Nach dieser Auffassung handelt sich um eine unzulässige echte Rückwirkung, da durch die Neuregelung in Sachverhalte eingegriffen wird, die in der Vergangenheit liegen und bereits abgeschlossen sind.[451] Nach dieser Auffassung verkenne der Gesetzgeber, dass in der Zeit vor Inkrafttreten des § 14 Abs. 4 KStG für die einkommenswirksame Auflösung von passiven Ausgleichsposten keine Rechtsgrundlage existierte.[452] Beim Steuerrecht handele es sich um Eingriffsrecht, für das die Verfassungsanforderungen in Art. 20 Abs. 3 GG niedergelegt sind, insoweit können Verwaltungsrichtlinien eine fehlende Rechtsgrundlage nicht ersetzen.[453] Insbesondere seien weder der Grundsatz der Einmalbesteuerung noch Gewohnheitsrecht eine Rechtsgrundlage für eine einkommenswirksame Auflösung von passiven Aus-

---

446 BFH, Urteil vom 22.07.1986, VIII R 93/85, BStBl. II 1986, 845, 847.

447 Vgl. *Spindler,* DStR 1998, 953, 954.

448 BFH, Urteil vom 07.02.2007, I R 5/05, BStBl. II 2007, 796, wonach für eine erfolgswirksame Auflösung eines passiven Ausgleichspostens die gesetzliche Grundlage fehlt (Art. 20 Abs. 3 GG); vgl. dazu den Nichtanwendungserlass des BMF, wonach das Urteil nicht im Einklang mit dem Grundsatz der Einmalbesteuerung im Organkreis steht, Schreiben vom 05.10.2007, IV B 7 – S 2770/07/0004, BStBl. I 2007, 743.

449 *Bareis*, FR 2008, 649, 658.

450 *Fuhrmann/Strahl*, DStR 2008, 125, 130; *Glutsch/Meining,* DB 2007, 308, 311; *Kolbe*, StuB 2008, 293, 297; *Neumann*, in Gosch, KStG, § 14 Rn. 446; *Strahl*, KÖSDI 2008, 15896, 15910; *Suchanek/Herbst*, FR 2008, 112, 116; *Wischmann*, in Herrmann/Heuer/Raupach, Jahresband 2008, KStG, § 14 Anm. J 07-2; so wohl auch *Haarmann*, in Jahrbuch der Fachanwälte für Steuerrecht 2008/2009, 253, 257; wohl auch *Gosch*, in FS Spindler, 379, 414; kritisch auch *Neumann/Stimpel*, GmbHR 2008, 57, 64/65; *Teller*, in Kanzler/Nacke, Steuergesetzgebung 2007/2008, 258, 260; offen gelassen *Reiß*, Der Konzern 2008, 9, 11.

451 *Fuhrmann/Strahl*, DStR 2008, 125, 130; *Kolbe,* StuB 2008, 293, 297; *Suchanek/Herbst,* FR 2008, 112, 116.

452 *Kolbe*, StuB 2008, 293, 297; *Neumann*, in Gosch, KStG, § 14 Rn. 446; *Suchanek/Herbst,* FR 2008, 112, 117.

453 *Strahl,* KÖSDI 2008, 15896, 15910.

gleichsposten.[454] Ein Grund, der ausnahmsweise eine rückwirkende Anwendung von § 14 Abs. 4 KStG rechtfertigen würde, sei nicht ersichtlich.[455] Die Rechtslage vor Inkrafttreten des § 14 Abs. 4 KStG sei weder verworren noch unklar, ein Verstoß gegen das Rückwirkungsverbot sei auch insoweit nicht gerechtfertigt.[456] Nach der Auffassung von *Kolbe* habe eine verfassungswidrige Lücke im System der Besteuerung des Organträgers nicht vorgelegen. Die Bildung von Ausgleichsposten sei überflüssig, da der Grundsatz der Einmalbesteuerung lediglich für das Einkommen der Organgesellschaft gelte.[457] Deshalb lägen auch zwingende Gründe des Allgemeinwohls nicht vor.[458] Bei Zugrundelegen dieser Auffassung wird in Beispiel 25 ein Rechtsmittel gegen den Körperschaftsteuerbescheid für das Jahr 2006 Aussicht auf Erfolg haben.

2. Auflösung aktiver Ausgleichsposten vor dem Jahr 2007

Gegen die rückwirkende Auflösung von aktiven Ausgleichsposten bei der Veräußerung der Organbeteiligung bestehen nach – soweit ersichtlich – einheitlicher Auffassung in der Literatur keine Bedenken.[459] Die Auflösung aktiver Ausgleichsposten mindere den Gewinn des Organträgers, der Steuerpflichtige sei begünstigt. Da es sich insoweit um eine begünstigende Regelung handelt, stehe das verfassungsrechtliche Rückwirkungsverbot nicht entgegen.[460]

3. Bildung eines passiven Ausgleichspostens vor dem Jahr 2007 und Auflösung im Jahr 2007 oder später

In der Literatur wird die Frage aufgeworfen, ob ein Verstoß gegen das verfassungsrechtliche Rückwirkungsverbot vorliegt, wenn ein passiver Ausgleichsposten zwar vor Verkündung des § 14 Abs. 4 KStG gebildet wurde, seine Auflösung jedoch nach Verkündung des Gesetzes erfolgt.[461]

---

454 *Neumann*, in Gosch, KStG, § 14 Rn. 446; *Suchanek/Herbst,* FR 2008, 112, 117 mit Hinweis auf FG Düsseldorf, das bereits im Jahr 1989 auf eine fehlende gesetzliche Grundlage hingewiesen hat, Urteil vom 24.08.1989, 6 K 382/84 – rechtskräftig, EFG 1990, 77; *Wischmann*, in Herrmann/Heuer/Raupach, Jahresband 2008, KStG, § 14 Anm. J 07-2.

455 Zwingende Gründe des gemeinen Wohls oder ein nicht schutzwürdiges Vertrauen des Einzelnen, BVerfG, Beschluss vom 03.12.1997, 2 BvR 882/97, BVerfGE 97, 67, 79; Beschluss vom 14.05.1986, 2 BvL 2/83, BVerfGE 72, 200, 258.

456 *Suchanek/Herbst,* FR 2008, 112, 118.

457 Siehe dazu C. III. 3.

458 *Kolbe*, StuB 2008, 293, 297 mit Hinweis auf BFH, Beschluss vom 19.04.2007, IV R 4/06, BStBl. II 2008, 140, 149 (Verfassungsrechtliche Beurteilung der rückwirkenden Anwendung von § 10a Satz 4 GewStG).

459 *Frotscher*, in Frotscher/Maas, KStG, § 14 Rn. 305; *Kolbe*, StuB 2008, 293, 297; *Reiß*, Der Konzern 2008, 9, 11; *Wischmann*, in Herrmann/Heuer/Raupach, Jahresband 2008, KStG, § 14 Anm. J 07-2.

460 *Reiß*, Der Konzern 2008, 9, 11.

461 Kritisch *Suchanek/Herbst,* FR 2008, 112, 115 (Fn. 34).

Beispiel 26: Bildung eines passiven Ausgleichspostens im Jahr 2006, Veräußerung der Organbeteiligung im Jahr 2009

OT hat im Jahr 2006 einen passiven Ausgleichsposten gebildet. Im Jahr 2009 veräußert OT die Organbeteiligung. Die Finanzverwaltung vertritt die Auffassung, der Ertrag aus der Auflösung des passiven Ausgleichspostens erhöhe den Veräußerungsgewinn. Insbesondere läge eine rückwirkende Anwendung des § 14 Abs. 4 Satz 2 bis 4 KStG nicht vor. Es stellt sich die Frage, ob verfassungsrechtliche Bedenken bestehen.[462]

4. Stellungnahme zu den Fallgruppen

M.E. sind die skizzierten Fallgruppen wie folgt zu behandeln:

Erste Fallgruppe – Rückwirkende Anwendung von § 14 Abs. 4 KStG auf die einkommenswirksame Auflösung passiver Ausgleichsposten vor dem Jahr 2007 ist eine ungerechtfertigte echte Rückwirkung[463]: Die Anwendung von § 14 Abs. 4 KStG auf die Auflösung von passiven Ausgleichsposten in der Zeit vor dem Jahr 2007 ist ein Verstoß gegen das verfassungsrechtliche Rückwirkungsverbot. Es handelt sich um eine echte Rückwirkung, da in Sachverhalte eingegriffen wird, die in der Vergangenheit liegen und bereits abgeschlossen sind. Die Auflösung eines passiven Ausgleichspostens anlässlich der Veräußerung der Organbeteiligung in der Zeit vor dem Jahr 2007 stellt eine wirtschaftliche Disposition des Steuerpflichtigen dar. Die Tatbestandsvoraussetzungen des § 14 Abs. 4 KStG waren in diesem Fall vor Beginn des Jahres 2007 erfüllt. Rechtfertigungsgründe für eine Rückwirkung liegen nicht vor. In Beispiel 25 hätte ein Rechtsmittel Aussicht auf Erfolg.

Zweite Fallgruppe – Rückwirkende Anwendung von § 14 Abs. 4 KStG auf die einkommenswirksame Auflösung aktiver Ausgleichsposten vor dem Jahr 2007 ist kein Verstoß gegen das verfassungsrechtliche Rückwirkungsverbot: Die Auflösung aktiver Ausgleichsposten mindert den Gewinn des Organträgers und stellt damit eine Begünstigung dar, so dass sich kein Konflikt mit dem verfassungsrechtlichen Rückwirkungsverbot ergibt. Nur solche Gesetze sind von verfassungsrechtlicher Relevanz, die die bisherige Rechtslage für den Bürger in belastender Weise verändern.[464]

Dritte Fallgruppe – Anwendung von § 14 Abs. 4 KStG auf die einkommenswirksame Auflösung passiver Ausgleichsposten, die vor dem Jahr 2007 gebildet worden sind, ist kein Verstoß gegen das verfassungsrechtliche Rückwirkungsverbot[465]: Diese Fallgruppe ist dadurch gekennzeichnet, dass zwar künftige Ereignisse zur Grundlage der Besteuerung gemacht werden, angeknüpft wird jedoch an Gegebenheiten, die vor

462 *Reiß*, Der Konzern 2008, 9, 12; *Suchanek/Herbst,* FR 2008, 112, 115 (Fn. 34) „gestreckter Sachverhalt"; vgl. *Seer/Drüen,* FR 2006, 661, 668 „gestreckter Steuertatbestand".

463 Siehe Beispiel 25.

464 Vgl. *Spindler,* DStR 1998, 953, 954.

465 Siehe Beispiel 26.

dem Jahr 2007 angelegt wurden.[466] Es handelt sich um einen gestreckten Steuertatbestand, dessen Verwirklichung mit Bildung des passiven Ausgleichspostens begann und mit dessen Auflösung endet. Es stellt sich die Frage, ob es sich hierbei um eine echte oder unechte Rückwirkung handelt. Bei der Abgrenzung der Rückbewirkung von Rechtsfolgen von der tatbestandlichen Rückanknüpfung führt allein der Umstand, dass eine oder mehrere Dispositionen in der Vergangenheit liegen, nicht zur Annahme einer Rückbewirkung von Rechtsfolgen, wenn das Geschehene noch nicht abgeschlossen ist.[467] Dies gilt ungeachtet eines in der Vergangenheit liegenden Anknüpfungspunkts auch bei Begründung einer Steuerpflicht.[468] Eine Rückbewirkung von Rechtsfolgen ist nur gegeben, wenn ein neues Gesetz in Sachverhalte eingreift, die vor der Gesetzesverkündung abgeschlossen waren und die Sachverhalte die Voraussetzungen eines bisher geltenden Tatbestandes erfüllten.[469] Für diese Annahme fordert das Bundesverfassungsgericht bei Steuergesetzen, dass die Steuer im Zeitpunkt der Verkündung des Gesetzes bereits entstanden ist.[470]

Die Bildung eines passiven Ausgleichspostens vor dem Jahr 2007 ist ein Sachverhalt, der zum Zeitpunkt der Gesetzesänderung weder tatsächlich noch rechtlich abgeschlossen war[471] (offener Sachverhalt und somit eine im Grundsatz zulässige unechte Rückwirkung). Nach der neueren Rechsprechung[472] ist auch bei der unechten Rückwirkung in jedem Einzelfall zu prüfen, inwieweit und mit welchem Gewicht das Vertrauen in die bestehende Rechtslage schützenswert ist und ob die öffentlichen Belange, die eine nachteilige Änderung rechtfertigen, dieses Vertrauen überwiegen.[473] Grundsätzlich muss der Steuerpflichtige sich jedoch darauf einstellen, dass die Gesetzesordnung in einem stetigen Wandel begriffen ist und es daher ein Vertrauen in eine unabänderliche Gesetzeslage nicht geben kann.[474] In Beispiel 26 bestehen deshalb keine Bedenken bezüglich einer Anwendung von § 14 Abs. 4 KStG.

---

466 *Schlotter,* Teilwertabschreibung und Wertaufholung zwischen Steuerbilanz und Verfassungsrecht, Seite 353.

467 BVerfG, Beschluss vom 07.07.1964, 2 BvL 22 und 22/63, BVerfGE 18, 135, 143; Beschluss vom 05.02.2002, 2 BvR 305, 348/93, BVerfGE 105, 17, 37.

468 BVerfG, Beschluss vom 08.03.1983, 2 BvL 27/81, BVerfGE 63, 312, 328.

469 BVerfG, Beschluss vom 23.03.1971, 2 BvL 2/66, 2 BvR 168, 196, 197, 210, 472/66, BVerfGE 30, 367, 386.

470 BFH, Beschluss vom 16. 12. 2003, IX R 46/02, BStBl. II 2004, 284, 290.

471 *Seer/Drüen,* FR 2006, 661, 669.

472 BVerfG, Beschluss vom 05.02.2002, 2 BvR 305/93, BVerfGE 105, 17, 37; BFH, Beschluss vom 16.12.2003, IX R 46/02, BStBl. II 2004, 284, 292.

473 *Drüen,* StuW 2006, 358, 363; *Seer/Drüen,* FR 2006, 661, 668.

474 *Schlotter,* Teilwertabschreibung und Wertaufholung zwischen Steuerbilanz und Verfassungsrecht, Seite 355.

C. Rechtsnatur organschaftlicher Ausgleichsposten und die Bedeutung der Rechtsnatur

Das Gesetz regelt zwar die Bildung und Auflösung organschaftlicher Ausgleichsposten in § 14 Abs. 4 KStG. Die Rechtsnatur der Ausgleichsposten wird jedoch nicht bestimmt.[475] Es stellt sich somit folgende Frage: Wie sind organschaftliche Ausgleichsposten „während ihres Lebens" (Fortführungsphase) zu behandeln? Würde § 14 Abs. 4 KStG bestimmen, dass Ausgleichsposten „Zusatzposten zum Buchwert der Organbeteiligung" sind, könnte die Frage – zumindest im Grundsatz – wie folgt beantwortet werden: Die organschaftlichen Ausgleichsposten sind „während ihres Lebens" wie die Organbeteiligung zu behandeln. Z.B. wären sie bei einer Umwandlung des Organträgers oder der Organgesellschaft so zu behandeln wie die Anteile an der Organgesellschaft. Im Grundsatz stehen sich zwei Sichtweisen zur Rechtsnatur organschaftlicher Ausgleichsposten gegenüber:[476] Nach einer Auffassung haben Ausgleichsposten einen „eigenen Charakter" (z.B. als bilanztechnische Erinnerungsposten[477]), nach anderer Auffassung sind sie „Bestandteil oder Zusatzposten" der Organbeteiligung[478]. In Abhängigkeit von der zu Grunde liegenden Rechtsauffassung können sich unterschiedliche steuerliche Auswirkungen im Rahmen von Transaktionen ergeben.

Beispiel 27: Einbringung einer Organbeteiligung in Schwester-OG

OT ist jeweils zu 100 v.H. an OG I und OG II beteiligt. Der steuerliche Buchwert der Beteiligung an OG I und OG II beträgt jeweils 100. Es besteht ein aktiver Ausgleichsposten zur Beteiligung an OG I in Höhe von 10. OT bringt die Beteiligung an OG I ertragsteuerneutral in OG II ein (Anteilstausch, § 21 UmwStG). Wie ist der aktive Ausgleichsposten im Rahmen der Einbringung zu behandeln?

Hervorzuheben ist, dass sich die Frage nach der Rechtsnatur organschaftlicher Ausgleichsposten im Rahmen einer Einlagelösung nicht stellt. Da nach der Einlagelösung eine organschaftliche Minder- oder Mehrabführung als Einlage- oder Einlagenrückgewähr behandelt wird, erhöht oder mindert sich der Buchwert der Organbeteiligung

475 Kritisch, *Dötsch/Witt*, in Dötsch/Jost/Pung/Witt, KStG, § 14 Rn. 484; *Frotscher*, in Frotscher/Maas, KStG, § 14 Rn. 310; *Reiß*, Der Konzern 2008, 9, 30; eine „offene Frage" des § 14 Abs. 4 KStG, *Jochen Thiel*, in FS Lang, 755, 771.

476 *Dötsch*, in Kessler/Kröner/Köhler, Konzernsteuerrecht, 243 Rn. 356.

477 BFH, Urteil vom 24.7.1996, I R 41/93, BStBl. II 1996, 614; Urteil vom 7.2.2007, I R 5/05, BStBl. II 796, 797/798, Ausgleichsposten als „Erinnerungsposten", insbesondere sei keine Behandlung nach Einlagegrundsätzen geboten; *Herlinghaus*, EFG 2005, 629, 631 (Bilanzierungshilfe); *Schröder*, StBp 1975, 149, 150 (reine steuerliche Rechnungsgröße ohne Bezug zum Buchwert der Organbeteiligung); wohl auch *Kußmaul/Richter*, BB 2007, 1256, 1259.

478 *Bareis*, FR 2008, 649, 655; *Brezing*, DB 1976, 1030; *Dörfler/Adrian/Geeb*, DStR 2007, 1889, 1890; *Dötsch*, DB 1993, 752, 755; *ders.*, Ubg 2008, 117, 118; aktiver Ausgleichsposten ist „Annex", passiver Augleichsposten ist „Korrektiv" zum Buchwert, *Lohmann/Heerdt*, DB 2008, 1937, 1938; *Nagel/Thies*, GmbHR 2004, 35, 37 ff.; *Tesdorpf*, DStR 1979, 524; *Witt*, Die Organschaft im Ertragsteuerrecht, 171 und 174 (Zusatzposten zur Beteiligung).

unmittelbar. In Beispiel 27 würde sich die Frage nicht stellen, ein aktiver Ausgleichsposten wäre nicht vorhanden, der Beteiligungsbuchwert von OT I würde 110 betragen. Die Transaktion wäre – mangels Ausgleichsposten – eine „normale" Einbringung nach § 21 UmwStG.

I. Bedeutung der Rechtsnatur von Ausgleichsposten

Die Bestimmung der Rechtsnatur organschaftlicher Ausgleichsposten ist erforderlich, wenn eine Transaktion mit Bezug auf die Organbeteiligung durchgeführt wird. Dies dürfte – ohne Anspruch auf Vollständigkeit – für die folgenden Transaktionen gelten:

- **Teilwertabschreibung auf die Organbeteiligung:** Bei einer Teilwertabschreibung der Organbeteiligung stellt sich die Frage, ob Ausgleichsposten zu berücksichtigen sind.[479] Kann ein aktiver Ausgleichsposten zusammen mit der Organbeteiligung abgeschrieben werden? Muss ein passiver Ausgleichsposten berücksichtigt werden?
- **Umwandlungen:** Wird die Organgesellschaft umgewandelt, stellt sich die Frage nach den Auswirkungen auf bestehende Ausgleichsposten. Wird ein bestehender Ausgleichsposten im Rahmen einer Einbringung der Organbeteiligung mit eingebracht (siehe Beispiel 27)?
- **Ermittlung eines Einbringungsgewinns I:** Kommt es innerhalb von sieben Jahren nach einer Teilbetriebseinbringung unter Buchwertansatz in eine Kapitalgesellschaft (§ 20 UmwStG) zu einer Einlagenrückgewähr, so stellt sich die Frage, ob ein Einbringungsgewinn I nach § 22 Abs. 1 Satz 6 Nr. 3 UmwStG ausgelöst wird. In diesem Zusammenhang wird die Auffassung vertreten, dass erst eine Einlagenrückgewähr, die den Beteiligungsbuchwert der erhaltenen Anteile überschreitet, tatbestandsmäßig ist.[480] Sind bestehende Ausgleichsposten bei der Höhe des Beteiligungsbuchwerts zu berücksichtigen?
- **„Technische" Auflösung der organschaftlichen Ausgleichsposten bei Veräußerung der Organbeteiligung:** Bei der Veräußerung der Organbeteiligung stellt sich die Frage, „auf welche Weise" bestehende Ausgleichsposten aufzulösen

---

479 *Dötsch*, in Kessler/Kröner/Köhler, Konzernsteuerrecht, 243 Rn. 356. Vor Geltung von § 14 Abs. 4 KStG die Frage bejahend, BMF-Schreiben vom 28.04.2003, IV A 2 – S 2750a – 7/03, BStBl. I 2003, 292 Rz. 16, 26; vom 26.08.2003, IV A 2 – S 2770 – 18/03, BStBl. I 2003, 437 Rz. 43; OFD-Frankfurt am Main vom 08.11.2005, – S 2750a A – 8 – St II 1.01, DB 2005, 2608.

480 *Schmitt*, in Schmitt/Hörtnagl/Stratz, UmwStG, § 22 Rn. 90 und 94; *Stangl*, in Rödder/Herlinghaus/van Lishaut, UmwStG, § 22 Rn. 112; *Neumann*, DStR 2008, 325, 333 geht von einer „Freigrenze" aus, deren Überschreiten § 22 Abs. 1 Satz 6 Nr. 3 UmwStG auslöst. Unklar ist, wie der anteilige Einbringungsgewinn I zu berechnen ist. Nach wohl herrschender Auffassung ist die Einlagenrückgewähr in das Verhältnis zum gemeinen Wert der Neu-Anteile zu setzen; Vgl. *Patt*, in Dötsch/Patt/Pung/Möhlenbrock, UmwStG, § 22 Rn. 48; *Schumacher*, DStR 2008, 325, 333; *Stangl*, in Rödder/Herlinghaus/van Lishaut, UmwStG, § 22 Rn. 114; *Widmann*, in Widmann/Mayer, UmwStG, § 22 Rn. 64. Im Übrigen hängt die Höhe des Einbringungsgewinns I vom Zeitpunkt seiner Entstehung ab („Siebtelregelung"), § 22 Abs. 1 Satz 3 UmwStG.

sind. Es kommen zwei Möglichkeiten in Betracht: Erstens, eine Auflösung im Zusammenhang mit der Ermittlung des Veräußerungsgewinns bzw. -verlustes (Nettomethode). Zweitens, eine „isolierte“ Auflösung neben der Ermittlung eines Veräußerungsgewinns oder -verlustes (Bruttomethode).

- **Einlagenrückgewähr der ehemaligen Organgesellschaft:** Fraglich ist, ob – und bis zu welcher Höhe – eine Einlagenrückgewähr der ehemaligen Organgesellschaft in nachorganschaftlicher Zeit mit bestehenden Ausgleichsposten verrechnet werden kann.[481] Zumindest wenn man davon ausgeht, dass Ausgleichsposten ein Zusatzposten zum Buchwert der Organbeteiligung sind, dürfte eine Verrechnung mit einer Einlagenrückgewähr möglich sein.

II. Rechtsauffassungen zur Rechtsnatur von Ausgleichsposten

1. Organschaftlicher Ausgleichsposten als Korrekturposten zum Beteiligungsbuchwert

Nach einer Auffassung sind organschaftliche Ausgleichsposten Bestandteil des Beteiligungsbuchwerts bzw. Korrektur- oder Zusatzposten zur Organbeteiligung. Das Bundesministerium der Finanzen bezeichnet Ausgleichsposten im BMF-Schreiben vom 26.08.2003 als „Korrekturposten zum Beteiligungsbuchwert“.[482] Dem folgen die Oberfinanzdirektionen Frankfurt am Main[483] und Hannover[484]. Unter Berücksichtigung des Erlasses und der Verfügungen dürften Ausgleichsposten – zumindest vor Inkrafttreten des § 14 Abs. 4 KStG – nach Auffassung der Finanzverwaltung als Bestandteil der Organbeteiligung zu behandeln sein. Unter Berücksichtigung der Tatsache, dass § 14 Abs. 4 KStG eine „Vergesetzlichung“ der Auffassung der Finanzverwaltung ist, dürfte die Verwaltung an ihrer Rechtsauffassung auch nach Inkrafttreten des § 14 Abs. 4 KStG festhalten.

Nach der – vor Inkrafttreten des § 14 Abs. 4 KStG – wohl herrschenden Auffassung in der Literatur sind Ausgleichsposten Bestandteil der Organbeteiligung.[485]

481 Vgl. *Hübel*, GmbHR 1991, 475, 477; *Lohmann/Heerdt*, DB 2008, 1937, 1938; *Dötsch/Witt*, in Dötsch/Jost/Pung/Witt, KStG, § 14 Rn. 545. Zur Einlagenrückgewähr, BMF-Schreiben vom 9.1.1987, IV B 2 – S 2143 – 24/86, BStBl. I 1987, 171.

482 BMF-Schreiben vom 28.04.2003, IV A 2 – S 2750a – 7/03, BStBl. I 2003, 292, Tz. 26; vom 26.08.2003, IV A 2-S 2770-18/03, BStBl. I 2003, 437, Tz. 43.

483 OFD Frankfurt am Main, Rundverfügung vom 08.11.2005, S 2750a A – 8 – St II 1.01, DStR 2005, 2044.

484 OFD Hannover, Verfügung vom 25.11.2005, S 2750a – 21 – StO 241, Juris-Online.

485 *Brezing*, DB 1976, 1030, 1031 „integrierender Bestandteil des Beteiligungskontos“; *Dantzer*, StBp 1983, 176; *ders.*, StBp 1984, 149; *Dörfler/Adrian/Geeb*, DStR 2007, 1889, 1892; *Dötsch*, DB 1993, 752, 755; *Dötsch/Pung*, DB 2003, 1970, 1981; *Erle*, in Erle/Sauter, 2. Auflage, KStG, § 14 Rn. 305; *Füger/Rieger*, FR 2003, 543, 546; *Kuhn/Reiß*, StuB 2004, 753, 755; *Kußmaul/ Richter*, BB 2007, 1256, 1259; *Nagel/Thies*, GmbHR 2004, 35, 37 ff.; *Neumann*, in Gosch, KStG, § 14 Rn. 445 ff.; *Rouenhoff*, DStR 2005, 1636, 1637; *Tesdorpf*, DStR 1979, 524; *Thiel*,

Diese Auffassung wird im Schrifttum auch mit Blick auf § 14 Abs. 4 KStG vertreten.[486] Zum Teil wird sogar die Auffassung vertreten, ein aktiver Ausgleichsposten sei als Zuschreibung zum Wert der Beteiligung zu verstehen, ein passiver Ausgleichsposten könne auch direkt vom Beteiligungskonto abgebucht werden.[487] Danach handele es sich bei Ausgleichsposten um eine Korrektur des Beteiligungsbuchwertes, der Begriff Ausgleichsposten habe in einem Gesetz nichts zu suchen.[488] *Dötsch/Witt* begründen ihre Auffassung, wonach organschaftliche Ausgleichsposten das Schicksal der Organbeteiligung teilen, mit Hinweis auf § 14 Abs. 4 Satz 4 KStG.[489] Die Regelung des Gesetzgebers, wonach § 3 Nr. 40, § 3c Abs. 2 EStG und § 8b KStG auf die einkommenswirksame Auflösung von Ausgleichsposten anzuwenden sind, sei nur nachvollziehbar, wenn die Ausgleichsposten Bestandteil der Organbeteiligung sind. Die Rechtsnatur von Ausgleichsposten sei nach Einlagegrundsätzen zu beurteilen. „Gedanklich" erhöhe ein aktiver Ausgleichsposten – wie eine Einlage – den Buchwert der Organbeteiligung, ein passiver Ausgleichsposten verringere „gedanklich" – wie eine Einlagenrückgewähr – den Buchwert. Dabei gelte die Besonderheit, dass die Bildung eines passiven Ausgleichspostens – anders als eine echte Einlagenrückgewähr[490] – niemals zur Entstehung eines Veräußerungsgewinns führt. Die Ausgleichspostenlösung ermögliche somit „negative" Buchwerte. Im Übrigen folge das Zugrundeliegen von Einlagegrundsätzen aus § 27 Abs. 6 KStG, wonach Minderabführungen das steuerliche Einlagekonto der Organgesellschaft – wie eine Einlage – erhöhen und Mehrabführungen es – wie eine Einlagenrückgewähr – mindern.[491]

BB 1960, 735, 736; *Widmann*, in Widmann/Mayer, UmwStG, § 12 Rz. 283; *Witt*, Die Organschaft im Ertragsteuerrecht, 171 und 174 (Zusatzposten zur Beteiligung). So auch bis zum Inkrafttreten von § 14 Abs. 4 KStG: *Frotscher*, Der Konzern 2007, 34, 39; *ders.*, in Frotscher/Maas, KStG, § 14 Rn. 310.

486 *Bareis*, FR 2008, 649, 655; *Bosch*, in Preißer/Pung, C VI. Rn. 249; *Dötsch,* Ubg 2008, 117, 118; *Dötsch/Witt*, in Dötsch/Jost/ Pung/Witt, KStG, § 14 Rn. 486a; *Erle/Heurung*, in Erle/Sauter, KStG, § 14 Rn. 512; *Heerdt*, DStR 2009, 938; *Lohmann/Heerdt*, DB 2008, 1937, 1938, aktiver Ausgleichsposten ist „Annex", passiver Augleichsposten ist „Korrektiv" zum Buchwert; *Müller*, in Mössner/Seeger, KStG, § 14 Rn. 435; *Reiß,* Der Konzern 2008, 9, 30; so wohl auch *Widmann,* in Widmann/Mayer, UmwStG, § 4 Rn. 134 (Ausgleichsposten als Rechnungsgröße bei der Ermittlung des Übernahmeergebnisses).

487 *Bareis*, FR 2008, 649, 655 und 656; *Reiß*, Der Konzern 2008, 9, 30. Für die Zeit vor Inkrafttreten von § 14 Abs. 4 KStG, *Reiß*, StuB 2004, 812, 815; vgl. *Jochen Thiel*, in FS Raupach, 543, 554; *Brezing*, DStZ A 1970, 244, 245.

488 *Reiß*, Der Konzern 2008, 9, 30.

489 *Dötsch/Witt*, in Dötsch/Jost/Pung/Witt, KStG, § 14 Rn. 486a.

490 Vgl. dazu BFH, Urteil vom 07.11.1990, I R 68/88, BStBl. II 1991, 177, 178; Urteil vom 14.10.1992, I R 1/91, BStBl. II 1993, 189; Urteil vom 20.04.1999, VIII R 38/96, BStBl. II 1999, 647; BMF-Schreiben vom 09.01.1987, IV B 2 – S 2143 – 24/86, BStBl. I 1987, 171.

491 Vgl. aber *Neumann*, in Gosch, KStG, § 14 Rn. 447 und Rn. 448 a.E., Ausgleichsposten sind zwar „Gegenstück zur Erhöhung des Einlagekontos bei der Organgesellschaft gemäß § 27 Abs. 6 KStG", sie haben jedoch den Charakter einer Bilanzierungshilfe in der Steuerbilanz.

2. Organschaftlicher Ausgleichsposten als Posten mit eigenem Rechtscharakter

Der Bundesfinanzhof hat – zumindest vor Inkrafttreten von § 14 Abs. 4 KStG – die Ausgleichsposten nicht als Bestandteil der Organbeteiligung angesehen.[492] Diese Auffassung wird auch in der Literatur für die Zeit vor Inkrafttreten[493] und für die Zeit nach Inkrafttreten des § 14 Abs. 4 KStG vertreten.[494] Die rechtliche Begründung für diese Auffassung fasste *Schröder* bereits im Jahr 1975 zusammen: Eine Beteiligung gehöre zum nichtabnutzbaren beweglichen Anlagevermögen, ihre Bewertung richte sich nach § 6 Abs. 1 Nr. 2 EStG. Als Wertansatz kämen nur die Anschaffungskosten oder ein eventuell niedrigerer Teilwert in Betracht, wobei die Anschaffungskosten die Bewertungsobergrenze bilden, die nicht überschritten werden dürfe.[495] Würde man einen aktiven Ausgleichsposten mit dem Beteiligungsbuchwert in Verbindung bringen, also als Zusatzposten zur Beteiligung behandeln, so überstiege der Buchwert unter Einbeziehung des aktiven Ausgleichspostens die Anschaffungskosten der Beteiligung. Dies wäre nach § 6 Abs. 1 Nr. 2 EStG nicht zulässig.[496] Die Bildung eines passiven Ausgleichspostens würde zu einer unzulässigen Teilwertabschreibung führen.[497]

Hervorzuheben ist, dass *Frotscher* seine bisherige Auffassung, wonach Ausgleichsposten Bestandteil der Organbeteiligung sind, mit Blick auf § 14 Abs. 4 KStG aufgegeben hat.[498] Unter Hinweis auf § 14 Abs. 4 Satz 4 KStG, wonach auf die Einkommenserhöhung oder -verringerung in Folge der Auflösung von Ausgleichsposten § 3 Nr. 40, § 3c Abs. 2 EStG und § 8b KStG anzuwenden sind, geht *Frotscher* nunmehr davon aus, dass es sich bei Ausgleichsposten um eine „besondere steuerliche Bilanzierungshilfe handelt, die eine Doppel- bzw. Nichtbesteuerung vermeiden soll".[499] Deshalb wendet er – konsequent – die Vorschriften über Kapitalbeteiligungen nicht unmittelbar auf Ausgleichsposten an. *Frotscher* begründet seine Auffassung damit,

---

492 BFH, Urteil vom 24.7.1996, I R 41/93, BStBl. II 1996, 614; Urteil vom 7.2.2007, I R 5/05, BStBl. II 796, 797/798; Ausgleichsposten als „Erinnerungsposten", insbesondere sei keine Behandlung nach Einlagegrundsätzen geboten; so auch noch ausdrücklich für einen Veranlagungszeitraum vor Inkrafttreten des § 14 Abs. 4 KStG, BFH, Urteil vom 29.10.2008, I R 31/08, BFH/NV 2009, 79, 791.

493 *Glutsch/Meining*, DB 2007, 308, 312; *Herlinghaus*, EFG 2005, 629; *Neumann*, in Gosch (1. Auflage), KStG, § 14 Rn. 446; *Schröder*, StBp 1975, 149, 150 (rein steuerliche Rechengröße ohne Bezug zum Beteiligungsbuchwert); *Walter*, in Ernst &Young, KStG, § 14 Rn. 891; *Wassermeyer*, in Herzig, Organschaft, 208, 217; wohl auch *Kußmaul/Richter*, BB 2007, 1256, 1259; vgl. auch *Hübel*, StBp 1984, 11; *Jurkat*, Die Organschaft im Körperschaftsteuerrecht, Rn. 636.

494 *Neumann*, in Gosch, KStG, § 14 Rn. 448, „Ausgleichsposten als Bilanzierungshilfe"; *ders.*, Ubg 2010, 673, 675; so auch *Breier*, Der Konzern 2011, 11, 19.

495 *Schröder*, StBp 1975, 149, 150.

496 *Schröder*, StBp 1975, 149, 150.

497 *Schröder*, StBp 1975, 149, 150.

498 *Frotscher*, in Frotscher/Maas, KStG, § 14 Rn. 311.

499 *Frotscher*, in Frotscher/Maas, KStG, § 14 Rn. 311. Mit diesem Argument begründet auch *Breier* seine Auffassung, wonach Ausgleichsposten nicht (zwangsläufig) das Schicksal der Beteiligung teilen, Der Konzern 2011, 11, 19.

dass andernfalls § 14 Abs. 4 Satz 4 KStG überflüssig sei. Sofern Ausgleichsposten Bestandteil der Organbeteiligung wären, hätte eine Anwendung von § 3 Nr. 40, § 3c Abs. 2 EStG und § 8b KStG nicht gesetzlich bestimmt werden müssen. Hinzu komme, dass eine Behandlung als steuerliche Bilanzierungshilfe einen Konflikt zum handelsrechtlichen Ansatz verhindere. Würde man Ausgleichsposten als Bestandteil der Organbeteiligung behandeln, sei kaum zu erklären, warum der handelsrechtliche Ansatz von dem steuerrechtlichen Ansatz abweiche.[500]

3. Stellungnahme zur Rechtsnatur von Ausgleichsposten

Ein organschaftlicher Ausgleichsposten ist zwar kein „echter" Beteiligungsbuchwert. Gleichfalls handelt es sich nicht um ein Wirtschaftsgut. Jedoch ist ein Ausgleichsposten Korrekturposten zum Buchwert der Organbeteiligung. Die für Beteiligungen anwendbaren Vorschriften sind auch auf Ausgleichsposten anwendbar. Aus § 14 Abs. 4 KStG folgt im Übrigen, dass sich Bildung und Auflösung von Ausgleichsposten auf den Steuerbilanzgewinn des Organträgers auswirken.

a) Ausgleichsposten ist nicht mit Buchwert der Organbeteiligung verrechenbar

Eine Auffassung, wonach organschaftliche Ausgleichsposten mit dem Buchwert der Organbeteiligung verrechnet werden können, wäre abzulehnen. Eine solche Auffassung widerspräche dem Gesetz.[501] In § 14 Abs. 4 Satz 1 KStG ist ausdrücklich angeordnet, dass in der Steuerbilanz des Organträgers „ein besonderer aktiver oder passiver Ausgleichsposten" zu bilden ist. Die Verrechnung einer Minder- oder Mehrabführung mit dem Beteiligungsbuchwert scheidet danach aus. Aus § 14 Abs. 4 KStG folgt auch nicht, dass Minderabführungen eine Einlage des Organträgers in die Organgesellschaft und Mehrabführungen eine Einlagenrückgewähr der Organgesellschaft sind. Ein aktiver Ausgleichsposten ist nicht Folge einer Einlage[502], ein passiver Ausgleichsposten ist nicht Folge einer Einlagenrückgewähr[503]. Die Regelung des § 27 Abs. 6 KStG, wonach eine organschaftliche Minderabführung das steuerliche Einlagekonto der Organgesellschaft erhöht und eine Mehrabführung das Einlagekonto mindert, wäre andernfalls überflüssig. Im Übrigen folgt dies auch aus der Tatsache, dass der Gesetzgeber eine Einlagelösung im Rahmen des Jahressteuergesetzes 2008 gerade nicht umgesetzt, sondern an der Ausgleichspostenlösung festgehalten hat. Nichts anderes ergibt sich daraus, dass die Bildung aktiver oder passiver Ausgleichsposten – im Grundsatz – in der Doppik „wie" Einlage und Einlagenrückgewähr behandelt

500 *Frotscher*, in Frotscher/Maas, KStG, § 14 Rn. 311.

501 *Neumann*, in Gosch, KStG, § 14 Rn. 448.

502 *Bareis* geht bei der Einordnung des Begriffs Ausgleichsposten davon aus, dass ein aktiver Ausgleichsposten eine Zuschreibung zum Buchwert der Beteiligung ist, FR 2008, 649, 655. Es müsse zwingend eine Einlage des Organträgers vorliegen.

503 *Bareis* geht bei der Einordnung des Begriffs Ausgleichsposten davon aus, dass ein passiver Ausgleichsposten eine Wertberichtigung zum Buchwert der Organbeteiligung ist, FR 2008, 649, 655. Der passive Ausgleichsposten könne auch direkt vom Beteiligungskonto abgebucht werden.

werden.[504] Darüber hinaus fallen die buchhalterische Darstellung eines passiven Ausgleichspostens und einer Einlagenrückgewähr auseinander, wenn eine den Buchwert der Organbeteiligung übersteigende Mehrabführung vorliegt. Die Bildung eines passiven Ausgleichspostens erfolgt in diesem Fall ohne Besonderheiten. Eine Einlagenrückgewähr, die den Beteiligungsbuchwert übersteigt, führt dagegen zu einem Ertrag des Organträgers.

b) *Ausgleichsposten ist kein Wirtschaftsgut*

Ein organschaftlicher Ausgleichsposten ist kein Wirtschaftsgut.[505] Wirtschaftsgüter sind Gegenstände und nicht körperliche Gegenstände i.S.d. §§ 90 ff. BGB, sofern sie am Bilanzstichtag bereits als realisierbarer Vermögenswert angesehen werden können[506] als auch bloße vermögenswerte Vorteile einschließlich tatsächlicher Zustände und konkreter Möglichkeiten, die nach der Verkehrsauffassung einer selbstständigen Bewertung zugänglich sind und deren Erlangung sich ein Kaufmann etwas Kosten lässt[507] und in der Regel einen Nutzen für mehrere Wirtschaftsjahre erbringen[508]. Der handelsrechtliche Begriff des Vermögensgegenstandes deckt sich inhaltlich mit dem des Wirtschaftsgutes.[509] Der Begriff ist auf der Grundlage wirtschaftlicher Betrachtungsweise auszulegen. Ein organschaftlicher Ausgleichsposten ist kein realisierbarer Vermögenswert und keine objektiv werthaltige Position.[510] Bildung und Auflösung eines Ausgleichspostens richten sich ausschließlich nach § 14 Abs. 4 KStG.

c) *Ausgleichsposten ist keine Bilanzierungshilfe*

Ein organschaftlicher Ausgleichsposten ist zumindest keine „echte" Bilanzierungshilfe. Der Begriff Bilanzierungshilfe ist im HGB zwar genannt, aber nicht definiert. Die Bilanzierungshilfe ist nach allgemeiner Auffassung in der Literatur eine gesetzlich zugelassene Aktivierung von Ausgaben, deren Gegenwert nicht in einem Vermögensgegenstand besteht.[511] Bilanzierungshilfen der Aktivseite der Handelsbilanz sind in der Regel solche Aktivierungswahlrechte, die grundsätzlich weder Vermögensgegenstände noch Rechnungsabgrenzungsposten zum Gegenstand haben und die den buchmäßigen Ausweis eines höheren als nach den handelsrechtlichen Grundsätze ordnungsgemäßer Buchführung an sich vorhandenen Vermögens erlauben.[512] Im Allgemeinen werden Bilanzierungshilfen im Gesetz ausdrücklich als solche bezeichnet, z.B. Aufwendungen für die Ingangsetzung und Erweiterung des Geschäftsbetriebes

504 Ausführlich dazu *Bareis*, FR 2008, 649, 655.
505 Vgl. *Walter*, in Ernst & Young, KStG, § 14 Rn. 891.
506 BFH, Urteil vom 09.07.1986, I R 218/82, BStBl. II 1987, 14.
507 BFH, Beschluss vom 7.8.2000, GrS 2/99, BStBl. II 2000, 632.
508 BFH, Urteil vom 24.7.1996, X R 139/93, BFH/NV 2003, 154.
509 BFH, Urteil vom 26.11.1998, IV R 52/96, BStBl. II 1999, 547.
510 *Schreiber*, in Blümich, EStG, § 5 Rn. 304.
511 *Winnefeld*, Bilanz-Handbuch, D, Rn. 650 m.w.N.
512 BFH, Urteil vom 26.2.75, I R 72/73, BStBl. II 1976, 13.

(§ 269 HGB[513] a.F.), aktive latente Steuern (§ 274 Abs. 2 HGB[514] a.F.) und § 88 Abs. 3 Satz 2 II. WoBauG[515]. Auch die Passivseite kennt Bilanzierungshilfen, z.B. die wahlweise Nichtpassivierung von Darlehen i. S. v. § 88 Abs. 3 Satz 1 II. WoBauG.[516] Der Bundesfinanzhof geht davon aus, dass eine Bilanzierungshilfe auch dann vorliegen kann, wenn sie im Gesetz nicht als solche bezeichnet ist. Das soll immer dann der Fall sein, wenn das Handelsrecht ein Wahlrecht gewährt, einen Nicht-Vermögensgegenstand als Vermögensgegenstand zu aktivieren.[517] Für rein steuerliche Zwecke besteht keine Notwendigkeit der Verbesserung des auszuweisenden Periodenergebnisses, daher sind steuerlich keine Bilanzierungshilfen aktivierbar; dies gilt unabhängig von der handelsrechtlichen Verfahrensweise.[518] Bei Ausgleichsposten handelt es sich um Posten in der Steuerbilanz. Bereits aus diesem Grund scheidet die Einordnung als (echte) Bilanzierungshilfe aus.

d) Ausgleichsposten hat beteiligungsähnlichen Rechtscharakter

Ein organschaftlicher Ausgleichsposten ist zwar kein Bestandteil der Organbeteiligung oder des Beteiligungsbuchwerts. Bei der Bildung eines Ausgleichspostens finden auch keine Einlagegrundsätze Anwendung.[519] Deshalb scheidet z.B. im Fall einer mittelbaren Organschaft die Bildung eines Ausgleichspostens bei der Zwischengesellschaft aus. Gleichfalls stellt eine organschaftliche Mehrabführung keine Einlagenrückgewähr – z.B. bei Anwendung des § 22 Abs. 1 Satz 6 Nr. 3 UmwStG – dar. Jedoch ist ein Ausgleichsposten m.E. ein Korrekturposten zum Beteiligungsbuchwert, er folgt „seiner" Beteiligung.

aa) Ausgleichsposten bei unmittelbarer Beteiligung des Organträgers an Organgesellschaft

§ 14 Abs. 4 Satz 1 KStG ordnet an, dass Ausgleichsposten innerhalb der Steuerbilanz zu bilden sind. Unter Berücksichtigung der gesetzlichen Regelung besteht für die Ansicht, Ausgleichsposten seien bloße Erinnerungsposten, kein Raum mehr. Ein Ausgleichsposten hat beteiligungsähnlichen Rechtscharakter. Es besteht – im Grundsatz – eine untrennbare Verbindung zwischen Organbeteiligung und Ausgleichsposten, der Ausgleichsposten folgt regelmäßig dem steuerlichen Schicksal der Organbeteiligung. Dies folgt aus der Tatsache, dass Ausgleichsposten nach § 14 Abs. 4 Satz 2

513 Gestrichen durch das Bilanzrechtsmodernisierungsgesetz, BGBl. I 2009, 1102.
514 Neugefasst durch das Bilanzrechtsmodernisierungsgesetz, BGBl. I 2009, 1102.
515 *Schreiber,* in Blümich EStG, § 5 Rn. 316.
516 BFH, Urteil vom 20.10.2004, I R 11/03, BFH/NV 2005, 428.
517 BFH, Beschluss vom 7.3.2000, GrS 2/99, BStBl. II 2000, 632.
518 *Niemann/Sradj/Wohlgemuth,* in Beck'sches Steuerberater-Handbuch 2008/2009, S. 31 Rn. 227.
519 Zwar ist der Auffassung von *Erle/Heurung,* wonach ein organschaftlicher Ausgleichsposten ein Korrekturposten zum Beteiligungsbuchwert ist, zuzustimmen, Erle/Sauter, KStG, § 14 Rn. 512 a.E. Jedoch scheidet m.E. eine Begründung dieser Auffassung durch Hinweis auf eine Einlagelösung aus. Der Gesetzgeber hat eine Einlagelösung im Rahmen des JStG 2008 gerade nicht umgesetzt.

KStG erst bei Veräußerung der Organbeteiligung aufzulösen sind. Eine Beendigung der Organschaft berührt einen bestehenden Posten nicht. Ausgleichsposten haben im Rahmen von Transaktionen unmittelbare Auswirkung.[520]

Beispiel 28: Unmittelbare Beteiligung des Organträgers an der Organgesellschaft

OT ist zu 90 v.H. an OG beteiligt. Der steuerliche Buchwert der Beteiligung beträgt 90. Im Jahr 01 bildet OT in Folge einer organschaftlichen Minderabführung einen aktiven Ausgleichsposten in Höhe von 10. Im Jahr 02 erwirbt OT die restlichen Anteile an OG von einem Dritten zum Preis von 1.000. M.E. ist der aktive Ausgleichsposten ein Korrekturposten zum Beteiligungsbuchwert in Höhe von 1.090 (BW 90 + BW 1.000). Unter Berücksichtigung des aktiven Ausgleichspostens beträgt der „gedankliche" Beteiligungsbuchwert 1.100 (BW 90 + BW 1.000 + aAP 10).

Diese Auffassung folgt auch aus § 95 Abs 1 Satz 2 BewG a.F. Danach waren organschaftliche Ausgleichsposten für Bewertungszwecke nicht anzusetzen.[521] Dieser Regelung lag der Gedanke zu Grunde, dass ein Ausgleichsposten einen Korrekturposten zum Beteiligungsbuchwert darstellt. Da eine Beteiligung an einer Organgesellschaft bewertungsrechtlich nicht mit dem Steuerbilanzwert, sondern dem Börsenkurs oder dem gemeinen Wert anzusetzen war, kam es auf den steuerlichen Buchwert – und einen den Buchwert korrigierenden Ausgleichsposten – nicht an.[522] Begreift man den Ausgleichsposten als Korrekturposten zum Beteiligungsbuchwert, durfte der Ausgleichsposten nicht zusätzlich neben dem gemeinen Wert der Beteiligung angesetzt werden.[523] Insoweit war die Regelung in § 95 Abs. 1 Satz 2 BewG a.F. zutreffend.

bb) Ausgleichsposten bei mittelbarer Beteiligung des Organträgers an der Organgesellschaft

Für den Fall, dass der Organträger nicht unmittelbar an der Organgesellschaft beteiligt ist, gilt das Vorstehende entsprechend. In diesem Fall hat der Ausgleichsposten zwar gleichfalls beteiligungsähnlichen Rechtscharakter. Jedoch korrigiert er nicht den Buchwert der Organbeteiligung. Die Organbeteiligung wird nämlich von einer Zwischengesellschaft gehalten, der Ausgleichsposten besteht dagegen in der Steuerbilanz des Organträgers. In diesem Fall korrigiert der Ausgleichsposten den Buchwert der Beteiligung an der Zwischengesellschaft. Deshalb können die steuerliche Behandlung des Gewinns aus der Veräußerung der Beteiligung an der Organgesellschaft auf Ebene der Zwischengesellschaft (z.B. § 8b Abs. 4 i.V.m. § 34 Abs. 7a KStG) und die steuerliche Behandlung des Gewinns aus der Auflösung eines Ausgleichs-

520 Zumindest für die Zeit vor Inkrafttreten von § 14 Abs. 4 KStG geht *Walter* davon aus, dass Ausgleichsposten im Rahmen von Umwandlungen die Höhe des Beteiligungsbuchwerts nicht beeinflussen, in Ernst & Young, KStG, § 14 Rn. 891.

521 Vgl. R 114 Abs. 2 Satz 5 Nr. 1 ErbStR 2003.

522 Vgl. *Christoffel*, GmbHR 1997, 517, 521; *Franz Dötsch*, in *Gürsching/Stenger*, BewG, § 95 (ab 1993) Anm. 123.12; *Halaczinsky*, NWB Fach 9, 2553, 2558; *Kreutziger*, in Kreutziger/Lindberg/Schaffner, BewG, § 95 Rn. 40; *Teß*, BB 1992, 1692, 1693.

523 *Kreutziger*, in Kreutziger/Lindberg/Schaffner, BewG, § 95 Rn. 40.

postens auf Ebene des Organträgers (z.B. § 8b Abs. 2, Abs. 3 KStG) voneinander abweichen.

Beispiel 29: Veräußerung der Beteiligung an der Zwischengesellschaft

OT ist zu 100 v.H. an Z-GmbH beteiligt, diese wiederum ist zu 100 v.H. an OG beteiligt. Die Beteiligung der Z-GmbH an OG besteht aus „alten" einbringungsgeborenen Anteilen (§ 21 UmwStG 1995). Zwischen OT und OG besteht eine (mittelbare) Organschaft. OT bildet in Folge einer Mehrabführung der OG einen passiven Ausgleichsposten. Denkbare Veräußerungsfälle:

a) OT veräußert Beteiligung an Z-GmbH,
b) Z-GmbH veräußert Beteiligung an OG.

In Beispiel 29 erfasst die Ermittlung des Gewinns oder Verlustes aus der unter a) skizzierten Veräußerung die Auflösung des passiven Ausgleichspostens. § 8b Abs. 2 Satz 1, Abs. 3 Satz 1 KStG sind anzuwenden. Die in Beispiel 29 unter b) skizzierte Veräußerung führt m.E. gleichfalls zur Auflösung des passiven Ausgleichspostens, da aus Sicht des Organträgers eine „mittelbare" Veräußerung vorliegt. Ein Veräußerungsgewinn auf Ebene der Z-GmbH ist vollumfänglich steuerpflichtig (einbringungsgeborene Anteile; § 8b Abs. 4 KStG a.F.). Dagegen ist der Ertrag aus der Auflösung des passiven Ausgleichspostens zu 95 v.H. steuerfrei (§ 8b Abs. 2 Satz 1, Abs. 3 Satz 1 KStG). Die Beteiligung des Organträgers an der Z-GmbH ist nicht einbringungsgeboren, der passive Ausgleichsposten ist Zusatzposten zum Buchwert der Beteiligung an Z-GmbH.

e) Bildung und Auflösung von Ausgleichsposten wirkt sich auf den Steuerbilanzgewinn des Organträgers aus

Der Vollständigkeit halber ist in diesem Zusammenhang darauf hinzuweisen, dass sich Bildung und Auflösung von Ausgleichsposten auf den Steuerbilanzgewinn des Organträgers auswirken. Ein aktiver Ausgleichsposten erhöht das Betriebsvermögen im Sinne des § 4 Abs. 1 Satz 1 EStG, ein passiver Ausgleichsposten mindert es. Die Rechtsnatur von Ausgleichsposten ist insoweit unbeachtlich. Der Gesetzgeber hat in § 14 Abs. 4 Satz 1 KStG angeordnet, dass Ausgleichsposten in der Steuerbilanz des Organträgers zu bilden sind. Damit scheidet eine außerbilanzielle Bildung in Form eines „Merkpostens" aus.

III. Zusammenfassung

Die Rechtsnatur von Ausgleichsposten ist gesetzlich nicht bestimmt. Die Beantwortung der Frage nach der Rechtsnatur stellt sich regelmäßig im Zusammenhang mit Transaktionen (z.B. Umwandlung der Organgesellschaft; Teilwertabschreibung). Nach überwiegend vertretener – m.E. zutreffender – Auffassung handelt es sich bei Ausgleichsposten um eine Korrektur des Buchwerts der Organbeteiligung. Ein Ausgleichsposten hat danach beteiligungsähnlichen Rechtscharakter. Im Fall einer mittelbaren Organschaft handelt es sich um eine Korrektur des Buchwerts der Beteiligung des Organträgers an der Zwischengesellschaft.

Im Übrigen ordnet § 14 Abs. 4 Satz 1 KStG an, dass Ausgleichsposten in der Steuerbilanz des Organträgers zu bilden sind. Deshalb wirkt sich die Bildung und Auflösung von Ausgleichsposten – unabhängig davon wie man die Frage nach der Rechtsnatur beantwortet – auf den Steuerbilanzgewinn des Organträgers aus.

§ 4 Einlagelösung der §§ 14 Abs. 4, 27 Abs. 1 Satz 3 und 4, Abs. 6 KStG-Entwurf

Nach § 14 Abs. 4 KStG wird das „Problem" organschaftlicher Minder- und Mehrabführungen durch Bildung organschaftlicher Ausgleichsposten gelöst (Ausgleichspostenlösung). Nach dieser Lösung erhöht die Bildung eines aktiven Ausgleichspostens gedanklich den Buchwert der Organbeteiligung und das Einlagekonto der Organgesellschaft (§ 27 Abs. 6 KStG); mit anderen Worten: Die Bildung eines aktiven Ausgleichspostens wirkt wie eine Einlage des Organträgers in die Organgesellschaft.[524] Die Bildung eines passiven Ausgleichspostens vermindert gedanklich den Beteiligungsbuchwert und das Einlagekonto der Organgesellschaft; mit anderen Worten: Die Bildung eines passiven Ausgleichspostens wird wie eine Einlagenrückgewähr der Organgesellschaft an den Organträger behandelt. Dieser Sichtweise liegt die Auffassung zu Grunde, dass es sich bei Ausgleichsposten um eine Korrektur des Beteiligungsbuchwerts handelt. Rechtlich liegt – mangels Rechtsgrundlage – keine Einlage und keine Einlagenrückgewähr vor. Im Grundsatz liegt es deshalb nahe, im Fall einer organschaftlichen Minderabführung keinen aktiven Ausgleichsposten zu bilden, sondern die Transaktion als Einlage des Organträgers in die Organgesellschaft zu behandeln. Entsprechend wäre im Fall einer organschaftlichen Mehrabführung kein passiver Ausgleichsposten zu bilden, sondern die Transaktion als Einlagenrückgewähr zu behandeln. Die Ausgleichspostenlösung würde zu einer „Einlagelösung[525]".[526]

Im Rahmen der parlamentarischen Beratung zum Jahressteuergesetz 2008 haben die Fachebenen des Bundes und der Länder vorgeschlagen, die Regelung in den Verwaltungsanweisungen zur Behandlung organschaftlicher Minder- und Mehrabführungen nicht in das Gesetz zu übernehmen.[527] Stattdessen sollte eine Einlagelösung umgesetzt werden, die zu einer Vereinfachung und einer „überzeugenderen Systematik"[528] im Recht der Organschaft führen soll. In der Literatur wird eine Einlagelösung gleich-

524 *Müller*, in Mössner/Seeger, KStG, § 14 Rn. 435.

525 Für den möglichen Gesetzeswortlaut einer Einlagelösung, siehe Anlage 1.

526 Vgl. *Dötsch*, in Kessler/Kröner/Köhler, Konzernsteuerrecht, 244 Rn. 357; *Müller-Gatermann*, in FS Ritter, 457, 469; *Krebs*, BB 2001, 2029, 2036; *Krebühl*, DStR 2001, 1730, 1736.

527 Eine Einlagelösung wurde bereits von der Bund-Länderarbeitsgemeinschaft „Organschaft" im Jahr 1995 vorgeschlagen, vgl. *Dötsch*, DB 1993, 752; *ders.*, Der Konzern 2003, 21, 29; *ders.*, in Dötsch/Jost/Pung/Witt, KStG, Vor § 14 Rn. 3; *Dötsch/Pung*, DB 2000, Beilage Nr. 10, 14; *Harle/Bank*, BB 2002, 1341, 1345. Vgl. auch den Bericht der Bundesregierung zur Fortentwicklung des Unternehmensteuerrechts, FR 2001, Beilage zu Nr. 11, 20; dazu *Krebs*, BB 2001, 2029, 2036.

528 *Dötsch*, Ubg 2008, 117, 122.

falls befürwortet.[529] Der Gesetzgeber hat jedoch gegen das Votum der Fachebenen in Form von § 14 Abs. 4 KStG an der Ausgleichspostenlösung festgehalten.[530]

A. Tatbestand und Rechtsfolgen der Einlagelösung

I. Tatbestandsvoraussetzungen

Die Tatbestandsvoraussetzungen der Einlagelösung, also des § 14 Abs. 4 KStG-Entwurf, entsprechen denen der Ausgleichspostenlösung, also des § 14 Abs. 4 KStG. Es muss eine Minder- oder Mehrabführung vorliegen, die ihre Ursache in organschaftlicher Zeit hat. Ein Regelbeispiel enthält § 14 Abs. 4 Satz 3 KStG-Entwurf. Eine Anwendung des § 14 Abs. 4 KStG-Entwurf setzt eine Abgrenzung von § 14 Abs. 3 KStG voraus, d.h. bestehende Rechtsunsicherheiten auf Tatbestandsseite sind bei der Ausgleichspostenlösung und der Einlagelösung identisch.

II. Rechtsfolgen

Die Rechtsfolgen der Einlagelösung unterscheiden sich von denen der Ausgleichspostenlösung.[531] Auf Rechtsfolgenseite finden nach § 14 Abs. 4 KStG-Entwurf auf Ebene des Organträgers und der Organgesellschaft Einlagegrundsätze Anwendung. Dabei gelten für die Organgesellschaft allerdings Besonderheiten hinsichtlich der Verwendung des Einlagekontos.

1. Organschaftliche Minderabführungen sind als Einlage durch den Organträger in die Organgesellschaft zu behandeln

a) Ebene des Organträgers

aa) Minderabführung als Einlage des Organträgers

Minderabführungen sind nach § 14 Abs. 1 Satz 1 KStG-Entwurf „als Einlage durch den Organträger in die Organgesellschaft zu behandeln".[532] Dabei gilt die Minderabführung nach § 14 Abs. 4 Satz 4 KStG-Entwurf in dem Zeitpunkt als erfolgt, in dem das Wirtschaftsjahr der Organgesellschaft endet. Der Wortlaut von § 14 Abs. 4 Satz 1 KStG-Entwurf entspricht dem Wortlaut von § 14 Abs. 3 Satz 2 KStG. Gleichfalls

529 *Dötsch*, Ubg 2008, 117, 122; wohl auch *Bareis*, FR 2008, 649, 657; *Heurung/Seidel*, Der Konzern 2009, 400, 408; *Lang*, NWB 2009, 118; *Reiß*, Der Konzern 2008, 9, 30.

530 Der Finanzausschuss des Deutschen Bundestages hat die Bundesregierung gebeten, zu prüfen, wie die steuerliche Behandlung von Minder- und Mehrabführungen systematisch vereinfacht werden könnte, Bericht des Finanzausschusses zum JStG 2008, BT-Drs. 16/7036, 14.

531 Für eine Übersicht über die Rechtsfolgen von Ausgleichsposten- und Einlagelösung, siehe Anlage 3.

532 Vgl. *Dötsch*, DB 1993, 752, 755.

entspricht die Bestimmung in § 14 Abs. 4 Satz 4 KStG-Entwurf der Regelung in § 14 Abs. 3 Satz 3 KStG. Insoweit entsprechen sich also die Rechtsfolgen einer organschaftlichen und einer vororganschaftlichen Minderabführung. Der Betrag der Minderabführung ist als Einlage des Organträgers in die Organgesellschaft zu behandeln. Da neue Anteile von der Organgesellschaft nicht gewährt werden, hat die Einlage den Charakter einer verdeckten Einlage. Der steuerliche Buchwert der Organbeteiligung ist nach § 6 Abs. 1 Nr. 2 Satz 1 EStG entsprechend zu erhöhen. Die Beantwortung der Frage, ob die Minderabführung in vororganschaftlicher oder organschaftlicher Zeit verursacht wurde, ist insoweit nicht erforderlich. In beiden Fällen ist die Rechtsfolge identisch.[533]

bb) Erhöhung des Buchwerts der Organbeteiligung müsste einkommensneutral erfolgen

Die Einlagelösung unterscheidet sich von der Ausgleichspostenlösung auf der Rechtsfolgenseite. Die Ausgleichspostenlösung sieht im Fall einer Minderabführung die einkommensneutrale Bildung eines aktiven Ausgleichspostens vor. Die Tatsache, dass der Ausgleichsposten einkommensneutral zu bilden sind, ergibt sich m.E. aus dem Gesetz. In § 14 Abs. 4 Satz 3 KStG ist nämlich für die Auflösung von Ausgleichsposten eine Einkommenserhöhung bzw. eine Einkommensminderung bestimmt. Daraus kann im Umkehrschluss gefolgert werden, dass die Bildung eines Ausgleichspostens keine Auswirkung auf das Einkommen hat, also einkommensneutral erfolgt. Ausdrücklich ist dies in R 63 Abs. 1 Satz 3 KStR 2004 bestimmt. Technisch erfolgt die einkommensneutrale Bildung eines aktiven Ausgleichspostens durch ertragswirksame Erfassung in der Steuerbilanz des Organträgers (Buchung: per aktiver Ausgleichsposten an Ertrag). Bei der Ermittlung des Einkommens ist dieser Ertrag außerbilanziell zu kürzen. Hervorzuheben ist, dass die steuerliche Abwicklung der Gewinnabführung und der Einkommenszurechnung unberührt bleibt. Der tatsächlich abgeführte Gewinn der Organgesellschaft ist Ertrag des Organträgers, der außerbilanziell zu kürzen ist. Im Ergebnis kommt es also zu einer doppelten außerbilanziellen Kürzung (erstens, Kürzung Gewinnabführung und zweitens, Kürzung des Ertrags aus der Bildung eines aktiven Ausgleichspostens). Das Einkommen des Organträgers wird von der Gewinnabführung und der Bildung des Ausgleichspostens im Ergebnis nicht berührt. Fraglich ist, ob – und ggf. auf welcher Rechtsgrundlage – die Erhöhung des Beteiligungsbuchwerts im Rahmen der Einlagelösung einkommenneutral erfolgt.

Beispiel 30: Minderabführung mit Ursache in organschaftlicher Zeit

OG erzielt einen Jahresüberschuss und einen Steuerbilanzgewinn in Höhe von 100. Es wird eine Rücklage nach § 14 Abs. 1 Satz 1 Nr. 4 KStG in Höhe von 10 gebildet. Der abgeführte Gewinn beträgt 90, der Steuerbilanzgewinn 100. Das Einkommen beträgt mangels außerbilanzieller Hinzurechnungen oder Kürzungen gleichfalls 100. Es liegt eine Minderabführung nach § 14 Abs. 4 Satz 3 KStG-Entwurf in Höhe von 10 vor. Die Gewinnabführung von OG in Höhe von 90 erhöht den Handels- und Steuerbilanzgewinn von OT. Außerbilanziell ist das Einkom-

533 Vgl. bereits mit Blick auf die Ausgleichspostenlösung, *Jochen Thiel*, in FS Raupach, 543, 555,

men von OT in Höhe der Gewinnabführung zu mindern, so dass sich insoweit ein Einkommen von 0 ergibt. Das Einkommen von OG in Höhe von 100 ist nach § 14 Abs. 1 Satz 1 KStG dem OT zuzurechnen. Im Ergebnis müsste OT 100 versteuern.

a) Ausgleichspostenlösung

Im Rahmen der Ausgleichspostenlösung wäre ein aktiver Ausgleichsposten in Höhe von 10 zu bilden. Der steuerbilanzielle Ertrag wäre nach § 14 Abs. 4 KStG – und nach R 63 Abs. 1 Satz 3 KStR 2004 – außerbilanziell zu kürzen, so dass sich keine Auswirkung auf das Einkommen ergibt.

b) Einlagelösung

Im Rahmen der Einlagelösung ist der Betrag der Minderabführung in Höhe von 10 nach § 14 Abs. 4 Satz 1 KStG-Entwurf als Einlage durch den OT in die OG zu behandeln. Danach kommt es zu einer Erhöhung des Buchwerts der Organbeteiligung in Höhe von 10. Erfolgt die Erhöhung des Buchwerts der Organbeteiligung – wie die Bildung eines aktiven Ausgleichspostens – einkommensneutral?

Im Rahmen der Einlagelösung ist eine Minderabführung nach § 14 Abs. 4 Satz 1 KStG-Entwurf als Einlage des Organträgers in die Organgesellschaft zu behandeln. Gedanklich liegt dem die Überlegung zu Grunde, dass die Organgesellschaft im ersten Schritt ihren Steuerbilanzgewinn an den Organträger abführt und im zweiten Schritt der Organträger den Betrag der Minderabführung in die Organgesellschaft einlegt. Danach wäre auf Ebene des Organträgers der Buchwert der Organbeteiligung und auf Ebene der Organgesellschaft das steuerliche Einlagekonto zu erhöhen. Rechtsgrundlage ist § 14 Abs. 4 Satz 1 KStG-Entwurf. Problematisch ist, dass dieser Sichtweise eine gedankliche Gewinnabführung in Höhe des Steuerbilanzgewinns zu Grunde liegen müsste. Eine Rechtsgrundlage hierfür ist nicht ersichtlich. Würde man – wie bisher – außerbilanziell lediglich den Betrag der niedrigeren tatsächlichen Gewinnabführung kürzen, ergäbe sich ein steuerbilanzieller Ertrag in Höhe der Minderabführung bzw. in Höhe der Erhöhung des Beteiligungsbuchwerts. Eine außerbilanzielle Kürzung dieses Ertrags ergibt sich aus § 14 Abs. 4 KStG-Entwurf nicht. Insbesondere enthält § 14 Abs. 4 KStG-Entwurf keine dem § 14 Abs. 4 Satz 3 KStG entsprechende Regelung, wonach sich das Einkommen des Organträgers in Folge der Auflösung von Ausgleichsposten erhöht oder verringert. Somit kann nicht durch einen Umkehrschluss auf eine einkommensneutrale Erhöhung des Beteiligungsbuchwerts geschlossen werden. Zumindest nach dem Wortlaut des § 14 Abs. 4 Satz 1 KStG-Entwurf wäre die Erhöhung des Buchwerts der Organbeteiligung in Beispiel 30 deshalb einkommenswirksam. Dieses Ergebnis wäre unzutreffend.

Überlegenswert erscheint, im Rahmen einer Einlagelösung auf das Instrument der fiktiven Einlage (und Einlagenrückgewähr) zu verzichten. Stattdessen könnte in § 14 Abs. 4 KStG-Entwurf angeordnet werden, dass der Buchwert der Organbeteiligung in Höhe der organschaftlichen Minderabführung zu erhöhen ist und diese Erhöhung bei der Ermittlung des Einkommens außer Ansatz bleibt.[534] Mangels fiktiver Einlage müsste § 27 Abs. 6 KStG, der eine Erhöhung des steuerlichen Einlagekontos auf

534 Vgl. den Formulierungsvorschlag von *Reiß*, Der Konzern 2008, 9, 30 und 31.

Ebene der Organgesellschaft bestimmt, bestehen bleiben. Entsprechendes wäre für den Fall einer organschaftlichen Mehrabführung anzuordnen.

b) Ebene der Organgesellschaft

Da Minderabführungen nach § 14 Abs. 4 Satz 1 KStG-Entwurf als Einlage durch den Organträger in die Organgesellschaft zu behandeln sind, ist auf Ebene der Organgesellschaft das steuerliche Einlagekonto – wie bei einer Einlage – um den Betrag der Minderabführung zu erhöhen. Es ergeben sich auch insoweit keine Unterschiede zwischen einer vororganschaftlichen Minderabführung nach § 14 Abs. 3 KStG und einer organschaftlichen Minderabführung nach § 14 Abs. 4 KStG-Entwurf. Eine Erhöhung des Einkommens der Organgesellschaft erfolgt nach Einlagegrundsätzen nicht. Die gegenwärtige besondere Regelung des § 27 Abs. 6 KStG, wonach organschaftliche Minderabführungen das Einlagekonto erhöhen, wird im Rahmen der Einlagelösung nicht benötigt. Nach der Einlagelösung erhöhen Minderabführungen das steuerliche Einlagekonto der Organgesellschaft bereits auf Grund ihres in § 14 Abs. 4 Satz 1 KStG-Entwurf gesetzlich angeordneten „Einlagecharakters".

2. Organschaftliche Mehrabführungen gelten als Einlagenrückgewähr der Organgesellschaft an den Organträger

a) Ebene des Organträgers

Nach § 14 Abs. 4 Satz 2 KStG-Entwurf gelten Mehrabführungen „als Einlagenrückgewähr der Organgesellschaft an den Organträger". Dabei gilt eine Mehrabführung nach § 14 Abs. 4 Satz 4 KStG-Entwurf in dem Zeitpunkt als erfolgt, in dem das Wirtschaftsjahr der Organgesellschaft endet. Der Wortlaut von § 14 Abs. 4 Satz 2 KStG-Entwurf entspricht mit einer Ausnahme dem Wortlaut von § 14 Abs. 3 Satz 1 KStG. Nach § 14 Abs. 3 Satz 1 KStG gilt eine Mehrabführung als Gewinnausschüttung der Organgesellschaft. Dies bedeutet, dass eine vororganschaftliche Mehrabführung steuerlich als Gewinnausschüttung (Dividende, § 20 Abs. 1 Nr. 1 EStG) oder – sofern kein ausschüttbarer Gewinn vorhanden ist – als Rückgewähr von Einlagen der Organgesellschaft zu behandeln ist (§ 27 Abs. 1 Satz 3 KStG). Die Qualifikation richtet sich nach allgemeinen Grundsätzen. Liegt eine Mehrabführung vor, die steuerlich als Einkünfte aus Kapitalvermögen gilt, ist der Mehrabführungsbetrag vom Organträger nach allgemeinen Grundsätzen zu versteuern. Handelt es sich um eine Einlagenrückgewähr, so ist der Mehrabführungsbetrag mit dem Buchwert der Organbeteiligung zu verrechnen.

Nach § 14 Abs. 4 Satz 2 KStG-Entwurf gilt eine organschaftliche Mehrabführung stets als Einlagenrückgewähr der Organgesellschaft. Dies bedeutet, dass der Betrag einer organschaftlichen Mehrabführung der Organgesellschaft – wie eine Einlagenrückgewähr[535] – vom Buchwert der Organbeteiligung abzuziehen ist.[536] Wenn der

535 Vgl. BFH, Urteil vom 28.10.2009, I R 116/08, DB 2010, 256.

Buchwert der Organbeteiligung Null ist, führt der übersteigende Mehrabführungsbetrag zu einer Betriebseinnahme des Organträgers (überschießende Mehrabführung).[537] Die Betriebseinnahme ist vom Organträger zu versteuern. § 3 Nr. 40 EStG und § 8b KStG sind – wie bei einer echten Einlagenrückgewähr – anzuwenden.

Beispiel 31: Überschießende Mehrabführung

Im Rahmen der Einlagelösung läge in Beispiel 9 eine Betriebseinnahme des OT in Höhe von 90 vor. Diese Einnahme wäre unter Anwendung des Teileinkünfteverfahrens oder von § 8b Abs. 2 Satz 1, Abs. 3 Satz 1 KStG[538] zu versteuern.

Festzuhalten ist insoweit, dass eine organschaftliche Mehrabführung im Rahmen der Einlagelösung – anders als bei der Ausgleichspostenlösung – eine unmittelbare Besteuerung auf Ebene des Organträgers auslösen kann (überschießende Mehrabführung). Eine folgende gegenläufige Minderabführung erhöht zwar den Buchwert der Organbeteiligung.[539] Die in Folge der überschießenden Mehrabführung ausgelöste Betriebseinnahme – und die entsprechende Steuerlast – blieben davon unberührt. Im Ergebnis kann eine organschaftliche Mehrabführung im Rahmen der Einlagelösung – anders als bei der Ausgleichspostenlösung – nach § 14 Abs. 4 KStG zu einer Steuerentstehung führen.

b) Ebene der Organgesellschaft

aa) Einlagenrückgewähr erfolgt außerhalb der Differenzrechnung des § 27 Abs. 1 Satz 3 KStG

Da organschaftliche Mehrabführungen nach § 14 Abs. 4 Satz 2 KStG-Entwurf als Einlagenrückgewähr der Organgesellschaft an den Organträger gelten, hat eine Mehrabführung auf Ebene der Organgesellschaft stets eine Minderung des steuerlichen Einlagekontos zur Folge. Dabei findet die Differenzrechnung des § 27 Abs. 1 Satz 3 KStG auf Grund der Ausnahmeregelung in § 27 Abs. 1 Satz 3 KStG-Entwurf keine Anwendung. Nach der Differenzrechnung mindern Leistungen einer Kapitalgesellschaft mit Ausnahme der Rückzahlung von Nennkapital im Sinne des § 28 Abs. 2 Satz 2 und 3 KStG das steuerliche Einlagekonto unabhängig von ihrer handelsrechtlichen Einordnung nur, soweit sie den auf den Schluss des vorangegangenen Wirtschaftsjahres ermittelten ausschüttbaren Gewinn[540] übersteigen. § 27 Abs. 1 Satz 3

536 *Dötsch/Witt*, in Dötsch/Jost/Pung/Witt, KStG, § 14 Rn. 486a.

537 *Dötsch/Witt*, in Dötsch/Jost/Pung/Witt, KStG, § 14 Rn. 486a; *Erle/Heurung*, in Erle/Sauter, KStG, § 14 Rn. 614.

538 Sofern es sich bei der Beteiligung um einbringunsgeborene Anteile nach § 21 UmwStG 1995 handelt, ist § 8b Abs. 4 KStG a.F. anwendbar.

539 Die Erhöhung des Beteiligungsbuchwerts der Organbeteiligung wirkt sich steuerlich bei einer Veräußerung der Beteiligung aus. In Folge eines höheren Buchwerts verringert sich der Veräußerungsgewinn.

540 Nach § 27 Abs. 1 Satz 5 KStG gilt als ausschüttbarer Gewinn das um das gezeichnete Kapital geminderte in der Steuerbilanz ausgewiesene Eigenkapital abzüglich des Bestands des steuerlichen Einlagekontos.

KStG-Entwurf erweitert die Ausnahme in Satz 3 auf „Mehrabführungen im Sinne des Abs. 6“, so dass organschaftliche Mehrabführungen nicht in den Anwendungsbereich der Differenzrechnung fallen. Nach der Einlagelösung kommt es im Fall einer organschaftlichen Mehrabführung also stets zu einem „Direktzugriff“ auf das steuerliche Einlagekonto. Dabei kann eine organschaftliche Mehrabführung auch im Rahmen der Einlagelösung zur Entstehung eines negativen Einlagekontos führen. § 27 Abs. 1 Satz 4 KStG[541] bleibt unverändert bestehen.

bb) Neue Reihenfolge bei der Minderung des Einlagekontos in § 27 Abs. 6 KStG-Entwurf

Nach § 27 Abs. 6 KStG-Entwurf mindern Mehrabführungen im Sinne des § 14 Abs. 4 Satz 2 KStG-Entwurf das steuerliche Einlagekonto der Organgesellschaft vorrangig vor anderen Leistungen der Kapitalgesellschaft. Dies bedeutet, dass das Einlagekonto der Organgesellschaft in einer bestimmten Reihenfolge zu mindern ist: Im ersten Schritt ist das Konto um den Betrag der organschaftlichen Mehrabführung zu mindern; das Einlagekonto kann negativ werden. Im zweiten Schritt ist das Einlagekonto – sofern es nicht negativ ist – um andere Leistungen der Organgesellschaft, die den ausschüttbaren Gewinn übersteigen, zu mindern. Ist das Einlagekonto negativ oder weist es einen Null-Bestand aus, scheidet insoweit eine Verwendung des Kontos aus. In diesem Fall führen die anderen Leistungen auf Ebene des Organträgers zu Kapitaleinkünften.

Beispiel 32: Organschaftliche Mehrabführung und Einlagenrückgewähr

OT erwirbt im Jahr 01 die OG-Beteiligung (Anschaffungskosten: 1.000; steuerliches Einlagekonto: 0). Im Jahr 02 leistet OT eine Zahlung in die Kapitalrücklage der OG in Höhe von 100. Das steuerliche Einlagekonto der OG beträgt danach 100. Im Jahr 05 beträgt der ausschüttbare Gewinn der OG 0. In Folge einer Umwandlungsmaßnahme auf Ebene der OG erfolgt eine organschaftliche Mehrabführung in Höhe von 100. Darüber hinaus löst OG die Kapitalrücklage auf und kehrt einen Betrag in Höhe von 100 an OT aus. Das steuerliche Einlagekonto der OG wird nach der Verwendungsreihenfolge im ersten Schritt durch die Mehrabführung auf den Betrag von 0 gemindert (Einlagekonto 100 ./. Mehrabführung 100). Die Auskehrung der Kapitalrücklage kann das Einlagekonto der OG im zweiten Schritt nicht weiter mindern, der Stand beläuft sich bereits auf 0. Die Auskehrung der Kapitalrücklage führt zu Betriebseinnahmen beim OT.

3. Organschaftliche Minder- und Mehrabführungen gelten zum Ende des Wirtschaftsjahres der Organgesellschaft als erfolgt

Nach § 14 Abs. 4 Satz 4 KStG-Entwurf gelten organschaftliche Minder- und Mehrabführungen in dem Zeitpunkt als erfolgt, in dem das Wirtschaftsjahr der Organgesellschaft endet. Die gegenwärtige Ausgleichspostenlösung in Form von § 14 Abs. 4 KStG enthält keine entsprechende Regelung.

---

541 § 27 Abs. 1 Satz 4 KStG: Der Bestand des steuerlichen Einlagekontos kann durch Leistungen nicht negativ werden; Absatz 6 bleibt unberührt.

a) *Bestehende Regelung des § 14 Abs. 3 Satz 3 KStG*

Bereits gegenwärtig enthält § 14 Abs. 3 Satz 3 KStG die Bestimmung, dass vororganschaftliche Minder- und Mehrabführungen in dem Zeitpunkt als erfolgt gelten, in dem das Wirtschaftsjahr der Organgesellschaft endet. Bei dem Wirtschaftsjahr handelt es sich nach einheitlicher Auffassung in der Literatur um das Wirtschaftsjahr, für das die Minder- oder Mehrabführung erfolgt.[542]

aa) *Zeitpunkt einer vororganschaftlichen Mehrabführung*

Löst eine Organgesellschaft (Wirtschaftsjahr entspricht Kalenderjahr) z.B. im Jahr 01 eine Drohverlustrückstellung auf, die in vororganschaftlicher Zeit gebildet worden ist, liegt eine vororganschaftliche Mehrabführung vor. Diese Mehrabführung gilt nach § 14 Abs. 3 Satz 3 KStG als „in der letzten (juristischen) Sekunde" des Wirtschaftsjahres erfolgt, für das die Minder- oder Mehrabführung erfolgt; also das Wirtschaftjahr 01. Zwar „gilt" die Mehrabführung als Gewinnausschüttung. Eine echte Gewinnausschüttung liegt jedoch nicht vor, sondern eine Gewinnabführung.[543] Eine echte Gewinnausschüttung für das Jahr 01 wäre – im „Normalfall" – erst im Jahr 02 abgeflossen. Somit könnte man die Frage nach dem Zeitpunkt der fiktiven Gewinnausschüttung stellen. Unter Berücksichtigung von § 14 Abs. 3 Satz 3 KStG werden Zweifel vermieden. Die Regelung hat „klarstellenden Charakter":[544] Die Organgesellschaft erfasst in der Handelsbilanz für das Jahr 01 die Gewinnabführungsverpflichtung, die auch den Mehrabführungsbetrag umfasst.[545] Nach § 14 Abs. 3 Satz 3 KStG gilt die als Gewinnausschüttung zu behandelnde Mehrabführung der Organgesellschaft gleichfalls im Jahr 01 als erfolgt. Bei der Organgesellschaft gilt der Gewinn als im Jahr 01 ausgeschüttet, beim Organträger als im Jahr 01 vereinnahmt. Sofern die Gewinnausschüttung nicht zu einer (ggf. anteiligen) Verwendung des Einlagekontos führt, ist nach § 44 Abs. 7 KStG Kapitalertragsteuer für die fiktive Gewinnausschüttung einzubehalten.[546] Nach § 44 Abs. 7 Satz 1 KStG entsteht die Kapitalertragsteuer im Zeitpunkt der Feststellung der Handels-

---

542 *Dötsch/Pung*, Der Konzern 2005, 37, 38; *Dötsch/Witt*, in Dötsch/Jost/Pung/Witt, KStG, § 14 Rn. 447; *Neumann*, in Gosch, KStG, § 14 Rn. 420; *Rödder*, DStR 2005, 217, 220; *Danelsing*, in Blümich, KStG, § 14 Rn. 195; *Dötsch/Pung*, DB 2005, 10, 12; *Pache*, in Herrmann/Heuer/Raupach, KStG, § 14 Anm. 335; *Neumann*, in Gosch, KStG, § 14 Rn. 420; *zu Hohenlohe/Heurung*, RIW 2005, 433, 436; *Müller*, in Mössner/Seeger, KStG, § 14 Rn. 444/4 a.E., der Gesetzeswortlaut ist dahin gehend zu ergänzen, dass die Minder- und Mehrabführungen als in dem Zeitpunkt erfolgt gelten, in dem das Wirtschaftsjahr der Organgesellschaft endet, „für das die Minder- oder Mehrabführung erfolgt".

543 Fiktion einer Gewinnausschüttung, *Frotscher*, in Frotscher/Maas, KStG, § 14 Rn. 399n.

544 *Dötsch/Witt*, in Dötsch/Jost/Pung/Witt, KStG, § 14 Rn. 44; *Frotscher*, in Frotscher/Maas, KStG, § 14 Rn. 399n.

545 *Frotscher*, in Frotscher/Maas, KStG, § 14 Rn. 399n.

546 Vgl. *Dötsch*, in Dötsch/Jost/Pung/Witt, KStG, § 14 Rn. 449.

bilanz der Organgesellschaft, spätestens acht Monate nach Ablauf des Wirtschaftsjahres der Organgesellschaft.[547]

bb) Zeitpunkt einer vororganschaftlichen Minderabführung

Eine vororganschaftliche Minderabführung der Organgesellschaft ist als Einlage des Organträgers in die Organgesellschaft zu behandeln. Die Einlage gilt als am Ende des Wirtschaftsjahres der Organgesellschaft geleistet (z.B. Jahr 01). Beim Organträger ist der Buchwert der Organbeteiligung, bei der Organgesellschaft das steuerliche Einlagekonto mit Ablauf des Jahres 01 zu erhöhen. Festzuhalten ist insoweit, dass die bestehende Regelung in § 14 Abs. 3 Satz 3 KStG den Zeitpunkt der fiktiven Einlage oder Gewinnausschüttung bestimmt, um Zweifel hinsichtlich des Entstehungszeitpunktes zu vermeiden.

b) Bedeutung von § 14 Abs. 4 Satz 4 KStG-Entwurf

Die bestehende Ausgleichspostenlösung enthält mit der Bildung von Ausgleichsposten in der Steuerbilanz des Organträgers und der Erhöhung und Minderung des Einlagekontos der Organgesellschaft (§ 27 Abs. 6 KStG) eine eigenständige Regelungstechnik für die Folgen von Minder- und Mehrabführungen. Ein Heranziehen der Tatbestände Einlage, Gewinnausschüttung oder Einlagenrückgewähr erfolgt nicht. Insoweit unterscheidet sich § 14 Abs. 4 KStG von § 14 Abs. 3 KStG, der für die Regelung der Folgen von vororganschaftlichen Minder- und Mehrabführungen auf die Tatbestände Einlage und Gewinnausschüttung zurückgreift. In § 14 Abs. 4 KStG ist eine Bestimmung des Zeitpunktes von Einlage, Gewinnausschüttung oder Einlagenrückgewähr deshalb nicht erforderlich. Insbesondere ergibt sich der Zeitpunkt der Bildung von Ausgleichsposten bereits aus dem Zeitpunkt der jeweiligen Minder- und Mehrabführung. Entsprechendes gilt für die Erhöhung oder Minderung des steuerlichen Einlagekontos der Organgesellschaft, die in § 27 Abs. 6 KStG eigenständig geregelt ist. Nach der Ausgleichspostenlösung ist z.B. ein aktiver Ausgleichsposten im Jahr 01 zu bilden, wenn für das Jahr 01 eine Minderabführung erfolgt. Das steuerliche Einlagekonto ist im Jahr 01 entsprechend zu erhöhen.

Die Einlagelösung des § 14 Abs. 4 KStG-Entwurf enthält keine „eigenständige Regelungstechnik", sondern zieht die Tatbestände Einlage und Einlagenrückgewähr heran. Minderabführungen werden als Einlage, Mehrabführungen werden als Einlagenrückgewähr behandelt. Insoweit könnte sich – wie bei § 14 Abs. 3 KStG – die Frage nach dem Zeitpunkt der (fiktiven) Einlage und der (fiktiven) Einlagenrückgewähr stellen. Um Zweifel bezüglich des Zeitpunktes zu vermeiden, bestimmt ihn § 14 Abs. 4 Satz 4 KStG-Entwurf im Rahmen einer weiteren Fiktion. Dabei ist der Zeitpunkt das Ende des Wirtschaftsjahres, „für das die Minder- oder Mehrabführung"

547 Die entstandene Kapitalertragsteuer ist nach § 44 Abs. 7 Satz 2 EStG an dem auf den Entstehungszeitpunkt nachfolgenden Werktag an das Finanzamt abzuführen, das für die Besteuerung der Organgesellschaft nach dem Einkommen zuständig ist.

erfolgt. Dies sollte in Satz 4 aufgenommen werden[548], so dass § 14 Abs. 4 Satz 4 KStG-Entwurf wie folgt lauten müsste:

> [4]Minder- und Mehrabführungen nach den Sätzen 1 und 2 gelten in dem Zeitpunkt als erfolgt, in dem das Wirtschaftsjahr der Organgesellschaft endet, **für das die Minder- und Mehrabführungen erfolgen.**

4. Keine anteilige Einlage oder anteilige Einlagenrückgewähr

Für den Fall, dass der Organträger nicht zu 100 v.H. am Nennkapital der Organgesellschaft beteiligt ist, sieht die gesetzliche Ausgleichspostenlösung eine anteilige Bildung von Ausgleichsposten vor. Nach § 14 Abs. 4 Satz 1 KStG ist ein Ausgleichsposten „in Höhe des Betrags zu bilden, der dem Verhältnis der Beteiligung des Organträgers am Nennkapital der Organgesellschaft entspricht". Im Schrifttum wird diese Regelung – zutreffend – kritisiert.[549] Die anteilige Bildung eines aktiven Ausgleichspostens kann zu einer Doppelbesteuerung führen, bei der anteiligen Bildung eines passiven Ausgleichspostens können „weiße Einkünfte" entstehen. Dies sieht die Einlagelösung nicht vor, d.h. im Rahmen der Einlagelösung kommt es auf die Höhe der Beteiligung des Organträgers an der Organgesellschaft nicht an. § 14 Abs. 4 KStG-Entwurf sieht nicht vor, dass eine Minderabführung nur anteilig als Einlage gilt und eine Mehrabführung nur anteilig als Einlagenrückgewähr zu behandeln ist. Selbst wenn der Organträger nicht in Höhe von 100 v.H. am Nennkapital der Organgesellschaft beteiligt ist, liegt eine Einlage in Höhe der ganzen Minderabführung bzw. eine Einlagenrückgewähr in Höhe der ganzen Mehrabführung vor.

Hervorzuheben ist, dass die vollumfängliche Berücksichtigung einer Minder- oder Mehrabführung bei anteiliger Beteiligung des Organträgers an der Organgesellschaft keine Besonderheit der Einlagelösung darstellt.[550] Die Abschaffung der (nur) anteiligen Bildung von Ausgleichsposten im Rahmen der Ausgleichspostenlösung ist denkbar. Die Ausgleichspostenlösung und die Einlagelösung müssen sich somit nicht bezüglich der anteiligen Berücksichtigung von Minder- und Mehrabführungen unterscheiden.

5. Keine Regelung zu gegenläufigen Mehr- oder Minderabführungen

§ 14 Abs. 4 KStG-Entwurf sieht – wie § 14 Abs. 4 KStG – keine Regelung gegenläufiger Mehr- oder Minderabführungen vor. Eine gegenläufige Mehrabführung liegt z.B. vor, wenn die Ursache für die (ursprüngliche) Minderabführung wegfällt und es deshalb zu einer Mehrabführung kommt (z.B. Bildung einer Drohverlustrückstellung führt zur Minderabführung; Auflösung der Drohverlustrückstellung führt zur gegenläufigen Mehrabführung). Im Rahmen der Ausgleichspostenlösung soll eine gegenläufige

548 Vgl. *Müller*, in Mössner/Seeger, KStG, § 14 Rn. 444/4 zu vororganschaftlichen Minder- und Mehrabführungen.

549 *Frotscher*, Der Konzern 2007, 34, 40; *ders.*, in Frotscher/Maas, KStG, § 14 Rn. 315 ff.; *Heurung/Klübenspies*, BB 2003, 2483, 2494. Siehe dazu § 3 A. I. 2. d.

550 *Erle/Heurung* sehen hierin einen Vorteil einer Einlagelösung, in Erle/Sauter, KStG, § 14 Rn. 614.

Mehr- oder Minderabführung zur einkommensneutralen Auflösung eines bestehenden Ausgleichspostens führen.[551]

Da im Rahmen der Einlagelösung keine Ausgleichsposten gebildet werden, sondern Minder- und Mehrabführungen unmittelbar – wie Einlage und Einlagenrückgewähr – über eine Erhöhung oder Minderung des Buchwerts der Organbeteiligung abgebildet werden, besteht kein Notwendigkeit zwischen Minder- und Mehrabführungen und gegenläufigen Mehr- und Minderabführungen zu unterscheiden. Jede organschaftliche Minder- und Mehrabführung wird über einen einzigen Posten, den Beteiligungsbuchwert, abgewickelt. Entsprechendes gilt mit Blick auf die Organgesellschaft, bei der Minder- und Mehrabführungen – wie bereits gegenwärtig bei der Ausgleichspostenlösung nach § 27 Abs. 6 KStG – über das steuerliche Einlagekonto abgewickelt werden.

6. Keine Regelung zur Veräußerung der Organbeteiligung

§ 14 Abs. 4 KStG-Entwurf sieht – anders als § 14 Abs. 4 KStG – keine Regelung zur Veräußerung der Organbeteiligung vor. Dies ist nicht erforderlich, da sich im Fall der Veräußerung der Organbeteiligung keine Besonderheiten ergeben. Organschaftliche Ausgleichsposten sind – mangels Existenz – nicht aufzulösen. Die Ermittlung des Gewinns und Verlustes aus der Veräußerung der Organbeteiligung und seine Besteuerung folgen allgemeinen Grundsätzen. Dies gilt auch für den Fall der Ermittlung eines Übernahmegewinns oder -verlustes. Im Übrigen wirkt sich die Beendigung der Organschaft nicht auf den Bilanzansatz der Organbeteiligung aus.[552]

B. Stellungnahme zur Einlagelösung in Form von § 14 Abs. 4 KStG-Entwurf

I. Einlagelösung führt „auf den ersten Blick“ zu einem vereinfachten Organschaftsrecht

Der Ausgleichspostenlösung und der Einlagelösung liegt die Überlegung zu Grunde, eine organschaftliche Minderabführung „wie“ eine Einlage des Organträgers und eine Mehrabführung „wie“ eine Einlagenrückgewähr der Organgesellschaft zu behandeln. Die Einlagelösung setzt diese Überlegung durch Erhöhung und Minderung des Buchwerts der Organbeteiligung konsequent um. Begreift man organschaftliche Ausgleichsposten als Korrektur des Buchwerts der Organbeteiligung, so liegt es nahe, organschaftliche Minder- und Mehrabführungen direkt über den Beteiligungs-

551 R 63 Abs. 1 Satz 4 KStR 2004; *Dötsch*, in Dötsch/Jost/Pung/Witt, KStG, § 14 Rn. 492; *Frotscher*, in Frotscher/Maas, KStG, § 14 Rn. 334; *Müller*, in Mössner/Seeger, KStG, § 14 Rn. 435; *Olbing*, in Streck, KStG, § 14 Rn. 144; *Schumacher*, in FS Schaumburg, 477, 481.

552 Vgl. *Dötsch*, DB 1993, 752, 755.

buchwert abzuwickeln. Statt besondere Ausgleichsposten zur entsprechenden Organbeteiligung zu bilden, wird der Buchwert der Organbeteiligung entsprechend erhöht oder gemindert. Da Ausgleichsposten im Rahmen der Einlagelösung nicht existieren, muss die Frage nach ihrer Rechtsnatur nicht beantwortet werden. Dadurch werden diesbezügliche Zweifelsfragen z.B. im Zusammenhang mit Umwandlungen vermieden. Zumindest insoweit scheint die Einlagelösung zu einem „vereinfachten" Organschaftsrecht zu führen.[553]

II. Besteuerung einer überschießenden Mehrabführung ist nicht gerechtfertigt

Die skizzierte „Einfachheit" der Einlagelösung kann jedoch auch Steuerfolgen auslösen, die m.E. der Organschaftsbesteuerung widersprechen. Die Einlagelösung kann zu einer Steuerentstehung führen, wenn eine Mehrabführung den Buchwert der Organbeteiligung übersteigt. Eine überschießende Mehrabführung wird nach der Einlagelösung also genauso behandelt, wie eine (echte) Einlagenrückgewähr, die den Beteiligungsbuchwert übersteigt (überschießende Einlagenrückgewähr). Diese Gleichbehandlung von überschießender Mehrabführung und überschießender Einlagenrückgewähr wäre nicht gerechtfertigt.

1. Gleichsetzung von Mehrabführung und Einlagenrückgewähr wäre nicht gerechtfertigt

Die steuerliche Behandlung einer überschießenden Einlagenrückgewähr darf nicht auf die steuerliche Behandlung einer organschaftlichen Mehrabführung übertragen werden. Eine Gleichsetzung verbietet sich mit Blick auf das System der Organschaftsbesteuerung. Insbesondere ist eine organschaftliche Mehrabführung nicht mit einer Einlagenrückgewähr vergleichbar.

a) Einlagenrückgewähr und ihre steuerliche Behandlung

aa) Einlagenrückgewähr in der Rechtsprechung des Bundesfinanzhofs

In der Zeit von 1990 bis 1999 hat der Bundesfinanzhof in mehreren Urteilen zur Behandlung von Ausschüttungen einer Kapitalgesellschaft, für die Eigenkapital im Sinne des § 30 Abs. 2 Nr. 4 KStG 1977 als verwendet gilt (Rückzahlung von EK 04), und von Kapitalrückzahlungen im Zusammenhang mit einer Kapitalherabsetzung Stellung bezogen.[554] Den Urteilen lag – vereinfacht – der Sachverhalt zu Grunde,

553 *Erle/Heurung*, in Erle/Sauter, KStG, § 14 Rn. 614.

554 BFH, Urteil vom 07.11.1990, I R 68/88, BStBl. II 1991, 177; Urteil vom 14.10.1992, I R 1/91, BStBl. II 1993, 189; Urteil vom 16.03.1994, I R 70/92, BStBl. II 1994, 527; Urteil, 20.04.1999, VIII R 38/96, BStBl. II 1999, 647; zur wesentlichen Beteiligung im Sinne des § 17 EStG, Urteil

dass eine Kapitalgesellschaft Eigenkapital in Form von EK 04 oder in Form einer (Nenn-)Kapitalherabsetzung an ihre Gesellschafter zahlt. Fraglich war, wie die Rückzahlung auf Ebene der Gesellschafter zu behandeln ist, wenn die Beteiligung an der Kapitalgesellschaft Betriebsvermögen[555] darstellt. Insbesondere war fraglich, ob der Teil der Rückzahlung, der den Buchwert der Beteiligung übersteigt, zur Entstehung eines „veräußerungsgleichen" Gewinns oder zu negativen Anschaffungskosten bzw. zum Ansatz eines passiven Ausgleichspostens führt. Der Bundesfinanzhof entschied, dass eine Rückzahlung von EK 04 oder eine Rückzahlung im Rahmen einer Kapitalherabsetzung gleich zu behandeln sind.[556] Die steuerliche Behandlung der Rückzahlung beim Gesellschafter kann in zwei Schritte zerlegt werden: Im ersten Schritt ist die Rückzahlung von den Anschaffungskosten[557] und dem Buchwert der Anteile an der Kapitalgesellschaft abzuziehen.[558] Eine Betriebseinnahme liegt nach § 20 Abs. 1 Nr. 1 Satz 2 EStG 1977[559] (Vorschrift entspricht § 20 Abs. 1 Nr. 1 Satz 3 EStG) nicht vor.[560] Die Vorschrift gilt zwar unmittelbar nur für Kapitaleinkünfte. Sie ist jedoch auf Gewinnanteile nach Art des § 20 Abs. 1 Nr. 1 Satz 1 EStG 1977, die aus einer zu einem Betriebsvermögen gehörenden Beteiligung erzielt werden, entsprechend anzuwenden.[561] Nach Auffassung des Bundesfinanzhofs sei der Gesetzgeber „stillschweigend" von der entsprechenden Anwendung des § 20 Abs. 1 Nr. 1 Satz 2 EStG 1977 auch im Bereich der Gewinneinkünfte ausgegangen.[562] Die Rückzahlung von Einlagen[563] führe danach nicht zu Betriebseinnahmen, sondern zu einer nicht steuerbaren Vermögensmehrung. Bei der Rückzahlung handele es sich nämlich um Beträge, die der Gesellschafter beim Erwerb der Anteile aufwenden musste. Zurückgezahlte Anschaffungskosten seien nach allgemeinen Grundsätzen vom

---

vom 19.07.1994, VIII R 58/92, BStBl. II 1995, 362; Urteil vom 29.06.1995, VIII R 69/93, BStBl. II 1995, 725; Urteil vom 20.04.1999, VIII R 44/96, BStBl. II 1999, 698.

555 Zur Rückzahlung, wenn eine wesentliche Beteiligung im Sinne des § 17 EStG vorliegt, BFH, Urteil vom 20.04.1999, VIII R 44/96, BStBl. II 1999, 698.

556 BFH, Urteil vom 19.07.1994, VIII R 58/92, BStBl. II 1995, 362, 367; Urteil vom 20.04.1999, VIII R 38/96, BStBl. II 1999, 647, 649.

557 BFH, Urteil vom 16.03.1994, I R 70/92, BStBl. II 1994, 527, 529. Eine Minderung der Anschaffungskosten wirkt sich auf die Höhe eine Zuschreibung nach § 6 Abs. 1 Nr. 2 Satz 3 EStG aus.

558 BFH, Urteil vom 16.03.1994, I R 70/92, BStBl. II 1994, 527, 528; zur Kapitalherabsetzung, BFH, Urteil vom 14.10.1992, I R 1/91, BStBl. II 1993, 189, 190 mit weiteren Nachweisen.

559 Die Regelung ist § 20 Abs. 1 Nr. 1 Satz 3 EStG.

560 BFH, Urteil vom 07.11.1990, I R 68/88, BStBl. II 1991, 177, 178; Urteil vom 16.03.1994, I R 70/92, BStBl. II 1994, 527, 529.

561 Der BFH hat sich insoweit der herrschenden Literaturauffassung angeschlossen, vgl. Urteil vom 07.11.1990, I R 68/88, BStBl. II 1991, 177, 179 mit zahlreichen Nachweisen.

562 Siehe zur Begründung im Einzelnen, BFH, Urteil vom 07.11.1990, I R 68/88, BStBl. II 1991, 177, 178 ff.

563 Die Tatsache, dass eine Rückzahlung von EK 04 nicht zwangsläufig die Rückzahlung einer Einlage ist, sei nicht erheblich, BFH, Urteil vom 07.11.1990, I R 68/88, BStBl. II 1991, 177, 180. Es reiche aus, dass die im EK 04 ausgewiesenen Vermögensmehrungen steuerrechtlich wie Einlagen behandelt werden sollen. Vgl. auch BFH, Urteil vom 19.07.1994, VIII R 58/92, BStBl. II 1995, 362, 365.

Buchwert des angeschafften Wirtschaftsgutes abzusetzen.[564] Die Minderung der Anschaffungskosten ergäbe sich, weil die Rückzahlung von Einlagen actus contrarius zum Erwerb von Anteilen an der Kapitalgesellschaft sei.[565] Im Übrigen sei die Rückzahlung von EK 04 als Einlagenrückgewähr zu behandeln.[566]

Im zweiten Schritt ist der Teil der Rückzahlung, der den Buchwert der Anteile übersteigt, als Betriebseinnahme zu versteuern.[567] Dies folgt aus der Tatsache, dass eine Ausschüttung einer Kapitalgesellschaft unabhängig von ihrer steuerlichen Beurteilung als handelsbilanzieller Ertrag zu erfassen sei.[568] Dies gilt auf Grund des Maßgeblichkeitsgrundsatzes auch für die Steuerbilanz (§ 5 Abs. 1 Satz 1 EStG). Eine Verrechnung der Ausschüttung sei nur bis zur Höhe des Buchwerts der Beteiligung möglich.[569] Wie das Handelsbilanzrecht kenne auch das Steuerbilanzrecht keine „negativen Anschaffungskosten". Es gehe vielmehr mit dem Handelsbilanzrecht (§ 255 Abs. 1 HGB) davon aus, dass Anschaffungskosten Aufwendungen voraussetzen, die der Steuerpflichtige geleistet hat.[570] Demgemäß komme eine Minderung der Anschaffungskosten (§ 255 Abs. 1 Satz 3 HGB) nur bis zur vollständigen Erstattung dieser Aufwendungen in Betracht.[571] Deshalb scheide auch der Ansatz eines passiven Ausgleichspostens aus.[572]

Festzuhalten ist insoweit, dass eine Einlagenrückgewähr der Kapitalgesellschaft zur Entstehung eines veräußerungsgleichen Gewinns führen kann. Der Grund für diese Behandlung ist die Tatsache, dass eine Verrechnung der zurückgezahlten Anschaffungskosten nur bis zur Höhe der Anschaffungskosten für die Beteiligung möglich ist. Der darüber hinausgehende Betrag stellt Ertrag dar.

---

564 BFH, Urteil vom 14.10.1992, I R 1/91, BStBl. II 1993, 189, 190; Urteil vom 16.03.1994, I R 70/92, BStBl. II 1994, 527, 528; *Glanegger*, in Schmidt, EStG, § 6 Rn. 98; *Wassermeyer*, in Kirchhof/Söhn/Mellinghoff, EStG, § 20 C 103.

565 *Felix/Strahl*, DStR 1996, 1514, 1515.

566 BFH, Urteil vom 16.03.1994, I R 70/92, BStBl. II 1994, 527, 529.

567 BFH, Urteil vom 20.04.1999, VIII R 38/96, BStBl. II 1999, 647, 648; zur Kapitalherabsetzung, BFH, Urteil vom 14.10.1992, I R 1/91, BStBl. II 1993, 189, 191; zu einer wesentlichen Beteiligung im Sinne des § 17 EStG, BFH, Urteil vom 19.07.1994, VIII R 58/92, BStBl. II 1995, 362; BFH, Urteil vom 19.07.1994, VIII R 58/92, BStBl. II 1995, 362, 365. Bei Vorliegen einer wesentlichen Beteiligung im Sinne des § 17 EStG führe eine Rückzahlung zu negativen Anschaffungskosten, BFH, Urteil vom 20.04.1999, VIII R 44/96, BStBl. II 1999, 698. Der Gesetzgeber hat allerdings im Rahmen des JStG 1997 in § 17 Abs. 4 EStG 1997 die Rückzahlung von EK 04 als Tatbestand aufgenommen. Nach § 17 Abs. 4 Satz 1 EStG gilt auch die Ausschüttung oder Zurückzahlung von Beträgen aus dem steuerlichen Einlagekonto im Sinne des § 27 KStG als Veräußerung.

568 BFH, Urteil vom 20.04.1999, VIII R 38/96, BStBl. II 1999, 647, 649.

569 BFH, Urteil vom 20.04.1999, VIII R 38/96, BStBl. II 1999, 647, 649; *Wassermeyer*, in Kirchhof/Söhn/Mellinghoff, EStG, § 20 C 104.

570 BFH, Urteil vom 20.04.1999, VIII R 38/96, BStBl. II 1999, 647, 649; BFH, Urteil vom 24.08.1995, IV R 27/94, BStBl. II 1995, 895, 896; *Glanegger*, in Schmidt, EStG, § 6 Rn. 81 m.w.N.

571 Bei Vorliegen einer wesentlichen Beteiligung im Sinne des § 17 EStG können negative Anschaffungskosten entstehen, BFH, Urteil vom 20.04.1999, VIII R 44/96, BStBl. II 1999, 698.

572 BFH, Urteil vom 20.04.1999, VIII R 38/96, BStBl. II 1999, 647, 648.

bb) Einlagenrückgewähr im KStG

Die gesetzliche „Kernregelung" der Einlagenrückgewähr ist § 27 Abs. 1 Satz 3 KStG. Die Vorschrift will sicherstellen, dass Rückzahlungen von Einlagen nicht als Einkünfte aus Kapitalvermögen versteuert werden.[573] Dafür bestimmt § 27 Abs. 1 Satz 3 KStG, dass Leistungen[574] der Kapitalgesellschaft mit Ausnahme der Rückzahlung von Nennkapital im Sinne des § 28 Abs. 2 Satz 2 und 3 KStG das steuerliche Einlagekonto unabhängig von ihrer handelsrechtlichen Einordnung mindern, soweit sie den auf den Schluss des vorangegangenen Wirtschaftsjahres ermittelten ausschüttbaren Gewinn[575] übersteigen. Nach dem BMF-Schreiben zu § 27 KStG sind Leistungen der Kapitalgesellschaft alle Auskehrungen der Kapitalgesellschaft, die ihre Ursache im Gesellschaftsverhältnis haben.[576] Das steuerliche Einlagekonto kann durch Leistungen nach § 27 Abs. 1 Satz 4 KStG nicht negativ werden.[577] Beim Empfänger der Leistungen, dessen Beteiligung an der Kapitalgesellschaft – wie bei einem Organträger[578] – Betriebsvermögen ist, sind die Leistungen der Kapitalgesellschaft in den Betriebsvermögensvergleich einzubeziehen.[579] Der Teil der Leistung, der eine Einlagenrückgewähr darstellt, vermindert die Anschaffungskosten[580] und den Buchwert der Beteiligung an der Kapitalgesellschaft.[581] Soweit die Einlagenrückgewähr den Beteiligungsbuchwert übersteigt, liegen gewinnerhöhende Betriebseinnahmen vor.[582] Auf den veräußerungsgleichen Gewinn sind § 3 Nr. 40 EStG und § 8b KStG anzuwenden. Im Übrigen kommt es nicht darauf an, dass der Empfänger das Einlagekonto zuvor selbst

573 *Binnewies*, GmbH-StB 2003, 129.

574 Alle Leistungen der Kapitalgesellschaft in einem Wirtschaftsjahr sind zusammenzufassen, BMF-Schreiben vom 4.6.2003, IV A 2-S 2836-2/03, BStBl. I 2003, 366, Tz. 12.

575 Als ausschüttbarer Gewinn gilt das um das gezeichnete Kapital geminderte in der Steuerbilanz ausgewiesene Eigenkapital abzüglich des Bestands des steuerlichen Einlagekontos, § 27 Abs. 1 Satz 5 KStG.

576 BMF-Schreiben vom 4.6.2003, IV A 2 – S 2836 – 2/03, BStBl. I 2003, 366, Tz. 11.

577 Nach § 27 Abs. 6, Abs. 1 Satz 4 KStG kann das steuerliche Einlagekonto durch eine organschaftliche Mehrabführung negativ werden. Darüber hinaus kann das Einlagekonto nach Auffassung der Finanzverwaltung in Folge einer Leistung in bestimmten Sachverhalten negativ werden, BMF-Schreiben vom 4.6.2003, IV A 2-S 2836-2/03, BStBl. I 2003, 366, Tz. 29.

578 Die Organbeteiligung des Organträgers ist stets Betriebsvermögen, da Organträger nach § 14 Abs. 1 Satz 1 KStG nur ein „gewerbliches Unternehmen" sein kann.

579 BMF-Schreiben vom 09.01.1987, IV B 2 – S 2143 – 24/86, BStBl. II 1987, 171, 171.

580 Zu Einlagenrückgewähr und Zuschreibung, BFH, Urteil vom 16.03.1994, I R 70/92, BStBl. II 1994, 527, 529.

581 BMF-Schreiben vom 09.01.1987, BStBl. II 1987, 171, 171; OFD Frankfurt am Main, Rundverfügung, vom 17.04.2000 – S 2143 A – 36 – St II 20, Juris-Online; OFD Erfurt, Verfügung vom 12.02.1998 – S 1978c A – 02 – St 313; S 2244 A – 05 – St 322, GmbHR 1998, 563; Dies folgt auch aus § 20 Abs. 1 Nr. 1 Satz 3 EStG, vgl. zu § 20 Abs. 1 Nr. 1 Satz 2 EStG 1977 und der EK 04-Rückzahlung, BFH, Urteil vom 07.11.1990, I R 68/88, BStBl. II 1991, 177, 179 mit zahlreichen Literaturnachweisen.

582 OFD Erfurt, Verfügung vom 12.02.1998 – S 1978c A – 02 – St 313; S 2244 A – 05 – St 322, GmbHR 1998, 563; OFD Frankfurt am Main, Rundverfügung, vom 17.04.2000 – S 2143 A – 36 – St II 20, Juris-Online; Vgl. *Dötsch,* in Dötsch/Jost/Pung/Witt, KStG, § 20 EStG n.F. Rn. 93.

erhöht hat. Gleichfalls gilt dies auch, wenn die Beteiligung aus (alten) einbringungsgeborenen Anteilen besteht (§ 21 Abs. 1 UmwStG a.F.).[583] Im Ergebnis führt dies dazu, dass bei der Veräußerung der Beteiligung dem Veräußerungspreis ein geringerer Buchwert gegenüberzustellen ist, so dass der Veräußerungsgewinn entsprechend höher ausfällt.

Festzuhalten ist insoweit, dass der steuergesetzlichen Behandlung einer Einlagenrückgewähr der Gedanke einer Rückzahlung von Anschaffungskosten für die Beteiligung zu Grunde liegt. Übersteigt die Rückzahlung den Buchwert der Beteiligung, entsteht ein veräußerungsgleicher Gewinn.

b) Organschaftliche Mehrabführung ist nicht mit der Rückzahlung von Anschaffungskosten vergleichbar

Eine organschaftliche Mehrabführung ist nicht mit einer Rückzahlung von Anschaffungskosten vergleichbar. Anschaffungskosten des Organträgers für die Beteiligung an der Organgesellschaft sind die Aufwendungen, die geleistet werden, um die Beteiligung zu erwerben (§ 5 Abs. 1 Satz 1 EStG, § 255 Abs. 1 Satz 1 HGB; z.B. Einlage bei Gründung der Gesellschaft). Dazu zählen auch nachträgliche Anschaffungskosten für die Beteiligung (§ 255 Abs. 1 Satz 2 HGB). Im Rahmen einer Mehrabführung werden keine Anschaffungskosten für die Beteiligung an der Organgesellschaft zurückgezahlt. Eine Mehrabführung ist Bestandteil der Gewinnabführung der Organgesellschaft, d.h. es handelt sich um eine Abführung von laufendem Gewinn der Organgesellschaft. Bei einer gesetzlichen Gleichbehandlung von Einlagenrückgewähr (Rückzahlung von Anschaffungskosten) und organschaftlicher Mehrabführung (Abführung laufender Gewinn) würden zwei dem Grunde nach ungleiche Vorgänge gleich behandelt.

In diesem Zusammenhang ist auf die Überlegungen von *Reiß* hinzuweisen. Im Grundsatz befürwortet er die Umsetzung einer Einlagelösung. Dabei schlägt er sogar vor, vororganschaftliche und organschaftliche Minder- und Mehrabführungen gleich zu behandeln. Unklar ist allerdings, wie *Reiß* eine Mehrabführung behandeln will, die den Beteiligungsbuchwert übersteigt.[584] Zumindest auf der Grundlage seines Formulierungsvorschlags für eine Einlagelösung dürfte eine Mehrabführung, die den Beteiligungsbuchwert übersteigt, als Betriebseinnahme zu behandeln sein.[585] M.E. ist allerdings zweifelhaft, dass *Reiß* dieses Ergebnis akzeptiert. Er lehnt nämlich die Regelung des § 14 Abs. 3 Satz 1 KStG ab, wonach vororganschaftliche Mehrabfüh-

---

583 OFD Erfurt, Verfügung vom 12.02.1998 – S 1978c A – 02 – St 313; S 2244 A – 05 – St 322, GmbHR 1998, 563; OFD Frankfurt am Main, Rundverfügung, vom 17.04.2000 – S 2143 A – 36 – St II 20, Juris-Online.

584 *Bareis*, der eine organschaftliche Mehrabführung gleichfalls wie eine Einlagenrückgewähr behandeln will, äußert sich nicht zu diesem Fall, FR 2008, 649, 656.

585 Es ist zweifelhaft, dass *Reiß* dieses Ergebnis akzeptiert. § 14 Abs. 3 Satz 1 KStG, wonach vororganschaftliche Mehrabführungen als Gewinnausschüttung gelten, lehnt *Reiß* ab. Die Vorschrift führe dazu, dass bloße Vermögensumschichtungen innerhalb des Organkreises zeitlich vorzeitig als Ertrag erfasst werden.

rungen als Gewinnausschüttung der Organgesellschaft gelten.[586] Die Vorschrift führe nach seiner Auffassung dazu, dass bloße Vermögensumschichtungen innerhalb des Organkreises „zeitlich vorzeitig als Ertrag erfasst werden". Nichts anderes ergibt sich m.E., wenn eine organschaftliche Mehrabführung als Einlagenrückgewähr behandelt wird und diese den Beteiligungsbuchwert übersteigt. In diesem Fall käme es nicht nur zu einem „vorzeitigen" Ertrag innerhalb des Organkreises, sondern zu einem „nicht gerechtfertigten" Ertrag. Der organschaftlichen Mehrabführung könnte nämlich – anders als im Fall einer vororganschaftlichen Mehrabführung – in einem Folgejahr eine (gegenläufige) Minderabführung in gleicher Höhe folgen. Diese würde die vorangegangene Besteuerung des Ertrags nicht „neutralisieren", ein erhöhter Beteiligungsbuchwert würde sich erst bei Veräußerung auswirken.

Festzuhalten ist, dass eine organschaftliche Mehrabführung nicht mit einer Rückzahlung von Anschaffungskosten vergleichbar ist. Eine gesetzliche Gleichbehandlung im Rahmen einer Einlagelösung wäre m.E. nicht gerechtfertigt.

2. Organschaftliche Mehrabführung hat im Grundsatz nur „vorübergehenden" Charakter

Im Gegensatz zu einer Einlagenrückgewähr hat eine originäre organschaftliche Mehrabführung regelmäßig nur vorübergehenden Charakter. Der Sachverhalt einer Einlagenrückgewähr ist mit der Rückzahlung der Einlage abgeschlossen. Dies rechtfertigt – sofern man die Zulässigkeit negativer Beteiligungsbuchwerte ablehnt –, die Transaktion zu besteuern. Sofern der Betrag der Einlagenrückgewähr den Buchwert der Organbeteiligung übersteigt, sind die Steuerfolgen zu ziehen. Der Sachverhalt einer organschaftlichen Mehrabführung kann hiermit nicht verglichen werden. Eine organschaftliche originäre Mehrabführung hat – anders als eine Einlagenrückgewähr – im Grundsatz „vorübergehenden" Charakter. Führt eine Ursache auf Ebene der Organgesellschaft zur Entstehung einer organschaftlichen Mehrabführung, so ist der Sachverhalt „überschießende Mehrabführung" nicht abgeschlossen. Entfällt die Ursache einer Mehrabführung während der Zeit der Organschaft kommt es nämlich – zumindest aus wirtschaftlicher Sicht – zu einer gegenläufigen Minderabführung. Im Ergebnis entsprechen sich abgeführter Gewinn der Organgesellschaft und steuerliche Vermögensmehrung. Entfällt die Ursache für die Mehrabführung nicht während der Organschaft, dürfen Steuerfolgen erst bei Beendigung des Sachverhalts eintreten. Dabei stellt sich die Frage, wann der Sachverhalt „überschießende Mehrabführung" beendet ist. Zwei Möglichkeiten kommen in Betracht: Man könnte – wie im Rahmen der Ausgleichspostenlösung – auf die Veräußerung der Organbeteiligung abstellen, man könnte aber auch auf die Beendigung der Organschaft abstellen (z.B. Beendigung des Gewinnabführungsvertrags).

586 *Reiß*, Der Konzern 2008, 9, 30 Fn. 44.

a) *Besteuerung der überschießenden Mehrabführung bei Veräußerung der Organgesellschaft*

Die Besteuerung einer überschießenden Mehrabführung im Fall der Veräußerung der Organgesellschaft entspräche der Besteuerung im Rahmen der Ausgleichspostenlösung. Eine überschießende Mehrabführung würde Steuerfolgen auf Ebene des Organträgers erst auslösen, wenn der Organträger die Organbeteiligung veräußert bzw. wenn ein veräußerungsgleicher Sachverhalt vorliegt.

b) *Besteuerung der überschießenden Mehrabführung bei Beendigung der Organschaft*

Denkbar ist, die Besteuerung der überschießenden Mehrabführung schon im Zeitpunkt der Beendigung der Organschaft vorzunehmen (z.B. im Zeitpunkt der Beendigung des Gewinnabführungsvertrags). Die Besteuerung einer überschießenden Mehrabführung bei Beendigung der Organschaft würde dazu führen, dass die überschießende Mehrabführung bis zur Beendigung der Organschaft anders als eine überschießende Einlagenrückgewähr behandelt wird. Eine überschießende Mehrabführung löst keine Besteuerung aus, eine überschießende Einlagenrückgewähr löst eine Besteuerung aus. Die besondere steuerliche Behandlung einer Mehrabführung im Rahmen einer Einlagelösung ist durch die Tatsache gerechtfertigt, dass innerhalb der Organschaft die Ursache für die Mehrabführung grundsätzlich entfallen kann (Folge: gegenläufige Minderabführung). Insoweit liegt keine ungerechtfertigte Steuerstundung[587] vor. Nach Beendigung der Organschaft entfällt diese Rechtfertigung. Es kann nicht mehr zu einer gegenläufigen Minderabführung kommen, der Grund für die Nichtbesteuerung der überschießenden Mehrabführung ist entfallen. M.E. würde eine Besteuerung in diesem Zeitpunkt deshalb keinen Verstoß gegen die Systematik der Organschaftsbesteuerung darstellen.

III. Vorschlag für eine Nicht-Besteuerung einer überschießenden Mehrabführung im Rahmen einer Einlagelösung

1. Bildung eines passiven Zusatzpostens zur Beteiligung

Nach dem Wortlaut der Einlagelösung in Form von § 14 Abs. 4 KStG-Entwurf wird eine überschießende Mehrabführung wie eine überschießende Einlagenrückgewähr besteuert. Soll – wie vorgeschlagen – eine überschießende Mehrabführung erst im Zeitpunkt der Beendigung der Organschaft besteuert werden, muss die Einlagelösung „technisch" ergänzt werden. Lehnt man den Ausweis eines negativen Buchwertes für die Organbeteiligung in der Steuerbilanz ab, muss ein passiver Ausgleichsposten – als Bestandteil des Beteiligungsbuchwerts – in Höhe der überschießenden Mehrabführung gebildet werden. Dieser Posten ist im Zeitpunkt der Beendigung der Organ-

---

587 *Dötsch* sieht eine ungerechtfertigte Steuerstundung, Ubg 2008, 117, 122.

schaft mit dem Beteiligungsbuchwert zu verrechnen. Soweit der Posten den Beteiligungsbuchwert zum Zeitpunkt der Verrechnung übersteigt, liegt eine Betriebseinnahme vor. § 3 Nr. 40, § 3c Abs. 2 EStG und § 8b KStG sind anwendbar.

Beispiel 33: Beendigung der Organschaft führt zur Besteuerung der überschießenden Mehrabführung

OT ist an OG beteiligt, der steuerliche Buchwert der Organbeteiligung beträgt 10. Es gilt die Einlagelösung. In Folge einer Umwandlungsmaßnahme auf Ebene der OG kommt es im Jahr 01 zu einer Mehrabführung in Höhe von 100. Die Mehrabführung übersteigt den steuerlichen Buchwert der Organbeteiligung. Nach vorstehend skizziertem Vorschlag wäre ein passiver Zusatzposten zur Organbeteiligung zu bilden („gedanklicher" negativer Buchwert: 90). Im Jahr 06 heben OT und OG den Gewinnabführungsvertrag auf, die Organschaft endet. Die Rechtfertigung für den Ausweis eines negativen Buchwerts endet, der passive Zusatzposten ist mit dem Buchwert der Organbeteiligung zu verrechnen. Bei OT kommt es zu einer fiktiven Betriebseinnahme in Höhe von 90.[588]

2. Stundung der Steuer auf überschießende Mehrabführung

Neben der Bildung eines Korrekturpostens kommt auch eine „Stundungslösung" in Betracht. Die im Rahmen einer überschießenden Mehrabführung entstehende Steuer wäre danach bis zur Beendigung der Organschaft zu stunden. Eine überschießende Mehrabführung würde zwar wie eine überschießende Einlagenrückgewähr behandelt. Die entstehende Steuer wäre jedoch erst bei Beendigung der Organschaft fällig. Eine Steuerbelastung des Organträgers während der Organschaftszeit würde vermieden.

C. Regelung des Übergangs von der Ausgleichsposten- zur Einlagelösung

Im Rahmen der Einführung einer Einlagelösung würde sich die Frage stellen, wie ein zu diesem Zeitpunkt bestehender Ausgleichsposten zu behandeln ist; mit anderen Worten: Der Übergang von der Ausgleichsposten- zur Einlagelösung müsste gesetzlich geregelt werden. Im Grundsatz kommen zwei Möglichkeiten in Betracht: Erstens, ein bestehender Ausgleichsposten bleibt bis zur Veräußerung der Organbeteiligung bestehen. Zweitens, ein bestehender Ausgleichsposten ist bei Inkrafttreten einer Einlagelösung mit dem Buchwert der Organbeteiligung zu verrechnen.

Der Vollständigkeit halber ist hervorzuheben, dass eine einkommenswirksame Auflösung eines Ausgleichspostens als Übergangslösung ausscheiden dürfte. Eine einkommenswirksame Auflösung eines Ausgleichspostens ist nur im Fall der Veräu-

588 Wenn OT im Jahr 04 eine Einlage in Höhe von 200 geleistet hätte, würde der Buchwert der Organbeteiligung 210 betragen (Buchwert 10 + Einlage 200). Die Verrechnung des passiven Zusatzpostens mit dem Buchwert der Organbeteiligung im Jahr der Beendigung der Organschaft würde nicht zu einer Betriebseinnahme führen (Buchwert 210 ./. passiver Zusatzposten 90 = neuer Buchwert 120).

ßerung der Organbeteiligung gerechtfertigt. Dieser Gedanke liegt auch der Systematik der Ausgleichspostenlösung des § 14 Abs. 4 KStG zu Grunde.

I. Erste Möglichkeit: Ausgleichsposten bleibt bis zu Veräußerung der Organbeteiligung bestehen

Sofern eine Übergangsregelung vorsieht, dass ein bestehender Ausgleichsposten unberührt bleibt, dürften sich keine Besonderheiten ergeben. Ein bestehender Ausgleichsposten würde sich nach Inkrafttreten der Einlagelösung nicht mehr verändern. „Neue" – also nach Inkrafttreten der Einlagelösung erfolgende – Minder- und Mehrabführungen wären mit dem Buchwert der Organbeteiligung zu verrechnen. Im Fall einer Veräußerung der Organbeteiligung oder bei Vorliegen eines veräußerungsgleichen Sachverhalts wäre der Ausgleichsposten – wie bisher – einkommenswirksam aufzulösen. Geht man auch für die Zeit nach Inkrafttreten des § 14 Abs. 4 KStG von der Existenz gegenläufiger Mehr- oder Minderabführung aus, wäre der entsprechende Ausgleichsposten im Fall einer solchen gegenläufigen Mehr- oder Minderabführung einkommensneutral aufzulösen. Das gleiche Ergebnis wird erreicht, wenn gegenläufige Mehr- oder Minderabführungen – nach Inkrafttreten der Einlagelösung – unmittelbar mit dem Buchwert der Organbeteiligung verrechnet werden. Der zum Zeitpunkt des Inkrafttretens der Einlagelösung bestehende Ausgleichsposten würde fortbestehen und sich erst bei Veräußerung der Organbeteiligung auflösen.

II. Zweite Möglichkeit: Ausgleichsposten ist mit dem Buchwert der Organbeteiligung zu verrechnen

Eine Übergangsregelung könnte auch vorsehen, dass ein bestehender Ausgleichsposten bei Inkrafttreten der Einlagelösung mit dem Buchwert der Organbeteiligung zu verrechnen ist. Dieser Regelung liegt der Gedanke zu Grunde, dass es sich bei einem Ausgleichsposten um einen Zusatz- bzw. Korrekturposten zum Buchwert der Organbeteiligung handelt. Eine solche Übergangsregelung könnte wie folgt lauten:

Regelung des Übergangs von der Ausgleichsposten- zur Einlagelösung

> [1]Ein besonderer Ausgleichsposten, der zum Ende des Wirtschaftsjahres des Organträgers, das nach dem 30. Dezember [# Jahreszahl #] endet, besteht, ist aufzulösen. [2]Ein aktiver Ausgleichsposten erhöht, ein passiver Ausgleichsposten mindert den Buchwert der Beteiligung des Organträgers an der Organgesellschaft in der Steuerbilanz.

Nach Satz 1 der Übergangsregelung ist ein bestehender Ausgleichsposten aufzulösen. Die Auflösung erfolgt dabei ausweislich von Satz 2 nicht aufwands- oder ertragswirksam, sondern durch Verrechnung mit dem Buchwert der Organbeteiligung („Umbuchung" des Ausgleichspostens auf das Beteiligungskonto). Der Steuerbilanzgewinn des Organträgers wird – zumindest insoweit – nicht berührt. Der Übergangsregelung liegt somit der Gedanke zu Grunde, dass ein Ausgleichsposten ein Korrekturposten zum Beteiligungsbuchwert ist. Übersteigt ein passiver Ausgleichsposten die Summe aus Beteiligungsbuchwert und einem aktiven Ausgleichsposten, kommt es zu einer steuerpflichtigen Betriebseinnahme. § 3 Nr. 40, § 3c Abs.2 EStG und § 8b KStG muss Anwendung finden.

Beispiel 34: Verrechnung eines passiven Ausgleichspostens mit Beteiligungsbuchwert

Die natürliche Person OT ist an OG beteiligt. Der steuerliche Buchwert der Organbeteiligung beträgt 100. Im Jahr 01 gliedert OG einen Teilbetrieb auf eine Tochter-GmbH aus. Im Rahmen der Ausgliederung setzt OG in der Handelsbilanz Zeitwerte an, in der Steuerbilanz Buchwerte (§ 20 UmwStG). Es kommt zu einer Mehrabführung, OT bildet einen passiven Ausgleichsposten in Höhe von 1.000. Zum 01.01.03 tritt eine neue Einlagelösung und die – vorstehend dargestellte – Übergangslösung in Kraft. Danach sind bestehende Ausgleichsposten zum 31.12.02 mit dem Beteiligungsbuchwert zu verrechnen. OT erzielt eine Betriebseinnahme in Höhe von 900 (Beteiligungsbuchwert 100 ./. passiver Ausgleichsposten 1.000), die nach dem Teileinkünfteverfahren besteuert wird.

Geht man davon aus, dass der Gesetzgeber eine Einlagelösung in (naher) Zukunft umsetzen wird, so muss bei der Strukturierung von Transaktionen eine mögliche Auswirkung der Übergangsregelung („Rechtsänderungsrisiko“) berücksichtigt werden. Ein (latentes) Rechtsänderungsrisiko ergibt sich, wenn ein passiver Ausgleichsposten besteht, der den Buchwert der Organbeteiligung übersteigt. Dabei kann sich ein erheblicher Effekt ergeben, wenn die Beteiligung an der Organgesellschaft nach § 21 UmwStG 1995 „einbringungsgeboren“ ist. Soll eine steuerpflichtige Betriebseinnahme vermieden werden, könnte vor Inkrafttreten der Übergangsregelung eine entsprechende Einlage des Organträgers geleistet werden. Die Einlage würde den Buchwert der Organbeteiligung erhöhen, so dass die Verrechnung des passiven Ausgleichspostens mit dem Buchwert nicht zu einer Betriebseinnahme führt.

Zu Beispiel 34: Gestaltung vor Inkrafttreten der Einlagelösung

Um in Beispiel 34 eine steuerpflichtige Betriebseinnahme zu vermeiden, könnte OT vor dem 31.12.02 eine Einlage in Höhe von 900 leisten. In diesem Fall würde sich keine Betriebseinnahme ergeben (steuerlicher Buchwert 100 + Einlage 900 ./. passiver Ausgleichsposten 1.000 = neuer steuerlicher Buchwert 0).

III. Zusammenfassung

Eine Übergangsregelung könnte den Fortbestand bestehender Ausgleichsposten bis zur Veräußerung der Organbeteiligung vorsehen. Denkbar ist auch eine Verrechnung bestehender Ausgleichsposten mit dem Buchwert der Organbeteiligung zum Zeitpunkt des Inkrafttretens der Einlagelösung (Verrechnungslösung). Bei einer Verrechnungslösung ergibt sich eine unmittelbare Steuerfolge für den Organträger, wenn ein passiver Ausgleichsposten den Beteiligungsbuchwert zuzüglich eines aktiven Ausgleichspostens übersteigt. Will ein Organträger eine Steuerentstehung vermeiden, müsste der Beteiligungsbuchwert durch eine Einlage in die Organgesellschaft entsprechend erhöht werden.

D. Exkurs: Gleichbehandlung vororganschaftlicher und organschaftlicher Minder- und Mehrabführungen im Rahmen einer „großen" Einlagelösung

Die vorstehend dargestellte Einlagelösung stellt einen „Ersatz" für die bestehende Ausgleichspostenlösung dar. Durch die Einlagelösung wird die systematische Trennung vororganschaftlicher und organschaftlicher Minder- und Mehrabführungen nicht in Frage gestellt. Es muss im Fall von Mehrabführungen weiterhin zwischen vororganschaftlichen und organschaftlichen Mehrabführungen abgegrenzt werden; vororganschaftliche und organschaftliche Minderabführungen werden stets als Einlage behandelt. Im Schrifttum wird vorgeschlagen, vororganschaftliche und organschaftliche Minder- und Mehrabführungen im Rahmen einer „großen" Einlagelösung generell gleich zu behandeln.[589] Wesentlicher Vorteil dieser Lösung ist, dass eine – mit erheblichen Rechtsunsicherheiten behaftete – Abgrenzung zwischen § 14 Abs. 3 und Abs. 4 KStG nicht erforderlich wäre.

I. Einlagelösung im System des § 14 Abs. 3 und Abs. 4 KStG

Die steuerliche Behandlung organschaftlicher Minder- und Mehrabführungen hängt gegenwärtig davon ab, ob die Minder- und Mehrabführungen ihre Ursache in vororganschaftlicher (§ 14 Abs. 3 KStG) oder in organschaftlicher Zeit (§ 14 Abs. 4 KStG) haben. Ziel von § 14 Abs. 3 KStG ist, die Ausschüttungsbesteuerung (Dividendenbesteuerung) sicherzustellen. Sofern eine Organgesellschaft Gewinn abführt, der in vororganschaftlicher Zeit erwirtschaftet worden ist, soll die Gewinnabführung nicht „ausschüttungssteuerfrei" erfolgen. § 14 Abs. 3 KStG ordnet deshalb an, dass eine Mehrabführung wie eine Gewinnausschüttung zu behandeln ist. Im Gegensatz dazu ist das Ziel von § 14 Abs. 4 KStG, die Einmalbesteuerung von im Organkreis erzielten Einkommen sicherzustellen bzw. eine Doppelbesteuerung zu vermeiden. § 14 Abs. 3 KStG und § 14 Abs. 4 KStG stehen demnach nebeneinander. Daran ändert die dargestellte Einlagelösung nichts. Die dieser Arbeit zu Grunde liegende Einlagelösung stellt lediglich eine neue Technik für die Behandlung organschaftlicher Minder- und Mehrabführungen dar. Deshalb wird diese Lösung im Folgenden – zur Abgrenzung von der „großen" Einlagelösung – auch als „kleine" Einlagelösung bezeichnet.

---

589 *Reiß*, Der Konzern 2008, 9, 30. So auch *Dötsch*: „[…] M.E. ist dringlich der Gesetzgeber aufgerufen, endlich das umzusetzen, was von Länderseite bereits sei längerem gefordert wird. Das ist die Ersetzung des heutigen § 14 Abs. 3 und 4 KStG durch eine Regelung, wonach organschaftliche Minder- und Mehrabführungen nach allgemeinen steuerlichen Grundsätzen als Einlage bzw. als Einlagerückzahlung zu behandeln sind.", Ubg 2011, 1, 9.

II. „Große" Einlagelösung

Nach Auffassung von *Reiß* sollte der Gesetzgeber vororganschaftliche und organschaftliche Minder- und Mehrabführungen gleich behandeln.[590] Er schlägt folgende gesetzliche Regelung vor:

§ 14 Abs. 1 Satz 3 und 4 KStG-Entwurf[591]

[3]Bei Minder- oder Mehrabführungen ist in entsprechender Höhe eine Erhöhung oder Minderung bei der die Organschaft vermittelnden Beteiligung in der Steuerbilanz des Organträgers vorzunehmen. [4]Mehr- oder Minderabführungen liegen vor, wenn der an den Organträger abgeführte Gewinn oder der von ihm zu übernehmende Verlust vom Steuerbilanzergebnis der Organgesellschaft abweicht.

Die Gleichbehandlung sei auch auf Ebene der Organgesellschaft sicherzustellen. Dafür sei der Anwendungsbereich des § 27 Abs. 6 KStG auf vororganschaftliche Minder- und Mehrabführungen auszuweiten.[592] Weiterhin sei in § 27 Abs. 6 KStG auch der Zeitpunkt der Einlageerhöhung bzw. -minderung zu bestimmen.[593] Nach dieser Lösung sind Minder- und Mehrabführungen stets als Wertkorrektur zum Buchwert der Organbeteiligung vorzunehmen. Nicht nur eine organschaftliche Mehrabführung würde zu einer Minderung des Buchwerts der Beteiligung an der Organgesellschaft führen, sondern auch eine vororganschaftliche Mehrabführung.

Beispiel 35: Vororganschaftliche Mehrabführung wird als Einlagenrückgewähr behandelt

Die natürliche Person OT ist an OG beteiligt. Der steuerliche Buchwert der Organbeteiligung beträgt 100. Im Jahr 02 löst OG eine Drohverlustrückstellung auf, die in vororganschaftlicher Zeit gebildet worden ist. Es kommt zu einer vororganschaftlichen Mehrabführung in Höhe von 90.

a) Rechtsfolge nach kleiner Einlagelösung bzw. nach § 14 Abs. 3 KStG[594]

Die Mehrabführung in Höhe von 90 ist als Gewinnausschüttung von OG zu behandeln. Der Gesellschafter von OT muss 90 im Rahmen der „Ausschüttungsbesteuerung" unter Anwendung des Teileinkünfteverfahrens versteuern (Steuer: 90 * 60/100 * Steuersatz 45 v.H. = 24). Der steuerliche Buchwert der Organbeteiligung bleibt unberührt.

b) Rechtsfolge nach großer Einlagelösung

Die Mehrabführung in Höhe von 90 ist als Einlagenrückgewähr zu behandeln. Der steuerliche Buchwert der Organbeteiligung vermindert sich auf 10 (Buchwert 100 ./. Einlagenrückgewähr 90). Steuer wird nicht ausgelöst.

---

590 *Reiß*, Der Konzern 2008, 9, 30 und 31; *ders.*, StuB 2004, 812, 816. Zur Frage der Gleichbehandlung vororganschaftlicher und organschaftlicher Minder- und Mehrabführungen, vgl. auch *Dötsch/Pung*, Der Konzern 2003, 278, 282; *Erle*, in Erle/Sauter, 2. Auflage, KStG, § 14 Rn. 320 ff.

591 *Reiß*, Der Konzern 2008, 9, 30 und 31 a.E. § 14 Abs. 3 und Abs. 4 KStG wären zu streichen. Vgl. auch *Reiß*, StuB 2004, 812, 815.

592 *Reiß* schlägt vor, den zweiten Halbsatz in § 27 Abs. 6 KStG zu streichen ([...], wenn sie ihre Ursache in organschaftlicher Zeit haben [...]), Der Konzern 2008, 9, 31.

593 § 14 Abs. 3 Satz 3 KStG wird zu § 27 Abs. 6 Satz 2 KStG-Entwurf.

594 Die kleine Einlagelösung sieht keine Änderung von § 14 Abs. 3 KStG vor.

Diese große Lösung durchbricht die bisherige getrennte Behandlung von vororganschaftlichen und organschaftlichen Minder- und Mehrabführungen. Nach Auffassung von *Reiß* stehe der Gleichbehandlung vororganschaftlicher und organschaftlicher Minder- und Mehrabführung nicht entgegen, dass es bei vororganschaftlich veranlassten Minder- und Mehrabführungen nicht bereits während des Bestehens der Organschaft zu einer Auflösung der Wertkorrekturen kommen kann, sondern erst bei Veräußerung der Organbeteiligung.[595] Entscheidend sei allein, dass bei einem Auseinanderfallen von handelsrechtlicher Ergebnisabführung und steuerlicher Einkommenszurechnung während des Bestehens der Organschaft nur über die Bildung aktiver und passiver Wertkorrekturen zum Beteiligungsansatz sicherzustellen ist, dass dem Organträger nicht mehr und nicht weniger an Einkommen zugerechnet wird als seiner tatsächlich erfahrenen Vermögensmehrung oder -minderung seit Beginn der Organschaft bis zur Veräußerung der Organbeteiligung entspricht.[596] Eine steuerliche Auswirkung auf Ebene des Organträgers ergibt sich im Grundsatz erst bei Veräußerung der Organbeteiligung bzw. bei einem veräußerungsgleichen Sachverhalt. Darüber hinaus dürfte, zumindest wenn man die Entstehung eines negativen Buchwerts ablehnt, eine Mehrabführung, die den Buchwert der Organbeteiligung übersteigt, zu steuerpflichtigen Betriebseinnahmen führen.

Beispiel 36: Veräußerung der Organbeteiligung nach vororganschaftlicher Mehrabführung

OT veräußert nach der in Beispiel 35 skizzierten vororganschaftlichen Mehrabführung die Organbeteiligung zum Preis von 200.

a) Rechtsfolge nach kleiner Einlagelösung bzw. nach § 14 Abs. 3 KStG

Der Gewinn aus der Veräußerung beträgt 100 (Veräußerungserlös 200 ./. Buchwert 100). Er ist unter Anwendung des Teileinkünfteverfahrens zu versteuern (Steuer: 100 * 60/100 * Steuersatz 45 v.H. = 27). Die Steuer in Folge der Mehrabführung und die Steuer in Folge der Veräußerung beträgt im Ergebnis zusammen 51 (24 + 27).

b) Rechtsfolge nach großer Einlagelösung

Der Gewinn aus der Veräußerung beträgt 190 (Veräußerungserlös 200 ./. Buchwert 10). Er ist unter Anwendung des Teileinkünfteverfahrens zu versteuern (Steuer: 190 * 60/100 * Steuersatz 45 v.H. = 51). Die Steuer beträgt im Ergebnis auch 51.

Im Vergleich zur Ausgleichspostenlösung und zur Einlagelösung führt die große Einlagelösung zu folgenden Unterschieden:

- **Keine Abgrenzung zwischen vororganschaftlichen und organschaftlichen Minder- und Mehrabführungen erforderlich:** Da vororganschaftliche und organschaftliche Minder- und Mehrabführungen im Rahmen der großen Einlagelösung identisch behandelt werden, ist eine Abgrenzung nicht erforderlich. Für die Praxis würde diese Tatsache eine ganz wesentliche Erleichterung im Vergleich zur Ausgleichspostenlösung und zur kleinen Einlagelösung darstellen.

595 *Reiß*, Der Konzern 2008, 9, 31.
596 *Reiß*, Der Konzern 2008, 9, 31.

- **Saldierung zwischen vororganschaftlichen und organschaftlichen Minder- und Mehrabführungen möglich:** Die große Einlagelösung führt – wie die Einlagelösung – zu einer Saldierung von Minder- und Mehrabführungen, die ihre Ursache in organschaftlicher Zeit haben. Darüber hinaus führt die Lösung jedoch auch zu einer Saldierung vororganschaftlicher und organschaftlicher Minder- und Mehrabführungen.
- **Überschießende Mehrabführung dürfte zu einer Betriebseinnahme führen:** Im Rahmen der kleinen Einlagelösung löst eine überschießende Mehrabführung – wie eine Einlagenrückgewähr – eine Betriebseinnahme des Organträgers aus. Eine daraus folgende Besteuerung ist innerhalb der Organschaft nicht gerechtfertigt. Deshalb ist m.E. im Rahmen einer kleinen Einlagelösung ein negativer Beteiligungsbuchwert oder die Bildung eines negativen (passiven) Korrekturpostens zuzulassen. Im Rahmen der von *Reiß* favorisierten großen Lösung dürfte eine überschießende Mehrabführung – wie eine Einlagenrückgewähr – auch zu einer Betriebseinnahme des Organträgers führen.[597] Hervorzuheben ist, dass im Rahmen der großen Lösung – anders als bei der dieser Arbeit zu Grunde liegenden kleinen Einlagelösung – vororganschaftliche und organschaftliche überschießende Mehrabführungen zu einer Betriebseinnahme führen können. M.E. fügt sich dieses Ergebnis zumindest dann nicht in die Systematik der Organschaftsbesteuerung ein, wenn die überschießende Mehrabführung ihre Ursache in organschaftlicher Zeit hat.
- **Mittelbare Organschaft bleibt problematisch:** Letztlich dürfte der Formulierungsvorschlag von *Reiß* im Fall einer mittelbaren Organschaft zu unbefriedigenden Ergebnissen führen. Der Vorschlag lässt nämlich – im Grundsatz wie § 14 Abs. 4 Satz 1 KStG – nur eine Erhöhung bzw. Minderung des Buchwerts der Organbeteiligung in der Steuerbilanz des Organträgers zu. Eine Berücksichtigung auf Ebene der Zwischengesellschaft ist nicht möglich.

III. Stellungnahme

Bei einer Gleichbehandlung vororganschaftlicher und organschaftlicher Minder- und Mehrabführungen wäre eine – praktisch schwierige – Abgrenzung beider Fallgruppen nicht erforderlich. Für die Praxis dürfte sich eine erhebliche Erleichterung ergeben. Die Gleichbehandlung vororganschaftlicher und organschaftlicher Minder- und Mehrabführungen kommt somit im Grundsatz als „eine Antwort" auf die Frage des Finanzausschusses des Deutschen Bundestages in Betracht. Der Finanzausschuss hat die Bundesregierung gebeten, zu prüfen, wie die steuerliche Behandlung von Minder- und Mehrabführungen systematisch vereinfacht werden könnte.[598] Zweifelhaft ist jedoch, ob eine Gleichbehandlung systematisch zutreffend wäre. Bei der Fallgruppe der vororganschaftlichen Minder- und Mehrabführungen geht es nämlich nicht um die Vermeidung bzw. Sicherstellung der Einmalbesteuerung des Einkommens

597 Unklar ist, ob *Reiß* eine diesbezügliche Korrektur zulassen will.
598 BT-Drs. 16/7036, 14.

im Organkreis, sondern um die Sicherstellung der Ausschüttungsbesteuerung. Deshalb ist die Umqualifizierung einer vororganschaftlichen Mehrabführung in eine Gewinnausschüttung nach § 14 Abs. 3 KStG die zutreffende Lösung. Im Übrigen dürfte es auch zu Verwerfungen kommen, wenn eine Gewinnausschüttung steuerlich anders behandelt wird als eine Anteilsveräußerung. Besteht die Beteiligung einer Kapitalgesellschaft als Organträger an einer Organgesellschaft z.B. aus einbringungeborenen Anteilen nach § 21 UmwStG 1995, so ergäben sich für die Ausschüttungsbesteuerung einer vororganschaftlichen Mehrabführung nach § 14 Abs. 3 KStG keine Besonderheiten; §§ 8b Abs. 1, Abs. 5 KStG wären anwendbar. Würde man – statt fiktiver Ausschüttungsbesteuerung – den Beteiligungsbuchwert der Organbeteiligung mindern, könnte sich im Fall einer überschießenden Mehrabführung ein vollumfänglich steuerpflichtiger Veräußerungsgewinn nach §§ 8b Abs. 4 a.F., 34 Abs. 7a KStG ergeben.

Zusammenfassend ist festzuhalten, dass die Gleichbehandlung vororganschaftlicher und organschaftlicher Minder- und Mehrabführungen eine Durchbrechung der bisherigen Behandlung von Minder- und Mehrabführungen darstellt. Der – in dieser Arbeit dargestellte – Ersatz der Ausgleichspostenlösung durch eine kleine Einlagelösung stellt dagegen lediglich eine „Weiterentwicklung" der bisherigen Behandlung organschaftlicher Minder- und Mehrabführungen dar.

§ 5 Vergleich von Ausgleichsposten- und Einlagelösung anhand von Zweifelsfällen

Im Zusammenhang mit der Ausgleichspostenlösung des § 14 Abs. 4 KStG bestehen zahlreiche Zweifelsfragen. Fraglich ist, ob und inwieweit eine Einlagelösung bestehende Zweifelsfragen beseitigen würde. Darüber hinaus stellt sich die Frage, ob eine Einlagelösung zu neuen Zweifelsfragen führen könnte. Im Folgenden werden ausgewählte Zweifelsfragen zur Ausgleichspostenlösung dargestellt. Dabei wird geprüft, ob eine Einlagelösung zu einer Vereinfachung bzw. einer Beseitigung der skizzierten Probleme führen würde.

A. Technik der Bildung und Auflösung von Ausgleichsposten im Vergleich zu einer fiktiven Einlage und Einlagenrückgewähr

Im Zusammenhang mit Ausgleichspostenlösung und Einlagelösung stellt sich die Frage nach dem „technischen Vorgehen". In § 14 Abs. 4 Satz 1 KStG ist zwar die Bildung und Auflösung eines aktiven oder passiven Ausgleichspostens gesetzlich angeordnet. Die Einzelheiten der Bildung und Auflösung sind im Gesetz jedoch nicht geregelt. Die Einlagelösung verzichtet auf die Bildung von Ausgleichsposten und ist insoweit zweifelsfrei.

I. Bildung eines Ausgleichspostens im Vergleich zu einer Buchwertkorrektur

1. Ausgleichspostenlösung

Im Rahmen der Ausgleichspostenlösung ist bei Vorliegen einer Minder- oder Mehrabführung ein besonderer aktiver oder passiver Ausgleichsposten zu bilden. Für die Bildung des Ausgleichspostens gilt das Folgende:

a) *Ausgleichsposten ist einkommensneutral zu bilden*

Nach bisheriger Auffassung ist ein Ausgleichsposten einkommensneutral zu bilden.[599] Dies ergibt sich nunmehr auch aus § 14 Abs. 4 KStG. In Satz 3 ist nämlich für den Fall der Auflösung von Ausgleichsposten in Folge der Veräußerung der Organbeteiligung bestimmt, dass sich das „Einkommen des Organträgers erhöht oder verringert". Für die Bildung von Ausgleichsposten fehlt eine entsprechende gesetzliche Anordnung. Daraus kann geschlossen werden, dass die Bildung von Ausgleichsposten einkommensneutral erfolgt.

b) *Ausgleichsposten ist zu einer bestimmten (Organ-)Beteiligung zu bilden*

Aus § 14 Abs. 4 Satz 1 und 2 KStG folgt, dass eine Verbindung zwischen einem Ausgleichsposten und einer bestimmten Beteiligung besteht.[600] Satz 1 stellt auf die Beteiligung des Organträgers am Nennkapital der Organgesellschaft ab. Satz 2 stellt auf die Veräußerung der Organbeteiligung ab. Ausgleichsposten sind deshalb stets „zu" einer bestimmten Beteiligung zu bilden; mit anderen Worten: Jeder Ausgleichsposten trägt den Stempel der Beteiligung, deren Buchwert er korrigiert. Sofern ein Organträger an mehreren (Organ-)Gesellschaften beteiligt ist, sind die entsprechenden Ausgleichsposten zu unterscheiden. Eine Saldierung scheidet insoweit aus.

Aus § 14 Abs. 4 Satz 1 KStG folgt nicht, dass der Ausgleichsposten zwingend zu einer Beteiligung an einer „Organgesellschaft" zu bilden ist, d.h. ein Ausgleichsposten kann auch zu einer Nicht-Organgesellschaft gebildet werden. Im Fall einer mittelbaren Beteiligung des Organträgers an der Organgesellschaft (mittelbare Organschaft) kann der Ausgleichsposten somit nach § 14 Abs. 4 Satz 1 KStG zur Beteiligung an der Zwischengesellschaft gebildet werden.[601] Unklar ist insoweit lediglich, in welchem Fall – und mit welchen steuerlichen Folgen – der Ausgleichsposten aufzulösen ist.[602]

c) *Für eine Organbeteiligung ist beim Organträger ein einziger Ausgleichsposten zu bilden*

Fraglich ist, ob ein Organträger nach § 14 Abs. 4 KStG einen (einzigen) Ausgleichsposten – pro Organbeteiligung – bilden kann oder ob er einen Ausgleichsposten für jede Ursache einer Minder- oder Mehrabführung bilden muss. Das Gesetz beantwortet die

599 R 63 Abs. 1 Satz 3 KStR 2004; *Dötsch*, in Dötsch/Jost/Pung/Witt, KStG, § 14 Rn. 492; *Frotscher*, in Frotscher/Maas, KStG, § 14 Rn. 334; *Müller*, in Mössner/Seeger, KStG, § 14 Rn. 435; *Olbing*, in Streck, KStG, § 14 Rn. 144; *Schumacher*, in FS Schaumburg, 477, 481.

600 Der Charakter der Verbindung zwischen Ausgleichsposten und Organbeteiligung (Rechtsnatur des Ausgleichspostens) ist nicht geregelt.

601 Der Wortlaut des § 14 Abs. 1 Satz 1 KStG steht der Auffassung von *Dötsch/Witt,* im Fall einer mittelbaren Organschaft seien Ausgleichsposten zur unmittelbaren Beteiligung des Organträgers an der Zwischengesellschaft zu bilden, m.E. nicht entgegen, Dötsch/Jost/Pung/Witt, KStG, § 14 Rn. 517. Dem Widersprechen m.E. auch *Heurung/Seidel* nicht, Der Konzern 2009, 400, 405.

602 So auch *Heurung/Seidel,* Der Konzern 2009, 400, 405. Siehe dazu auch § 5 C.

Frage nicht eindeutig. Nach § 14 Abs. 4 Satz 1 und Satz 6 KStG liegt jeweils eine (einzige) Minder- oder Mehrabführung vor, die zur Bildung eines (einzigen) Ausgleichspostens führt. § 14 Abs. 4 Satz 2 KStG spricht allerdings von „den besonderen Ausgleichsposten" (Plural), d.h. nach Satz 2 können mehrere Ausgleichsposten bestehen.

aa) Für jede Ursache im Sinne des § 14 Abs. 4 Satz 1 KStG könnte ein separater Ausgleichsposten zu bilden sein

Nach einer in der Literatur vertretenen Auffassung ist nach § 14 Abs. 4 Satz 1 KStG für jede Ursache einer Minder- und Mehrabführung ein separater Ausgleichsposten zu bilden.[603] Diese Auffassung entspricht der bisher überwiegend vertretenen Auffassung zur Bildung von aktiven und passiven Ausgleichsposten. Eine Saldierung von organschaftlichen Minder- und Mehrabführungen scheidet danach aus. In der Steuerbilanz des Organträgers werden die einzelnen aktiven Ausgleichsposten addiert und als ein einziger aktiver Ausgleichsposten „abgebildet", die einzelnen passiven Ausgleichsposten werden als ein einziger passiver Ausgleichsposten ausgewiesen.

Beispiel 37: Bildung von Ausgleichsposten

OG ist an einer Personengesellschaft beteiligt. OG bildet während der Organschaft eine Drohverlustrückstellung in Höhe von 10 (Ursache für Minderabführung in Höhe von 10). Die Personengesellschaft erleidet einen Verlust in Höhe von 10, eine Teilwertabschreibung auf die Beteiligung an der Personengesellschaft erfolgt nicht (Ursache für Mehrabführung in Höhe von 10). OT hat nach vorstehender Auffassung einen aktiven und einen passiven Ausgleichsposten zu bilden.

Diese Auffassung geht davon aus, dass sich ein Ausgleichsposten durch eine gegenläufige Mehr- oder Minderabführung wieder einkommensneutral auflöst. Die gegenläufige Mehr- oder Minderabführung beruhe auf dem Wegfall der rechtlichen Ursache für die ursprüngliche Minder- oder Mehrabführung. Durch den Wegfall der rechtlichen Ursache komme es zum Wegfall des entsprechenden Ausgleichspostens.

Zu Beispiel 37: Auflösung von Ausgleichsposten in Folge einer gegenläufigen Mehrabführung

OG löst die in Beispiel 37 gebildete Drohverlustrückstellung in einem Folgejahr wieder auf. Es kommt zu einer gegenläufigen Mehrabführung[604] in Höhe von 10. Der bei OT bestehende aktive Ausgleichsposten soll einkommensneutral aufzulösen sein.

Nach dieser Auffassung beginnt die Existenz eines z.B. aktiven Ausgleichspostens mit der ihm zu Grunde liegenden Minderabführung (z.B. Bildung einer Drohverlustrückstellung). Seine Existenz endet entweder mit der – gesetzlich nicht geregelten – gegenläufigen Mehrabführung, die zu einer einkommensneutralen Auflösung des

603 *Dötsch*, Ubg 2008, 117, 124; *Lang*, NWB 2009, 118, 119; *Neumann*, in Gosch, KStG, § 14 Rn. 460; wohl auch *Erle/Heurung*, in Erle/Sauter, KStG, § 14 Rn. 571.

604 M.E. existieren gegenläufige Mehr- oder Minderabführungen nach § 14 Abs. 4 KStG nicht. Die gegenläufige Mehrabführung ist eine „normale" Mehrabführung, d.h. es ist ein passiver Ausgleichsposten zu bilden. Da m.E. zu einer Organbeteiligung nur ein Ausgleichsposten zu bilden ist, sind aktiver und passiver Posten zu saldieren. Eine Einkommensauswirkung ergibt sich nicht.

Ausgleichspostens führen soll[605], oder mit der Veräußerung der Organbeteiligung, die nach § 14 Abs. 4 Satz 2 bis 4 KStG zu einer einkommenswirksamen Auflösung führt. In der Praxis setzt diese Auffassung eine komplexe „Ausgleichspostennebenrechnung“ auf Ebene des Organträgers voraus. Nach der Einschätzung von *Dötsch* steht einer Saldierung von Ausgleichsposten bzw. einer Saldierung von Minder- und Mehrabführungen der Wortlaut von § 14 Abs. 4 KStG entgegen.[606] § 14 Abs. 4 Satz 1 KStG bestimme zwar, dass für Minder- und Mehrabführungen, die ihre Ursache in organschaftlicher Zeit haben, in der Steuerbilanz des Organträgers ein (einziger) besonderer aktiver oder passiver Ausgleichsposten zu bilden sei. Dies besage – möglicherweise – aber nur, dass für jede (einzelne) Minder- und Mehrabführung ein Ausgleichsposten zu bilden sei. Die Formulierung sei insoweit missverständlich. § 14 Abs. 4 Satz 2 KStG regele für den Fall der Veräußerung der Organbeteiligung, dass „die besonderen Ausgleichsposten“ aufzulösen seien, das Gesetz verwende den Plural. Satz 2 gehe also davon aus, dass beim Organträger mehrere Ausgleichsposten bestehen. Diese Ausgleichsposten könnten nur im Rahmen der Bildung entstanden sein. Dies spreche dafür, dass für jede Ursache im Sinne des § 14 Abs. 4 Satz 1 KStG ein separater Ausgleichsposten zu bilden sei. Das Gegenteil lasse sich auch nicht dem Regelbeispiel in Satz 6 entnehmen. Im Übrigen ergibt sich nach *Dötsch* auch aus dem Prüfauftrag des Finanzausschusses des Bundestages, dass die technische Abwicklung von Ausgleichsposten – trotz § 14 Abs. 4 KStG – wie bisher zu erfolgen habe.[607]

bb) Nach dem Zweck des § 14 Abs. 4 KStG braucht nur ein einziger Ausgleichsposten gebildet zu werden

Aus dem Zweck des § 14 Abs. 4 KStG ergibt sich m.E., dass ein Organträger stets nur einen einzigen Ausgleichsposten pro Organbeteiligung zu bilden hat.[608] Es kann sich um einen aktiven oder um einen passiven Ausgleichsposten handeln. Dieser Posten ist fortzuentwickeln und im Fall der Veräußerung der Organbeteiligung aufzulösen. Wenn eine organschaftliche Mehrabführung einen bestehenden aktiven Ausgleichsposten übersteigt, wandelt sich der aktive zu einem passiven Ausgleichsposten.[609] Entsprechendes gilt bei einer Minderabführung, die einen bestehenden passiven Ausgleichsposten übersteigt. Dieser Auffassung liegt die Ansicht zu Grunde, dass ein organschaftlicher Ausgleichsposten ein Korrekturposten zum Beteiligungsbuchwert ist. Es ist kein Grund ersichtlich diesen Korrekturposten in einzelne „Unterposten“ zu zerlegen, eine zutreffende Besteuerung wird auch ohne Bildung

---

605 Die Ausgleichsposten-Nebenbuchführung ist in diesem Fall eine „brotlose Kunst“, *Dötsch*, Ubg 2008, 117, 124.

606 *Dötsch*, Ubg 2008, 117, 125.

607 *Dötsch*, Ubg 2008, 117, 125.

608 So wohl auch *Olbing*, in Streck, KStG, § 14 Rn. 143 und *Jochen Thiel*, in FS Lang, 755, 774 ff. *Dötsch*, Ubg 2008, 117, 124 und *Erle/Heurung*, in Erle/Sauter, KStG, § 14 Rn. 571 befürworten eine solche steuerliche Behandlung zwar, mit Blick auf § 14 Abs. 4 KStG halten sie diese Technik jedoch für nicht vertretbar.

609 *Olbing*, in Streck, KStG, § 14 Rn. 143.

von Unterposten sichergestellt. Im Übrigen steht dieser Auffassung der Wortlaut des § 14 Abs. 4 Satz 1 KStG nicht entgegen, wonach für mehrere Minder- und Mehrabführungen nur ein einziger Ausgleichsposten zu bilden ist. Die Formulierung des Satzes 2, wonach „die besonderen Ausgleichsposten" im Fall einer Veräußerung der Beteiligung aufzulösen sind, stützt – insoweit ist *Dötsch* zuzustimmen – diese Auffassung zwar nicht. Eine Auslegung des § 14 Abs. 4 KStG unter Berücksichtigung seines missverständlichen Wortlauts dürfte der Bildung eines einzigen Ausgleichspostens aber nicht entgegenstehen. Satz 2 ist m.E. ein Widerspruch zu Satz 1. Dieser Widerspruch ist im Rahmen der Gesetzesauslegung mit Blick auf den Telos der Norm zu beseitigen.

Zu Beispiel 37: Bildung von Ausgleichsposten

In Beispiel 37 kann m.E. auf die Bildung von Ausgleichsposten verzichtet werden. Organschaftliche Minder- und Mehrabführungen können saldiert werden.

Eine einkommensneutrale Auflösung von Ausgleichsposten in Folge einer gegenläufigen Mehr- oder Minderabführung scheidet m.E. aus. Da organschaftliche Minder- und Mehrabführungen zu saldieren sind, ergibt sich daraus kein Problem. Insbesondere führt diese Auffassung nicht dazu, dass sich ein bestehender Ausgleichsposten stets erhöht.[610] In Folge der – Wirtschaftsjahre übergreifenden – Saldierung organschaftlicher Minder- und Mehrabführungen kann sich ein bestehender Ausgleichsposten verringern. Ggf. wird aus einem aktiven Ausgleichsposten ein passiver Posten, oder umgekehrt.

2. Einlagelösung

Die Einlagelösung wirft die vorstehend behandelten Zweifelsfragen nicht auf. Da organschaftliche Minder- und Mehrabführungen den Buchwert der Organbeteiligung erhöhen oder mindern, kommt es zwingend zu einer Saldierung sämtlicher organschaftlicher Minder- und Mehrabführungen. Gegenläufige Mehr- oder Minderabführungen existieren nicht. Die Einlagelösung ist insoweit eindeutig. Geht man – m.E. zutreffend – davon aus, dass nach § 14 Abs. 4 KStG organschaftliche Minder- und Mehrabführungen saldiert werden können und beim Organträger nur ein (einziger) Ausgleichsposten zu bilden ist, erscheint die Einlagelösung technisch nicht einfacher als die Ausgleichspostenlösung.

610 Würde man jeweils einen aktiven und einen passiven Ausgleichsposten bilden, käme es zu einer stetigen Erhöhung der beiden Posten, *Dötsch*, Ubg 2008, 117, 125.

II. Auflösung eines Ausgleichspostens bei Veräußerung der Organbeteiligung

1. Ausgleichspostenlösung

Nach § 14 Abs. 4 Satz 2 KStG sind im Zeitpunkt der Veräußerung der Organbeteiligung bestehende Ausgleichsposten aufzulösen. Das „Wie" der Auflösung regelt das Gesetz nicht.

Beispiel 38: Die Technik der Auflösung von Ausgleichsposten

OT ist zu 100 v.H. am Nennkapital von OG beteiligt. Der tatsächliche Wert der Beteiligung beträgt 200, der steuerliche Buchwert 100. Es besteht ein aktiver Ausgleichsposten in Höhe von 100. OT veräußert die Organbeteiligung für 200. Der aktive Ausgleichsposten ist nach § 14 Abs. 4 Satz 2 bis 4 KStG aufzulösen. Wie erfolgt die Auflösung des Ausgleichspostens?

Im Grundsatz lässt § 14 Abs. 4 KStG zwei Auffassungen zu: Erstens, die Auflösung des Ausgleichspostens erfolgt „isoliert", also außerhalb der Ermittlung des Gewinns aus der Veräußerung der Organbeteiligung (Bruttomethode). Auf den Ertrag oder Aufwand aus der Auflösung des Postens ist § 3 Nr. 40, § 3c Abs. 2 EStG oder § 8b KStG anzuwenden (§ 14 Abs. 4 Satz 4 KStG). Bei der Auflösung eines aktiven Ausgleichspostens durch eine Organträger-Kapitalgesellschaft wäre der Aufwand nicht abzugsfähig nach § 14 Abs. 4 Satz 3, § 8b Abs. 3 Satz 3 KStG. Ein Gewinn aus der Veräußerung der Beteiligung unterliegt separat gleichfalls „brutto" einer Besteuerung unter Anwendung von § 8b Abs. 2 Satz 1, Abs. 3 Satz 1 KStG. Zweite Möglichkeit ist eine Auflösung des Ausgleichspostens im Rahmen der Veräußerungsgewinnermittlung (Nettomethode). Der Gewinn oder Verlust aus der Beteiligungsveräußerung wird um den Ertrag oder Aufwand aus der Auflösung des Ausgleichspostens erhöht oder gemindert. Auf den „Nettobetrag" wird § 3 Nr. 40, § 3c Abs. 2 EStG oder § 8b KStG angewendet. Die Auflösung eines aktiven Ausgleichspostens würde sich bei einer Organträger-Kapitalgesellschaft steuerlich in Form eines geminderten Veräußerungsgewinns auswirken.

Die Auffassungen können auch bei der Auflösung eines passiven Ausgleichspostens zu unterschiedlichen Ergebnissen führen. Bei der Veräußerung einer Organbeteiligung durch eine Organträger-Kapitalgesellschaft kann es zur Entstehung eines Verlustes kommen, der nach § 8b Abs. 3 Satz 3 KStG nicht abziehbar ist (z.B. Veräußerungsverlust 100). Besteht ein passiver Ausgleichsposten, würde die Auflösung des Postens nach der Bruttomethode zur Entstehung eines steuerpflichtigen Ertrags führen (z.B. passiver Ausgleichspostens in Höhe von 100 führt zu steuerpflichtigem Ertrag in Höhe von 5).[611] Dagegen würde sich nach der Nettomethode kein steuerpflichtiger Ertrag ergeben (Veräußerungsverlust ./. Ertrag aus Auflösung des passiven Ausgleichspostens = 0).

611 § 14 Abs. 4 Satz 2 – 4, § 8b Abs. 2 Satz 1, Abs. 3 Satz 1 KStG.

a) Bisherige Auffassung der Finanzverwaltung

Die Auffassung der Finanzverwaltung ist nicht eindeutig. Nach bisheriger Auffassung des Bundesfinanzministeriums ist möglicherweise zu unterscheiden:[612] Die Einkommenserhöhung in Folge der Auflösung eines passiven Ausgleichspostens ist Teil des Gewinns aus der Veräußerung der Organbeteiligung,[613] die Einkommensminderung in Folge der Auflösung eines aktiven Ausgleichspostens ist nicht Teil des Gewinns aus der Veräußerung der Organbeteiligung.[614] Deshalb ist der Verlust aus der Auflösung eines aktiven Ausgleichspostens auch dann nicht in voller Höhe steuerwirksam, wenn § 3 Nr. 40, § 3c Abs. 2 EStG oder § 8b KStG auf den Veräußerungsgewinn keine Anwendung finden.[615] Das Beispiel 38 wäre wie folgt zu lösen:

Erster Schritt: Auflösung Ausgleichsposten	
Verlust aus Auflösung des aktiven Ausgleichspostens ist nicht abzugsfähig nach § 14 Abs. 4 Satz 3, § 8b Abs. 3 Satz 3 KStG	100
Zweiter Schritt: Ermittlung des Veräußerungsgewinns	
Veräußerungserlös für Beteiligung	200
./. Buchwert der Beteiligung	100
Veräußerungsgewinn („brutto“)	100
Steuerpflichtig[616]	5

Nach Auffassung der Oberfinanzdirektionen Frankfurt am Main und Hannover zur bisherigen Rechtslage erhöht oder verringert der Betrag aus der Auflösung des passiven oder aktiven Ausgleichspostens den Veräußerungsgewinn oder -verlust.[617] Erst auf den Saldo sei § 8b KStG anzuwenden. Das Beispiel 38 wäre danach wie folgt zu lösen:

612 Kritisch mit Blick auf eine unterschiedliche Behandlung von aktiven und passiven Ausgleichsposten, *Watermeyer*, in Herrmann/Heuer/Raupach, KStG, § 8b Anm. 53 und 83.

613 BMF-Schreiben vom 28.04.2003, IV A2 – S 2750a – 7/03, BStBl. I 2003, 292 Rz. 16, Rz. 25-27 und vom 26.08.2003, IV A 2 – S 2270 – 18/03, BStBl. I 2003, 292 Rz. 43 ff. Im BMF-Schreiben vom 05.10.2007 (Nichtanwendungserlass), IV B 7 – S 2770/07/0004, BStBl. I 2007, 743 wird die Weiteranwendung der vorstehenden Rz. 43 ff. bestimmt.

614 BMF-Schreiben vom 28.04.2003, IV A2 – S 2750a – 7/03, BStBl. I 2003, 292 Rz. 16 und 26. *Lang*, geht auch für § 14 Abs. 4 KStG von dieser Sichtweise aus, NWB 2009, 118, 121/122.

615 *Dötsch/Pung*, DB 2003, 1970, 1981, entnehmen dem BMF-Schreiben vom 28.04.2003 eine Bruttobetrachtung, dem BMF-Schreiben vom 26.08.2003 eine Nettobetrachtung.

616 95 v.H. steuerfrei nach § 8b Abs. 2 Satz 1, Abs. 3 Satz 1 KStG.

617 OFD Frankfurt am Main, Rundverfügung vom 08.11.2005, S 2750a A – 8 – St II 1.01, DStR 2005, 2044; OFD Hannover, Verfügung vom 25.11.2005, S 2750a – 21 – StO 241, Juris-Online. In der Verfügung der OFD Hannover wird auf Rz. 43 des BMF-Schreibens vom 26.08.2003, IV A 2 – S 2270 – 18/03, BStBl. I 2003, 292 verwiesen. Im entsprechenden BMF-Schreiben ist unter Rz. 44 jedoch lediglich ein Beispiel zur Auflösung eines passiven Ausgleichspostens anlässlich der Veräu-

Veräußerungserlös für Beteiligung	200
./. Buchwert der Beteiligung	100
./. aktiver Ausgleichsposten	100
Veräußerungsgewinn („netto")	0
Steuerpflichtig	0

b) In der Literatur vertretene Auffassungen zu § 14 Abs. 4 KStG

Nach einer in der Literatur vertretenen Auffassung sind organschaftliche Ausgleichsposten nach § 14 Abs. 4 KStG „isoliert", also außerhalb der Ermittlung des Gewinns aus der Veräußerung der Organbeteiligung aufzulösen (Bruttomethode).[618] Die Rechnerprogramme der Finanzverwaltung scheinen dieser Methode zu folgen.[619] Die isolierte Auflösung soll sich aus der abstrakten Regelung des § 14 Abs. 4 KStG ergeben. Der Gesetzgeber habe die Regelung der Finanzverwaltung übernehmen wollen, aus der sich die Bruttomethode ergäbe.[620] Nach einer anderen Auffassung erfolgt die Auflösung der Ausgleichsposten im Rahmen der Ermittlung des Gewinns aus der Veräußerung der Organbeteiligung (Nettomethode).[621] Danach erfährt die Ertragsauswirkung bei Auflösung organschaftlicher Ausgleichsposten dasselbe Schicksal wie die Ertragsauswirkung aus der Veräußerung der Beteiligung selbst.[622] In „Altfällen"

ßerung der Beteiligung an der Organgesellschaft dargestellt. Die Behandlung der Einkommensminderung in Folge der Auflösung eines aktiven Ausgleichspostens wird nicht erläutert.

618 *Danelsing*, in Blümich, KStG, § 14 Rn. 196i; *Lang*, NWB 2009, 118, 122; *Neumann*, in Gosch, KStG, § 14 Rn. 461 mit Hinweis auf BMF-Schreiben vom 28.04.2003; *Dötsch/Witt*, halten eine isolierte Auflösung zwar nicht für zutreffend, nach ihrer Auffassung spreche der Wortlaut des § 14 Abs. 4 KStG jedoch eher für eine isolierte Auflösung, in Dötsch/Jost/Pung/Witt, KStG, § 14 Rn. 487 und *Dötsch/Pung*, in Dötsch/Jost/Pung/Witt, KStG, § 8b Rn. 69.

619 Vgl. *Breier*, Der Konzern 2011, 11, 21.

620 *Danelsing*, verweist auf R 63 Abs. 3 Satz 3 zweiter Halbsatz KStR 2004, in Blümich, KStG, § 14 Rn. 196i.

621 *Bosch*, in Preißer/Pung, C VI. Rn. 249 und 252 Beispiel 9 a.E.; *Erle/Heurung*, in Erle/Sauter, KStG, § 14 Rn. 518 und 524; *Frotscher*, in Frotscher/Maas, KStG, § 14 Rn. 343; *Heurung/Seidel*, Der Konzern 2009, 400, 402; *Müller*, in Mössner/Seeger, KStG, § 14 Rn. 439/1; *Müller/Stöcker*, Die Organschaft, Seite 178 Rn. 652 a.E.; *Steffen Neumann*, Ubg 2010, 673, 680/681; *Olbing*, in Streck, KStG, § 14 Rn. 146; *Stadler/Bindl*, DB 2010, 862, 866; *Jochen Thiel*, in FS Lang, 755, 773; so wohl auch *Haarmann*, in Jahrbuch der Fachanwälte für Steuerrecht 2008/2009, 253, 257; *Neumann/ Stimpel*, GmbHR 2008, 57, 64; für die Zeit vor Inkrafttreten des § 14 Abs. 4 KStG: *Erle*, in Erle/Sauter, 2. Auflage, KStG, § 14 Rn. 309; *Glutsch/Meining*, DB 2007, 308, 309; *Füger/Rieger*, FR 2003, 543, 546; *Rödder/Schumacher*, DStR 2003, 909, 912 (und auch noch *Dötsch/Pung*, DB 2003, 1970, 1981).

622 Im Grundsatz folgt auch *Breier* der Nettomethode, *Breier*, Der Konzern 2011, 11, 21. Bei einer unterjährigen (teilweisen) Veräußerung der Organbeteiligung (vor dem Bilanzstichtag) will er einen (erst am zukünftigen Bilanzstichtag zu bildenden) Ausgleichsposten jedoch unberücksichtigt lassen. Im Zeitpunkt der Veräußerung sei der Posten als Bilanzierungshilfe noch nicht existent. Diese Auffassung ist abzulehnen, da es sich bei dem Posten um einen Zusatzposten zur Beteiligung handelt. Der Posten ist unterjährig – im Zeitpunkt der Minder- oder Mehrabführung – zur

kann § 8b Abs. 4 KStG[623] a.F. anzuwenden sein.[624] Nach Ansicht von *Frotscher* folgt diese Auslegung des § 14 Abs. 4 KStG bereits aus Satz 4. Der Verweis in § 14 Abs. 4 Satz 4 KStG auf § 8b KStG sei danach so zu verstehen, dass ein Veräußerungsgewinn (fiktiv) als durch die Auflösung der Ausgleichsposten als Bilanzierungshilfe gemindert gilt.[625] Dies führe auch dazu, dass Ausgleichsposten voll steuerwirksam aufzulösen seien, wenn im Rahmen der Veräußerung der Organbeteiligung § 3 Nr. 40, § 3c Abs. 2 EStG oder § 8b KStG nicht anwendbar sind (z.B. Fall des § 8b Abs. 4 KStG a.F.).[626] In diesem Fall sei z.B. der Verlust aus der Auflösung eines aktiven Ausgleichspostens voll abzugsfähig bzw. mindere einen voll steuerpflichtigen Veräußerungsgewinn. Diese steuerliche Behandlung ergäbe sich zwingend aus dem Grundsatz der Besteuerung nach der wirtschaftlichen Leistungsfähigkeit und dem objektiven Nettoprinzip.[627]

c) Nettomethode folgt aus Rechtsnatur des Ausgleichspostens

Das „Wie“ der Auflösung organschaftlicher Ausgleichsposten folgt m.E. aus ihrer Rechtsnatur. Bei Ausgleichsposten handelt es sich um Korrekturposten zum Buchwert der Organbeteiligung, die beteiligungsähnlichen Charakter haben. Rechtsgrundlage ist § 14 Abs. 4 KStG. Sie folgen dem Schicksal der Organbeteiligung, zu der sie gebildet worden sind. Bei einer Veräußerung der Organbeteiligung sind die Ausgleichsposten im Rahmen der Ermittlung des Veräußerungsgewinns oder -verlustes aufzulösen. Dies gilt entsprechend bei der Ermittlung eines umwandlungssteuerrechtlichen Übernahmegewinns oder -verlustes.[628] Im Übrigen scheidet eine unterschiedliche Behandlung aktiver und passiver Ausgleichsposten nach § 14 Abs. 4 KStG aus.

Aus dem Wortlaut des § 14 Abs. 4 KStG folgt nichts Gegenteiliges. § 14 Abs. 4 Satz 3 KStG bestimmt zwar, dass eine Erhöhung des Einkommens des Organträgers in Folge der Auflösung von Ausgleichsposten erfolgt. Daraus könnte man ableiten, dass die Auflösung von Ausgleichsposten „isoliert“ erfolgen soll. Satz 3 stellt m.E. jedoch lediglich klar, dass die Auflösung von Ausgleichsposten – im Gegensatz zu ihrer Bildung – nicht einkommensneutral erfolgt. Die Technik der Auflösung ist in Satz 3 nicht geregelt. Die Anwendung der Bruttomethode würde darüber hinaus zu einem Verstoß gegen den Grundsatz der Einmalbesteuerung im Organkreis führen.

Organbeteiligung vom Organträger zu bilden und am Bilanzstichtag in der Steuerbilanz – sofern noch vorhanden – auszuweisen.

623 § 8b Abs. 4 KStG in der am 12. Dezember 2006 geltendenden Fassung ist gemäß § 34 Abs. 7a KStG für Anteile weiter anzuwenden, die einbringungsgeboren im Sinne des § 21 UmwStG in der am 12. Dezember 2006 geltenden Fassung sind, und für Anteile im Sinne des § 8b Abs. 4 Satz 1 Nr. 2 KStG, die auf einer Übertragung bis zum 12. Dezember 2006 beruhen.

624 *Frotscher*, in Frotscher/Maas, KStG, § 14 Rn. 343a; *Lang*, NWB 2009, 118, 121.

625 *Frotscher*, in Frotscher/Maas, KStG, § 14 Rn. 343.

626 *Frotscher*, in Frotscher/Maas, KStG, § 14 Rn. 343a.

627 *Frotscher*, in Frotscher/Maas, KStG, § 14 Rn. 343a.

628 *Schumacher*, in FS Schaumburg, 477, 483; *Widmann*, in Widmann/Mayer, UmwStG, § 4 Rn. 131 und 132.

Dies ist im Rahmen einer teleologischen Auslegung des § 14 Abs. 4 KStG zu berücksichtigen. Zweck der Vorschrift ist gerade die Sicherstellung der Einmalbesteuerung, eine Anwendung der Bruttomethode scheidet deshalb aus.

2. Einlagelösung

Im Rahmen der Einlagelösung stellt sich die Frage der Auflösung von Ausgleichsposten nicht, da Ausgleichsposten nicht bestehen. Eine organschaftliche Minder- und Mehrabführung spiegelt sich auf Ebene des Organträgers im erhöhten oder geminderten Buchwert der Organbeteiligung wider. Werden Anteile an der Organgesellschaft veräußert, ergeben sich keine Besonderheiten bei der Ermittlung der Höhe des Veräußerungsgewinns oder -verlustes. Es kommt zwingend zur Anwendung der Nettomethode.[629] Gleichfalls ergeben sich keine Fragen bezüglich der steuerlichen Qualifikation des Gewinns oder Verlustes (z.B. Anwendung § 8b Abs. 4 KStG a.F.). Die Einlagelösung ist insoweit zweifelsfrei. Geht man – m.E. zutreffend – davon aus, dass Ausgleichsposten im Rahmen der Nettomethode aufzulösen sind, ergeben sich allerdings keine Unterschiede zur Ausgleichspostenlösung, Ausgleichsposten- und Einlagelösung kommen in diesem Fall zum selben Ergebnis.

3. Zusammenfassung

Die technische Umsetzung der Ausgleichspostenlösung ist äußerst komplex, wenn man davon ausgeht, dass jede Ursache einer Minder- oder Mehrabführung zur Bildung eines separaten Ausgleichspostens führt. In diesem Fall ist eine Ausgleichspostenbuchführung erforderlich. Unter Berücksichtigung des Zwecks von § 14 Abs. 4 KStG muss ein Organträger jedoch stets nur einen (einzigen) Ausgleichsposten pro Organbeteiligung bilden. Organschaftliche Minder- und Mehrabführungen sind zu saldieren, nur der Saldo ist in Form eines aktiven oder passiven Ausgleichspostens steuerbilanziell – als Korrekturbetrag zum Buchwert der Organbeteiligung – abzubilden.

Die Auflösung organschaftlicher Ausgleichsposten erfolgt im Zusammenhang mit der Veräußerung der Organbeteiligung. Der Gewinn oder Verlust aus der Auflösung der Ausgleichsposten ist Bestandteil des Gewinns oder Verlustes aus der Veräußerung der Organbeteiligung.

Die Einlagelösung erscheint „technisch" einfacher als die Ausgleichspostenlösung, wenn man eine Saldierung organschaftlicher Minder- und Mehrabführungen im Rahmen der Ausgleichspostenlösung ablehnt. Die Einlagelösung führt zwingend zu einer Saldierung organschaftlicher Minder- und Mehrabführungen. Bei der Veräußerung führt die Einlagelösung nicht zu Zweifelsfragen. Geht man – m.E. zutreffend – davon aus, dass Ausgleichsposten im Rahmen der Veräußerungsgewinnermittlung aufzulösen sind, ergeben sich allerdings keine Unterschiede zwischen Ausgleichsposten- und Einlagelösung. Danach wäre die Durchführung der Einlagelösung nicht einfacher als die Durchführung der Ausgleichspostenlösung.

---

629 *Dötsch*, Ubg 2008, 122; *Erle/Heurung*, in Erle/Sauter, KStG, § 14 Rn. 614.

B. Saldierung von Minder- und Mehrabführungen

Fraglich ist, ob eine Saldierung von Minder- und Mehrabführungen zulässig bzw. gesetzlich geboten ist. Eine Saldierung vororganschaftlicher und organschaftlicher Minder- und Mehrabführungen scheidet aus.[630] Dies ergibt sich nach Inkrafttreten von § 14 Abs. 4 KStG aus dem Gesetz. Die steuerliche Behandlung vororganschaftlicher Minder- und Mehrabführungen richtet sich nach § 14 Abs. 3 KStG. Dagegen richtet sich die steuerliche Behandlung organschaftlicher Minder- und Mehrabführungen nach § 14 Abs. 4, § 27 Abs. 1 Satz 4, Abs. 6 KStG. In der Literatur wird auch eine Saldierung organschaftlicher Minder- und Mehrabführungen nach § 14 Abs. 4 KStG abgelehnt.[631] Dagegen ergibt sich m.E. aus dem Zweck der Vorschrift, dass bei einem Organträger stets nur ein einziger Ausgleichsposten pro Organbeteiligung gebildet werden muss. Es kann sich um einen aktiven oder um einen passiven Ausgleichsposten handeln. Dem steht der missverständliche Wortlaut der Vorschrift nicht entgegen. Legt man diese Auffassung zu Grunde, sind organschaftliche Minder- und Mehrabführungen zu saldieren.[632]

Im Rahmen der Einlagelösung kommt es zwingend zu einer Saldierung organschaftlicher Minder- und Mehrabführungen, da eine Abwicklung über den Beteiligungsbuchwert erfolgt. Insoweit ist kein Raum für eine isolierte Behandlung einzelner Minder- und Mehrabführungen. Geht man – m.E. zutreffend – von einer Saldierung organschaftlicher Minder- und Mehrabführungen aus, ergeben sich keine Unterschiede zwischen Ausgleichsposten- und Einlagelösung.

C. Organschaftliche Minder- und Mehrabführungen bei mittelbarer Organschaft

Eine mittelbare Organschaft liegt vor, wenn der Organträger nicht unmittelbar, sondern mittelbar – über eine oder mehrere Zwischengesellschaften – an der Organgesellschaft beteiligt ist.[633]

630 *Dötsch/Witt*, Der Konzern 2007, 190, 191; *Erle/Heurung*, in Erle/Sauter, KStG, § 14 Rn. 568; *Krinninger/Helm*, BB 2005, 1191, 1191; *Neumann*, in Gosch, KStG, § 14 Rn. 422; *Pache*, in Herrmann/Heuer/Raupach, KStG, § 14 Anm. 331.

631 Nach *Neumann* scheint eine Saldierung organschaftlicher Minder- und Mehrabführungen für ein Wirtschaftjahr zulässig zu sein, in Gosch, KStG, § 14 Rn. 422. Eine Saldierung von Ausgleichsposten lehnt er jedoch ab, Rn. 460. Nach *Breier* scheint eine Saldierung organschaftlicher Minder- und Mehrabführungen möglich zu sein, Der Konzern 2011, 84, 97.

632 *Erle/Heurung* befürworten eine Saldierung organschaftlicher Minder- und Mehrabführungen, in Erle/Sauter, KStG, § 14 Rn. 569.

633 § 14 Abs. 1 Satz 1 Nr. 1 Satz 2 KStG.

I. Ausgleichspostenlösung und mittelbare Organschaft

1. Bildung eines Ausgleichspostens bei mittelbarer Organschaft

In Folge einer organschaftlichen Minder- oder Mehrabführung der Organgesellschaft ist beim Organträger ein Ausgleichsposten in Höhe der durchgerechneten[634] Beteiligung am Nennkapital zu bilden.[635] Dies folgt aus § 14 Abs. 4 Satz 1 KStG, wonach ein Ausgleichsposten in der Steuerbilanz des Organträgers zu bilden ist. Fraglich ist, ob auch bei den Zwischengesellschaften, die außerhalb des Organkreises stehen, Ausgleichsposten zu bilden sind.

a) *Vor Inkrafttreten des § 14 Abs. 4 KStG vertretene Rechtsauffassungen*

Für die Zeit vor Inkrafttreten von § 14 Abs. 4 KStG wurde die Frage nicht einheitlich beantwortet. Nach einer Auffassung waren auch bei den Zwischengesellschaften Ausgleichsposten zu bilden, wobei Zwischengesellschaft auch eine Personengesellschaft sein kann.[636] Dabei sollten jedoch nur die Zwischengesellschaften zu berücksichtigen sein, bei denen der Organträger die Stimmrechtsmehrheit hat (§ 14 Abs. 1 Satz 1 Nr. 1 Satz 2 KStG). Im Grundsatz behandelte diese Auffassung die Bildung von Ausgleichsposten nach Einlagegrundsätzen (Minderabführung als „durchgeleitete" verdeckte Einlage[637]). Nach einer anderen Auffassung waren bei den Zwischengesellschaften keine Ausgleichsposten zu bilden.[638] Danach schied eine Anwendung von Einlagegrundsätzen aus, Ausgleichsposten waren lediglich beim Organträger zu bilden.

b) *Nach Inkrafttreten des § 14 Abs. 4 KStG vertretene Rechtsauffassungen*

Nach Inkrafttreten des § 14 Abs. 4 KStG wird in der Literatur überwiegend die Auffassung vertreten, dass Ausgleichsposten nur beim Organträger zu bilden sind.[639] Die Finanzverwaltung wird diese Auffassung dem Vernehmen nach auch vertreten.[640] Nach § 14 Abs. 4 Satz 1 KStG seien Ausgleichsposten nur in der Steuerbilanz des Organträgers zu bilden. Die Vorschrift stelle keine Rechtsgrundlage für die Bildung

634 Nach Auffassung von *Dötsch/Witt* sind nur vermittelnde Gesellschaften heranzuziehen, bei denen eine Stimmrechtsmehrheit besteht, in Dötsch/Jost/Pung/Witt, KStG, § 14 Rn. 519.

635 *Dötsch/Witt*, in Dötsch/Jost/Pung/Witt, KStG, § 14 Rn. 514; *Frotscher*, in Frotscher/Maas, KStG, § 14 Rn. 331. Siehe dazu § 3 A. I. 2.

636 *Dötsch*, Der Konzern 2003, 21, 29; *ders.*, Ubg 2008, 117, 121; *Kolbe*, in Herrmann/Heuer/Raupach, KStG, § 14 Anm. 93; *Krebs*, BB 1996, 1301, 1305.

637 *Dötsch*, Der Konzern 2003, 21, 30.

638 *Frotscher*, in Frotscher/Maas, KStG, § 14 Rn. 331; *ders.*, Der Konzern 2007, 34, 42.

639 *Dötsch/Witt*, in Dötsch/Jost/Pung/Witt, KStG, § 14 Rn. 515; *Erle/Heurung*, in Erle/Sauter, KStG, § 14 Rn. 588; *Frotscher*, in Frotscher/Maas, KStG, § 14 Rn. 331; *Heurung/Seidel,* Der Konzern 2009, 400, 405; *Steffen Neumann*, Ubg 2010, 673, 680; *Jochen Thiel*, in FS Lang, 755, 772; so wohl auch *Haarmann*, in Jahrbuch der Fachanwälte für Steuerrecht 2008/2009, 253, 259.

640 Vgl. *Breier*, Der Konzern 2011, 11, 23.

von Ausgleichsposten bei anderen Gesellschaften dar.[641] Somit scheide eine Bildung von Ausgleichsposten bei Zwischengesellschaften aus. Keine Klarheit besteht hinsichtlich der Frage, ob die Ausgleichsposten beim Organträger „zu" der Beteiligung an der Zwischengesellschaft – so *Dötsch*[642] – oder ob sie „isoliert" – so wohl *Frotscher*[643] – bzw. in Verbindung zur (mittelbaren) Organbeteiligung zu bilden sind. Nach Auffassung von *Bosch* kann ein Ausgleichsposten auch weiterhin bei Zwischengesellschaften gebildet werden.[644] Nach seiner Auffassung führe nur die Bildung von Ausgleichsposten bei den Zwischengesellschaften zu einer zutreffenden Besteuerung.[645]

M.E. ist ein Ausgleichsposten im Fall einer mittelbaren Organschaft nur beim Organträger zu bilden. Die Bildung eines Ausgleichspostens auf Ebene der Zwischengesellschaft sieht § 14 Abs. 4 Satz 1 KStG nicht vor. Da Ausgleichsposten nach § 14 Abs. 4 Satz 2 KStG im Fall einer Veräußerung der Organbeteiligung aufzulösen sind, besteht eine „Verbindung" zwischen Ausgleichsposten und Organbeteiligung. Eine Verbindung zwischen Ausgleichsposten und der Beteiligung an der Zwischengesellschaft besteht nach § 14 Abs. 4 KStG nicht. Der Vollständigkeit halber ist in diesem Zusammenhang darauf hinzuweisen, dass der Formulierungsvorschlag von *Reiß* zu einer „großen" Einlagelösung auch nur eine Erhöhung bzw. Minderung des Buchwerts der Organbeteiligung in der Steuerbilanz des Organträgers vorsieht. Dieser Formulierungsvorschlag führt somit bei der mittelbaren Organschaft zu denselben Schwierigkeiten wie die Ausgleichspostenlösung.

2. Auflösung eines Ausgleichspostens bei mittelbarer Organschaft

Nach § 14 Abs. 4 Satz 1 KStG bestehen Ausgleichsposten zwar nur beim Organträger.[646] Eine Beteiligungsveräußerung kann jedoch auf Ebene des Organträgers (Fall: Veräußerung der Zwischengesellschaft) und auf Ebene der Zwischengesellschaft (Fall: Veräußerung der Organgesellschaft) erfolgen.

641 *Dötsch*, Ubg 2008, 117, 121; *Heurung/Seidel*, Der Konzern 2009, 400, 405.

642 *Dötsch/Witt*, in Dötsch/Jost/Pung/Witt, KStG, § 14 Rn. 514 a.E. und Rn. 538; gleichfalls *Erle/Heurung*, in Erle/Sauter, KStG, § 14 Rn. 582.

643 *Frotscher*, behandelt Ausgleichsposten als isolierte „Bilanzierungshilfe", in Frotscher/Maas, KStG, § 14 Rn. 331.

644 *Bosch*, in Preißer/Pung, C VI. Rn. 255.

645 Das „technische" Verständnis von *Bosch* zur Bildung eines Ausgleichspostens auf Ebene einer Zwischengesellschaft ist zutreffend. Im Rahmen einer Billigkeitslösung bestehen gegen die Bildung auch keine Bedenken. Problematisch erscheint seine Auffassung allerdings mit Blick auf eine spätere einkommenswirksame Auflösung eines passiven Ausgleichspostens. § 14 Abs. 4 KStG stellt keine gesetzliche Grundlage für eine Besteuerung eines Gewinns aus der Auflösung eines passiven Ausgleichspostens auf Ebene einer Zwischengesellschaft dar.

646 *Dötsch/Witt*, in Dötsch/Jost/Pung/Witt, KStG, § 14 Rn. 515, Ausgleichsposten ist Zusatzposten zur Beteiligung an der Zwischengesellschaft; *Erle/Heurung*, in Erle/Sauter, KStG, § 14 Rn. 588; *Frotscher*, in Frotscher/Maas, KStG, § 14 Rn. 331, Ausgleichsposten ist Bilanzierungshilfe.

Beispiel 39: Mittelbare Organschaft und Ausgleichspostenlösung

OT ist zu 100 v.H. an Z-GmbH beteiligt, diese wiederum ist zu 100 v.H. an OG beteiligt. Zwischen OT und OG besteht eine (mittelbare) Organschaft. Im Jahr 02 kommt es zu einer organschaftlichen Minderabführung in Höhe von 10, OT bildet einen aktiven Ausgleichsposten nach § 14 Abs. 4 Satz 1 KStG in entsprechender Höhe. Bei Z-GmbH ist kein Ausgleichsposten zu bilden. Im Jahr 06 wird die Organschaft zwischen OT und OG beendet. Z-GmbH veräußert ihre Beteiligung an OG. Ist der bei OT bestehende aktive Ausgleichsposten aufzulösen?

a) Veräußerung der Beteiligung an der Zwischengesellschaft durch den Organträger

Ein Ausgleichsposten ist aufzulösen, wenn der Organträger die Beteiligung an der Zwischengesellschaft veräußert.[647] In diesem Fall liegt eine „mittelbare" Veräußerung der Organbeteiligung vor, so dass der Tatbestand des § 14 Abs. 4 Satz 2 KStG erfüllt ist.[648] Der Aufwand oder Ertrag aus der Auflösung der Ausgleichsposten vermindert oder erhöht den Gewinn des Organträgers aus der Veräußerung der Beteiligung an der Zwischengesellschaft.[649] Nach § 14 Abs. 4 Satz 4 KStG sind § 3 Nr. 40, § 3c Abs. 2 EStG und § 8b KStG anwendbar.[650] Da bei der mittelbaren Organschaft eine Verbindung zwischen dem Ausgleichsposten und der Beteiligung des Organträgers an der Zwischengesellschaft besteht, folgt die Besteuerung des Aufwands oder Ertrags aus der Auflösung des Postens m.E. der Besteuerung des Gewinns aus der Veräußerung der Beteiligung an der Zwischengesellschaft.

b) Veräußerung der Beteiligung an der Organgesellschaft durch die Zwischengesellschaft

Fraglich ist, ob ein Ausgleichsposten auch aufzulösen ist, wenn die Zwischengesellschaft ihre Beteiligung an der Organgesellschaft veräußert. Die gleiche Frage stellt sich, wenn mehrere Zwischengesellschaften „in Kette" bestehen und die Ober-Zwischengesellschaft ihre Beteiligung an der Unter-Zwischengesellschaft veräußert. Nach einer in der Literatur vertretenen Auffassung besteht kein überzeugender Grund für die Auflösung.[651] Die Veräußerung der Organbeteiligung führe lediglich zu einer Verlagerung der Reserven oder Lasten der Organgesellschaft, die Grund für die Bildung der Ausgleichsposten waren. Die Zwischengesellschaft realisiere nämlich einen höheren oder niedrigeren Veräußerungserlös für die Beteiligung an der Organgesellschaft in Folge der vorangegangenen Minder- oder Mehrabführung. Aus Sicht des Organträgers seien die Reserven oder Lasten nach wie vor im Beteiligungsstrang

---

647 *Breier*, Der Konzern 2011, 11, 23; *Dötsch/Witt*, in Dötsch/Jost/Pung/Witt, KStG, § 14 Rn. 541; *Erle/Heurung*, in Erle/Sauter, KStG, § 14 Rn. 585; *Frotscher*, in Frotscher/Maas, KStG, § 14 Rn. 332; *Steffen Neumann*, Ubg 2010, 673, 681.

648 *Heurung/Seidel*, Der Konzern 2009, 400, 407.

649 So wohl auch *Heurung/Seidel*, Der Konzern 2009, 400, 407.

650 So wohl auch *Heurung/Seidel*, Der Konzern 2009, 400, 407.

651 *Breier*, Der Konzern 2011, 11, 24; *Dötsch/Witt*, in Dötsch/Jost/Pung/Witt, KStG, § 14 Rn. 539.

vorhanden, nunmehr auf Ebene der Zwischengesellschaft und nicht mehr auf Ebene der Organgesellschaft. Nach dieser Auffassung entfaltet die Zwischengesellschaft eine „Abschirmwirkung" für Zwecke des § 14 Abs. 4 KStG.[652] Danach bleibt der Ausgleichsposten in Beispiel 39 bestehen. Eine Auflösung erfolgt erst bei Veräußerung der Beteiligung an der Zwischengesellschaft.

Nach einer anderen Auffassung ist ein Ausgleichsposten auch aufzulösen, wenn die Zwischengesellschaft ihre Beteiligung an der Organgesellschaft veräußert.[653] Der Aufwand oder Ertrag aus der Auflösung des Ausgleichspostens auf Ebene des Organträgers korrigiert – zeitlich vorher – einen Gewinn aus der Veräußerung der Beteiligung an der Zwischengesellschaft. Die Tatsache, dass sich in Folge der Minder- oder Mehrabführung der Organgesellschaft auch auf Ebene der Zwischengesellschaft ein erhöhter oder verminderter Veräußerungsgewinn (bzw. -verlust) ergibt, sei unbeachtlich. Die Zwischengesellschaft sei nicht Gegenstand des Organkreises.[654] Danach ist der in Beispiel 39 bestehende aktive Ausgleichsposten aufzulösen.

Ein Ausgleichsposten ist m.E. mit Blick auf den Wortlaut des § 14 Abs. 4 Satz 2 KStG bei Veräußerung der Organbeteiligung durch die Zwischengesellschaft aufzulösen. Bei einer Veräußerung der Organbeteiligung durch die Zwischengesellschaft liegt aus Sicht des Organträgers eine mittelbare Veräußerung vor. Nach § 14 Abs. 4 Satz 2 KStG sind Ausgleichsposten aufzulösen, wenn die Organgesellschaft veräußert wird. Das Gesetz setzt keine „unmittelbare" Veräußerung durch den Organträger voraus. Entscheidend ist, dass die Organbeteiligung veräußert wird. Somit kann auch eine Veräußerung durch die Zwischengesellschaft tatbestandsmäßig sein. Nach dem Wortlaut des § 14 Abs. 4 Satz 4 KStG wäre bei Auflösung eines aktiven Ausgleichspostens § 8b Abs. 3 Satz 3 KStG anzuwenden.[655] Dem steht m.E. nicht entgegen, dass auf Ebene des Organträgers eine Beteiligungsveräußerung nicht vorliegt. Der Aufwand aus der Auflösung des aktiven Ausgleichspostens steht – zeitlich vorgezogen – „im Zusammenhang" mit einer Veräußerung des Anteils an der Zwischengesellschaft. Hervorzuheben ist, dass diese Auffassung im Ergebnis zur Anwendung der Bruttomethode führen kann. Eine Anwendung der Nettomethode scheidet in diesem Fall mangels Veräußerung der Zwischengesellschaftsbeteiligung im Zeitpunkt der Auflösung des Ausgleichspostens aus.

II. Einlagelösung und mittelbare Organschaft

Im Rahmen der Einlagelösung ist eine Minderabführung als Einlage durch den Organträger in die Organgesellschaft zu behandeln, eine Mehrabführung als Einlagen-

---

652 Zum Fall einer Veräußerung der Organbeteiligung von der Zwischengesellschaft an den Organträger, *Dötsch/Witt*, in Dötsch/Jost/Pung/Witt, KStG, § 14 Rn. 542.

653 *Frotscher*, in Frotscher/Maas, KStG, § 14 Rn. 332; *Heurung/Seidel*, Der Konzern 2009, 400, 406.

654 *Frotscher*, in Frotscher/Maas, KStG, § 14 Rn. 332.

655 *Heurung/Seidel* lehnen eine Anwednung von § 8b Abs. 3 Satz 3 KStG mangels Beteiligungsveräußerung ab, Der Konzern 2009, 400, 407.

rückgewähr. Nach den Einlagegrundsätzen führt eine fiktive Einlage des Organträgers in die Organgesellschaft dazu, dass der Buchwert der Beteiligung an der Zwischengesellschaft und der Buchwert an der Organbeteiligung erhöht werden. Die Transaktion wird also so behandelt, als hätte der Organträger im ersten Schritt eine Einlage in die Zwischengesellschaft und im zweiten Schritt die Zwischengesellschaft eine Einlage in die Organgesellschaft geleistet.[656] Entsprechend sind die steuerlichen Einlagekonten der Zwischengesellschaft und der Organgesellschaft zu erhöhen. Im Rahmen der Einlagelösung wird also auch die unmittelbare Beteiligung der Zwischengesellschaft an der Organgesellschaft berührt.

Beispiel 40: Mittelbare Organschaft und Einlagelösung

Die Minderabführung von OG in Beispiel 39 ist nach § 14 Abs. 4 Satz 1 KStG-Entwurf als Einlage des OT zu behandeln. Da OT nicht unmittelbar an OG beteiligt ist, liegt steuerlich im ersten Schritt eine Einlage in die Z-GmbH vor, im zweiten Schritt eine Einlage der Z-GmbH in OG. Dies führt dazu, dass sowohl der Buchwert der Beteiligung an Z-GmbH auf Ebene von OT als auch der Buchwert der Beteiligung an OG auf Ebene der Z-GmbH in Höhe von 10 zu erhöhen ist.

Eine Mehrabführung der Organgesellschaft gilt als fiktive Einlagenrückgewähr an den Organträger. Dies bedeutet, dass im ersten Schritt eine Einlagenrückgewähr der Organgesellschaft an die Zwischengesellschaft erfolgt und im zweiten Schritt eine Einlagenrückgewähr der Zwischengesellschaft an den Organträger. Der jeweilige Buchwert der Organbeteiligung wird gemindert. In Abhängigkeit von der Höhe des jeweiligen Buchwerts können sich Betriebseinnahmen ergeben. Bei einer Veräußerung der Beteiligung des Organträgers an der Zwischengesellschaft oder einer Veräußerung der Beteiligung der Zwischengesellschaft an der Organgesellschaft ergeben sich im Rahmen der Einlagelösung keine Besonderheiten, da Ausgleichsposten nicht bestehen. Die Veräußerung ist unter Zugrundelegen der jeweiligen Beteiligungsbuchwerte abzuwickeln.

III. Ausgleichsposten- und Einlagelösung können zu unterschiedlichen Ergebnissen führen

Im Fall einer mittelbaren Organschaft führen Ausgleichsposten- und Einlagelösung zu unterschiedlichen Ergebnissen. Nach der Ausgleichspostenlösung führt eine Minder- oder Mehrabführung – nach überwiegend vertretener Auffassung[657] – nicht zur Bildung von Ausgleichsposten auf Ebene der Zwischengesellschaft, d.h. der Buchwert der Beteiligung der Zwischengesellschaft an der Organgesellschaft wird nicht „korrigiert“. § 14 Abs. 4 KStG weicht insoweit von der Grundüberlegung ab, Minderabführungen als

656 Vgl. *Heurung/Seidel*, Der Konzern 2009, 400, 408.

657 *Dötsch/Witt*, in Dötsch/Jost/Pung/Witt, KStG, § 14 Rn. 515; *Frotscher*, in Frotscher/Maas, KStG, § 14 Rn. 331; *Heurung/Seidel,* Der Konzern 2009, 400, 405; so wohl auch *Haarmann*, in Jahrbuch der Fachanwälte für Steuerrecht 2008/2009, 253, 259; a.A. *Bosch*, in Preißer/Pung, C VI. Rn. 255.

Einlage des Organträgers und Mehrabführungen als Einlagenrückgewähr der Organgesellschaft zu behandeln. Der Formulierungsvorschlag von *Reiß* zu einer „großen Einlagelösung“ dürfte zu demselben Problem führen, da er eine Korrektur des Beteiligungsbuchwerts nur in der Steuerbilanz des Organträgers vorsieht. Dagegen führt die Einlagelösung zu einer –zutreffenden – Buchwertkorrektur auf Ebene der Zwischengesellschaft.

§ 14 Abs. 4 KStG kann im Fall einer mittelbaren Organschaft zu Verwerfungen führen. Insoweit besteht gesetzlicher Anpassungsbedarf.[658] Denkbar ist z.B., das Tatbestandsmerkmal „insbesondere“ in § 14 Abs. 4 Satz 1 KStG hinzuzufügen. Satz 1 würde dann wie folgt lauten: „Für Minder- und Mehrabführungen, die ihre Ursache in organschaftlicher Zeit haben, ist insbesondere in der Steuerbilanz des Organträgers ein besonderer aktiver oder passiver Ausgleichsposten als Zusatzposten zur Organbeteiligung zu bilden.“ Nach dieser Formulierung könnte ein Ausgleichsposten auch bei Zwischengesellschaften gebildet werden, so dass eine zutreffende Korrektur der Beteiligungsbuchwerte in der Beteiligungskette erfolgt.

D. Organschaftliche Minder- und Mehrabführungen bei mehrstöckiger Organschaft

Eine mehrstöckige Organschaft liegt vor, wenn ein Organträger an einer Organgesellschaft beteiligt ist und diese wiederum – als Organträger – an einer weiteren Organgesellschaft beteiligt ist (Organschaftskette: Mutter-Tochter-Enkel).

Beispiel 41: Mehrstöckige Organschaft und Ausgleichspostenlösung

OT ist an Tochter-OG beteiligt, es besteht eine Organschaft. Tochter-OG ist an Enkel-OG beteiligt, es besteht eine Organschaft. Die Tochter-OG ist OT der Enkel-OG. Enkel-OG bildet eine Drohverlustrückstellung, so dass der Jahresüberschuss 90 und der Steuerbilanzgewinn 100 beträgt. Es liegt eine organschaftliche Minderabführung von Enkel-OG an Tochter-OG vor. Tochter-OG bildet einen aktiven Ausgleichsposten in Höhe von 10. Der Jahresüberschuss der Tochter-OG beträgt auf Grund der Gewinnabführung von Enkel-OG 90, der Steuerbilanzgewinn beträgt – auf Grund der Bildung des aktiven Ausgleichspostens – 100. Es liegt eine organschaftliche Minderabführung von Tochter-OG an OT vor. OT bildet einen aktiven Ausgleichsposten in Höhe von 10.

I. Keine Besonderheiten im „Normalfall“

1. Ausgleichspostenlösung bei mehrstöckiger Organschaft

Nach einheitlicher Literaturauffassung erfolgt die Bildung und Auflösung von Ausgleichsposten in einer Organschaftskette im jeweiligen Verhältnis Organträger/Organgesellschaft. Eine Minder- oder Mehrabführung der Enkelgesellschaft führt zur Bildung

658 So auch *Steffen Neumann*, Ubg 2010, 673, 682.

eines Ausgleichspostens auf Ebene der Tochtergesellschaft, eine Minder- oder Mehrabführung der Tochtergesellschaft führt zur Bildung eines Ausgleichspostens auf Ebene der Muttergesellschaft. Diese Sichtweise ergibt sich auch aus § 14 Abs. 4 Satz 1 KStG. Die Vorschrift wird im jeweiligen Organschaftsverhältnis angewendet. Eine Minderabführung der Enkelgesellschaft wird im Ergebnis so behandelt, wie eine „gedachte" Einlage der Muttergesellschaft in die Tochtergesellschaft gefolgt von einer „gedachten" Einlage der Tochtergesellschaft in die Enkelgesellschaft. Statt den Buchwert der jeweiligen Organbeteiligung zu erhöhen, wird nach § 14 Abs. 4 Satz 1 KStG ein aktiver Ausgleichsposten gebildet. Dieser Posten ist m.E. ein Korrekturbetrag zum jeweiligen Beteiligungsbuchwert. Die Auflösung der entsprechenden Ausgleichsposten nach § 14 Abs. 4 Satz 2 bis 5 KStG erfolgt gleichfalls im jeweiligen Organschaftsverhältnis. Bei einer Veräußerung der Beteiligung an der Enkelgesellschaft durch die Tochtergesellschaft ist der bestehende Ausgleichsposten auf Ebene der Tochtergesellschaft aufzulösen. Der Ausgleichsposten auf Ebene der Muttergesellschaft bleibt unberührt. Er wird erst bei einer Veräußerung der Tochtergesellschaft durch die Muttergesellschaft aufgelöst.

2. Einlagelösung bei mehrstöckiger Organschaft

Nach der Einlagelösung ergeben sich im Fall einer mehrstöckigen Organschaft gleichfalls keine Besonderheiten. Im jeweiligen Organschaftsverhältnis liegt eine fiktive Einlage oder Einlagenrückgewähr vor. Eine Minderabführung der Enkelgesellschaft an die Tochtergesellschaft führt zu einer Erhöhung des Buchwerts der Beteiligung an der Enkelgesellschaft, eine Minderabführung der Tochtergesellschaft führt zur Erhöhung des Buchwerts der Beteiligung an der Tochtergesellschaft. Im Ergebnis ergeben sich dieselben Folgen wie bei der Ausgleichspostenlösung. Eine Korrektur der Buchwerte erfolgt auf jeder Beteiligungsstufe.

II. Ausgleichspostenlösung versagt im Einzelfall

Beispiel 42: Mehrstöckige Organschaft wird zu mittelbarer Organschaft[659]

OT ist an T-OG, diese wiederum ist an E-OG beteiligt. Zwischen OT und T-OG sowie zwischen T-OG und E-OG besteht eine Organschaft (mehrstöckige Organschaft). E-OG bildet eine Drohverlustrückstellung in Höhe von 10, so dass es zu einer organschaftlichen Minderabführung von E-OG an T-OG sowie von T-OG an OT kommt. Die steuerlichen Einlagekonten von E-OG und T-OG werden nach § 27 Abs. 6 KStG um jeweils 10 erhöht. Bei T-OG und bei OT wird nach § 14 Abs. 1 Satz 1 KStG jeweils ein aktiver Ausgleichsposten gebildet. Im Folgejahr werden beide Organschaften beendet, zwischen OT und E-OG wird eine mittelbare Organschaft begründet.

a) E-OG löst die Drohverlustrückstellung auf, so dass es zu einer gegenläufigen Mehrabführung kommt. Folge?

659 Nach *Dötsch*, in Dötsch/Jost/Pung/Witt, KStG, § 14 Rn. 513.

b) Im Folgejahr veräußert T die E-Beteiligung an einen fremden Dritten. Folge?

1. Ausgleichspostenlösung

a) Ebene der Muttergesellschaft und Ebene der Enkelgesellschaft

Die Auflösung der Drohverlustrückstellung auf Ebene der Enkelgesellschaft in Beispiel 42 führt zu einer Mehrabführung. Diese Mehrabführung ist aus Sicht des Organträgers in organschaftlicher Zeit verursacht, da zum Zeitpunkt der Ursache, also der Bildung der Drohverlustrückstellung, eine „durchgängige" Organschaft zwischen Mutter-, Tochter- und Enkelgesellschaft bestand. Es liegt also eine organschaftliche Mehrabführung der Enkelgesellschaft nach § 14 Abs. 4 Satz 1 KStG vor. Es handelt sich m.E. um eine originäre – normale – Mehrabführung; gegenläufige Mehrabführungen existieren nach § 14 Abs. 4 KStG nicht. Nach § 14 Abs. 4 Satz 1 KStG ist in der Steuerbilanz des Organträgers ein passiver Ausgleichsposten zu bilden. Dieser passive Ausgleichsposten ist mit dem aktiven Ausgleichsposten zu saldieren, so dass auf Ebene der Muttergesellschaft keine Ausgleichsposten bestehen. Dem entspricht das steuerliche Einlagekonto der Enkelgesellschaft, das Null ausweist (Minderabführung: +10; Mehrabführung: ./. 10).

b) Ebene der Tochtergesellschaft

Eine Mehrabführung der Enkelgesellschaft an die Muttergesellschaft im Rahmen der (neuen) mittelbaren Organschaft berührt die Ebene der Tochtergesellschaft nicht. Insbesondere sieht § 14 Abs. 4 Satz 1 KStG nicht die Bildung eines Ausgleichspostens bei der Tochtergesellschaft vor. Die Tochtergesellschaft ist nicht (mehr) Organträger der Enkelgesellschaft. In Beispiel 42 bleibt somit ein aktiver Ausgleichsposten auf Ebene der Tochtergesellschaft bestehen, der sich erst bei Veräußerung der Beteiligung an der Enkelgesellschaft durch die Tochtergesellschaft auflöst (Beispiel 42, b). In diesem Fall mindert sich der Veräußerungsgewinn der Tochtergesellschaft, obwohl kein „erhöhter" Veräußerungserlös erzielt wird. Die Enkelgesellschaft hat ihren „Mehrwert" in Form der bestehenden Drohverlustrückstellung nämlich an die Muttergesellschaft abgeführt.

Hervorzuheben ist, dass sich ein zutreffendes Ergebnis ergibt, wenn man die bisherige Auffassung von *Dötsch/Witt* zu Grunde legt. Nach dieser Auffassung wäre in Folge der Mehrabführung der Enkelgesellschaft im Rahmen der mittelbaren Organschaft auch auf Ebene der Tochtergesellschaft – als Zwischengesellschaft – ein passiver Ausgleichsposten zu bilden. Dieser Posten wäre nach m.E. mit dem aktiven Posten zu saldieren, so dass bei der Tochtergesellschaft – zutreffend – kein Ausgleichsposten mehr bestehen würde. § 14 Abs. 4 Satz 1 KStG sieht jedoch nur die Bildung von Ausgleichsposten in der Steuerbilanz des Organträgers vor. Insoweit widerspäche diese – im Ergebnis zutreffende – steuerliche Behandlung dem Gesetzeswortlaut. § 14 Abs. 4 KStG führt im skizzierten Fall somit zu einem unzutreffenden Ergebnis. Die skizzierte Auffassung von *Dötsch/Witt* wäre auch im Rahmen des

§ 14 Abs. 4 KStG anwendbar, wenn der Gesetzeswortlaut die Bildung eines Ausgleichspostens bei einer Zwischengesellschaft zulassen würde. Denkbar ist z.B., in § 14 Abs. 4 Satz 1 KStG das Tatbestandsmerkmal „insbesondere“ einzufügen. Dadurch wäre bestimmt, dass die Bildung eines Ausgleichspostens beim Organträger zwar der „Normalfall“ ist. Die Bildung eines Postens bei einer Zwischengesellschaft wäre nach Satz 1 jedoch zulässig.

2. Einlagelösung

Im Rahmen der Einlagelösung würden auf Ebene von Organträger und T-OG in Folge der Minderabführung keine aktiven Ausgleichsposten gebildet, sondern die Beteiligungsbuchwerte erhöht. Die nachfolgende Mehrabführung der Enkelgesellschaft würde – im ersten Schritt – wie eine Einlagenrückgewähr der Enkelgesellschaft an die Tochtergesellschaft und – im zweiten Schritt – wie eine Einlagenrückgewähr der Tochtergesellschaft an die Muttergesellschaft behandelt. Somit käme es auf Ebene des Organträgers zu einer Minderung des Buchwerts der T-Beteiligung und auf Ebene der Tochtergesellschaft zu einer Minderung der E-Beteiligung. Dieses Ergebnis wäre zutreffend.

III. Zusammenfassung

Eine mehrstöckige Organschaft führt im Grundsatz nicht zu Besonderheiten. Die jeweiligen Organschaftsverhältnisse sind im Rahmen der Ausgleichspostenlösung und der Einlagelösung jeweils gesondert zu behandeln.

Die Ausgleichspostenlösung kann jedoch zu unzutreffenden Ergebnissen führen, wenn die mehrstöckige Organschaftsstruktur zu einer mittelbaren Organschaft wird. Die Ursache des Problems ist, dass § 14 Abs. 4 Satz 1 KStG im Fall einer mittelbaren Organschaft keine Bildung von Ausgleichsposten auf Ebene der Zwischengesellschaft vorsieht. § 14 Abs. 4 Satz 1 KStG weicht insoweit von der Grundüberlegung ab, Minderabführungen als Einlage des Organträgers und Mehrabführungen als Einlagenrückgewähr der Organgesellschaft zu behandeln. Insoweit besteht gesetzlicher Ergänzungsbedarf bei der Ausgleichspostenlösung dahingehend, dass auch Ausgleichsposten bei Zwischengesellschaften zu bilden sind.

E. Nachträgliche rückwirkende Bildung von Ausgleichsposten im Rahmen einer Betriebsprüfung

Im Rahmen einer Betriebsprüfung kann es zu einer Änderung von Bilanzpositionen bei der Organgesellschaft kommen. Sofern sich eine Auswirkung auf das Einkommen ergibt, schlägt diese auf den Organträger durch. Der Organträger kann in diesem

Fall (rückwirkend) Ausgleichsposten bilden oder ändern.[660] Entsprechendes dürfte im Rahmen einer Einlagelösung gelten. Der Buchwert der Organbeteiligung ist im Fall einer Minderabführung entsprechend zu erhöhen (fiktive Einlage), im Fall einer Mehrabführung entsprechend zu mindern (fiktive Einlagenrückgewähr). Entsprechend wäre das steuerliche Einlagekonto der Organgesellschaft anzupassen. Insoweit ergibt sich kein Unterschied zwischen Ausgleichsposten- und Einlagelösung.

F. Ausgleichsposten und Teilwertabschreibung

Der Organträger kann seine Beteiligung an der Organgesellschaft auf den niedrigeren Teilwert abschreiben, wenn die gesetzlichen Voraussetzungen erfüllt sind (§ 6 Abs. 1 Nr. 2 Satz 2 EStG).[661] Eine Abschreibung ist nach Auffassung der Finanzverwaltung allerdings nicht deshalb gerechtfertigt, weil die Organgesellschaft ständig Verluste erwirtschaftet.[662] In Betracht kommt eine Abschreibung z.B. bei einem Beteiligungserwerb zu einem „überhöhten" Kaufpreis (z.B. unzutreffende Einschätzung der Geschäftsentwicklung)[663] oder wenn nach dem Erwerb unversteuerte stille Reserven bei der Organgesellschaft aufgedeckt und abgeführt werden.[664] Im Übrigen kann sich die Thematik Teilwertabschreibung und Ausgleichsposten auch in nachorganschaftlicher Zeit stellen. Bei Beendigung der Organschaft sind bestehende Ausgleichsposten nämlich nicht aufzulösen. Sofern nach Beendigung der Organschaft eine Teilwertabschreibung auf die Beteiligung an der (ehemaligen Organ-)Gesellschaft – nach allgemeinen Grundsätzen – erfolgt, stellt sich die Frage nach den Auswirkungen auf einen bestehenden Ausgleichsposten.

I. Ausgleichspostenlösung und Teilwertabschreibung

Fraglich ist, ob ein aktiver Ausgleichsposten Gegenstand einer Teilwertabschreibung sein kann. In diesem Zusammenhang stellt sich auch die Frage, ob und wie sich ein bestehender passiver Ausgleichsposten auswirkt.

Beispiel 43: Ausgleichsposten und Teilwertabschreibung

Der steuerliche Buchwert der Beteiligung der M-GmbH an der T-GmbH beträgt 1.000. In der Vergangenheit bestand eine Organschaft. Aus dieser Zeit resultiert ein aktiver Ausgleichsposten in Höhe von 100. Eine „gedankliche" Saldierung von Beteiligungsbuchwert und Aus-

---

660 *Dötsch/Witt*, in Dötsch/Jost/Pung/Witt, KStG, § 14 Rn. 520; vgl. auch BFH, Urteil vom 29.10.2008, I R 31/08, BFH/NV 2009, 790.

661 R 62 Abs. 3 Satz 1 KStR 2004; *Erle/Heurung*, in Erle/Sauter, KStG, § 14 Rn. 243; *Frotscher*, in Frotscher/Maas, KStG, § 14 Rn. 328; *Neumann*, in Gosch, KStG, § 14 Rn. 429.

662 R 62 Abs. 3 Satz 2 KStR 2004.

663 *Erle/Heurung*, in Erle/Sauter, KStG, § 14 Rn. 243; *Neumann*, in Gosch, KStG, § 14 Rn. 432, weiterhin zum Fall der „Fehlmaßnahme", Rn. 431; *Walter*, in Ernst & Young, KStG, § 14 Rn. 887.

664 *Erle/Heurung*, in Erle/Sauter, KStG, § 14 Rn. 243; *Frotscher*, in Frotscher/Maas, KStG, § 14 Rn. 328; *Neumann*, in Gosch, KStG, § 14 Rn. 433.

gleichsposten ergibt einen Buchwert von 1.100. Der Teilwert der Beteiligung an der T-GmbH soll 0 betragen. Kann M-GmbH eine Teilwertabschreibung (auch) auf den aktiven Ausgleichsposten vornehmen?

Für die Zeit vor Inkrafttreten von § 14 Abs. 4 KStG hat die Finanzverwaltung eine Teilwertabschreibung eines aktiven Ausgleichspostens – zumindest zeitweise[665] – abgelehnt.[666] Eine entsprechende Auffassung wurde auch in der Literatur vertreten.[667] Da Ausgleichsposten lediglich eine Bilanzierungshilfe darstellen, scheide eine Teilwertabschreibung aus. Ausgleichsposten sollen nur eine Doppel- bzw. Nichterfassung im Fall der Veräußerung der Organbeteiligung verhindern. Während der Dauer der Beteiligung sollen sie keine Wirkung entfalten. Die Entscheidung des Finanzgerichts Düsseldorf vom 24.08.1989 zur Verrechnung einer abführungsbedingten Teilwertabschreibung mit einem passiven Ausgleichsposten beantwortet die Rechtsfrage m.E. zwar nicht eindeutig.[668] Das Gericht stützt seine Entscheidung nämlich auf die fehlende Rechtsgrundlage zu passiven Ausgleichsposten. Die Tatsache, dass das Gericht eine Teilwertabschreibung in Höhe des Buchwerts der Organbeteiligung ohne vorherige „gedankliche" Saldierung mit dem passiven Ausgleichsposten zulässt, spricht jedoch gegen eine Berücksichtigung von Ausgleichsposten bei einer Teilwertabschreibung. Nach einer anderen Auffassung konnten Ausgleichsposten Gegenstand einer Teilwertabschreibung sein.[669] Nach dieser Auffassung handelt es sich bei Ausgleichsposten um eine Korrektur des Beteiligungsbuchwerts, so dass sie – quasi nach gedanklicher Saldierung mit dem Beteiligungsbuchwert – im Rahmen einer Abschreibung der Organbeteiligung berücksichtigt werden konnten.

Für die Zeit nach Inkrafttreten von § 14 Abs. 4 KStG werden im Schrifttum weiterhin beide Auffassungen vertreten: Eine in der Literatur vertretene Auffassung qualifiziert Ausgleichsposten als Bilanzierungshilfe in der Steuerbilanz und lehnt deshalb – konsequent – eine Teilwertabschreibung ab.[670] Ein Ausgleichsposten soll nur eine Doppel- bzw. Nichtbesteuerung im Fall der Veräußerung der Organbeteiligung vermeiden. Solange die Beteiligung bestehe, soll er keine Wirkung entfalten. Die Abschreibung eines aktiven Ausgleichspostens sei daher systemwidrig.[671] Dage-

665 Nach einem (alten) Erlass der Finanzbehörde Hamburg war eine Teilwertabschreibung zulässig, Erlass vom 13.06.1963, 53-S 2526a-88, DB 1963, 979.

666 Eine Teilwertabschreibung sollte nach Auffassung der OFD Münster, Düsseldorf und Köln nicht möglich sein, OFD Münster, Verfügung vom 13.06.1980, S-2770-86-St 13-31; OFD Düsseldorf, Verfügung vom 24.06.1980, S-2770 A-St 13 H; OFD Köln, Verfügung vom 30.06.1980, S-2770-3-St 132; alle Verfügungen aufgehoben zum 01.01.2005 wegen Zeitablaufs, OFD Düsseldorf, Verfügung vom 13.06.2005, S-1445 A-St 133, verfügbar bei Juris-Online.

667 *Danelsing*, in Blümich, KStG, § 14 Rn. 222; *Neumann*, in Gosch, KStG, § 14 Rn. 448 a.E.; *Schröder*, StBp 1975, 149, 150; offen gelassen *Erle*, in Erle/Sauter, 2. Auflage, KStG, § 14 Rn. 306.

668 FG Düsseldorf, Urteil vom 24.08.1989, 6 K 382/84, rkr., EFG 1990, 77, 78.

669 Finanzbehörde Hamburg, Erlass vom 13.06.1963, 53-S 2526a-88, DB 1963, 979; *Brezing*, DB 1976, 1030, 1031; *Frotscher, Der Konzern 2007, 34, 40.*

670 *Breier*, Der Konzern 2011, 11, 20; *Frotscher*, in Frotscher/Maas, KStG, § 14 Rn. 311a; *Neumann*, in Gosch, KStG, § 14 Rn. 448 a.E.; *Jochen Thiel*, in FS Lang, 755, 773.

671 *Frotscher*, in Frotscher/Maas, KStG, § 14 Rn. 311a.

gen gehen *Dötsch/Witt* von der Möglichkeit einer Teilwertabschreibung aus.[672] Ausgleichsposten seien Korrekturposten zum Buchwert der Organbeteiligung. Der gedankliche Beteiligungsbuchwert, der die Ausgleichsposten umfasst, könne abgeschrieben werden. Dieser Auffassung ist zuzustimmen, ein aktiver Ausgleichsposten kann – wie die Organbeteiligung – Gegenstand einer Teilwertabschreibung sein. Dies folgt aus seiner Rechtsnatur als Korrekturposten zum Beteiligungsbuchwert. Sofern neben dem aktiven Ausgleichsposten auch ein passiver Ausgleichsposten besteht, sind aktiver und passiver Ausgleichsposten „gedanklich“ (mit dem Beteiligungsbuchwert) zu saldieren. § 3 Nr. 40, § 3c Abs. 2 EStG bzw. § 8b KStG sind anzuwenden. In Beispiel 43 kann eine Teilwertabschreibung in Höhe von 1.100 vorgenommen werden.

In diesem Zusammenhang ist hervorzuheben, dass eine Teilwertabschreibung m.E. nicht dazu führt, dass Beteiligungsbuchwert und Ausgleichsposten miteinander „verschmelzen“. § 14 Abs. 4 Satz 1 KStG sieht eine getrennte bilanzielle Darstellung von Beteiligungsbuchwert und Ausgleichsposten vor. Im Rahmen einer Wertaufholung nach § 6 Abs. 1 Nr. 1 Satz 4 i.V.m. Nr. 2 Satz 3 EStG ist deshalb der Ausgleichsposten wieder neben dem Beteiligungsbuchwert anzusetzen.

II. Einlagelösung und Teilwertabschreibung

Im Rahmen der Einlagelösung ergeben sich keine Besonderheiten. Ein Ausgleichsposten besteht nicht, somit stellt sich die Rechtsfrage nicht.[673] Für die Abschreibung der Organbeteiligung gelten die allgemeinen Grundsätze.[674] In diesem Zusammenhang ist hervorzuheben, dass eine Minder- oder Mehrabführung – wie eine Einlage oder eine Einlagenrückgewähr – bei der Bestimmung des Buchwerts für eine Wertaufholung zu berücksichtigen ist. In Beispiel 43 würde der Buchwert der Beteiligung 1.100 betragen. Es könnte eine Teilwertabschreibung von 1.100 vorgenommen werden.

Zusammenfassend ist festzuhalten, dass eine Einlagelösung nicht einfacher als die Ausgleichspostenlösung ist, wenn man Ausgleichsposten als Korrekturposten zur Organbeteiligung betrachtet.

---

672 *Dötsch/Witt*, in Dötsch/Jost/Pung/Witt, KStG, § 14 Rn. 488; so auch *Erle/Heurung*, in Erle/Sauter, KStG, § 14 Rn. 525 und *Haarmann*, in Jahrbuch der Fachanwälte für Steuerrecht 2008/2009, 253, 257.

673 Vgl. *Dötsch*, DB 1993, 752, 755.

674 *Erle/Heurung*, in Erle/Sauter, KStG, § 14 Rn. 614.

G. Ausgleichsposten bei Auf- und Abstockung der Organbeteiligung

Ein Organträger kann seine Beteiligung an der Organgesellschaft durch Erwerb von Anteilen aufstocken. Veräußerer der Anteile kann ein außenstehender Gesellschafter oder die Organgesellschaft[675] selbst sein.

I. Auf- und Abstockung bei Ausgleichspostenlösung

Im Grundsatz ergeben sich keine Besonderheiten, d.h. bestehende Ausgleichsposten sind im Fall der Aufstockung fortzuführen.[676] Insbesondere enthält § 14 Abs. 4 KStG keine besondere Regelung.

1. Aufstockung der Organbeteiligung

Fraglich ist, ob bestehende Ausgleichsposten als Ausgleichsposten zu den Alt-Anteilen, zu den Neu-Anteilen oder zur aufgestockten Gesamtbeteiligung fortzuführen sind.

Beispiel 44: Ausgleichsposten und Aufstockung einer Organbeteiligung

OT ist zu 90 v.H. an OG beteiligt (steuerlicher Buchwert: 900; „Alt-Anteile"). Die restlichen Anteile hält ein Dritter. OG bildet im Jahr 01 eine Drohverlustrückstellung, so dass es zu einer Minderabführung kommt. OT bildet (anteilig) einen Ausgleichsposten in Höhe von 10. Im Jahr 03 erwirbt OT die restliche 10 v.H.-Beteiligung (Anschaffungskosten: 200; „Neu-Anteile").

Besteht der aktive Ausgleichsposten nach dem Erwerb der Neu-Anteile zu den Alt-Anteilen, den Neu-Anteilen oder zur Gesamtbeteiligung?

In der Literatur wird die Frage – soweit ersichtlich – nicht behandelt. Eine Auffassung, wonach ein organschaftlicher Ausgleichsposten an den Neu-Anteilen „haftet", dürfte nicht vertretbar sein. Die Neu-Anteile werden erst nach Bildung des Ausgleichspostens erworben, ein isolierter Zusammenhang zwischen Ausgleichsposten und Neu-Anteilen scheidet aus. In Betracht kommt lediglich, dass ein Ausgleichsposten zur Gesamtbeteiligung (Alt-Anteile und Neu-Anteile) oder isoliert zu den Alt-Anteilen besteht. Zwei Auffassungen sind denkbar.

a) Ausgleichsposten könnte zur Gesamtbeteiligung bestehen

Man könnte die Auffassung vertreten, dass ein Ausgleichsposten stets zur Gesamtbeteiligung an der Organgesellschaft besteht. Danach besteht kein Zusammenhang zwischen einem Ausgleichsposten und bestimmten Anteilen. Für diese Auffassung spricht, dass Ausgleichsposten kein Bestandteil des Buchwerts der Organbeteiligung

675 Veräußerung von (erworbenen) eigenen Anteilen durch die Organgesellschaft.

676 *Dötsch/Witt*, in Dötsch/Jost/Pung/Witt, KStG, § 14 Rn. 521.

sind. Zwar liegt auch der Ausgleichspostenlösung der Gedanke zu Grunde, organschaftliche Minder- und Mehrabführungen unter Heranziehen von Einlagegrundsätzen zu behandeln. Unter Berücksichtigung von § 14 Abs. 4 KStG, der eine Bildung von besonderen Ausgleichsposten bestimmt, liegt jedoch keine Einlage und keine Einlagenrückgewähr vor. Eine nachfolgende Aufstockung der Organbeteiligung wäre unbeachtlich. In Beispiel 44 würde der aktive Ausgleichsposten danach zur Gesamtbeteiligung bestehen.

b) Ausgleichsposten könnte zu Alt-Anteilen bestehen

Ein Ausgleichsposten ist m.E. ein Korrekturposten zum Buchwert der Organbeteiligung. Ein Ausgleichsposten „haftet" an den Anteilen, die der Organträger im Zeitpunkt der Bildung der Ausgleichsposten hält. Es erscheint vertretbar, dass ein späterer Hinzuerwerb von Anteilen (Neu-Anteile) hieran nichts ändert. Der Ausgleichsposten folgt den Alt-Anteilen als „Zusatzposten". Dieser Auffassung liegt der Gedanke zu Grunde, dass Anteile an einer Kapitalgesellschaft grundsätzlich selbstständige Wirtschaftsgüter bleiben.[677] Bei einer Teilveräußerung sind deshalb dem Veräußerungspreis die Anschaffungskosten der veräußerten Anteile gegenüberzustellen.[678] Voraussetzung hierfür ist jedoch, dass eine Identität der Anteile gegeben ist.[679] Bei GmbH-Anteilen kann die Identität der Anteile durch Bezugnahme auf den notariellen Erwerbsvorgang nachgewiesen werden. Bei Aktien ist dies z.B. durch Zuordnung von Stücknummern bzw. durch Verwahrung in einem gesonderten Depot möglich.[680] § 14 Abs. 4 Satz 4 KStG ordnet für die Besteuerung des Einkommens aus der Auflösung von Ausgleichsposten eine Anwendung von § 3 Nr. 40 EStG und § 8b KStG an. Die Grundsätze, die für die Veräußerung von Anteilen an Kapitalgesellschaften gelten, können insoweit auf die Auflösung von Ausgleichsposten übertragen werden. Bei einer Veräußerung von Anteilen an einer Kapitalgesellschaft bleiben die Anteile grundsätzlich selbstständig, d.h. es bleibt bei einer gesonderten steuerlichen Behandlung der Anteile. Denkbar ist z.B., dass sich eine Veräußerung von Anteilen z.T. nach § 8b Abs. 4 KStG a.F. richtet (einbringungsgeborene Anteile, § 21 UmwStG 1995), z.T. nach § 8b Abs. 2, Abs. 3 KStG. Entsprechendes dürfte nach § 14 Abs. 4 Satz 4 KStG für Ausgleichsposten gelten. In Beispiel 44 besteht der Ausgleichspos-

677 BFH, Urteil vom 10.10.1978, VIII R 126/75, BStBl. II 1979, 77, 78; Urteil vom 07.03.1995, VIII R 29/93, BStBl. 1995, 693, 695; Urteil vom 20.04.2004, VIII R 52/02, BStBl. II 2004, 556, 558; OFD Magdeburg, Vfg. vom 15.05.2006, S 2244 – 63 – St 214, DStR 2006, 1281, 1282. Im Übrigen ist der Tatbestand der „Veräußerung eines Anteils an einer Kapitalgesellschaft" in § 8b KStG und § 17 EStG identisch auszulegen, *Gosch*, in Gosch, KStG, § 8b Rn. 181; *Binnewies*, in Streck, KStG, § 8b Rn. 66; *Dötsch/Pung*, in Dötsch/Jost/Pung/Witt, KStG, § 8b Rn. 59.

678 *Weber-Grellet*, in Schmidt, EStG, § 17 Rn. 162.

679 *Frotscher*, in Frotscher/Maas, KStG, § 8b Rn. 53; OFD Magdeburg, Vfg. vom 15.05.2006, S 2244 – 63 – St 214, DStR 2006, 1281, 1282; BFH, Urteil vom 10.10.1978, VIII R 126/75, BStBl. II 1979, 77, 78; vgl. zur Rückausnahme in § 8b Abs. 4 Satz 2 Nr. 2 KStG a.F., BMF-Schreiben vom 05.01.2004, IV A 2-S 2750a-35/03, BStBl. I 2004, 44.

680 OFD Magdeburg, Verfügung vom 15.05.2006, S 2244 – 63 – St 214, DStR 2006, 1281, 1282.

ten danach zu den Alt-Anteilen. Eine praktische Auswirkung ergibt sich daraus zunächst nicht, erst bei einer späteren isolierten Veräußerung der Alt- oder Neu-Anteile ergeben sich Folgen.

2. Abstockung der Organbeteiligung

Der Organträger kann seine Beteiligung an der Organgesellschaft durch anteilige Veräußerung abstocken. Eine anteilige Veräußerung der Organbeteiligung soll zu einer anteiligen einkommenswirksamen Auflösung bestehender Ausgleichsposten nach § 14 Abs. 4 Satz 2 bis 5 KStG führen.[681] Fraglich ist, ob dies auch gilt, wenn die vom Organträger veräußerten Anteile erst nach Bildung eines Ausgleichspostens hinzuerworben worden sind (Veräußerung von Neu-Anteilen).

Zu Beispiel 44: Ausgleichsposten und Abstockung einer Organbeteiligung

Es wird an Beispiel 44 angeknüpft: Im Jahr 05 verkauft OT die Neu-Anteile für 250 an einen Dritten. Ist der aktive Ausgleichsposten anteilig aufzulösen?

Geht man davon aus, dass Ausgleichsposten isoliert neben der Organbeteiligung stehen bzw. der gesamten Beteiligung anhaften, könnte auch eine Veräußerung von Neu-Anteilen zur (anteiligen) einkommenswirksamen Auflösung von Ausgleichsposten führen. Der Tatbestand des § 14 Abs. 4 Satz 2 bis 5 KStG ist nach dieser Auffassung erfüllt. Bei der Auflösung wäre auf das Verhältnis der veräußerten Anteile zur Gesamtbeteiligung abzustellen. In Beispiel 44 wäre der aktive Ausgleichsposten in Höhe von 1/10 einkommenswirksam aufzulösen, der Veräußerungsgewinn würde somit 49 betragen (Veräußerungserlös 250 ./. Buchwert 200 ./. aktiver Ausgleichsposten 1[682]). Geht man – m.E. zutreffend – davon aus, dass Ausgleichsposten an den Anteilen haften können, die im Zeitpunkt ihrer Bildung vom Organträger gehalten wurden (Alt-Anteile), so sind bestehende Ausgleichsposten bei einer Veräußerung von Neu-Anteilen nicht einkommenswirksam aufzulösen. Voraussetzung ist, dass die Neu-Anteile identifizierbar sind. In Beispiel 44 müßte der aktive Ausgleichsposten somit nicht aufgelöst werden. Der Veräußerungsgewinn würde somit 50 betragen (Veräußerungserlös 250 ./. Buchwert 200).

II. Auf- und Abstockung bei Einlagelösung

Im Rahmen einer Einlagelösung dürften sich im Fall einer Auf- oder Abstockung der Organbeteiligung keine Besonderheiten ergeben. Eine organschaftliche Minder- oder Mehrabführung gilt als Einlage oder Einlagenrückgewähr. Der Buchwert der Anteile an der Organgesellschaft, die der Organträger zum Zeitpunkt der Minder- oder Mehrabführung hält (Alt-Anteile), ist zu erhöhen bzw. zu mindern. Sofern in der

681 *Dötsch/Witt*, in Dötsch/Jost/Pung/Witt, KStG, § 14 Rn. 521; *Erle/Heurung*, in Erle/Sauter, KStG, § 14 Rn. 609; *Frotscher*, in Frotscher/Maas, KStG, § 14 Rn. 335.

682 1/10 vom aktiven Ausgleichsposten in Höhe von 10.

Folgezeit weitere identifizierbare Anteile an der Organgesellschaft hinzuerworben werden (Neu-Anteile), dürfte es nicht zu einem „Überspringen" von Buchwert auf die Neu-Anteile kommen. § 14 Abs. 4 KStG-Entwurf enthält hierfür keine Rechtsgrundlage. In Beispiel 44 erhöht die Minderabführung somit den Buchwert der Alt-Anteile, der Buchwert der Neu-Anteile wird nicht berührt. Im Fall der Abstockung ergeben sich gleichfalls keine Besonderheiten. Werden die identifizierbaren Neu-Anteile veräußert, ist bei der Ermittlung des Veräußerunsgewinns der Buchwert der Neu-Anteile zu Grunde zu legen. In Beispiel 44 ergäbe sich ein Veräußerungsgewinn in Höhe von 50 (Veräußerunsgerlös 250 ./. Buchwert 200).

Die Einlagelösung führt somit zu einem anderen Ergebnis, wenn man eine Identifizierung von Ausgleichsposten, also eine Zuordnung zu bestimmten Anteilen, ablehnt. Geht man dagegen – m.E. zutreffend – davon aus, dass Ausgleichsposten eine Korrektur bestimmter Anteile der Organbeteiligung sein können, ergibt sich nach der Ausgleichspostenlösung kein anderes Ergebnis als nach der Einlagelösung.

H. Veräußerung der Organbeteiligung und Erwerb eigener Anteile

I. Veräußerung der Organbeteiligung an einen Dritten

Die Veräußerung der Beteiligung an der Organgesellschaft durch den Organträger ist in § 14 Abs. 4 Satz 2 bis 4 KStG geregelt. Bestehende Ausgleichsposten sind einkommenswirksam aufzulösen, § 3 Nr. 40, § 3c EStG und § 8b KStG finden nach § 14 Abs. 4 Satz 4 KStG Anwendung. Entsprechendes gilt m.E. auch, wenn der Gesellschafter einer Organträger-Personengesellschaft seinen Anteil an der Personengesellschaft veräußert. In diesem Fall ist ein Ausgleichsposten (ggf. anteilig) aufzulösen. Im Rahmen der Einlagelösung ergeben sich keine Besonderheiten. Insbesondere ist der Fall der Veräußerung der Organbeteiligung nicht besonders gesetzlich geregelt.

II. Erwerb eigener Anteile durch die Organgesellschaft

1. Ausgleichspostenlösung

Fraglich ist, ob Ausgleichsposten auch anteilig aufzulösen sind, wenn der Organträger Anteile an die Organgesellschaft veräußert. Es handelt sich aus Sicht der Organgesellschaft um einen Erwerb eigener Anteile.[683]

683 Zum Erwerb eigener Anteile, *Früchtl/Fischer*, DStZ 2009, 112; *Kütting/Reuter*, StuB 2008, 495; *Mayer*, Ubg 2008, 779; *Prinz/von Freeden*, FR 2005, 533.

Beispiel 45: Anteilige Veräußerung der Organbeteiligung an die Organgesellschaft

OT ist zu 100 v.H. an OG beteiligt. Bei OT besteht ein passiver Ausgleichsposten in Höhe von 100. OT veräußert 10 v.H. seiner Organbeteiligung an OG. Ist der passive Ausgleichsposten anteilig aufzulösen?

a) Veräußerung bei zivilrechtlicher Betrachtung

Nach dem Wortlaut des § 14 Abs. 4 Satz 2 KStG wären Ausgleichsposten bei einer Veräußerung von Anteilen an die Organgesellschaft aufzulösen. Ein Erwerb eigener Anteile durch die Organgesellschaft ist aus Sicht des Organträgers – zivilrechtlich – eine (anteilige) Anteilsveräußerung. Die Darstellung für Handels- oder Steuerbilanzzwecke auf Ebene der Organgesellschaft nach Erwerb der Anteile ist unbeachtlich. Ohne Bedeutung ist danach auch, ob die eigenen Anteile von der Organgesellschaft zur Einziehung erworben worden sind. Geht man davon aus, dass Ausgleichsposten im Fall einer anteiligen Veräußerung der Organbeteiligung anteilig aufzulösen sind, so wäre ein bestehender Ausgleichsposten in Beispiel 45 anteilig aufzulösen.

b) Keine Veräußerung bei wirtschaftlicher Betrachtung

Unter Berücksichtigung des Zwecks von § 14 Abs. 4 KStG liegt keine Veräußerung vor, wenn sich die prozentuale Beteiligung des Organträgers am Nennkapital der Organbeteiligung – wie in Beispiel 45 – nicht ändert, wobei die eigenen Anteile der Organgesellschaft nicht zu berücksichtigen sind. § 14 Abs. 4 KStG dient der Vermeidung der Doppelbesteuerung bzw. der Sicherstellung der Einmalbesteuerung im Organkreis. Dieses Ziel wird dadurch erreicht, dass die im Zeitpunkt der Minder- oder Mehrabführung gebildeten Ausgleichsposten bei Veräußerung der Organbeteiligung einkommenswirksam aufgelöst werden. Eine anteilige Veräußerung der Organbeteiligung soll zu einer anteiligen Auflösung eines bestehenden Ausgleichspostens führen.[684] Bei dem skizzierten Erwerb eigener Anteile erfolgt bei wirtschaftlicher Betrachtung keine Veränderung der Beteiligungsverhältnisse. Der Organträger ist in Beispiel 45 vor und nach der Transaktion zu 100 v.H. am Nennkapital der Organgesellschaft beteiligt. Aus wirtschaftlicher Sicht stellt die Transaktion vielmehr eine Auskehrung von Rücklagen durch die Organgesellschaft dar.[685] Vor und nach der Transaktion wird der Jahresüberschuss der Organgesellschaft vollumfänglich an den Organträger abgeführt, das Einkommen der Organgesellschaft wird vollumfänglich dem Organträger zugerechnet. Eine Veräußerung von Anteilen an die Organgesellschaft ist somit nicht vergleichbar mit einer Veräußerung an einen Dritten. Bei wirtschaftlicher Betrachtung liegt keine (anteilige) Veräußerung der Organbeteiligung nach § 14 Abs. 4 Satz 2 KStG vor. Danach ist der organschaftliche Ausgleichsposten

---

684 *Dötsch/Witt*, in Dötsch/Jost/Pung/Witt, KStG, § 14 Rn. 521; *Frotscher*, in Frotscher/Maas, KStG, § 14 Rn. 335.

685 *Früchtl/Fischer*, DStZ 2009, 112, 115; *Mayer*, Ubg 2008, 779, 781; *Küting/Reuter*, StuB 2008, 495, 496; *dies.*, BB 2008, 658; *Rodewald/Pohl*, GmbHR 2009, 32, 34; *Hoppen/Husemann/Schmidt*, Das neue HGB-Bilanzrecht, 118 Rn. 5.

in Beispiel 45 nicht einkommenswirksam aufzulösen. Kommt es nach dem Erwerb der eigenen Anteile durch die Organgesellschaft zu einer gegenläufigen Minderabführung, so ist der passive Ausgleichsposten einkommensneutral aufzulösen. Veräußert der Organträger seine (restliche) Organbeteiligung – vor gegenläufiger Minderabführung – an einen Dritten, so ist der passive Ausgleichsposten einkommenswirksam aufzulösen. Das Ziel des § 14 Abs. 4 KStG, eine Doppelbesteuerung im Organkreis zu vermeiden bzw. eine Einmalbesteuerung sicherzustellen, wird erreicht.

Veräußert die Organgesellschaft die eigenen Anteile später an einen Dritten, besteht auch bei wirtschaftlicher Betrachtung nur noch eine anteilige Beteiligung des Organträgers am Nennkapital der Organgesellschaft. In diesem Zeitpunkt wäre der in Beispiel 45 bestehende passive Ausgleichsposten anteilig aufzulösen. § 14 Abs. 4 Satz 2 KStG erfasst auch eine mittelbare Veräußerung von Anteilen durch den Organträger.

2. Einlagelösung

Im Rahmen einer Einlagelösung ergeben sich keine Besonderheiten. Die Transaktion ist – wie im Nichtorganschaftsfall – zu behandeln. Die Veräußerung von Anteilen an der Organgesellschaft ist beim Organträger als Veräußerung zu behandeln. Sofern eine organschaftliche Minder- oder Mehrabführung den Buchwert der Organbeteiligung erhöht oder gemindert hat, kommt es auch insoweit zu einem Veräußerungsgewinn oder -verlust. Ein Ansatzpunkt für eine teleologische Reduktion des § 14 Abs. 4 KStG-Entwurf besteht nicht. Die Einlagelösung könnte – in Abhängigkeit von der steuerlichen Behandlung des Erwerbs eigener Anteile für Zwecke des § 14 Abs. 4 KStG – insoweit zu einem anderen Ergebnis als die Ausgleichspostenlösung führen.

I. Umwandlung des Organträgers oder der Organgesellschaft

Im Zusammenhang mit einer Umwandlung des Organträgers oder der Organgesellschaft stellt sich die Frage nach den Auswirkungen auf bestehende Ausgleichsposten. Im Folgenden wird zwischen einer Umwandlung auf Ebene des Organträgers und einer Umwandlung auf Ebene der Organgesellschaft unterschieden.

I. Umwandlung auf Ebene des Organträgers

Eine Umwandlung auf Ebene des Organträgers kann in Form einer Verschmelzung, einer Spaltung oder eines Formwechsels des Organträgers sowie in Form einer Einbringung der Organbeteiligung vorliegen.

1. Verschmelzung des Organträgers

Der Organträger kann nach den Vorschriften des UmwG auf einen anderen Rechtsträger verschmolzen werden. Bei Vorliegen der Voraussetzungen des UmwStG kann die Verschmelzung unter Ansatz der Buchwerte erfolgen. Die Verschmelzung des Organträgers auf einen anderen Rechtsträger (Kapital-, Personengesellschaft) unter Buchwertansatz nach §§ 3 ff., 11 ff., 20, 24 UmwStG hat keine Auswirkungen auf bestehende Ausgleichsposten.[686] Der Rechtsnachfolger führt die Ausgleichsposten fort. Unbeachtlich ist, ob der Rechtsnachfolger die Organschaft fortsetzt. Der Vollständigkeit halber ist hervorzuheben, dass bei Ansatz der gemeinen Werte bestehende Ausgleichsposten einkommenswirksam im Rahmen der Ermittlung des Übertragungsgewinns aufzulösen sind.[687] Es liegt ein einer Veräußerung gleichgestellter Sachverhalt nach § 14 Abs. 4 Satz 5 KStG vor. Die Einlagelösung führt – mangels Ausgleichsposten – zu keinen Besonderheiten. Auf Ebene des Organträgers besteht lediglich eine Beteiligung an der Organgesellschaft. Für die steuerliche Behandlung der Beteiligung gelten die allgemeinen Grundsätze.

2. Spaltung des Organträgers

Der Organträger kann nach § 123 Abs. 1 UmwG aufgespalten, nach § 123 Abs. 2 UmwG kann Vermögen vom Organträger abgespalten werden. Unter den Voraussetzungen des § 15 UmwStG kann der steuerliche Buchwert angesetzt werden. Die Aufspaltung des Organträgers unter Ansatz steuerlicher Buchwerte führt nicht zur Auflösung eines bestehenden Ausgleichspostens.[688]

> **Beispiel 46:** Ausgleichsposten und Aufspaltung des Organträgers
>
> G ist zu 100 v.H. an OT beteiligt (Beteiligungsbuchwert 120). Das Vermögen von OT umfasst einen Teilbetrieb (gemeiner Wert 10, Buchwert 0) und eine 100 v.H.-Beteiligung an OG (gemeiner Wert 110, Buchwert 100). Zur Beteiligung an OG besteht ein aktiver Ausgleichsposten in Höhe von 10 (Ursache: Bildung Rücklage). OT wird aufgespalten in A-GmbH (Übernahme Teilbetrieb) und B-GmbH (Übernahme Organbeteiligung). Das Verhältnis der gemeinen Werte beträgt 10 zu 110, der „Spaltungsschlüssel“ also 1 zu 11.[689] Wie ist der aktive Ausgleichsposten zu behandeln?

Nach einer in der Literatur vertretenen Auffassung sollen die Ausgleichsposten bei dem Rechtsträger fortgeführt werden, dem auch die entsprechende Beteiligung an der

---

686 *Dötsch,* in Dötsch/Jost/Pung/Witt, KStG, Anh UmwStG (SEStEG) Rn. 58; *ders.*, Ubg 2008, 117, 122; *ders.*, in FS Widmann, 265, 276 ff.; *Erle/Heurung*, in Erle/Sauter, KStG, § 14 Rn. 481; *Frotscher*, in Frotscher/Maas, KStG, § 14 Rn. 336; *Herlinghaus,* in Rödder/Herlinghaus/van Lishaut, UmwStG, Anh. 3 Rn. 69; *Vogel*, Ubg 2010, 618, 623.

687 *Dötsch*, Ubg 2008, 117, 122; *Widmann,* in Widmann/Mayer, UmwStG, § 4 Rn. 131.

688 *Dötsch,* in Dötsch/Jost/Pung/Witt, KStG, Anh UmwStG (SEStEG) Rn. 59; *ders.*, in FS Widmann, 265, 279; *Herlinghaus,* in Rödder/Herlinghaus/van Lishaut, UmwStG, Anh. 3 Rn. 69.

689 Vgl. BMF-Schreiben vom 25.03.1998, IV B 7 – S 1978 – 21/98, IV B 2 – S 1909 – 33/98, BStBl. I 1998, 268, Tz. 15.51 und 15.42.

Organgesellschaft zugeordnet wird.[690] Eine Aufteilung nach dem Spaltungsschlüssel scheide aus.[691] Die Ausgleichsposten seien den neuen Beteiligungen so zuzuordnen, als hätte die neue Struktur von Anfang an so bestanden.[692] Diese Auffassung führt dazu, dass sich bei einer Fortsetzung der Organschaft ein bestehender Ausgleichsposten auflösen kann. Entsprechendes gelte für eine Abspaltung.[693] Bleibt die Organbeteiligung bei der Abspaltung zurück, sollen auch die Ausgleichsposten zurückbleiben.[694] In Beispiel 46 ist der aktive Ausgleichsposten von der B-GmbH fortzuführen. Die Aufteilung des Buchwerts der Beteiligung an OT erfolgt nach dem Spaltungsschlüssel. In Beispiel 46 beträgt der Buchwert der Beteiligung des G an A-GmbH 10 (1/12 von 120) und der Buchwert der Beteiligung an B-GmbH 110 (11/12 von 120).[695] Bei einer Spaltung unter Ansatz gemeiner Werte ist ein Ausgleichsposten einkommenswirksam aufzulösen.[696] Der Aufwand oder Ertrag ist m.E. – wie bei einer Veräußerung – Bestandteil des Gewinns aus der Aufdeckung der stillen Reserven der Organbeteiligung.

Die Einlagelösung führt zu keinen Besonderheiten. Mangels Ausgleichsposten folgt die Spaltung den allgemeinen Grundsätzen. In Beispiel 46 würden sich die gleichen Ergebnisse wie bei der Ausgleichspostenlösung ergeben.

3. Einbringung der Organbeteiligung

Der Organträger kann seine Organbeteiligung im Wege der Einzelrechts-[697] oder der Gesamtrechtsnachfolge[698] in eine andere Gesellschaft einbringen.

a) *Ausgleichspostenlösung*

aa) *Einbringung der Organbeteiligung in Kapitalgesellschaft gegen Gewährung von Gesellschaftsrechten*

Nach übereinstimmender Auffassung in der Literatur ist ein organschaftlicher Ausgleichsposten bei einer Einbringung der Organbeteiligung nach § 21 UmwStG nicht

690 *Dötsch,* in Dötsch/Jost/Pung/Witt, KStG, Anh UmwStG (SEStEG) Rn. 59; *ders.*, in FS Widmann, 265, 279; *Erle/Heurung*, in Erle/Sauter, KStG, § 14 Rn. 483; *Frotscher*, in Frotscher/Maas, KStG, § 14 Rn. 336; *Herlinghaus,* in Rödder/Herlinghaus/van Lishaut, UmwStG, Anh. 3 Rn. 69.

691 *Dötsch,* in Dötsch/Jost/Pung/Witt, KStG, Anh UmwStG (SEStEG) Rn. 59; *Vogel*, Ubg 2010, 618, 623.

692 *Dötsch,* in Dötsch/Jost/Pung/Witt, KStG, Anh UmwStG (SEStEG) Rn. 59.

693 *Dötsch,* in Dötsch/Jost/Pung/Witt, KStG, Anh UmwStG (SEStEG) Rn. 62.

694 *Dötsch,* in Dötsch/Jost/Pung/Witt, KStG, Anh UmwStG (SEStEG) Rn. 59.

695 Vgl. BMF-Schreiben vom 25.03.1998, IV B 7 – S 1978 – 21/98, IV B 2 – S 1909 – 33/98, BStBl. I 1998, 268, Tz. 15.51.

696 *Dötsch*, Ubg 2008, 117, 122, Beispiel 13.

697 Sacheinlage im Rahmen einer Kapitalerhöhung oder einer verdeckten Einlage.

698 Ausgliederung nach § 123 Abs. 3 UmwG.

einkommenswirksam aufzulösen, wenn der Buchwert angesetzt wird.[699] Die Einbringung wird also nicht als Veräußerung nach § 14 Abs. 4 Satz 2 KStG behandelt.[700] Bei der übernehmenden Gesellschaft ist die eingebrachte (Organ-)Beteiligung mit dem Buchwert und unter Berücksichtigung des Ausgleichspostens anzusetzen. Der Buchwert der erhaltenen (neuen) Anteile ermittelt sich gleichfalls unter Einbeziehung des bestehenden Ausgleichspostens. Unterschiedliche Auffassungen bestehen jedoch bei der bilanziellen Darstellung des Ausgleichspostens.

Beispiel 47: Einbringung der Organbeteiligung in Schwesterkapitalgesellschaft

OT ist zu jeweils 100 v.H. an T-GmbH (Beteiligungsbuchwert 10) und an OG (Beteiligungsbuchwert 100) beteiligt. Bei OT besteht ein passiver Ausgleichsposten zur OG-Beteiligung in Höhe von 120. OT bringt seine Organbeteiligung gegen Gewährung von Gesellschaftsrechten ertragsteuerneutral in T-GmbH ein (§ 21 UmwStG). Wie ist der passive Ausgleichsposten im Rahmen der Umwandlung zu behandeln?

Nach einer Auffassung bleibt der Ausgleichsposten unberührt.[701] Die übernehmende Gesellschaft übernimmt die Beteiligung ohne Ausgleichsposten. Nach einer weiteren Auffassung führt die Einbringung der Organbeteiligung zur vorherigen Verrechnung der Ausgleichsposten mit dem Buchwert der Organbeteiligung. Danach „vereinigen" sich Ausgleichsposten und Buchwert der Organbeteiligung bei der übernehmenden Gesellschaft.[702] Die Ausgleichsposten werden nicht mehr als solche fortgeführt. Der Buchwert der erhaltenen (neuen) Anteile entspricht dem Buchwert der (eingebrachten) Organbeteiligung nach Verrechnung mit dem Ausgleichsposten. Auf Ebene des Organträgers wird also kein Ausgleichsposten ausgewiesen. Danach ist in Beispiel 47 der Buchwert der Organbeteiligung (100) mit dem passiven Ausgleichsposten zu saldieren (120). Es ergäbe sich eine Betriebseinnahme in Höhe von 20, die unter Anwendung des Teileinkünfteverfahrens oder nach § 8b Abs. 2, Abs. 3 KStG besteuert würde. Der Buchwert der neuen Anteile würde 0 betragen, der Buchwert der alten Anteile an der T-GmbH – nach wie vor – 10. Selbst wenn man nach dieser Auffassung in Beispiel 47 eine Saldierung des passiven Ausgleichspostens unter Einbeziehung des Buchwerts der Beteiligung am übernehmenden Rechtsträger (T-GmbH) vornehmen würde, ergäbe sich noch eine Betriebseinnahme in Höhe von 10, der Buchwert der alten und der neuen Anteile würde jeweils 0 betragen.

---

699 *Dötsch,* in Dötsch/Jost/Pung/Witt, KStG, Anh UmwStG (SEStEG) Rn. 47; *ders.*, in FS Widmann, 265, 282; *Erle/Heurung*, in Erle/Sauter, KStG, § 14 Rn. 487 a.E.; *Frotscher*, in Frotscher/Maas, KStG, § 14 Rn. 339; *ders.*, Der Konzern 2007, 34, 43; *Herlinghaus,* in Rödder/Herlinghaus/van Lishaut, UmwStG, Anh. 3 Rn. 69; *Neumann*, in Gosch, KStG, § 14 Rn. 462.

700 *Dötsch/Pung* behandelten die Einbringung der Organbeteiligung unter Buchwertansatz als tauschähnlichen Vorgang, der zur einkommenswirksamen Auflösung eines Ausgleichsposten führt, in Der Konzern 2008, 150, 155, Beispiel 13. Zwischenzeitlich hat der Gesetzgeber im Rahmen des JStG 2009 in § 21 Abs. 1 UmwStG klargestellt, dass die Vorschrift auch für einen Anteilstausch nach § 21 Abs. 1 Satz 2 UmwStG gilt. Deshalb scheidet eine einkommenswirksame Auflösung der Ausgleichsposten nach § 14 Abs. 4 Satz 2 KStG aus.

701 *Breier*, Der Konzern 2011, 11, 20 mit Hinweis auf den Ausgleichsposten als Bilanzierungshilfe.

702 *Dötsch,* in Dötsch/Jost/Pung/Witt, KStG, Anh UmwStG (SEStEG) Rn. 47; *ders.*, in FS Widmann, 265, 282; *Erle*, in Erle/Sauter, KStG, 2. Auföahe, § 14 Rn. 332; *Vogel*, Ubg 2010, 618, 623.

Nach der von *Frotscher* vor Inkrafttreten des § 14 Abs. 4 KStG vertretenen Auffassung führt die Einbringung der Organbeteiligung zur Verdoppelung der Ausgleichsposten. Danach hat die übernehmende Gesellschaft Ausgleichsposten zur eingebrachten Organbeteiligung zu bilden, deren Höhe den Ausgleichsposten auf Ebene des Organträgers entspricht.[703] Darüber hinaus werden auf Ebene des Organträgers die Ausgleichsposten als Zusatzposten zu den erhaltenen (neuen) Anteilen fortgeführt. Eine Veräußerung der eingebrachten Organbeteiligung durch die übernehmende Gesellschaft führt zur einkommenswirksamen Auflösung der Ausgleichsposten auf Ebene der übernehmenden Gesellschaft, eine Veräußerung der erhaltenen Anteile führt zur Auflösung der Ausgleichsposten auf Ebene des Organträgers. Danach wäre in Beispiel 47 der Buchwert der neuen T-Anteile 100 und der Buchwert der alten T-Anteile 10. Zusätzlich wäre ein passiver Ausgleichsposten in Höhe von 120 anzusetzen. Bei der T-GmbH wäre die OG-Beteiligung mit dem Buchwert von 100 anzusetzen, zusätzlich wäre auch hier ein passiver Ausgleichsposten in Höhe von 120 auszuweisen. Hervorzuheben ist, dass die vorstehende Ansicht m.E. nicht im Widerspruch zur Behandlung einer organschaftlichen Minder- oder Mehrabführung bei einer mittelbaren Organschaft steht. *Frotscher* lehnt nach Inkrafttreten des § 14 Abs. 4 KStG zwar die Bildung von Ausgleichsposten bei der Zwischengesellschaft ab. Nach § 14 Abs. 4 Satz 1 KStG sind Ausgleichsposten nämlich nur in der Steuerbilanz des Organträgers zu bilden. § 14 Abs. 4 KStG regelt jedoch nicht die Fortführung von Ausgleichsposten. Geht man – m.E. zutreffend – davon aus, dass Ausgleichsposten als Korrekturposten des Buchwerts der Organbeteiligung dem Schicksal der Beteiligung folgen und insbesondere so zu behandeln sind, wie die Beteiligung selbst bzw. der Beteiligungsbuchwert, so bereitet eine Bildung des passiven Ausgleichspostens auf Ebene der T-GmbH in Beispiel 47 keine Probleme. Der Ausweis des passiven Ausgleichspostens auf Ebene der Zwischengesellschaft ist nämlich Folge einer Umwandlung, nicht Folge einer Minder- oder Mehrabführung nach § 14 Abs. 4 Satz 1 KStG.

M.E. kann eine Verrechnung des Ausgleichspostens – wie von *Dötsch* vorgeschlagen – mit dem Buchwert der Organbeteiligung nicht erfolgen. § 14 Abs. 4 KStG sieht eine solche Verrechnung mit dem Beteiligungsbuchwert nicht vor. Nach der Ausgleichspostenlösung führt eine überschießende Mehrabführung nicht zu einer Betriebseinnahme. Geht man davon aus, dass eine Einbringung unter Buchwertansatz zwingend eine Saldierung bestehender Ausgleichsposten mit dem Buchwert der Organbeteiligung zur Folge hat, könnte eine Einbringung zur Entstehung einer Betriebseinnahme führen. Dies widerspricht dem Wesen der Ausgleichspostenlösung. Der Ausgleichsposten folgt als Korrekturposten zum Beteiligungsbuchwert der Beteiligung an der Organgesellschaft, d.h. er ist nach der Einbringung – wie die Beteiligung an der Organgesellschaft – beim übernehmenden Rechtsträger auszuweisen.[704]

703 *Frotscher*, Der Konzern 2007, 34, 43; so auch *Neumann* für die Zeit nach Inkrafttreten von § 14 Abs. 4 KStG, in Gosch, KStG, § 14 Rn. 462.

704 So auch *Erle/Heurung*, in Erle/Sauter, KStG, § 14 Rn. 487; *Neumann, in Gosch*, KStG, § 14 Rn. 462.

Eine Auflösung des Ausgleichspostens erfolgt nach § 14 Abs. 4 Satz 2 und 5 KStG nur im Fall der Veräußerung der Organbeteiligung oder im Fall eines veräußerungsgleichen Sachverhalts. Eine Einbringung unter Buchwertansatz ist kein Anwendungsfall dieser Vorschrift. Im Übrigen steht dieser Auffassung auch § 14 Abs. 4 Satz 1 KStG nicht entgegen. Zwar ist danach ein Ausgleichsposten nur in der Steuerbilanz des Organträgers zu bilden. Jedoch ist eine Einbringung keine Bildung eines Ausgleichspostens in Folge einer organschaftlichen Minder- oder Mehrabführung nach § 14 Abs. 4 Satz 1 KStG. Die Bildung – bzw. die Fortführung – beim aufnehmenden Rechtsträger ist vielmehr Folge der Einbringung. In Beispiel 47 beträgt der „gedankliche" Buchwert der Organbeteiligung vor Einbringung ./. 20 (Beteiligungsbuchwert 100 ./. passiver Ausgleichsposten 120), der tatsächliche Buchwert 100. Diesem Wert entspricht der Buchwert der im Rahmen der Einbringung zu gewährenden neuen Anteile, wobei der passive Ausgleichsposten in der Bilanz des Organträgers fortzuführen ist (Buchwert neue Anteile 100, passiver Ausgleichsposten 120). Der übernehmende Rechtsträger, also die T-GmbH, aktiviert die Beteiligung an der Organgesellschaft mit dem Buchwert von 100 und weist zusätzlich einen passiven Ausgleichsposten in Höhe von 120 aus.

bb) Einbringung der Organbeteiligung in Personengesellschaft

Bei einer Einbringung der Organbeteiligung in eine Personengesellschaft zum Buchwert nach § 24 UmwStG[705] oder § 6 Abs. 5 EStG sind Ausgleichsposten nicht aufzulösen.[706] Die Ausgleichsposten folgen vielmehr – wie vorstehend für die Kapitalgesellschaft skizziert – der Beteiligung an der Organgesellschaft. Erst bei der Veräußerung der Organbeteiligung durch die Personengesellschaft oder der Veräußerung der Personengesellschaft durch den Einbringenden[707] sind die Ausgleichsposten aufzulösen.[708]

b) Einlagelösung

Die Einlagelösung wirft im Fall einer Einbrungung der Organbeteiligung keine Fragen auf, da Ausgleichsposten nicht existieren. Eine Mehrabführung der Organgesellschaft mindert den Buchwert der Organbeteiligung. Im Fall einer Einbringung ist der Beteiligungsbuchwert zu Grunde zu legen. In Beispiel 47 führt die Mehrabführung im Jahr ihrer Entstehung zu einer Betriebseinnahme des Organträgers in Höhe von 20, der Buchwert der Organbeteiligung beträgt nach der Mehrabführung 0. Einer Einbringung der Organbeteiligung wäre dieser Buchwert zu Grunde zu legen.

---

705 Organbeteiligung als Bestandteil eines Teilbetriebs.

706 *Erle/Heurung*, in Erle/Sauter, KStG, § 14 Rn. 481; *Frotscher*, in Frotscher/Maas, KStG, § 14 Rn. 340a.

707 Vgl. zur Auflösung von Ausgleichsposten bei Veräußerung von Anteilen an einer Organträger-Personengesellschaft, *Wacker*, in Schmidt, EStG, § 16 Rn. 161.

708 *Frotscher*, in Frotscher/Maas, KStG, § 14 Rn. 340a.

4. Formwechsel des Organträgers

Der Formwechsel des Organträgers in eine Personengesellschaft unter Buchwertansatz berührt die Ausgleichsposten nicht.[709] Dies gilt unabhängig davon, ob die Organschaft fortbesteht. Erfolgt der Formwechsel dagegen unter Ansatz der gemeinen Werte, sind die Ausgleichsposten aufzulösen. In diesem Fall liegt ein veräußerungsgleicher Sachverhalt nach § 14 Abs. 4 Satz 5 KStG vor. Die Einlagelösung führt – mangels Ausgleichsposten – zu keinen Besonderheiten.

II. Umwandlung auf Ebene der Organgesellschaft

Im Folgenden werden die Auswirkungen einer Verschmelzung und Spaltung der Organgesellschaft sowie der Einbringung eines Teilbetriebs in eine Tochtergesellschaft auf bestehende Ausgleichsposten dargestellt.

1. Verschmelzung der Organgesellschaft

Zu unterscheiden sind die Verschmelzung der Organgesellschaft auf eine Kapitalgesellschaft, auf eine Personengesellschaft und auf den Organträger.

a) Verschmelzung der Organgesellschaft auf eine Kapitalgesellschaft

Bei einer Verschmelzung der Organgesellschaft auf eine andere Kapitalgesellschaft unter Buchwertansatz bleiben die Ausgleichsposten beim Organträger nach übereinstimmend in der Literatur vertretener Auffassung zur Beteiligung am übernehmenden Rechtsträger bestehen.[710] Dabei spielt es keine Rolle, ob die übernehmende Kapitalgesellschaft Organgesellschaft ist.[711] Die Ausgleichsposten stellen nach der Verschmelzung einen Korrekturposten zur Beteiligung an der übernehmenden Gesellschaft dar.[712] Bei einer Veräußerung dieser Beteiligung sind sie in die Veräußerungsgewinnermittlung einzubeziehen.[713] Im Übrigen scheidet m.E. eine „Zusammenlegung", also eine Saldierung von Beteiligungsbuchwert und Ausgleichsposten, aus. § 14 Abs. 4 KStG sieht eine solche Saldierung nicht vor.[714] Eine Verschmelzung

709 *Erle/Heurung*, in Erle/Sauter, KStG, § 14 Rn. 481.

710 *Dötsch,* in Dötsch/Jost/Pung/Witt, KStG, Anh UmwStG (SEStEG) Rn. 62 und Rn. 65; *ders.*, Ubg 2008, 117, 122; *Erle/Heurung*, in Erle/Sauter, KStG, § 14 Rn. 484; *Frotscher*, in Frotscher/Maas, KStG, § 14 Rn. 338; *ders.*, Der Konzern 2007, 34, 43; *Herlinghaus,* in Rödder/Herlinghaus/van Lishaut, UmwStG, Anh. 3 Rn. 69; *Neumann*, in Gosch, KStG, § 14 Rn. 462; *Vogel*, Ubg 2010, 618, 624.

711 *Dötsch*, Ubg 2008, 117, 122; *Frotscher*, in Frotscher/Maas, KStG, § 14 Rn. 338.

712 Bilanzierungshilfe, *Frotscher*, in Frotscher/Maas, KStG, § 14 Rn. 338.

713 *Frotscher*, in Frotscher/Maas, KStG, § 14 Rn. 338.

714 So im Ergebnis auch *Dötsch,* in Dötsch/Jost/Pung/Witt, KStG, Anh UmwStG (SEStEG) Rn. 65 a.E.

unter Ansatz gemeiner Werte ist nach § 13 Abs. 1 UmwStG als Veräußerung der Organbeteiligung zu behandeln.[715] Die Ausgleichsposten sind in diesem Fall einkommenswirksam nach § 14 Abs. 4 Satz 2 oder Satz 5 KStG aufzulösen.

b) Verschmelzung der Organgesellschaft auf eine Personengesellschaft

Bei der Verschmelzung der Organgesellschaft auf eine Personengesellschaft sind nach § 14 Abs. 4 Satz 5 KStG bestehende Ausgleichsposten aufzulösen.[716] Dabei sind die Ausgleichsposten bei der Ermittlung des Übernahmeergebnisses nach § 4 Abs. 4 UmwStG zu berücksichtigen.[717] In diesem Zusammenhang hebt *Dötsch* hervor, dass eine Einbeziehung in die Ermittlung des Übernahmegewinns ausscheiden dürfte, sofern man einen Zusammenhang von Ausgleichsposten mit einer bestimmten Beteiligung verneint.[718] In diesem Fall kann ein bestehender Ausgleichsposten nämlich keinem bestimmten Übernahmeergebnis zugeordnet werden. Dem ist zuzustimmen. Ausgleichsposten sind m.E. allerdings stets zu einer bestimmten Organbeteiligung zu bilden. Dies folgt aus § 14 Abs. 4 Satz 2 KStG. Danach sind Ausgleichsposten bei Veräußerung der Organbeteiligung aufzulösen. Der Gesetzgeber geht also von einem Zusammenhang zwischen Ausgleichsposten und (einer bestimmten) Organbeteiligung aus. Eine Saldierung von Ausgleichsposten verschiedener Organbeteiligungen scheidet aus.

Das Vorstehende gilt bei einem Formwechsel der Organgesellschaft in eine Personengesellschaft entsprechend.

c) Verschmelzung der Organgesellschaft auf den Organträger

Bei einer Verschmelzung der Organgesellschaft auf den Organträger sind die Ausgleichsposten nach § 14 Abs. 4 Satz 5 KStG aufzulösen. Die Posten sind – wie der Beteiligungsbuchwert – in die Ermittlung des Übernahmeergebnisses einzubeziehen.[719] Dies bedeutet, dass sich im Fall einer 100 v.H.-Beteiligung des Organträgers an der Organgesellschaft das im Vermögen der Organgesellschaft vorhandene Mehr- oder Mindervermögen mit dem aktiven oder passiven Ausgleichsposten „aus-

715 *Dötsch,* in Dötsch/Jost/Pung/Witt, KStG, Anh UmwStG (SEStEG) Rn. 62 a.E.; *ders.*, Ubg 2008, 117, 122, Beispiel 13.

716 *Frotscher,* in Frotscher/Maas, KStG, § 14 Rn. 337.

717 *Dötsch,* in Dötsch/Jost/Pung/Witt, KStG, Anh UmwStG (SEStEG) Rn. 64; *ders.*, Ubg 2008, 117, 122; *ders.*, in FS Widmann, 265, 280; *ders.*, Ubg 2008, 117, 122; *Frotscher*, in Frotscher/Maas, KStG, § 14 Rn. 337; *ders.*, Der Konzern 2007, 34, 43; *Herlinghaus,* in Rödder/Herlinghaus/van Lishaut, UmwStG, Anh. 3 Rn. 69.

718 Unter Berücksichtigung von § 14 Abs. 4 KStG bezweifelt *Dötsch* einen Zusammenhang der Ausgleichsposten des Organträgers mit einer bestimmten Beteiligung, Ubg 2008, 117, 122.

719 *Dötsch,* in Dötsch/Jost/Pung/Witt, KStG, Anh UmwStG (SEStEG) Rn. 67; *ders.*, Ubg 2008, 117, 122, Beispiel 14; *ders.*, in FS Widmann, 265, 276 ff.; *Erle/Heurung*, in Erle/Sauter, KStG, § 14 Rn. 485; *Herlinghaus,* in Rödder/Herlinghaus/van Lishaut, UmwStG, Anh. 3 Rn. 69; *Vogel*, Ubg 2010, 618, 623.

gleicht".[720] Es ergeben sich insoweit keine steuerlichen Auswirkungen. Sofern der Organträger zu weniger als 100 v.H. an der Organgesellschaft beteiligt ist, sind Ausgleichsposten nach § 14 Abs. 4 Satz 1 KStG nur anteilig zu bilden. Eine nachfolgende Verschmelzung kann zur Entstehung eines Übernahmegewinns auf Ebene des Organträgers führen.[721]

Die Einlagelösung führt bei den skizzierten Transaktionen nicht zu Besonderheiten. Mangels bestehender Ausgleichsposten ergeben sich insoweit keine Zweifelsfragen.

2. Spaltung der Organgesellschaft

a) Ausgleichspostenlösung

Fraglich ist, wie ein bestehender Ausgleichsposten im Fall der Spaltung der Organgesellschaft zu behandeln ist.

Beispiel 48: Aufspaltung der Organgesellschaft und Ausgleichsposten[722]

OT ist an OG beteiligt (Beteiligungsbuchwert 100). Das Vermögen von OG besteht aus den Teilbetrieben A und B. Im Jahr 01 kommt es zu einer Minderabführung in Höhe von 10, OT bildet einen aktiven Ausgleichsposten in entsprechender Höhe, so dass der „gedankliche" Beteiligungsbuchwert der OG-Beteiligung 110 beträgt (Buchwert 100 + Ausgleichsposten 10). Die Ursache für die Minderabführung liegt im Teilbetrieb B. Im Jahr 02 wird OG ertragsteuerneutral aufgespalten in A-OG (gemeiner Wert: 900) und B-OG (gemeiner Wert: 100). Wie ist der aktive Ausgleichsposten im Rahmen der Umwandlung zu behandeln?

Ein Ausgleichsposten ist im Rahmen einer Spaltung der Organgesellschaft im Grundsatz nach dem Spaltungsschlüssel aufzuteilen.[723] Ein bei dem Organträger bestehender Ausgleichsposten wäre also wie der Beteiligungsbuchwert aufzuteilen. Entsprechend wäre bei einer Abspaltung zu verfahren. Danach wäre der aktive Ausgleichsposten in Beispiel 48 im Verhältnis des Spaltungsschlüssels 1:9 aufzuteilen. Nach der Aufspaltung beständen zwei aktive Ausgleichsposten, ein Posten zur Beteiligung an A-OG in Höhe von 9 (Beteiligungsbuchwert 90 + aktiver Ausgleichsposten 9) und ein Posten zur Beteiligung an B-OG in Höhe von 1 (Beteiligungsbuchwert 10 + aktiver Ausgleichsposten 1). Im Ergebnis erfolgt die Aufteilung des Ausgleichspostens so wie die Aufteilung des steuerlichen Einlagekontos der Organgesellschaft.[724]

---

720 *Vogel*, Ubg 2010, 618, 623.

721 *Dötsch,* in Dötsch/Jost/Pung/Witt, KStG, Anh UmwStG (SEStEG) Rn. 68; *ders.*, Ubg 2008, 117, 122; *Erle/Heurung*, in Erle/Sauter, KStG, § 14 Rn. 485; *Herlinghaus,* in Rödder/Herlinghaus/van Lishaut, UmwStG, Anh. 3 Rn. 69.

722 Angelehnt an *Dötsch,* in Dötsch/Jost/Pung/Witt, KStG, Anh UmwStG (SEStEG) Rn. 60, Beispiel 2.

723 *Dötsch,* in Dötsch/Jost/Pung/Witt, KStG, Anh UmwStG (SEStEG) Rn. 63; *Widmann*, in Widmann/Mayer, UmwStG, § 15 Rn. 828 ff.; so wohl auch *Erle/Heurung*, in Erle/Sauter, KStG, § 14 Rn. 486.

724 Vgl. dazu z.B. *Binnewies*, GmbH-StB 2003, 129, 132.

Das Einlagekonto der Organgesellschaft wird bei der Aufspaltung der Gesellschaft nach dem Spaltungsschlüssel aufgeteilt (§ 29 Abs. 3 Satz 1 KStG).[725]

M.E. kann der Ausgleichsposten in Beispiel 48 im Rahmen der Spaltung auch vollumfänglich der B-OG zugeordnet werden. Eine Aufteilung nach dem Spaltungsschlüssel ist nicht zwingend.[726] Ein organschaftlicher Ausgleichsposten ist m.E. zwar nicht identisch mit dem Beteiligungsbuchwert, d.h. er ist nicht Bestandteil der Organbeteiligung. Jedoch stellt er eine Korrektur des Beteiligungsbuchwerts dar. Der „gedankliche" Buchwert einer Beteiligung an einer Organgesellschaft besteht demnach aus dem Saldo von Beteiligungsbuchwert und Ausgleichsposten.

Zu Beispiel 48: Zuordnung des Ausgleichspostens bei Spaltung

Der steuerliche Buchwert der OG-Beteiligung in Beispiel 48 beträgt – vor Aufspaltung – 100. Es besteht ein aktiver Ausgleichsposten als Korrekturposten zum Buchwert in Höhe von 10. Der „gedankliche" Buchwert der OG-Beteiligung beträgt also 110. Dieser Buchwert ist unter Anwendung des Spaltungsschlüssels (gemeiner Wert Teilbetrieb A 900 zu gemeiner Wert Teilbetrieb B 100) aufzuteilen. Dabei kann der aktive Ausgleichsposten der Beteiligung der B-OG zugeordnet werden. Es ergibt sich folgende Aufteilung:

Beteiligung an A-OG: Buchwert 99 (entspricht 9/10 von 110)

Beteiligung an B-OG: Buchwert 1 + aktiver Ausgleichsposten 10 = 11 (entspricht 1/10 von 110)

Hervorzuheben ist, dass bei Zugrundelegen der vorstehenden Auffassung die Höhe des Ausgleichspostens zur Organbeteiligung (B-OG-Beteiligung) und die Höhe des steuerlichen Einlagekontos der Organgesellschaft (B-OG) voneinander abweichen. Die Aufteilung des steuerlichen Einlagekontos bei einer Spaltung erfolgt nämlich zwingend nach § 29 KStG. Diese Abweichung steht jedoch nicht in Widerspruch zu § 14 Abs. 4 KStG und § 27 Abs. 6 KStG. Insbesondere folgt aus § 14 Abs. 4 KStG keine zwingende Korrespondenz zwischen der Höhe eines Ausgleichspostens und der Höhe des steuerlichen Einlagekontos.

Eine Aufspaltung unter Ansatz der gemeinen Werte ist nach § 13 Abs. 1 UmwStG als Veräußerung der Organbeteiligung zu behandeln.[727] Bestehende Ausgleichsposten sind danach einkommenswirksam aufzulösen (§ 14 Abs. 4 Satz 2 KStG).

b) Einlagelösung

Bei der Einlagelösung ergeben sich im Fall einer Spaltung der Organgesellschaft keine Besonderheiten. Der Buchwert der Beteiligung an der Organgesellschaft ist nach dem Spaltungsschlüssel aufzuteilen.

---

725 Vgl. *van Lishaut*, in Rödder/Herlinghaus/van Lishaut, UmwStG, Anh. 2 Rn. 33.

726 So auch *Vogel*, Ubg 2010, 618, 624 ff.

727 *Dötsch*, in Dötsch/Jost/Pung/Witt, KStG, Anh UmwStG (SEStEG) Rn. 62 a.E.

Zu Beispiel 48: Aufspaltung der Organgesellschaft und Einlagelösung

Es wird an Beispiel 48 angeknüpft. Der steuerliche Buchwert der OG-Beteiligung – vor Aufspaltung – beträgt 100. In Folge der Minderabführung erhöht sich der Buchwert der OG-Beteiligung um 10 auf 110.[728] Dieser Buchwert ist im Rahmen der Spaltung unter Anwendung des Spaltungsschlüssels aufzuteilen. Es ergibt sich folgende Aufteilung:

Beteiligung an A-OG: 99 (entspricht 9/10 von 110)

Beteiligung an B-OG: 11 (entspricht 1/10 von 110)

Im Ergebnis entsprechen sich die Auswirkungen nach der Ausgleichspostenlösung und der Einlagelösung. Bildet man den Ausgleichsposten im Rahmen der Ausgleichspostenlösung – wie im vorstehenden Beispiel skizziert – vollumfänglich zu der Beteiligung am übernehmenden Rechtsträger, auf den die Ursache z.B. einer Minderabführung übergeht, führen Ausgleichsposten- und Einlagelösung auch bei der nachfolgenden gegenläufigen Mehrabführung zum selben Ergebnis. Im Rahmen der Ausgleichspostenlösung ist der aktive Ausgleichsposten einkommensneutral aufzulösen – bzw. nach meiner Ansicht mit einem zu bildenen passiven Ausgleichsposten zu saldieren –, so dass der gedankliche Buchwert auf 1 gemindert wird (Beteiligungsbuchwert 1 + aktiver Ausgleichsposten 10 ./. Auflösung aktiver Ausgleichsposten 10). Im Rahmen der Einlagelösung würde der Buchwert in Folge der gegenläufigen Mehrabführung gleichfalls auf 1 gemindert (Beteiligungsbuchwert 11 ./. Mehrabführung 10).

3. Einbringung eines Teilbetriebs

Die Einbringung eines Teilbetriebs der Organgesellschaft in eine Tochtergesellschaft nach § 20 UmwStG oder § 24 UmwStG berührt einen beim Organträger bestehenden Ausgleichsposten grundsätzlich nicht.[729] Dabei kommt es nicht darauf an, ob die Einbringung unter Ansatz der Buchwerte oder der gemeinen Werte erfolgt. Eine Ausnahme kann sich ergeben, wenn die Einbringung eine gegenläufige Mehr- oder Minderabführung auslöst.

Beispiel 49: Einbringung eines Teilbetriebs in Personengesellschaft

OT ist an OG beteiligt. Im Jahr 01 gliedert OG ihren Betrieb in eine Tochterpersonengesellschaft aus. Dabei werden handelsrechtlich Zeitwerte (Jahresüberschuss: 100), steuerlich Buchwerte angesetzt (§ 24 UmwStG). Es kommt zu einer Mehrabführung, beim OT ist ein Ausgleichsposten zu bilden. Im Jahr 03 gliedert OG ihre Beteiligung an der Tochter-Personengesellschaft in eine Tochter-Kapitalgesellschaft aus. Dabei werden in der Steuerbilanz der OG gemeine Werte angesetzt (Steuerbilanzgewinn: 100), ein handelsbilanzieller Gewinn ergibt sich nicht. Es kommt zu einer Minderabführung, die nach m.E. auf derselben Ursache beruht wie die vorangegangene Ausgliederung. Der aktive Ausgleichsposten ist aufzulösen.

728 Das steuerliche Einlagekonto der Organgesellschaft ist – in Folge der fiktiven Einlage – entsprechend zu erhhöhen.

729 Zu einer Einbringung in eine Schwester-Organgesellschaft, *Dötsch,* in Dötsch/Jost/Pung/Witt, KStG, Anh UmwStG (SEStEG) Rn. 66.

Die Einlagelösung führt – mangels Ausgleichsposten – nicht zu Besonderheiten. Ausgleichsposten- und Einlagelösung kommen zum selben Ergebnis.

J. Organschaftliche Minder- und Mehrabführungen und Thesaurierungsbegünstigung (§ 34a EStG)

Die Thesaurierungsbegünstigung des § 34a EStG findet auch auf Einzelunternehmen und Personengesellschaften Anwendung, die Organträger im Sinne des § 14 Abs. 1 Satz 1 KStG sind.[730] Fraglich ist, wie sich eine organschaftliche Minder- oder Mehrabführung auf die Anwendung des § 34a EStG auswirkt.[731]

I. Thesaurierungsbegünstigung des § 34a EStG

Nach § 34a EStG können auf Antrag des Steuerpflichtigen die Gewinneinkünfte von Einzelunternehmen und Personengesellschaften (natürliche Personen als Mitunternehmer) steuerlich wie die Einkünfte einer Kapitalgesellschaft belastet werden.[732] Technisch erfolgt dies dadurch, dass der im zu versteuernde Einkommen enthaltene „nicht entnommene Gewinn“ eines Einzel- oder Personenunternehmens mit einem Steuersatz von 28,25 v.H. besteuert wird (§ 34a Abs. 1 Satz 1 EStG). Voraussetzung für die Begünstigung ist, dass der Gewinn nicht vom (Mit-)Unternehmer entnommen wird (Thesaurierungsbegünstigung). Nach § 34a Abs. 2 EStG ist der „nicht entnommene Gewinn“ der nach § 4 Abs. 1 Satz 1 EStG oder § 5 EStG ermittelte Gewinn vermindert um den positiven Saldo der Entnahmen und Einlagen des Wirtschaftsjahres. Durch den Bezug auf § 4 Abs. 1 Satz 1 EStG oder § 5 EStG ist hinsichtlich des „nicht entnommenen Gewinns“ auf den Steuerbilanzgewinn abzustellen.[733] Steuerfreie Gewinnanteile sind im Steuerbilanzgewinn enthalten (z.B. steuerfreier Teil einer vereinnahmten Dividende). Da sie allerdings im Rahmen der Einkommensermittlung zu kürzen sind, kann der Steuerbilanzgewinn insoweit entnommen und damit reduziert werden, ohne dass der maximale Begünstigungsbetrag reduziert wird.[734] Nicht abziehbare Betriebsausgaben sind dem Steuerbilanzgewinn im Rahmen der Einkommensermittlung außerbilanziell hinzuzurechnen. Eine Thesaurierungsbegünstigung soll insoweit ausscheiden, da insoweit kein nicht entnommener (Steuerbilanz-)Gewinn

---

730 BMF-Schreiben vom 11.8.2008, IV C 6 – S 2290a/07/10001, BStBl. I 2008, 838.

731 Ausführlich *von Freeden/Rogall*, FR 2009, 785.

732 Vgl. z.B. *Bäumer*, DStR 2007, 2089; *Cordes*, Wpg 2007, 526; *Crezelius*, in FS Reiss, 399; *Fischer*, in FS Schaumburg, 319; *Grützner*, in Lang, Personengesellschaften im Steuerrecht, 423; *Ley/Brandenberg*, FR 2007, 1085, 1091; *Ley*, Ubg 2008, 13; *Rödder*, DStR 2007, Beilage zu Heft 40, 3; *Rogall*, in Schaumburg/Rödder, Unternehmensteuerreform 2008, 409; *ders.*, DStR 2008, 429; *Schiffers*, DStR 2008, 1805; *Söffing/Worgulla*, NWB 2009, 841; *Wacker*, FR 2008, 605; *Wendt*, DStR 2009, 406.

733 *Fischer*, in FS Schaumburg, 324.

734 BMF-Schreiben vom 11.8.2008, IV C 6 – S 2290a/07/10001, Rz. 17.

vorliegt.[735] Wird der – ursprünglich nicht entnommene – Gewinn in Folgejahren entnommen, erfolgt eine Nachversteuerung in Höhe von weiteren 25 v.H. (§ 34a Abs. 4 EStG). Insgesamt ergibt sich dadurch nach einer Entnahme bei einem Einkommensteuersatz von 45 v.H. eine Gesamtsteuerbelastung in Höhe von etwa 48,3 v.H.[736] Zu beachten ist die Verwendungsreihenfolge, welche zunächst eine Entnahme von Gewinnen des laufenden Jahres vorsieht. Die Finanzverwaltung unterstellt eine „steuerpflichtigenfreundliche" Verwendung (steuerfreier Gewinn gilt als vor steuerpflichtigem Gewinn entnommen). Dies gilt allerdings nur im Jahr der Gewinnerzielung, nicht bei einer Entnahme des Gewinns in Folgejahren.[737]

II. Thesaurierungsbegünstigung und Organschaft

Einigkeit besteht darin, dass § 34a EStG auch auf Organträger in der Form von Einzelunternehmen und Personengesellschaften anwendbar ist.[738] Der nach § 4 Abs. 1 Satz 1 EStG oder § 5 EStG ermittelte Gewinn umfasst auch „Ergebnisse aus Ergebnisabführungsverträgen in Organschaftsfällen".[739] Danach kann das Ergebnis einer Organgesellschaft, das auf der Grundlage des Gewinnabführungsvertrags von der Organgesellschaft an den Organträger abzuführen ist, auf Ebene des Organträgers (z.B. Personengesellschaft bestehend aus natürlichen Personen) unter den Voraussetzungen des § 34a EStG der Thesaurierungsbegünstigung unterliegen. Fraglich ist, was „Ergebnis" der Organgesellschaft ist und wie sich eine organschaftliche Minder- und Mehrabführung auf die Ermittlung des nicht entnommenen Gewinns auswirkt.

1. Ausgleichspostenlösung

a) Organschaftliche Minderabführung

Im Fall einer organschaftlichen Minderabführung entsprechen sich abgeführter Gewinn und Steuerbilanzgewinn sowie ggf. Einkommen nicht. Fraglich ist, welche Größe einer Anwendung des § 34a EStG auf Ebene des Organträgers bzw. seines Gesellschafters zu Grunde zu legen ist.

---

735 BMF-Schreiben vom 11.8.2008, IV C 6 – S 2290a/07/10001, Rz. 16; *Harle/Geiger*, StBp 2009, 1, 3; *Hey*, DStR 2007, 925, 928; *Gragert/Wißborn*, NWB Fach 3, 14621, 14628; *Schiffers*, DStR 2008, 1805, 1808; *Schultes-Schnitzlein/Keese*, NWB Fach 3, 14683, 14689; *Ley/Brandenberg*, FR 2007, 1085, 1092. Thesaurierungsbegünstigung umfasst auch außerbilanzielle Hinzurechnungen: *Schiffers*, GmbHR 2007, 841, 842; *Söffing/Worgulla*, NWB 2009, 841, 844.

736 Vgl. z.B. *Wacker*, in Schmidt, EStG, § 34a Rn. 4.

737 Vgl. BMF-Schreiben vom 11.8.2008, IV C 6 – S 2290a/07/10001, Rz. 29.

738 BMF-Schreiben vom 11.8.2008, IV C 6 – S 2290a/07/10001, Rz. 11; *Dörfler*, in Littmann/Bitz/Pust, EStG, § 34a Rn. 87; *Ley*, Ubg 2008, 13, 16; *Pohl*, DB 2008, 84, 84; *Reiß*, in Kirchhof, EStG, § 34a Rn. 63; *Rogall*, DStR 2008, 429, 431; *Stein*, in Herrmann/Heuer/Raupach, Jahresband 2006 – 2008, EStG, § 34a Anm. J 07-25; *Wacker*, FR 2008, 605, 609; *ders.*, in Schmidt, EStG, § 34a Rn. 35 a.E.

739 BMF-Schreiben vom 11.8.2008, IV C 6 – S 2290a/07/10001, Rz. 11.

Beispiel 50: Organschaftliche Minderabführung

Die natürliche Person G ist als Kommanditist zu 100 v.H. am Vermögen der OT-GmbH & Co. KG beteiligt. OT-KG ist zu 100 v.H. an OG beteiligt. Im Jahr 01 tätigt OG nicht abziehbare Betriebsausgaben in Höhe von 20.[740] Außerdem bildet OG in der Handelsbilanz eine Drohverlustrückstellung in Höhe von 10. OG legt folgende Ergebnisse vor:

Jahresüberschuss:	90
Steuerbilanzgewinn:	100
Einkommen:	120[741]

Der Jahresüberschuss wird auf Grund des bestehenden Gewinnabführungsvertrags von OG an OT abgeführt und auf Ebene von OT vollständig thesauriert. In Höhe der Differenz zwischen Gewinnabführung und Steuerbilanzgewinn liegt eine organschaftliche Minderabführung vor.[742] Das Einkommen in Höhe von 120 wird OT nach § 14 Abs. 1 Satz 1 KStG zugerechnet. G beantragt, den „nicht entnommenen Gewinn" tarifbegünstigt zu besteuern. Wie hoch ist der nicht entnommene Gewinn im Sinne des § 34a Abs. 2 EStG?

In der Literatur wird die Auffassung vertreten, im Fall einer organschaftlichen Minderabführung sei die Tarifbegünstigung auf den Betrag der Gewinnabführung begrenzt.[743] Eine Begünstigung des Gewinns der Organgesellschaft auf Ebene des Organträgers setze voraus, dass die Organgesellschaft ihren Gewinn tatsächlich abführt. Danach ist der Minderabführungsbetrag – also der Betrag des Steuerbilanzgewinns, der den abgeführten Gewinn übersteigt – auf Ebene des Organträgers nach tariflichen Grundsätzen zu besteuern. Die Auffassung der Finanzverwaltung ist unklar. Im BMF-Schreiben zu § 34a EStG stellt die Verwaltung zwar klar, dass der Gewinn nach § 4 Abs. 1 Satz 1 EStG oder § 5 EStG auch „Ergebnisse aus Ergebnisabführungsverträgen in Organschaftsfällen" umfasst.[744] Was das „Ergebnis" eines Ergebnisabführungsvertrags ist bzw. wie das Ergebnis für Zwecke des § 34a EStG auf Ebene des Organträgers im Fall einer Minderabführung zu ermitteln ist, wird nicht erläutert. Somit ist zumindest nicht auszuschließen, dass die Finanzverwaltung im Fall einer Minderabführung nur die – im Vergleich zum Steuerbilanzgewinn „niedrigere" – Gewinnabführung zu Grunde legt, so dass der Betrag der Minderabführung nach tariflichen Grundsätzen zu besteuern wäre. Danach wäre in Beispiel 50 der Betrag in Höhe von 10 nicht tarifbegünstigt.

Unter Berücksichtigung von § 14 Abs. 4 KStG und der organschaftlichen Ausgleichsposten ist diese Auffassung abzulehnen. Die Tarifbegünstigung des § 34a EStG umfasst m.E. auch die Minderabführung. Maßstab für die Tarifbegünstigung ist der nach § 4 Abs. 1 Satz 1 EStG oder § 5 EStG ermittelte Gewinn des Organträgers (nicht entnommener Gewinn, § 34a Abs. 2 EStG). Dieser wird zunächst in Folge der handelsrechtlichen Gewinnabführung erhöht. Darüber hinaus wird der Gewinn auch

740 § 4 Abs. 4a, 5, 5a, 5b, § 4h EStG.

741 Die nicht abziehbaren Betriebsausgaben sind außerbilanziell hinzuzurechnen.

742 § 14 Abs. 4 Satz 6 KStG.

743 *Reiß,* in Kirchhof, EStG, § 34a Rn. 63; so wohl auch *Breier*, Der Konzern 2011, 11, 22.

744 BMF-Schreiben vom 11.8.2008, IV C 6 – S 2290a/07/10001, Rz. 11.

durch die Bildung des aktiven Ausgleichspostens erhöht.[745] Aus § 14 Abs. 4 KStG folgt, dass der organschaftliche Ausgleichsposten Gegenstand des steuerbilanziellen Vermögens des Organträgers ist. In diesem Zusammenhang ist hervorzuheben, dass eine Auffassung, wonach Gewinnabführung und Einkommenszurechnung für Zwecke des § 34a EStG isoliert behandelt werden müssen, abzulehnen wäre. Insbesondere ist das von einer Organgesellschaft abzuführende Ergebnis kein „steuerfreier Gewinnanteil" für Zwecke des § 34a EStG.[746] Zwar wird die Gewinnabführung – bei isolierter Betrachtung – wie ein steuerfreier Gewinnanteil behandelt, da sie außerbilanziell zu kürzen ist.[747] Hinzu kommt, dass die Einkommenszurechnung nach § 14 Abs. 1 Satz 1 KStG außerbilanziell erfolgt und deshalb – bei isolierter Betrachtung – nicht in den Anwendungsbereich des § 34a EStG fallen könnte.[748] Eine Zerlegung der organschaftlichen Ergebnisabführung in „Gewinnabführung" und „Einkommenszurechnung" für Zwecke des § 34a EStG wäre jedoch unzutreffend. Eine organschaftliche Ergebnisabführung ist kein steuerfreier Gewinnanteil im Sinne des § 34a EStG. Dies wird von der Finanzverwaltung im BMF-Schreiben zu § 34a EStG auch nicht vertreten.[749] Der Betrag der Minderabführung ist somit auch von der Thesaurierungsbegünstigung umfasst. In Beispiel 50 beträgt der nicht entnommene Gewinn nach § 34a Abs. 2 EStG 100 (Gewinnabführung 90 + aktiver Ausgleichsposten 10).

b) *Organschaftliche Mehrabführung*

Im Fall einer organschaftlichen Mehrabführung ist ein passiver Ausgleichsposten zu bilden.

Beispiel 51: Organschaftliche Mehrabführung

Im Jahr 01 tätigt OG nicht abziehbare Betriebsausgaben in Höhe von 20. Weiterhin erleidet eine Tochterpersonengesellschaft von OG einen Verlust in Höhe von 50, der keine Auswirkungen auf den Jahresüberschuss von OG haben soll.[750] Steuerlich wird OG der Verlust der Tochterpersonengesellschaft zugerechnet. OG legt folgende Ergebnisse vor:

Jahresüberschuss:	150
Steuerbilanzgewinn:	100
Einkommen:	120

745 Vgl. *Erle/Heurung*, in Erle/Sauter, KStG, § 14 Rn. 601; *Ley*, Ubg 2008, 13, 16; *Pohl*, DB 2008, 84, 86; *Rogall*, DStR 2008, 429, 431; *Wacker*, FR 2008, 605, 609; ablehnend *Breier*, Der Konzern 2011, 11, 22.

746 Steuerfreie Gewinnanteile (z.B. nach § 3 Nr. 40 EStG) können auf Grund ihrer Steuerfreiheit nicht Gegenstand der Tarifbegünstigung nach § 34a EStG sein, BMF-Schreiben vom 11.8.2008, Rz. 17.

747 R 61 Abs. 1 Satz 2 KStR 2004.

748 Der Gesetzgeber nennt in der Begründung des Gesetzentwurfs ausdrücklich nur die Fallgruppe „nicht abziehbare Betriebsausgaben", BT-Drs. 16/4841, 111.

749 Vgl. BMF-Schreiben vom 11.8.2008, IV C 6 – S 2290a/07/10001, Rz. 11.

750 Der Verlust ist in der Steuerbilanz der Gesellschafter aufgrund der Spiegelbildmethode abzubilden. In der Handelsbilanz ergibt sich keine Auswirkung, solange der Teilwert der Beteiligung an der Personengesellschaft nicht unter den Buchwert fällt; vgl. *Dötsch/Witt*, in Dötsch/Jost/Pung/Witt, KStG, § 14 Rn. 482.

Der Jahresüberschuss wird auf Grund des bestehenden Gewinnabführungsvertrags von OG an OT abgeführt und auf Ebene von OT vollständig thesauriert. Es liegt eine Mehrabführung in Höhe der Differenz zwischen Gewinnabführung und Steuerbilanzgewinn vor. Das Einkommen in Höhe von 120 wird OT nach § 14 Abs. 1 Satz 1 KStG zugerechnet. G beantragt, den nicht entnommenen Gewinn tarifbegünstigt zu besteuern. Wie hoch ist der nicht entnommene Gewinn?

Die Gewinnabführung der Organgesellschaft erhöht das steuerliche Betriebsvermögen des Organträgers, der in der Steuerbilanz in Höhe der Mehrabführung zu bildende passive Ausgleichsposten vermindert es. Die Minderung des Steuerbilanzgewinns auf Grund der Bildung des passiven Ausgleichspostens wird außerbilanziell korrigiert (Einkommenserhöhung). Im Ergebnis wird der nach § 4 Abs. 1 Satz 1 EStG oder § 5 EStG ermittelte Gewinn des Organträgers (nicht entnommener Gewinn, § 34a Abs. 2 EStG) nur in Höhe des Steuerbilanzgewinns der Organgesellschaft (im Beispiel: 100) erhöht. Hervorzuheben ist, dass eine Entnahme des Kommanditisten steuerschädlich wäre. Die Finanzverwaltung lässt zwar bei steuerfreien Gewinnanteilen (z.B. nach § 3 Nr. 40 EStG) eine vorrangige Verrechnung von Entnahmen mit dem steuerfreien Gewinnanteil zu. Ein steuerfreier Gewinnanteil erhöht nämlich den Jahresüberschuss und den Steuerbilanzgewinn, nicht jedoch das Einkommen. Im Unterschied zu einem steuerfreien Gewinnanteil erhöht die Mehrabführung in Folge der Bildung des passiven Ausgleichspostens jedoch nicht den Steuerbilanzgewinn. Der Steuerbilanzgewinn übersteigt das Einkommen also nicht.[751] Eine Entnahme des Gesellschafters führt also stets zur Entnahme von „steuerpflichtigem" Steuerbilanzgewinn. Die Voraussetzung des § 34a Abs. 2 EStG wäre insoweit nicht erfüllt.

c) Auflösung organschaftlicher Ausgleichsposten

Zu unterscheiden ist die Auflösung eines aktiven und eines passiven Ausgleichspostens.

aa) Auflösung eines aktiven Ausgleichspostens

Kommt es nach einer Minderabführung, die zur Bildung eines aktiven Ausgleichspostens geführt hat, zu einer gegenläufigen Mehrabführung, so ist der aktive Ausgleichsposten nach in der Literatur vertretener Auffassung einkommensneutral aufzulösen. Für Zwecke des § 34a EStG bedeutet dies, dass der Steuerbilanzgewinn des Organträgers zwar in Höhe der Gewinnabführung erhöht, jedoch in Höhe der Auflösung des aktiven Ausgleichspostens gemindert wird. Der nicht entnommene Gewinn nach § 34a Abs. 2 EStG wird somit unter Berücksichtigung der Auflösung des aktiven Ausgleichspostens ermittelt. Im Ergebnis hat der „höhere" Steuerbilanzgewinn der Organgesellschaft im Jahr der (ursprünglichen) Minderabführung und der „niedrigere" Steuerbilanzgewinn im Jahr der gegenläufigen Mehrabführung der Tarifbegünstigung des § 34a EStG unterlegen. In der Summe unterliegt somit – wie im

751 Unterstellt wird, dass sonstige außerbilanzielle Hinzurechnungen nicht vorliegen.

BMF-Schreiben klargestellt – das „Ergebnis aus dem Ergebnisabführungsvertrag" der Tarifbegünstigung.

Die Veräußerung der Organbeteiligung führt zur einkommenswirksamen Auflösung des aktiven Ausgleichspostens nach § 14 Abs. 4 Sätze 2 und 3 KStG. Hinsichtlich § 34a EStG ergeben sich keine Besonderheiten im Vergleich zum Nicht-Organschaftsfall. Sofern die Organbeteiligung Teil eines Veräußerungsvorgangs ist, für den der Freibetrag des § 16 Abs. 4 EStG oder die Steuerermäßigung nach § 34 Abs. 3 EStG beantragt wird, ist eine Anwendung von § 34a EStG ausgeschlossen.[752] Bei Mitunternehmern kommt dieser Ausnahme Bedeutung zu, wenn solche Veräußerungsgewinne durch die Mitunternehmerschaft selbst realisiert werden (Veräußerung eines Teilbetriebs oder einer Tochterpersonengesellschaft).[753] Nach Auffassung der Finanzverwaltung sollen auch Veräußerungsgewinne, die nach § 3 Nr. 40 Satz 1 Buchst. b EStG dem Teileinkünfteverfahren unterliegen, von einer Begünstigung ausgeschlossen sein.[754] Dies dürfte auch für den Gewinn aus der Auflösung des Ausgleichspostens gelten, der bei der Veräußerungsgewinnermittlung zu berücksichtigen ist. Geht man allerdings davon aus, dass die Auflösung eines Ausgleichspostens „isoliert" – also außerhalb der Veräußerungsgewinnermittlung – erfolgt (Bruttomethode),[755] müsste § 34a EStG auch bezüglich des Ertrags aus der Auflösung des aktiven Ausgleichspostens anwendbar sein (Ertrag aus Auflösung wäre nicht Teil des Veräußerungsgewinns).

bb) Auflösung eines passiven Ausgleichspostens

Eine gegenläufige Minderabführung bewirkt eine einkommensneutrale Auflösung des passiven Ausgleichspostens. Dies führt dazu, dass sowohl Gewinnabführung als auch die Auflösung des passiven Ausgleichspostens den Steuerbilanzgewinn des Organträgers erhöhen. Im Ergebnis unterliegt im Jahr der (ursprünglichen) Mehrabführung zwar nur der niedrigere Steuerbilanzgewinn der Tarifbegünstigung. Im Jahr der gegenläufigen Minderabführung erhöht jedoch der Ertrag aus der Auflösung des passiven Ausgleichspostens den nicht entnommenen Gewinn. In der Summe unterliegt somit das „Ergebnis aus dem Ergebnisabführungsvertrag" der Tarifbegünstigung.

Wird die Beteiligung an der Organgesellschaft vom Organträger veräußert, ist der passive Ausgleichsposten einkommenswirksam aufzulösen. Da nach § 14 Abs. 4 Satz 4 KStG bei der Auflösung des Ausgleichspostens § 3 Nr. 40 EStG anzuwenden ist, sind 40 v.H. des Ertrags aus der Auflösung „steuerfreier Gewinnanteil" im Sinne des § 34a EStG. Der außerbilanziell (in Form einer Einkommenskürzung) zu berücksichtigende steuerfreie Gewinnanteil des Veräußerungsgewinns ist auf Grund seiner Steuerfreiheit nicht Gegenstand der Tarifbegünstigung.

---

752 Vgl. dazu *Grützner*, in Lang, Personengesellschaften im Steuerrecht, 425.

753 *Fischer*, in FS Schaumburg, 323; *Ley/Brandenberg*, FR 2007, 1085, 1090.

754 BMF-Schreiben vom 11.8.2008, IV C 6 – S 2290a/07/10001, Rz. 4; vgl. dazu *Grützner*, in Lang, Personengesellschaften im Steuerrecht, 425; *Ley*, in FS Schaumburg, 425.

755 So wohl *Lang*, NWB 2009, 118, 122.

2. Einlagelösung

Die Einlagelösung führt für die Anwendung des § 34a Abs. 2 EStG zu keinen Besonderheiten. Der Steuerbilanzgewinn des Organträgers wird statt durch Bildung aktiver und passiver Ausgleichsposten durch eine Erhöhung bzw. Minderung des Buchwerts der Organbeteiligung erhöht bzw. gemindert. Geht man – m.E. zutreffend – davon aus, dass Ausgleichsposten bei Veräußerung der Organbeteiligung im Rahmen der Veräußerungsgewinnermittlung aufzulösen sind (Nettomethode), führt die Einlagelösung auch insoweit nicht zu anderen steuerlichen Auswirkungen als die Ausgleichspostenlösung.

Unterstellt man, dass organschaftliche Ausgleichsposten trotz der in § 14 Abs. 4 Satz 1 KStG angeordneten Bildung in der Steuerbilanz für Zwecke des § 34a EStG auf Grund ihrer Rechtsnatur nicht zu berücksichtigen sind (z.B. Ausgleichsposten sind „Bilanzierungshilfe" in der Steuerbilanz),[756] dürfte eine Einlagelösung zu einem anderen Ergebnis als die Ausgleichspostenlösung führen. Die Einlagelösung lässt keinen Raum für eine „Nicht-Berücksichtigung" organschaftlicher Ausgleichsposten, da auf Ebene des Organträgers keine Ausgleichsposten zu bilden sind, sondern sich der Beteiligungsbuchwert der Organgesellschaft erhöht oder mindert. Im Rahmen der Einlagelösung bestände kein Raum für eine Nicht-Berücksichtigung einer organschaftlichen Minderabführung für Zwecke des § 34a EStG.

Fraglich ist, wie sich eine überschießende Mehrabführung im Rahmen der Einlagelösung auf die Anwendung von § 34a EStG auswirken würde.

Beispiel 52: Überschießende Mehrabführung

Die natürliche Person G ist an OT-GmbH & Co. KG beteiligt, diese ist an OG beteiligt. Der Buchwert der Beteiligung an OG beträgt 10. Der Steuerbilanzgewinn von OG im Jahr 02 beträgt 0. Es kommt zu einer organschaftlichen Mehrabführung in Höhe von 100. Nach § 14 Abs. 4 KStG-Entwurf gilt die Mehrabführung als fiktive Einlagenrückgewähr von OG an OT, der Beteiligungsbuchwert vermindert sich um 10 auf 0. In Höhe von 90 liegt eine nach den Vorschriften des Teileinkünfteverfahrens zu besteuernde Betriebseinnahme vor. Unterliegt der Gewinn in Höhe der Betriebseinnahme der Thesaurierungsbegünstigung des § 34a Abs. 2 EStG?

Der steuerpflichtige Teil des Gewinns unterliegt in Beispiel 52 m.E. der Thesaurierungsbegünstigung des § 34a EStG. Die Betriebseinnahme erhöht den Steuerbilanzgewinn des Organträgers. Die Finanzverwaltung könnte sich allerdings auf den Standpunkt stellen, dass eine überschießende Mehrabführung – als fiktive Einlagenrückgewähr – für Zwecke des § 34a EStG wie eine Veräußerung der Organbeteiligung zu behandeln ist. Danach wäre eine Begünstigung nach § 34a EStG ausgeschlossen.[757]

---

756 So *Breier*, Der Konzern 2011, 11, 22.

757 BMF-Schreiben vom 11.8.2008, IV C 6 – S 2290a/07/10001, Rz. 4; vgl. dazu *Grützner*, in Lang, Personengesellschaften im Steuerrecht, 425; *Ley*, in FS Schaumburg, 425.

K. Minderung des Einlagekontos nach § 27 Abs. 6 KStG als Einlagenrückgewähr nach § 22 Abs. 1 Satz 6 Nr. 3 UmwStG

Der Ausgleichsposten- und der Einlagelösung liegt der Gedanke zu Grunde, eine organschaftliche Mehrabführung „wie" eine Einlagenrückgewähr der Organgesellschaft zu behandeln. Im Rahmen der Ausgleichspostenlösung ist deshalb in Folge einer organschaftlichen Mehrabführung das steuerliche Einlagekonto der Organgesellschaft nach § 27 Abs. 6 KStG zu mindern. Im Rahmen der Einlagelösung folgt die Minderung des Einlagekontos aus der Tatsache, dass Mehrabführungen als Einlagenrückgewähr gelten (§ 14 Abs. 4 Satz 2 KStG-Entwurf). Fraglich ist, ob sich daraus Folgen für die Anwendung des § 22 Abs. 1 Satz 6 Nr. 3 UmwStG ergeben.

Beispiel 53: Organschaftliche Mehrabführung nach Teilbetriebseinbringung

OT ist an OG beteiligt. Der steuerliche Buchwert der OG-Beteiligung und das steuerliche Einlagekonto der OG betragen 10. Im Jahr 01 gliedert OT einen Teilbetrieb unter Ansatz steuerlicher Buchwerte (BW: 5) auf OG aus (§ 20 UmwStG). Der steuerliche Buchwert der Organbeteiligung und das steuerliche Einlagekonto von OG betragen danach 15. Im Jahr 03 kommt es zu einer organschaftlichen Mehrabführung in Höhe von 10. OT bildet einen passiven Ausgleichsposten in Höhe von 10, das Einlagekonto von OG wird um 10 gemindert. Stellt die Einlagekontominderung in Höhe von 10 eine Einlagenrückgewähr nach § 22 Abs. 1 Satz 6 Nr. 3 UmwStG dar, die einen „Einbringungsgewinn I" auslöst?

Nach § 22 Abs. 1 Satz 6 Nr. 3 UmwStG kann eine Einlagenrückgewähr der übernehmenden Gesellschaft nach einer Teilbetriebseinbringung (§ 20 UmwStG) zur Entstehung eines sog. Einbringungsgewinns I führen. Dabei setzt eine Anwendung von § 22 Abs. 1 Satz 6 UmwStG nach ganz überwiegender Auffassung voraus, dass die Teilbetriebseinbringung bei der übernehmenden Gesellschaft zur Entstehung eines Einlagekontos geführt hat.[758] Im Übrigen ist der Tatbestand des § 22 Abs. 1 Satz 6 Nr. 3 UmwStG nach herrschender Auffassung in der Literatur erst dann erfüllt, wenn der Betrag der Einlagenrückgewähr den Buchwert der erhaltenen Anteile übersteigt.[759] Der Fall einer Einlagenrückgewähr der übernehmenden Gesellschaft wird – bei Buchwertüberschreitung – im Ergebnis also so behandelt, als hätte der Einbringende die im Rahmen der Einbringung erhalten Anteile an der übernehmenden Gesellschaft veräußert.

---

758 *Förster/Wendland*, BB 2007, 631, 637; *Patt*, in Dötsch/Patt/Pung/Möhlebrock, UmwStG, § 22 Rn. 48; *Schmitt*, in Schmitt/Hörtnagl/Stratz, UmwStG, § 22 Rn. 92; *Schumacher/Neumann*, DStR 2008, 325, 332; *Stangl*, in Rödder/Herlinghaus/van Lishaut, UmwStG, § 22 Rn. 114.

759 *Rödder/Stangl*, Ubg 2008, 39, 41; *Schmitt*, in Schmitt/Hörtnagl/Stratz, UmwStG, § 22 Rn. 90 und 94; *Stangl*, in Rödder/Herlinghaus/van Lishaut, UmwStG, § 22 Rn. 112. *Neumann*, DStR 2008, 325, 333 geht von einer „Freigrenze" aus, deren Überschreiten § 22 Abs. 1 Satz 6 Nr. 3 UmwStG auslöst. Ein Einbringungsgewinn I soll im Übrigen nur soweit entstehen, wie der Buchwert überschritten wird, *Patt*, in Dötsch/Patt/Pung/Möhlebrock, UmwStG, § 22 Rn. 48; *Schumacher*, DStR 2008, 325, 333; *Stangl*, in Rödder/Herlinghaus/van Lishaut, UmwStG, § 22 Rn. 114.

I. Ausgleichspostenlösung

Im Rahmen der Ausgleichspostenlösung stellt sich die Frage, ob eine organschaftliche Mehrabführung – und eine damit einhergehende Minderung des Einlagekontos nach § 27 Abs. 6 KStG – eine „Ausschüttung oder Rückzahlung" im Sinne des § 22 Abs. 1 Satz 6 Nr. 3 UmwStG ist. Eine Äußerung der Finanzverwaltung zu dieser Problematik liegt (noch) nicht vor.[760] Denkbar ist allerdings, dass die Finanzverwaltung eine organschaftliche Mehrabführung für Zwecke des § 22 Abs. 1 Satz 6 UmwStG wie eine Einlagenrückgewähr behandeln wird. Diese Auffassung könnte mit dem Heranziehen von Einlagegrundsätzen begründet werden. Nach dieser Auffassung wäre eine Mehrabführung und die entsprechende Einlagekontominderung nach § 27 Abs. 6 KStG für Zwecke des § 22 Abs. 1 Satz 6 Nr. 3 UmwStG wie eine Einlagenrückgewähr zu behandeln. Eine organschaftliche Mehrabführung nach Einbringung eines Teilbetriebs in die Organgesellschaft, die den Buchwert der erhaltenen Anteile übersteigt, wäre steuerschädlich.[761] In Beispiel 52 käme es danach zur Entstehung eines Einbringungsgewinns I. Die organschaftliche Mehrabführung (10) übersteigt den Beteiligungsbuchwert der neuen Anteile (5). Hervorzuheben ist, dass eine gegenläufige Mehrabführung nach dieser Auffassung stets unschädlich sein müsste. In diesem Fall hat die originäre Minderabführung nämlich nach § 27 Abs. 6 KStG zu einer Erhöhung des Einlagekontos geführt. Die Einlagekontominderung in Folge der gegenläufigen Mehrabführung kann keine Rückgewähr einer im Rahmen der Teilbetriebseinbringung geschaffenen Einlage sein. Dasselbe Ergebnis ergibt sich, wenn man die Ebene des Organträgers berücksichtigt. Eine vorausgegangene Minderabführung hat zur Entstehung eines aktiven Ausgleichspostens geführt. Dieser aktive Ausgleichsposten ist bei Beantwortung der Frage, ob eine Einlagenrückgewähr den Buchwert der Organbeteiligung überschreitet, „erhöhend" zu berücksichtigen. Da ein organschaftlicher Ausgleichsposten ein Korrekturposten zum Beteiligungsbuchwert ist, muss dies im Übrigen auch im Fall einer echten Einlagenrückgewähr nach § 22 Abs. 1 Satz 6 Nr. 3 UmwStG gelten. Bestehende passive Ausgleichsposten wären allerdings „Buchwert mindernd" zu berücksichtigen.

Legt man die Auffassung des Bundesfinanzhofs zu Grunde, dürfte eine Mehrabführung keine Einlagenrückgewähr im Sinne des § 22 Abs. 1 Satz 6 Nr. 3 UmwStG darstellen. In seiner „Ausgleichsposten-Entscheidung" vom 7. Februar 2007 hebt der Senat hervor, dass eine Mehrabführung handelsrechtlich eine Abführung des laufenden Jahresüberschusses ist. Eine Mehrabführung sei gerade keine Rückzahlung von Ein-

760 Vgl. *Schumacher*, in FS Schaumburg, 477, 483 mit Hinweis auf die mögliche Auffassung der Körperschaftsteuerreferatsleiter des Bundes und der Länder.

761 Zu beantworten ist in diesem Fall, welche Auswirkungen bestehende aktive und passive Ausgleichsposten auf den Buchwert der erhaltenen Anteile haben. Geht man davon aus, dass Ausgleichsposten Beteiligungscharakter haben, dürfte eine Saldierung mit dem Buchwert der erhaltenen Anteile zwingend sein. Danach erhöht ein aktiver Ausgleichsposten den Buchwert der erhaltenen Anteile, ein passiver Ausgleichsposten vermindert ihn. Der als Folge der Transaktion (Mehrabführung der übernehmenden Gesellschaft) zu bildende passive Ausgleichsposten bleibt unberücksichtigt.

lagen, eine Behandlung als „fiktive" Rückzahlung von Einlagen scheide aus.[762] In der Literatur wird die Behandlung einer Mehrabführung als Einlagenrückgewähr mehrheitlich abgelehnt.[763] Danach ist eine Mehrabführung keine „Ausschüttung oder Rückzahlung" im Sinne des § 22 Abs. 1 Satz 6 Nr. 3 UmwStG. Die Höhe der Mehrabführung und die Höhe des Buchwerts der Organbeteiligung sind danach unbeachtlich, eine Mehrabführung kann nicht tatbestandsmäßig sein. In Beispiel 53 würde die organschaftliche Mehrabführung nicht zur Entstehung eines Einbringungsgewinns I führen.

Die vorstehend skizzierte Literaturauffassung ist zutreffend. Bereits aus § 14 Abs. 4 KStG folgt, dass organschaftliche Minder- und Mehrabführungen keine Einlage oder Einlagenrückgewähr sind. Aus der Bildung von besonderen Ausgleichsposten nach § 14 Abs. 4 Satz 1 KStG folgt, dass eine Minder- oder Mehrabführung den eigentlichen Beteiligungsbuchwert unberührt lässt. Darüber hinaus folgt aus der Tatsache, dass das steuerliche Einlagekonto in Folge einer Mehrabführung nach § 27 Abs. 1 Satz 4 KStG negativ werden kann, dass keine echte Einlagenrückgewähr vorliegt. Eine Gleichsetzung von organschaftlicher Mehrabführung und Einlagenrückgewähr scheidet auf Grund von §§ 14 Abs. 4, 27 Abs. 6 KStG aus. Eine organschaftliche Mehrabführung erfüllt – unabhängig von ihrer Höhe – nicht den Tatbestand des § 22 Abs. 1 Satz 6 Nr. 3 UmwStG.

II. Einlagelösung

Fraglich ist, ob sich nach der Einlagelösung ein anderes Ergebnis ergeben könnte. Eine organschaftliche Mehrabführung gilt nach § 14 Abs. 4 Satz 2 KStG-Entwurf als Einlagenrückgewähr, die nach allgemeinen Einlagegrundsätzen – unter Anwendung bestimmter Besonderheiten – zu behandeln wäre. Danach könnte eine Mehrabführung auch eine Einlagenrückgewähr nach § 22 Abs. 1 Satz 3 Nr. 6 UmwStG darstellen. Mehrabführungen wären m.E. außerhalb der §§ 14 Abs. 4, 27 Abs. 6 KStG-Entwurf auch im Rahmen einer Einlagelösung nicht als Einlagenrückgewähr der Organgesellschaft zu behandeln. Nach § 14 Abs. 4 Satz 2 KStG-Entwurf „gelten" Mehrabführungen nur als Einlagenrückgewähr, sie „sind" keine Einlagenrückgewähr. Es liegt lediglich eine Fiktion für Zwecke des § 14 Abs. 4 KStG-Entwurf vor. Für den Fall, dass der Gesetzgeber eine Mehrabführung auch für Zwecke außerhalb des § 14 Abs. 4 KStG-Entwurf als Einlagenrückgewähr behandeln wollte, würde er nicht das Tatbestandsmerkmal „gelten" verwenden, sondern das Merkmal „sind" (denkbarer Gesetzeswortlaut: „Mehrabführungen [...] sind eine Einlagenrückgewähr [...]"). Eine ähnlich Fragestellung bestand mit Blick auf § 8a Abs. 1 Satz 1 KStG in der

762 BFH, Urteil vom 7.2.2007, I R 5/05, BStBl. 2007 II, 796.

763 *Hans*, BB 2008, 26, 27; *Jung/Dern/Wartenberg*, BB-Special 1.2010, 26, 28; *Rödder/Stangl*, Ubg 2008, 39, 41; *Schmitt*, in Schmitt/Hörtnagl/Stratz, UmwStG, § 22 Rn. 96; *Schumacher/Neumann*, DStR 2008, 325, 333; *Schumacher*, in FS Schaumburg, 477, 483; *Stangl*, in Rödder/Herlinghaus/van Lishaut, UmwStG, § 22 Rn. 112; so wohl auch *Oesterwinter/Pellmann*, BB 2008, 2769, 2771.

Fassung des StandOG[764].[765] Nach dieser Vorschrift „gelten“ Kapitalvergütungen nach § 8a Abs. 1 Satz 1 KStG als verdeckte Gewinnausschüttungen. In der Literatur[766] und in der Rechtsprechung[767] wird die Auffassung vertreten, die Rechtsfolge führe lediglich auf Ebene der Gesellschaft zu einer Umqualifizierung der Kapitalvergütung in eine verdeckte Gewinnausschüttung (Rechtsfolgenverweis). Eine Umqualifizierung auf Ebene des Gesellschafters bzw. für Zwecke der Kapitalertragsteuer erfolge nicht. Der Gesetzgeber beseitigte diesbezügliche Zweifel dadurch, dass er in § 8a Abs. 1 Satz 1 KStG in der Fassung des Gesetzes zur Umsetzung der Protokollerklärung der Bundesregierung zur Vermittlungsempfehlung zum StVergAbG[768] das Tatbestandsmerkmal „gelten“ durch das Merkmal „sind“ ersetzte (Rechtsgrundverweis).[769] Der Gesetzgeber verzichtete also in § 8a Abs. 1 Satz 1 KStG auf die Technik der Fiktion.[770] Vor diesem Hintergrund ist davon auszugehen, dass die Einlagelösung durch Verwendung des Tatbestandsmerkmals „gelten“ lediglich eine Fiktion für Zwecke des § 14 Abs. 4 KStG-Entwurf begründen will. Eine darüber hinausgehende Gleichsetzung von organschaftlicher Mehrabführung und Einlagenrückgewähr dürfte nicht gewollt sein.

L. Organschaftliche Minderabführung nach § 14 Abs. 4 KStG-Entwurf als Einlage

Nach § 14 Abs. 4 Satz 1 KStG-Entwurf sind organschaftliche Minderabführungen im Rahmen der Einlagelösung als Einlage durch den Organträger in die Organgesellschaft zu behandeln. Fraglich ist, ob organschaftliche Minderabführungen im Rahmen einer Einlagelösung auch außerhalb von § 14 Abs. 4 KStG-Entwurf als Einlage des Organträgers zu behandeln wären.

---

764 Gesetz zur Verbesserung der steuerlichen Bedingungen zur Sicherung des Wirtschaftsstandorts Deutschland im Europäischen Binnenmarkt (Standortsicherungsgesetz – StandOG) vom 13.09.1993, BGBl. I 1993, 1569.

765 Vgl. *Mensching/Bauer*, BB 2003, 2429, 2431; *Neumann/Stimpel*, GmbHR 2004, 392, 393; *Wassermeyer*, GmbHR 2003, 313, 316. Dieselbe Rechtsfrage kann auch mit Blick auf § 14 Abs. 3 Satz 1 KStG gestellt werden, vgl. *Dötsch/Pung*, Der Konzern 2005, 37, 41; *Rödder*, DStR 2005, 217, 223; *Schumann/Kempf*, FR 2006, 219, 223.

766 Vgl. *Prinz,* in Herrmann/Heuer/Raupach, KStG, § 8a Anm.70 und 71; *Meilicke,* BB 1994, 117, 119; *Herzig,* DB 1994, 110, 112.

767 FG Düsseldorf, Urteil vom 05.09.2000, 6 K 2821/97 KE, FR 2001, 79.

768 Gesetz zur Umsetzung der Protokollerklärung der Bundesregierung zur Vermittlungsempfehlung zum Steuervergünstigungsabbaugesetz vom 22.12.2003, BGBl. I 2003, 2840.

769 Vgl. dazu kritisch, *Wassermeyer*, DStR 2004, 749, 751.

770 Vgl. BT-Drs. 15/1518, 15.

Beispiel 54: Organschaftliche Minderabführung als Einlage für Zwecke des § 8c Abs. 1a KStG[771]?

M-GmbH hat im Jahr 2009 alle Anteile an der Verlust-GmbH zum Zweck der Sanierung erworben. Bei der Verlust-GmbH besteht zum 31.12.2008 ein Verlustvortrag, der in Folge der Transaktion nach § 8c Abs. 1 KStG untergehen würde. M-GmbH (OT) und Verlust-GmbH (OG) begründen – nach Inkrafttreten der Einlagelösung – eine Organschaft. OG bildet eine Drohverlustrückstellung, so dass es zu einer Minderabführung kommt. Nach § 14 Abs. 4 Satz 1 KStG-Entwurf ist diese Minderabführung als Einlage von OT in OG zu behandeln. Könnte die als Einlage zu behandelnde Minderabführung – im Grundsatz – eine Betriebsvermögenszuführung[772] nach § 8c Abs. 1a Satz 3 Nr. 3 KStG sein?

M.E. liegt im Fall einer organschaftlichen Minderabführung trotz § 14 Abs. 4 Satz 1 KStG-Entwurf keine Einlage des Organträgers vor. Der Gesetzgeber begründet durch die Verwendung der Formulierung „sind als Einlage [...] zu behandeln" lediglich eine Fiktion für Zwecke des § 14 Abs. 4 KStG-Entwurf. Dies führt nicht dazu, dass eine organschaftliche Minderabführung der Organgesellschaft eine Einlage des Organträgers „ist". In Beispiel 54 liegt somit keine Einlage nach § 8c Abs. 1a KStG vor.[773]

771 Nach Auffassung der Kommission handelt es sich bei der Vorschrift um eine verbotene Beihilfe. Die Bundesregierung hat angekündigt, gegen die Entscheidung der Kommission eine Nichtigkeitsklage vor dem EuGH zu erheben (BMF-Pressemitteilung Nr. 4/2011). Vgl. zur Nichtanwendung der Vorschrift durch die Finanzverwaltung, BMF-Schreiben vom 30.04.2010, S – 2745-a/08/10005:2, GmbHR 2010, 616.

772 Vgl. *Mückl/Remplik,* FR 2009, 689, 695; *Neumann/Stimpel,* Der Konzern 2009, 409, 413; *Trossen,* GmbH-StB 2009, 227, 229.

773 Bei gegenteiliger Auffassung wäre zu prüfen, ob die Einlage – in Form der organschaftlichen Minderabführung – auch die Voraussetzungen einer Betriebsvermögenszuführung nach § 8c Abs. 1a Satz 3 Nr. 3 KStG erfüllt.

§ 6 Ergebnisse

Das Ziel der Ausgleichspostenlösung und der Einlagelösung ist eine Vermeidung der Doppel- und Nichtbesteuerung in Folge von Minder- und Mehrabführungen, die ihre Ursache in organschaftlicher Zeit haben. Beide Lösungen stehen neben § 14 Abs. 3 KStG, dessen Ziel die Sicherstellung der Ausschüttungsbesteuerung ist. Der Ausgleichspostenlösung der §§ 14 Abs. 4, 27 Abs. 6 KStG und der Einlagelösung des § 14 Abs. 4 KStG-Entwurf liegt die Überlegung zu Grunde, eine organschaftliche Minderabführung „wie" eine Einlage des Organträgers und eine organschaftliche Mehrabführung „wie" eine Einlagenrückgewähr der Organgesellschaft zu behandeln. Die Ausgleichspostenlösung in Form von §§ 14 Abs. 4, 27 Abs. 6 KStG setzt diese Überlegung durch Bildung von Ausgleichsposten zur Organbeteiligung auf Ebene des Organträgers und Erhöhung bzw. Minderung des steuerlichen Einlagekontos auf Ebene der Organgesellschaft um. Die Einlagelösung in Form von § 14 Abs. 4 KStG-Entwurf setzt die zu Grunde liegende Überlegung durch Behandlung einer organschaftlichen Minderabführung als fiktive Einlage und einer organschaftlichen Mehrabführung als fiktive Einlagenrückgewähr um. Es kommt nicht zu einer Bildung von Ausgleichsposten, sondern zu einer Erhöhung oder Minderung des Beteiligungsbuchwerts.

A. Ausgleichspostenlösung nach § 14 Abs. 4, § 27 Abs. 1 Satz 4, Abs. 6 KStG fügt sich in das System der Organschaftsbesteuerung ein

Die Ausgleichspostenlösung nach §§ 14 Abs. 4, 27 Abs. 1 Satz 4, Abs. 6 KStG fügt sich in das System der Organschaftsbesteuerung ein. Die Vorschrift des § 14 Abs. 4 KStG ist geeignet, eine Doppel- und Nichtbesteuerung des Einkommens des Organkreises zu verhindern und setzt die „Erfindung" von *Rudolf Thiel*, eine Doppel- bzw. Nichtbesteuerung durch Bildung von Ausgleichsposten in der Steuerbilanz des Organträgers zu verhindern, im Grundsatz zutreffend um. Insbesondere wird durch die Bildung von Ausgleichsposten – anders als bei der Einlagelösung – eine Besteuerung des Organträgers (bzw. dessen Gesellschafter) in Folge einer überschießenden organschaftlichen Mehrabführung vermieden. Allerdings weist die bestehende Ausgleichspostenlösung in Form von § 14 Abs. 4 KStG Schwächen auf, die der Gesetzgeber korrigieren sollte:

I. Auf die (nur) anteilige Bildung von Ausgleichsposten sollte verzichtet werden

Die wesentliche „Schwachstelle“[774] des § 14 Abs. 4 KStG ist die (nur) anteilige Bildung von Ausgleichsposten bei Vorhandensein außenstehender Gesellschafter. Die bestehende Regelung kann zu einer (anteiligen) Doppel- oder (anteiligen) Nichtbesteuerung von Einkommen führen. Um insoweit „steuerliche Verwerfungen“ zu vermeiden, muss die Rechtsfolge des § 14 Abs. 4 KStG korrigiert werden. Besondere Ausgleichsposten sind in Höhe der jeweiligen Minder- oder Mehrabführung zu bilden.

Die anteilige Bildung von Ausgleichsposten ist allerdings kein Wesensmerkmal einer Ausgleichspostenlösung. Die Ausgleichspostenlösung sieht eine Vermeidung der Doppel- oder Nichtbesteuerung in Folge von organschaftlichen Minder- und Mehrabführungen durch Bildung von Ausgleichsposten in der Steuerbilanz des Organträgers vor. Eine „anteilige Bildung“ von Ausgleichsposten ist nicht zwingend für eine Ausgleichspostenlösung. Bei einem Verzicht auf die anteilige Bildung würde sich am Charakter der Ausgleichspostenlösung nichts ändern. Deshalb ist ein Festhalten an der Ausgleichspostenlösung bei Verzicht auf eine anteilige Bildung von Ausgleichsposten ohne weiteres denkbar.

II. Rechtsnatur der Ausgleichsposten sollte gesetzlich bestimmt werden

Die Ausgleichspostenlösung führt nicht zu steuerlichen Verwerfungen oder Problemen, wenn man Ausgleichsposten als Korrekturposten zum Beteiligungsbuchwert begreift. Danach folgt ein Ausgleichsposten den Anteilen, deren Buchwert er korrigiert. Rechtsgrundlage für diese Rechtsauffassung ist § 14 Abs. 4 Satz 4 KStG. Gedanklich setzt sich der Buchwert an der Organbeteiligung aus dem „echten“ Anteilsbuchwert und dem besonderen Ausgleichsposten nach § 14 Abs. 4 Satz 1 KStG zusammen. Soweit ein Gesetzestatbestand an den Buchwert anknüpft, muss ein bestehender Ausgleichsposten berücksichtigt werden. Die vorstehende Rechtsauffassung könnte in § 14 Abs. 4 KStG ausdrücklich klargestellt werden.[775]

III. Saldierung organschaftlicher Minder- und Mehrabführungen sowie Bildung eines (einzigen) Ausgleichspostens beim Organträger sollte gesetzlich bestimmt werden

Organschaftliche Minder- und Mehrabführungen für ein Wirtschaftsjahr können m.E. saldiert werden. Zwar steht der Wortlaut der Vorschrift dieser Auffassung nicht

774 So ausdrücklich *Frotscher*, in Frotscher/Maas, KStG, § 14 Rn. 316.

775 Für einen Formulierungsvorschlag, siehe § 6 D.

entgegen. Jedoch würde eine eindeutige Formulierung von § 14 Abs. 4 KStG insoweit Klarheit schaffen. Darüber hinaus können organschaftliche Minder- und Mehrabführungen auch Wirtschaftsjahr übergreifend saldiert werden. Technisch erfolgt dies durch Bildung eines einzigen Ausgleichspostens für eine bestimmte Organbeteiligung. Dieser Auffassung steht der Zweck des § 14 Abs. 4 KStG nicht entgegen. Allerdings ist der Wortlaut der Vorschrift nicht eindeutig. Auch insoweit sollte eine eindeutige Formulierung von § 14 Abs. 4 KStG erfolgen.

IV. Für den Fall einer mittelbaren Organschaft sollte die Bildung von Ausgleichsposten bei Zwischengesellschaften gesetzlich bestimmt werden

Nach § 14 Abs. 4 KStG ist ein Ausgleichsposten in der Steuerbilanz des Organträgers zu bilden. Im Fall einer mittelbaren Organschaft scheidet die Bildung eines Ausgleichspostens bei der Zwischengesellschaft aus. Dadurch kann es im Einzelfall dazu kommen, dass der Zweck von § 14 Abs. 4 KStG, eine Doppel- und Nichtbesteuerung zu vermeiden, nicht erreicht wird. Deshalb sollte in § 14 Abs. 4 KStG die Bildung von Ausgleichsposten bei Zwischengesellschaften ermöglicht werden.

V. Rückwirkende Anwendung von § 14 Abs. 4 KStG auf eine einkommenswirksame Auflösung passiver Ausgleichsposten ist verfassungswidrig

Der Vollständigkeit halber ist hervorzuheben, dass die rückwirkende Anwendung von § 14 Abs. 4 KStG auf eine einkommenswirksame Auflösung von passiven Ausgleichsposten verfassungswidrig ist. Sofern ein Organträger vor dem Jahr 2007 einen passiven Ausgleichsposten – entgegen der Verwaltungsauffassung – einkommensneutral aufgelöst hat, fehlt es an einer gesetzlichen Besteuerungsgrundlage (Art. 20 Abs. 3 GG). Insoweit ist der Sachverhalt durch die Veräußerung der Organbeteiligung abgeschlossen. Eine rückwirkende Besteuerung dieses abgeschlossenen Sachverhalts nach §§ 14 Abs. 4, 34 Abs. 9 Nr. 5 KStG ist ein Verstoß gegen das verfassungsrechtliche Rückwirkungsverbot.

B. Einlagelösung ist auf den „ersten Blick" zwar einfacher, sie kann jedoch zu einer ungerechtfertigten Besteuerung im Organkreis führen und wirft neue Zweifelsfragen auf

Die Einlagelösung ist auf den „ersten Blick" einfacher als die Ausgleichspostenlösung, da auf das Steuerinstrument der Ausgleichsposten verzichtet wird. Insoweit ist *Ewald Dötsch* zuzustimmen. Die Einlagelösung kann jedoch zu einer ungerechtfertigten Besteuerung innerhalb einer Organschaft führen. Im Übrigen wirft die Einlagelösung neue Zweifelsfragen auf.

I. Frage nach der Rechtsnatur der Ausgleichsposten stellt sich nicht

Die Frage nach der Rechtsnatur von Ausgleichsposten stellt sich bei der Einlagelösung nicht. Organschaftliche Minder- und Mehrabführungen werden auf Ebene des Organträgers durch eine Erhöhung oder Minderung des Buchwerts der Beteiligung an der Organgesellschaft abgebildet. Deshalb ergeben sich keine Zweifelsfragen bei der Fortführung von Ausgleichsposten. Bei Transaktionen auf Ebene des Organträgers ergeben sich keine Besonderheiten. Dies gilt insbesondere für Umwandlungen des Organträgers und der Organgesellschaft sowie für Teilwertabschreibungen auf die Organbeteiligung.

II. Organschaftliche Minder- und Mehrabführungen werden auch bei mittelbarer Organschaft zutreffend abgewickelt

Im Gegensatz zur Ausgleichspostenlösung in Form von § 14 Abs. 4 KStG werden bei der Einlagelösung organschaftliche Minder- und Mehrabführungen bei mittelbarer Organschaft zutreffend abgewickelt. Die Einlagelösung lässt eine Berücksichtigung organschaftlicher Minder- und Mehrabführungen auch auf Ebene der Zwischengesellschaft zu. Beispielsweise wird eine organschaftliche Minderabführung als fiktive Einlage des Organträgers in die Organgesellschaft behandelt. Dies führt dazu, dass der Buchwert der Beteiligung an der Organgesellschaft auf Ebene der Zwischengesellschaft nach den Regeln der durchgeleiteten verdeckten Einlage zu erhöhen ist. Insoweit setzt die Einlagelösung die Überlegung, z.B. eine organschaftliche Minderabführung wie eine Einlage zu behandeln, zutreffend um. Die Ausgleichspostenlösung in Form von § 14 Abs. 4 KStG, der gleichfalls die Überlegung zu Grunde liegt, eine organschaftliche Minderabführung wie eine Einlage zu behandeln, sieht die Bildung eines Ausgleichspostens nur in der Steuerbilanz des Organträgers vor. Danach scheitert eine Berücksichtigung der Folge der organschaftlichen Minderabführung auf Ebene der Zwischengesellschaft. Es kann im Rahmen der Ausgleichspostenlösung zu „Verwerfungen" kommen.

Würde der Gesetzgeber die Bildung von Ausgleichsposten auf Ebene der Zwischengesellschaft zulassen, ergäbe sich insoweit allerdings kein Vorteil der Einlagelösung. In diesem Fall würde die Ausgleichspostenlösung auch im Fall der mittelbaren Organschaft zu einem zutreffenden Ergebnis führen.

III. Einlagelösung löst bei überschießender organschaftlicher Mehrabführung eine ungerechtfertigte Besteuerung auf Ebene des Organträgers aus

Die Einlagelösung behandelt eine organschaftliche Mehrabführung als fiktive Einlagenrückgewähr. Sofern eine organschaftliche Mehrabführung den Buchwert der Organbeteiligung übersteigt (überschießende Mehrabführung), kommt es zu einer Betriebseinnahme des Organträgers. Die Besteuerung erfolgt in Abhängigkeit von der Rechtsform des Organträgers bzw. seiner Gesellschafter nach § 3 Nr. 40, § 3c Abs. 2 EStG oder § 8b KStG. Diese Besteuerung während des Bestehens der Organschaft ist nicht gerechtfertigt. Eine organschaftliche Mehrabführung ist mit einer Einlagenrückgewähr nicht vergleichbar. Der Besteuerung einer überschießenden Einlagenrückgewähr liegt der Gedanke einer Rückzahlung von Anschaffungskosten zu Grunde. Eine organschaftliche Mehrabführung ist keine Rückzahlung von Anschaffungskosten, sondern Gewinnabführung der Organgesellschaft. Darüber hinaus hat eine organschaftliche Mehrabführung – anders als eine Einlagenrückgewähr – stets vorübergehenden Charakter. Einer originären Mehrabführung folgt in der Regel eine (gegenläufige) Minderabführung, so dass die Abweichung zwischen abgeführten Gewinn und Steuerbilanzgewinn entfällt. Letztlich kann eine organschaftliche Mehrabführung vom Steuerpflichtigen auch nicht – wie eine Einlagenrückgewähr – „gesteuert" werden. Sie ist vielmehr Folge des Nebeneinanders von handelsrechtlicher Gewinnabführung, steuerlicher Gewinnermittlung und Einkommenszurechnung. Eine Einlagelösung in Form von § 14 Abs. 4 KStG-Entwurf würde insoweit einen Widerspruch zum System der Organschaftsbesteuerung darstellen.

IV. Einkommensneutrale Erhöhung bzw. Minderung des Buchwerts der Organbeteiligung erscheint bei der Einlagelösung in Form von § 14 Abs. 4 KStG-Entwurf zweifelhaft

Im Rahmen der Ausgleichspostenlösung in Form von § 14 Abs. 4 KStG werden aktive und passive Ausgleichsposten im Fall organschaftlicher Minder- und Mehrabführungen einkommensneutral gebildet. Die einkommensneutrale Bildung der Ausgleichsposten folgt in einem Umkehrschluss aus § 14 Abs. 4 Satz 3 KStG, wonach die Auflösung von Ausgleichsposten einkommenswirksam ist.

Die Einlagelösung in Form von § 14 Abs. 4 KStG-Entwurf verzichtet auf die einkommensneutrale Bildung von Ausgleichsposten. Stattdessen wird – als Folge einer fiktiven Einlage oder Einlagenrückgewähr – der Buchwert der Organbeteiligung erhöht oder gemindert. Unklar ist, woraus folgt, dass die Erhöhung oder Minderung des Beteiligungsbuchwerts einkommensneutral erfolgt. Bei Heranziehen von Einlagegrundsätzen ergibt sich lediglich, dass die Einlage oder Einlagenrückgewähr auf Ebene der Organgesellschaft einkommensneutral ist. Die Einkommensneutralität der Erhöhung bzw. Minderung des Buchwerts auf Ebene des Organträgers ergibt sich weder aus § 14 Abs. 4 KStG-Entwurf noch bei Heranziehen der Grundsätze zur steuerlichen Behandlung von Gewinnabführung und Einkommenszurechnung.

V. Einlagelösung führt zu neuen Zweifelsfragen

Die Einlagelösung in Form von § 14 Abs. 4 KStG-Entwurf führt zu neuen Zweifelsfragen. Um eine Doppel- bzw. Nichtbesteuerung von Organkreiseinkommen in Folge organschaftlicher Minder- und Mehrabführungen zu verhindern, behandelt § 14 Abs. 4 KStG-Entwurf organschaftliche Minderabführungen als fiktive Einlage und organschaftliche Mehrabführungen als fiktive Einlagenrückgewähr. Fraglich ist, ob diese Fiktion über § 14 Abs. 4 KStG-Entwurf hinaus gilt. Sollte dies der Fall sein, können organschaftliche Minder- und Mehrabführungen – über § 14 Abs. 4 KStG hinaus – auch Tatbestände erfüllen, die an das Vorliegen einer Einlage oder Einlagenrückgewähr anknüpfen (z.B. § 22 Abs. 1 Satz 6 Nr. 3 UmwStG, § 8c Abs. 1a KStG). Der Ersatz der Ausgleichspostenlösung durch eine Einlagelösung könnte insoweit zu Folgen führen, die über eine (vermeintliche) „Vereinfachung“ der steuerlichen Behandlung organschaftlicher Minder- und Mehrabführungen hinausreichen.

C. Gesetzgeber sollte an Ausgleichspostenlösung festhalten

Ein Vergleich der Ausgleichspostenlösung in Form von §§ 14 Abs. 4, 27 Abs. 6 KStG mit der Einlagelösung in Form von § 14 Abs. 4 KStG-Entwurf ergibt m.E. im Ergebnis keine Vorteilhaftigkeit der Einlagelösung. Im Gegenteil, die Einlagelösung kann auf Grund einer Gleichbehandlung von organschaftlicher Mehrabführung und Einlagenrückgewähr zu einer ungerechtfertigen Besteuerung während einer Organschaft führen. Der Gesetzgeber sollte die bestehende Ausgleichspostenlösung unter Berücksichtigung der (wenigen) vorstehend skizzierten Schwächen zu einer praktikablen Ausgleichspostenlösung ausbauen.

D. Formulierungsvorschlag zu § 14 Abs. 4 KStG

Der Gesetzgeber sollte § 14 Abs. 4 KStG wie folgt formulieren (§ 27 Abs. 6 KStG bleibt unverändert):

> [1]Für Minder- und Mehrabführungen, die ihre Ursache in organschaftlicher Zeit haben, ist **insbesondere**[776] in der Steuerbilanz des Organträgers ein besonderer aktiver oder passiver Ausgleichsposten **als Zusatzposten zur Organbeteiligung**[777] ~~in Höhe des Betrags~~ zu bil-

776 Das Tatbestandsmerkmal lässt im Fall einer mittelbaren Organschaft die Bildung eines Ausgleichspostens bei einer Zwischengesellschaft zu.

777 Das Merkmal stellt die Rechtsnatur von Ausgleichsposten klar.

den, der dem Verhältnis der Beteiligung des Organträgers am Nennkapital der Organgesellschaft entspricht[778].

[2]Im Zeitpunkt der Veräußerung der Organbeteiligung **ist der**[779] sind die besonderen Ausgleichsposten aufzulösen.

[3]Dadurch erhöht oder verringert sich das Einkommen des Organträgers.

[4]§ 3 Nr. 40, § 3c Abs. 2 des Einkommensteuergesetzes und § 8b dieses Gesetzes sind anzuwenden.[780]

[5] Der Veräußerung gleichgestellt sind insbesondere die Umwandlung der Organgesellschaft auf eine Personengesellschaft oder eine natürliche Person, die verdeckte Einlage der Beteiligung an der Organgesellschaft und die Auflösung der Organgesellschaft.

[6]**Eine**[781] Minder- oder Mehrabführungen im Sinne des Satzes 1 liegten insbesondere vor, wenn der an den Organträger abgeführte Gewinn von dem Steuerbilanzgewinn der Organgesellschaft abweicht und diese Abweichung in organschaftlicher Zeit verursacht ist.

---

778 Die Streichung führt dazu, dass ein Ausgleichsposten stets in Höhe der organschaftlichen Minder- oder Mehrabführung zu bilden ist.

779 Die Änderung stellt klar, dass stets nur ein (einziger) Ausgleichsposten zur Organbeteiligung besteht.

780 Der Satz 4 wird nicht benötigt. Die Anwendung von § 3 Nr. 40, § 3c Abs. 2 EStG oder § 8b KStG ergibt sich bereits aus der Rechtsnatur des Ausgleichspostens.

781 Die Ergänzung und Änderung in Satz 6 stellt klar, dass stets nur eine (einzige) Minder- oder Mehrabführung für ein Wirtschaftsjahr vorliegt.

Anlage 1: Gesetzeswortlaut der Ausgleichsposten-lösung und einer Einlagelösung

Im Folgenden werden der Gesetzeswortlaut der Ausgleichspostenlösung in Form von §§ 14 Abs. 4, 27 Abs. 1 Satz 4, Abs. 6 KStG und der mögliche Gesetzeswortlaut einer Einlagelösung in Form von §§ 14 Abs. 4, 27 Abs. 1 Satz 3 und 4, Abs. 6 KStG-Entwurf gegenübergestellt. Der Gesetzeswortlaut der Einlagelösung dürfte einem Vorschlag der Fachebenen des Bundes und der Länder zum Jahressteuergesetz 2008 entsprechen.[782]

Bestehende Ausgleichspostenlösung

§ 14 Abs. 4 KStG

[1]Für Minder- und Mehrabführungen, die ihre Ursache in organschaftlicher Zeit haben, ist in der Steuerbilanz des Organträgers ein besonderer aktiver oder passiver Ausgleichsposten in Höhe des Betrags zu bilden, der dem Verhältnis der Beteiligung des Organträgers am Nennkapital der Organgesellschaft entspricht.

[2]Im Zeitpunkt der Veräußerung der Organbeteiligung sind die besonderen Ausgleichsposten aufzulösen.

[3]Dadurch erhöht oder verringert sich das Einkommen des Organträgers.

[4]§ 3 Nr. 40, § 3c Abs. 2 des Einkommensteuergesetzes und § 8b dieses Gesetzes sind anzuwenden.

[5]Der Veräußerung gleichgestellt sind insbesondere die Umwandlung der Organgesellschaft auf eine Personengesellschaft oder eine natürliche Person, die verdeckte Einlage der Beteiligung an der Organgesellschaft und die Auflösung der Organgesellschaft.

[6]Minder- oder Mehrabführungen im Sinne des Satzes 1 liegen insbesondere vor, wenn der an den Organträger abgeführte Gewinn von dem Steuerbilanzgewinn der Organgesellschaft abweicht und diese Abweichung in organschaftlicher Zeit verursacht ist.

Mögliche Einlagelösung

§ 14 Abs. 4 KStG-Entwurf

[1]Minderabführungen der Organgesellschaft, die ihre Ursache in organschaftlicher Zeit haben, sind als Einlage durch den Organträger in die Organgesellschaft zu behandeln.

[2]Mehrabführungen der Organgesellschaft, die ihre Ursache in organschaftlicher Zeit haben, gelten als Einlagenrückgewähr der Organgesellschaft an den Organträger.

[3]Minder- oder Mehrabführungen im Sinne der Sätze 1 und 2 liegen insbesondere vor, wenn der an den Organträger abgeführte Gewinn von dem Steuerbilanzgewinn der Organgesellschaft abweicht und diese Abweichung in organschaftlicher Zeit verursacht ist.

[4]Minder- und Mehrabführungen nach den Sätzen 1 und 2 gelten in dem Zeitpunkt als erfolgt, in dem das Wirtschaftsjahr der Organgesellschaft endet.

---

782 Ein weiterer Formulierungsvorschlag findet sich bei *Reiß*, Der Konzern 2008, 9, 30.

§ 27 Abs. 1 Satz 3 KStG

Leistungen der Kapitalgesellschaft mit Ausnahme der Rückzahlung von Nennkapital im Sinne des § 28 Abs. 2 Satz 2 und 3 mindern das steuerliche Einlagekonto unabhängig von ihrer handelsrechtlichen Einordnung nur, soweit sie den auf den Schluss des vorangegangenen Wirtschaftsjahrs ermittelten ausschüttbaren Gewinn übersteigen (Einlagenrückgewähr).

§ 27 Abs. 1 Satz 3 KStG-Entwurf

Leistungen der Kapitalgesellschaft mit Ausnahme der Rückzahlung von Nennkapital im Sinne des § 28 Abs. 2 Satz 2 und 3 und der Mehrabführungen im Sinne des Absatzes 6 mindern das steuerliche Einlagekonto unabhängig von ihrer handelsrechtlichen Einordnung nur, soweit sie den auf den Schluss des vorangegangenen Wirtschaftsjahrs ermittelten ausschüttbaren Gewinn übersteigen (Einlagenrückgewähr).

§ 27 Abs. 1 Satz 4 KStG

Der Bestand des steuerlichen Einlagekontos kann durch Leistungen nicht negativ werden; Absatz 6 bleibt unberührt.

§ 27 Abs. 1 Satz 4 KStG

Der Bestand des steuerlichen Einlagekontos kann durch Leistungen nicht negativ werden; Absatz 6 bleibt unberührt.

§ 27 Abs. 6 KStG

Minderabführungen erhöhen und Mehrabführungen mindern das Einlagekonto einer Organgesellschaft, wenn sie ihre Ursache in organschaftlicher Zeit haben.

§ 27 Abs. 6 KStG-Entwurf

Mehrabführungen im Sinne des § 14 Abs. 4 Satz 2 mindern das steuerliche Einlagekonto der Organgesellschaft vorrangig vor anderen Leistungen der Kapitalgesellschaft.

Anlage 2: Terminologie

Im Rahmen der Arbeit werden im Zusammenhang mit dem Begriff „Minder- und Mehrabführungen“ auch die Bezeichnungen „vororganschaftliche Minder- und Mehrabführungen“, „organschaftliche Minder- und Mehrabführungen“, „originäre Minder- und Mehrabführungen“ und „gegenläufige Mehr- und Minderabführungen“ verwendet. Der folgenden Übersicht ist die Bedeutung der Bezeichnungen zu entnehmen:

Verwendeter Begriff	**Bedeutung**
Minder- und Mehrabführungen	Minder- und Mehrabführungen nach § 14 Abs. 3 oder Abs. 4 KStG
Vororganschaftliche Minder- und Mehrabführungen	Minder- und Mehrabführungen, die ihre Ursache in vororganschaftlicher Zeit haben (§ 14 Abs. 3 KStG)
Organschaftliche Minder- und Mehrabführungen	Minder- und Mehrabführungen, die ihre Ursache in organschaftlicher Zeit haben (§ 14 Abs. 4 KStG)
Originäre Minder- oder Mehrabführung	Eine organschaftliche Minder- oder Mehrabführung, der erstmalig eine bestimmten Ursache zu Grunde liegt
Gegenläufige Mehr- oder Minderabführung	Eine organschaftliche Mehr- oder Minderabführung, die auf derselben Ursache beruht, wie die originäre Minder- oder Mehrabführung

Anlage 3: Übersicht über die Rechtsfolgen der Ausgleichspostenlösung und der Einlagelösung

	Ausgleichspostenlösung		Einlagelösung	
	Organträger	**Organgesellschaft**	**Organträger**	**Organgesellschaft**
Minderabführung	Bildung aktiver Ausgleichsposten in Steuerbilanz	Erhöhung Einlagekonto	Erhöhung Buchwert der Organbeteiligung („sind als Einlage zu behandeln“)	Erhöhung Einlagekonto („sind als Einlage zu behandeln“)
	anteilige Bildung	in Höhe des Minderabführungsbetrags	in Höhe des Minderabführungsbetrags	in Höhe des Minderabführungsbetrags
Mehrabführung	Bildung passiver Ausgleichsposten in Steuerbilanz	Minderung des Einlagekontos	Minderung Buchwert der Organbeteiligung („gilt als Einlagenrückgewähr“)	Minderung Einlagekonto („gilt als Einlagenrückgewähr“)
	anteilige Bildung	in Höhe des Mehrabführungsbetrags	in Höhe des Mehrabführungsbetrags	in Höhe des Mehrabführungsbetrags
			soweit der Mehrabführungsbetrag den Buchwert übersteigt, liegen steuerpflichtige Betriebseinnahmen vor (§ 3 Nr. 40, § 3c Abs. 2 EStG, § 8b KStG)	Minderung Einlagekonto vor anderen Leistungen („Leistungsreihenfolge“)
		Einlagekonto kann negativ werden		Einlagekonto kann negativ werden

	Ausgleichspostenlösung		Einlagelösung	
	Organträger	**Organgesellschaft**	**Organträger**	**Organgesellschaft**
Gegenläufige Mehrabführung	Einkommensneutrale Auflösung eines aktiven Ausgleichsposten	Minderung Einlagekonto	Minderung Buchwert der Organbeteiligung („gilt als Einlagenrückgewähr“)	Minderung Einlagekonto („gilt als Einlagenrückgewähr“)
		in Höhe des Mehrabführungsbetrags	in Höhe des Mehrabführungsbetrags	in Höhe des Mehrabführungsbetrags
			soweit der Mehrabführungsbetrag den Buchwert übersteigt, liegen steuerpflichtige Betriebseinnahmen vor	Minderung Einlagekonto vor anderen Leistungen („Leistungsreihenfolge“)
				Einlagekonto kann negativ werden
Gegenläufige Minderabführung	Einkommensneutrale Auflösung eines passiven Ausgleichspostens	Erhöhung Einlagekonto	Erhöhung Buchwert der Organbeteiligung („sind als Einlage zu behandeln“)	Erhöhung Einlagekonto („sind als Einlage zu behandeln“)
		in Höhe des Minderabführungsbetrags	in Höhe des Minderabführungsbetrags	in Höhe des Minderabführungsbetrags
Fortführungsphase[783]	Zweifelsfragen bestehen auf Grund der Tatsache, dass die Rechtsnatur des Ausgleichsposten ungeklärt ist	Keine Auswirkungen	Keine Zweifelsfragen hinsichtlich Rechtsnatur von Ausgleichspostens, da Ausgleichsposten nicht bestehen; ggf. neue Zweifelsfragen	Keine Auswirkungen

783 Fortführungsphase ist der Zeitraum zwischen Bildung und Auflösung des Ausgleichspostens. Transaktionen während dieser Phase können sich auf bestehende Ausgleichsposten auswirken.

	Ausgleichspostenlösung		Einlagelösung	
	Organträger	**Organgesellschaft**	**Organträger**	**Organgesellschaft**
Veräußerung der Organbeteiligung oder veräußerungsgleicher Sachverhalt	Ausgleichsposten sind einkommenswirksam aufzulösen	Keine Auswirkungen	Erhöhter/ geminderter Beteiligungsbuchwert ist der Veräußerungsgewinnermittlung zu Grunde zu legen	Keine Auswirkungen

Literaturverzeichnis

Abrell, Matthias	Problematischer Ausgleichsposten in der Bilanz des Organträgers, in BB 1972, 1401
Arbeitsgemeinschaft der Fachanwälte für Steuerrecht e.V.	Jahrbuch der Fachanwälte für Steuerrecht 2008/2009, 59. Steuerrechtliche Jahresarbeitstagung, Herne 2009
Arndt, Hans-Wolfgang/ Schumacher, Andreas	Echte Fortschritte bei der unechten Rückwirkung?, in NJW 1998, 1538
Bareis, Peter	Systembruch durch Ausgleichsposten nach § 14 Abs. 4 KStG?, in FR 2008, 649
Baumbach, Adolf/ Hopt, Klaus J. (Hrsg.)	Kommentar zum Handelsgesetzbuch, 33. Auflage, München 2008 zitiert: Bearbeiter, in Baumbach/Hopt, HGB
Bäumer, Heike	Die Thesaurierungsbegünstigung nach § 34a EStG – einzelne Anwendungsprobleme mit Lösungsansätzen, in DStR 2007, 2089
Binnewies, Burkhard	Das steuerliche Einlagekonto im Halbeinkünfteverfahren – Anleitung zur Behandlung der nicht in das Nennkapital geleisteten Einlagen, in GmbH-StB 2003, 129
Blümich, Walter	Kommentar zum Einkommensteuergesetz, Körperschaftsteuergesetz, Gewerbesteuergesetz, Nebengesetze, München, Stand: April 2009 zitiert: Bearbeiter, in Blümich, KStG

Breier, Ulrich	Mehr- und Minderabführungen in der Organschaft, in: Der Konzern 2011, 11 und 84
Preißer, Michael/ Pung, Alexandra	Die Besteuerung der Personen- und Kapitalgesellschaften, Kommentar, Weil im Schönbuch 2009 zitiert: Bearbeiter, in Preißer/Pung, Besteuerung der Personen- und Kapitalgesellschaften
Brezing, Klaus	Der steuerliche Ausgleichsposten beim Organträger nach der Neuregelung der körperschaftsteuerrechtlichen Organschaft, in DStZ A 1970, 244
Brezing, Klaus	Überlegungen zum steuerlichen Ausgleichsposten bei körperschaftsteuerrechtlicher Organschaft, in DB 1976, 1030
Bruns, Fritz	Bildung und Auflösung von Rücklagen und Ausgleichsposten bei bestehender körperschaftsteuerlicher Organschaft, in DB 1975, 2242
Christoffel, Hans Günter	Ermittlung des Betriebsvermögens für Erbschaft- und Schenkungsteuerzwecke, in GmbHR 1997, 517
Cordes, Martin	Thesaurierungsbegünstigung nach § 34a EStG n.F. bei Personenunternehmen – Analyse der Be- bzw. Entlastungswirkung bei der laufenden Besteuerung und der Auswirkungen auf Umstrukturierungen, in Wpg 2007, 526
Crezelius, Georg	Zur Thesaurierungsbegünstigung nach § 34a EStG, in Festschrift für Wolfram Reiß, Köln 2008, Seite 399 ff. zitiert: Crezelius, in FS Reiß
Curtius-Hartung, Rudolf	Zur Ausschaltung körperschaftsteuerlicher Doppelerfassung bei Organschaft – Zugleich eine Auseinandersetzung mit der Rechtfertigung besonderer Ausgleichsposten beim Organträger, in Festschrift für Gerd Rose, Wiesbaden 1991, Seite 311 zitiert: Cartius-Hartung, in FS Rose

Dahlke, Jürgen	Bilanzierung latenter Steuern bei Organschaften nach dem BilMoG, in BB 2009, 878
Dantzer, Volrad	Sind die besonderen Ausgleichsposten nach Abschnitt 59 KStR 1977 erforderlich?, in StBp 1983, 176
Dantzer, Volrad	Die besonderen Ausgleichsposten nach Abschn. 59 KStR 1977 – Stellungnahme zu Hübel (StBp 1984, S. 11 ff.), in StBp 1984, 149
Dörfler, Oliver/ Adrian, Gerrit/ Geeb, Christoph	Aktuelle Entwicklungen beim organschaftlichen Ausgleichsposten – zugleich Anmerkungen zum Urteil des BFH vom 7.2.2007, I R 5/05, in DStR 2007, 1889
Dötsch, Ewald	Organschaft und verdeckte Gewinausschüttung, in GmbHR 1991, 121
Dötsch, Ewald	Organschaft und Umwandlungssteuergesetz, in Festschrift für Siegfried Widmann, Bonn 2000, S. 265 ff. zitiert: Dötsch, in FS Widmann
Dötsch, Ewald	Minder- und Mehrabführungen mit Verursachung in organschaftlicher Zeit – Bildung und Auflösung steuerlicher Ausgleichsposten zur Organbeteiligung nach Inkrafttreten des § 14 Abs. 4 KStG i.d.F. des JStG 2008, in Ubg 2008, 117
Dötsch, Ewald	Die besonderen Ausgleichsposten bei der Organschaft – Ein kompliziertes Regelungsgebäude ohne Rechtsgrundlage, in DB 1993, 752
Dötsch, Ewald	Auswirkungen bei Beendigung des Gewinnabführungsvertrags auf den besonderen Ausgleichsposten (Abschn. 59 KStR) – Stellungnahme zu Hübel (GmbHR 1991, 475), in GmbHR 1991, 477

Dötsch, Ewald — Aktuelle Entwicklungen bei der ertragsteuerlichen Organschaft: insbes. Gesetzesänderungen, Rechtsprechung, BMF-Einführungsschreiben, in Der Konzern 2003, 21

Dötsch, Ewald — Ausgewählte Einzelfragen zur körperschaft- und gewerbesteuerlichen Organschaft, in Der Konzern 2004, 531

Dötsch, Ewald — Begründung einer Organschaft bei vorvertraglichen Verlustvorträgen, in Der Konzern 2010, 99

Dötsch, Ewald — Umwandlungen und Organschaft, in Ubg 2011, 1

Dötsch, Ewald/ Jost, Werner/ Pung, Alexandra/ Witt, Georg — Die Körperschaftsteuer: Kommentar zum Körperschaftsteuergesetz, Umwandlungssteuergesetz und zu den einkommensteuerlichen Vorschriften der Anteilseignerbesteuerung, Stuttgart, Stand: Juni 2009
zitiert: Bearbeiter, in Dötsch/Jost/Pung/Witt, KStG

Dötsch, Ewald/ Patt, Joachim/ Pung, Alexandra/ Möhlenbrock, Rolf — Kommentar zum Umwandlungssteuerrecht: Umstrukturierung von Unternehmen – Verschmelzung, Spaltung, Formwechsel, Einbringung, 6. Auflage, Stuttgart 2007
zitiert: Dötsch/Patt/Pung/Möhlenbrock, UmwStG

Dötsch, Ewald/ Pinkos, Erich — Körperschaftsteuerrichtlinien 2004/ Körperschaftsteuer-Handbuch 2004, in DB 2005, 125

Dötsch, Ewald/ Pung, Alexandra — Minder- und Mehrabführungen bei Organschaft – Zur Abgrenzung zwischen § 14 Abs. 3 und § 14 Abs. 4 KStG, in Der Konzern 2008, 150

Dötsch, Ewald/ Pung, Alexandra — JStG 2008: Die Änderungen des KStG, des UmwStG und des GewStG, in DB 2007, 2669

Dötsch, Ewald/ Pung, Alexandra — Richtlinien-Umsetzungsgesetz: Die Änderungen des EStG, des KStG und des GewStG, in DB 2005, 10

Dötsch, Ewald/ Pung, Alexandra	Steuersenkungsgesetz: Die Änderungen bei der Körperschaftsteuer und bei der Anteilseignerbesteuerung, in DB 2000, Beilage Nr. 10, 1
Dötsch, Ewald/ Pung, Alexandra	Organschaftsbesteuerung: Das Einführungsschreiben des BMF vom 26.8.2003 und weitere aktuelle Entwicklungen, in DB 2003, 1970
Dötsch, Ewald/ Pung, Alexandra	Mehrabführungen in organschaftlicher Zeit mit vorvertraglicher Verursachung: Der BFH lehnt die Verwaltungsauffassung ab, in Der Konzern 2003, 278
Dötsch, Ewald/ Pung, Alexandra	SEStEG: Die Änderungen des UmwStG (Teil I), in DB 2006, 2704
Dötsch, Ewald/ Pung, Alexandra	Organschaftliche Mehr- bzw. Minderabführungen mit vorvertraglicher Veranlassung: Die Übernahme der früheren Richtlinienregelung in das Gesetz, in Der Konzern 2005, 37
Dötsch, Ewald/ Pung, Alexandra	Mehr- und Minderabführungen, die auf der Ebene einer der Organgesellschaft nachgeordneten Personengesellschaft verursacht sind, in Der Konzern 2010, 223
Dötsch, Ewald/ Witt, Georg	Organschaft und Anrechnungsverfahren – Zur Abgrenzung der beiden Besteuerungssysteme bei Beginn und bei Beendigung der Organschaft, in DB 1996, 1592
Dötsch, Ewald/ Witt, Georg	Mehr- und Minderabführungen mit Verursachung in vororganschaftlicher Zeit: Ein weiterer Diskussionsbeitrag, in Der Konzern 2007, 190
Drüen, Klaus-Dieter	Rechtsschutz gegen rückwirkende Gesetze – Eine Zwischenbilanz, in StuW 2006, 358
Ellrot, Helmut/ Förschle, Gerhart/ Hoyos, Martin/ Winkeljohann, Norbert	Beck'scher Bilanzkommentar, 6. Auflage, München 2006 zitiert: Bearbeiter, in Beck'scher Bilanzkommentar, HGB

Emmerich, Volker/ Habersack, Mathias | Aktien- und GmbH-Konzernrecht, 5. Auflage, München 2008 zitiert: Emmerich/Habersack, Aktien- und GmbH-Konzernrecht

Emmerich, Volker/ Habersack, Mathias | Konzernrecht, 9. Auflage, München 2009 zitiert: Emmerich/Habersack, Konzernrecht

Erle, Bernd/ Sauter, Thomas | Körperschaftsteuergesetz – Kommentar, 2. Auflage, Heidelberg 2006 zitiert: Bearbeiter, in Erle/Sauter, 2. Auflage, KStG

Erle, Bernd/ Sauter, Thomas | Körperschaftsteuergesetz – Kommentar, 3. Auflage, Heidelberg 2010 zitiert: Bearbeiter, in Erle/Sauter, KStG

Ernst & Young | Körperschaftsteuergesetz – Kommentar, Bonn/Berlin, Stand: März 2009 zitiert: Bearbeiter, in Ernst & Young, KStG

Esterer, Fritz/ Bartelt, Martin | Modernes Gruppenbesteuerungssystem für Deutschland, in BB-Special 1.2010, 2

Euler, Roland | BB-Kommentar zum BFH-Urteil vom 7.2.2007 – I R 5/05, in BB 2007, 1444

Exner, Werner | Beherrschungsvertrag und Vertragsfreiheit: Ein Beitrag zur Gestaltung des aktienrechtlichen Beherrschungsvertrags, Frankfurt am Main 1984 zitiert: Exner, Beherrschungsvertrag und Vertragsfreiheit

Fasold | Ergebnisabführungsverträge bei Organverhältnissen – Ausweis der Abweichungen vom Handelsbilanzergebnis des Organs, in BB 1961, 897

Fasold | Teilwertabschreibung auf Schachtelbeteiligungen bei steuerfreien Schachtelgewinnen, in BB 1960, 1197

Felix, Günther/ Strahl, Martin — Ausschüttungen aus dem EK 04 bei wesentlicher Beteiligung i.S. des § 17 EStG oder Beteiligung im Betriebsvermögen,
in DStR 1996, 1514

Fischer, Brigitte — Thesaurierungsbegünstigung nach § 34a EStG – Bewertung aus Sicht eines international tätigen deutschen Personengesellschaftskonzern,
in Festschrift für Harald Schaumburg, Köln 2009, Seite 319 ff.
zitiert: Fischer, in FS Schaumburg

Flutgraf, Titus/ Fuchs, Michael/ Stifter, Jörg — Organschaftliche Mehrabführungen – Verfassungswidrige Rückwirkung der geplanten Dividendenbesteuerung,
in DB 2004, 2012

Förster, Guido/ Wendland, Jan — Einbringung von Unternehmensteilen in Kapitalgesellschaften,
in BB 2007, 631

Freeden, Arne von/ Rogall, Matthias — Organschaftliche Mehr- und Minderabführungen im Anwendungsbereich der Thesaurierungsbegünstigung des § 34a EStG,
in FR 2009, 785

Friauf, Karl Heinrich — Gesetzesankündigung und rückwirkende Gesetzgebung im Steuer- und Wirtschaftsrecht,
in BB 1972, 669

Frotscher, Gerrit — Organschaftliche Mehr- und Minderabführungen mit Verursachung in vertraglicher Zeit – Bildung und Auflösung steuerlicher Ausgleichsposten zur Organbeteiligung –,
in Der Konzern 2007, 34

Frotscher, Gerrit — Personengesellschaften im ertragsteuerlichen Organschaftsverbund,
in Ubg 2009, 426

Frotscher, Gerrit/ Maas, Ernst — Kommentar zum Körperschaftsteuer- und Umwandlungssteuergesetz, Freiburg, Stand: Mai 2009
zitiert: Bearbeiter, in Frotscher/Maas, KStG

Früchtl, Bernd/ Fischer, Nico	Erwerb eigener Anteile – Änderungen durch das BilMoG?, in DStZ 2009, 112
Fuchs, Michael	Körperschaftsteuerliche Organschaft mit ehemals gemeinnützigen Wohnungsunternehmen als Organgesellschaften, in DB 1995, Beilage Nr. 12, 1
Füger, Rolf/ Rieger, Norbert	Anwendungserlass zu § 8b KStG – Ausgewählte Zweifelsfragen (Teil 1 und 2), in FR 2003, 543 und 589
Fuhrmann, Claas	Organschaft als steuerliches Gestaltungselement, in KÖSDI 2008, 15989
Fuhrmann, Claas/ Strahl, Martin	Änderungen im Unternehmensteuerrecht durch das JStG 2008, in DStR 2008, 125
Gelhausen, Friedrich/ Althoff, Frank	Die Bilanzierung ausschüttungs- und abführungsgesperrter Beträge im handelsrechtlichen Jahresabschluss nach dem BilMoG (Teil 1 und 2), in Wpg 2009, 584 und 629
Glutsch, Siegfried/ Meining, Steffen	Der passive Ausgleichsposten bei organschaftlichen Mehrabführungen, in DB 2007, 308
Gosch, Dietmar	Kommentar zum Körperschaftsteuergesetz, 2. Auflage, München 2009 zitiert: Bearbeiter, in Gosch, KStG
Gosch, Dietmar	Anmerkung zum BFH-Urteil vom 24.07.1996, I R 41/93, in DStR 1996, 1729
Gosch, Dietmar	Über das Nichtanwenden höchstrichterlicher Rechtsprechung – augezeigt am Beispiel der Spruchpraxis des I. Senats des BFH, in Festschrift für Wolfgang Spindler, Köln 2011, Seite 379 zitiert: Gosch, in FS Spindler

Gragert, Katja/ Wißborn, Jan-Peter — Die Thesaurierungsbegünstigung nach § 34a EStG – Ermäßigte Besteuerung nicht entnommener Gewinne von Einzel- und Mitunternehmern ab 2008, in NWB Fach 3, 14621

Grube, Frank/ Behrendt, Lars — Verschmelzungsgewinne bei einer Organgesellschaft unter Berücksichtigung der Neufassung des § 14 Abs. 3 KStG durch das EURLUmsG, in GmbHR 2005, 1172

Grube, Frank/ Behrendt, Lars/ Heeg, Volker — Vororganschaftlich verursachte Mehr- und Minderabführungen und die sog. Fußstapfentheorie im Umwandlungssteuerrecht (Teil 1 und 2), in GmbHR 2006, 1026 und 1079

Günkel, Manfred/ Wagner, Thomas — Ertragsteuerliche Organschaft bei Wegfall des Gewinnabführungsvertrags – Überlegungen zu einer neuen Gruppenbesteuerung, in Ubg 2010, 603

Gürsching, Lorenz/ Stenger, Alfons — Kommentar zum Bewertungsrecht – BewG/ErbStG, Köln, Stand: April 2009 zitiert: Bearbeiter, in Gürsching/Stenger, BewG

Halaczinsky, Raymond — Die Änderungen des Bewertungs- und Vermögensteuergesetzes durch das Steueränderungsgesetz 1992, in NWB Fach 9, 2553

Hans, Adrian — Zweifelsfragen des UmwStG 2006 – Führt eine handelsrechtliche Mehrabführung zur Besteuerung des „Einbringungsgewinns I"?, in BB 2008, 26

Haritz, Detlef/ Paetzold, Harald — Bilanzielle Verknüpfungen und der Maßgeblichkeitsgrundsatz bei Verschmelzungen, in FR 1998, 352

Harle, Georg/ Bank, Stefan — Körperschaft- und gewerbesteuerliche Organschaft nach dem Unternehmenssteuerfortentwicklungsgesetz (UntStFG), in BB 2002, 1341

Harle, Georg/ Geiger, Annette	§ 34a EStG: Begünstigung der nicht entnommenen Gewinne – Teil I, in StBp 2009, 1
Heerdt, Tobias	Die steuerliche Behandlung von Mehrabführungen im Rahmen eines Upstream-Mergers auf eine Organgesellschaft, in DStR 2009, 938
Herlinghaus, Andreas	Anmerkung zur gewinnwirksamen Auflösung eines passiven Ausgleichspostens nach Abschn. 59 Abs. 5 Satz 3 KStR 1995, in EFG 2005, 629
Herrmann, Carl/ Heuer, Gerhard/ Raupach, Arndt	Kommentar zum Einkommensteuer- und Körperschaftsteuergesetz, Köln, Stand: Juli 2009 zitiert: Bearbeiter, in Herrmann/Heuer/Raupach, KStG
Herrmann, Carl/ Heuer, Gerhard/ Raupach, Arndt	Kommentar zum Einkommensteuer- und Körperschaftsteuergesetz, Jahresband 2005, Köln 2005
Herrmann, Carl/ Heuer, Gerhard/ Raupach, Arndt	Kommentar zum Einkommensteuer- und Körperschaftsteuergesetz, Jahresband 2008, Köln 2008
Herzig, Norbert	Standortsicherungsgesetz: Gesetzliche Regelung der Gesellschafter-Fremdfinazierung in § 8a KStG (Teil I), in DB 1994, 110
Heurung, Rainer/ Klübenspies, Marco	Ertragsteuerliche Organschaften im Lichte des BMF-Schreibens vom 26.8.2003, in BB 2003, 2483
Heurung, Rainer/ Seidel, Philipp	Ausgleichspostenmethode bei Organverlusten und mittelbarer Organschaft, in Der Konzern 2009, 400
Hey, Johanna	Steuerplanungssicherheit als Rechtsproblem, Köln 2002

Hey, Johanna	Unternehmensteuerreform: das Konzept der Sondertarifierung des § 34a EStG-E – Was will der Gesetzgeber und was hat er geregelt?, in DStR 2007, 925
Hoffmann-Becking, Michael (Hrsg.)	Münchener Handbuch des Gesellschaftsrechts, Band 4, Aktiengesellschaft, 3. Auflage, München 2007 zitiert: Bearbeiter, in Münchener Handbuch des Gesellschaftsrechts
Hohenlohe, Franz Prinz zu/ Heurung, Rainer/ Oblau, Markus	Änderungen des Unternehmenssteuerrechts durch das Richtlinien-Umsetzungsgesetz, in RIW 2005, 433
Hoppen, Christian/ Husemann, Walter/ Schmidt, Marc	Das neue HGB-Bilanzrecht, Köln 2009
Hübel, Wolfgang	Die besonderen Ausgleichsposten nach Abschnitt 59 KStR 1977 – Erwiderung auf Dantzer (StBp 1983, 176), in StBp 1984, 11
Hübel, Wolfgang	Mehr- und Minderabführung aufgrund von Geschäftsvorfällen aus vorvertraglicher Zeit, in StBp 1984, 78
Hübel, Wolfgang	Auswirkungen bei Beendigung des Gewinnabführungsvertrags auf den besonderen Ausgleichsposten (Abschn. 59 KStR), in GmbHR 1991, 475
Hübl, Leo	Die Organtheorien im Körperschaftsteuerrecht, in DStZ A 1965, 17
Hüchting, Hans-Jochen	Abfindung und Ausgleich im aktienrechtlichen Beherrschungsvertrag, Köln 1972
Hüffer, Uwe	Kommentar zum Aktiengesetz; 6. Auflage, München 2008

Hüffer, Uwe	Dividendenabhängige Vorstandstantiemen nach der Begründung von Gewinnabführungspflichten, in Festschrift für Heinrich Wilhelm Kruse, Köln 2001, Seite 651 ff. zitiert: Hüffer, in FS Kruse
Janssen, Bernhard	Neues zur Beschränkung des Verlustabzugs gemäß § 8 Abs. 4 KStG, in DStZ 2005, 856
Jonas, Bernd	Ausgewählte Steuerfragen zur Organschaft, in StbJB 1996/97, 99
Jung, Peter/ Dern, Marco/ Wartenberg, Barbara	Die schädliche Einlagenrückgewähr nach § 22 Abs. 1 Satz 6 Nr. 3 UmwStG bei fomwechselnder Umwandlung einer Personengesellschaft in eine Kapitalgesellschaft – ein Damoklesschwert des Umwandlungssteuerrechts?, in BB-Special 1.2010, 26
Jurkat, Werner	Die Organschaft im Körperschaftsteuerrecht, Heidelberg 1975
Jurkat, Werner	Zur Einkommenzurechnung bei körperschaftsteuerlicher Organschaft, in BB 1970, 525
Kanzler, Hans-Joachim/ Nacke, Alois Th.	Steuerrecht aktuell – Spezial Steuergesetzgebung 2007/2008, Herne 2008 zitiert: Bearbeiter, in Kanzler/Nacke, Steuergesetzgebung 2007/2008
Kessler, Wofgang/ Kröner, Michael/ Köhler, Stefan	Konzernsteuerrecht, 2. Auflage, München 2008 zitiert: Bearbeiter, in Kessler/Kröner/Köhler, Konzernsteuerrecht
Kirchhof, Paul	Einkommensteuergesetz, Kompaktkommentar, 8. Auflage, Heidelberg 2008 zitiert: Bearbeiter, in Kirchhof, EStG
Kirchhof, Paul/ Söhn, Hartmut/ Mellinghoff, Rudolf	Kommentar zum Einkommensteuergesetz, Heidelberg, Stand: Juni 2009 zitiert: Bearbeiter, in Kirchhof/Söhn, EStG

Kolbe, Stefan	Mehr- oder Minderabführungen in organschaftlicher Zeit – Die Neuregelung des § 14 Abs. 4 KStG, in StuB 2008, 293
Krebs, Hans-Joachim	Die Höhe des Ausgleichspostens bei steuerlicher Organschaft, in BB 1996, 1301
Krebs, Hans-Joachim	Zum aktiven Ausgleichsposten bei körperschaftsteuerlicher Organschaft, in FR 1996, 857
Krebs, Hans-Joachim	Die erstragsteuerliche Organschaft – Überlegungen vor dem Hintergrund des Berichts der Bundesregierung zur Fortentwicklung des Unternehmenssteuerrechts, in BB 2001, 2029
Krebühl, Hans-Herbert	Zur Reform und Reformnotwendigkeit der deutschen Konzernbesteuerung, DStR 2001, 1730
Krebühl, Hans-Herbert	Besteuerung der Organschaft im neuen Unternehmenssteuerrecht, in DStR 2002, 1241
Kreutziger, Stefan/ Lindberg, Klaus/ Schaffner, Margit	Bewertungsgesetz Kommentar, München 2002 zitiert: Bearbeiter, in Kreutziger/Lindberg/Schaffner, BewG
Krinninger, Markus/ Helm, Markus T.	Vororganschaftlich verursachte Mehr- und Minderabführungen – Die Neuregelung in § 14 Abs. 3 KStG, in BB 2005, 1191
Kröner, Ilse/ Bolik, Andreas/ Gageur, Patrick	Stolpert die Organschaft über das BilMoG?, in Ubg 2010, 237
Krollmann, Heinz	Die Steuerpflicht von Veräußerungsgewinnen bei Organschaft, in GmbHR 1961, 88

Kropff, Bruno/ Semler, Johannes	Münchener Kommentar zum Aktiengesetz: Band 8, 2. Auflage, München 2000 zitiert: Bearbeiter, in Münchener Kommentar, AktG
Kuhn, Ramon/ Reiß Wolfram	Organschaftliche Ausgleichsposten unter dem Regime des Halbeinkünfteverfahrens, in StuB 2004, 753
Kußmaul, Heinz/ Richter, Lutz	Der aktive und passive Ausgleichsposten in körperschaftsteuerlichen Organschaftsfällen, in DStR 1999, 1717
Kußmaul, Heinz/ Richter, Lutz	Ertragsteuerliche Organschaft: Entwicklungstendenzen bei der steuerlichen Berücksichtigung von Minder- und Mehrabführungen ohne und mit Bezug zur außerorganschaftlichen Zeit, in BB 2007, 1256
Küting, Karlheinz/ Reuter, Michael	Bilanzierung eigener Anteile nach dem BilMoG-RegE, in StuB 2008, 495
Küting Karlheinz/ Reuter, Michael	Abbildung von eigenen Anteilen nach dem Entwurf des BilMoG Auswirkungen in der Bilanzierungs- und Bilanzanalysepraxis, in BB 2008, 658
Lademann	Kommentar zum Körperschaftsteuergesetz, Stuttgart, Stand: März 2009 zitiert: Bearbeiter, in Lademann, KStG
Lang, Bianca	Ausgleichsposten für Mehr-/Minderabführungen in organschaftlicher Zeit, in NWB 2009, 118
Lang, Joachim	Verfassungsrechtliche Zulässigkeit rückwirkender Steuergesetze, in WPg 1998, 163
Lang, Joachim	Personengesellschaften im Steuerrecht, 7. Auflage, Herne 2008 zitiert: Bearbeiter, in Lang, Personengesellschaften im Steuerrecht

Ley, Ursula	Tarifbegünstigung für nicht entnommene Gewinne gemäß § 34a EStG – Eine erste Analyse ausgewählter Teile des im Entwurf vorliegenden BMF-Schreibens, in Ubg 2008, 13
Ley, Ursula	Die steuerliche Behandlung des Verkaufs von Anteilen an Personengesellschaften – ein steuerliches up-date, in Festschrift für Harald Schaumburg, Köln 2009, Seite 423 ff. zitiert: Ley, in FS Schaumburg
Ley, Ursula/ Brandenberg, Bernwart	Unternehmensteuerreform 2008: Thesaurierung und Nachversteuerung bei Personenunternehmen, in FR 2007, 1085
Lishaut, Ingo van	Reform der Konzernbesteuerung, in FR 2009, 1030
Littmann, Eberhard/ Bitz, Horst/ Pust, Hartmut	Kommentar zum Einkommensteuerrecht, Stuttgart, Stand: Mai 2009 zitiert: Bearbeiter, in Littmann/Bitz/Pust, EStG
Lohmann, Burkhard/ Heerdt, Tobias	Außerorganschaftlich verursachte Mehrabführungen nach formwechselnder Umwandlung, in DB 2008, 1937
Loos, Gerold	Abführung vorvertraglicher Rücklagen und Bildung passiver Ausgleichsposten nach dem Organschaftserlaß, in DB 1972, 1356
Loos, Gerold	Ergebnisabführungsverträge im Körperschaftsteuerrecht Abführung vorvertraglicher Rücklagen – Schachtelprivileg und Wertansatz der Beteiligung, in BB 1963, 1251
Maas, Ernst	Steuerlich unzulässige stille Rücklagen bei Organschaft, in GmbHR 1961, 187
Maunz, Theodor/ Dürig, Günter	Grundgesetz Kommentar, 53. Auflage, München 2009 zitiert: Bearbeiter, in Maunz/Dürig, GG

Mayer, Stefan	Steuerliche Behandlung eigener Anteile nach dem BilMoG, in Ubg 2008, 779
Meilicke, Wienand	Die Berechnung der Ausgleichszahlung nach § 304 II 1 AktG, in DB 1974, 417
Meilicke, Wienand	Erste Probleme mit § 8a des Körperschaftsteuergesetzes, in BB 1994, 117
Meining, Steffen	Mehrabführungen anlässlich der Verschmelzung einer Tochtergesellschaft auf ihre Mutterorgangesellschaft, in BB 2009, 1444
Meining, Steffen	Mehr- bzw. Minderabführungen in der körperschaftsteuerlichen Organschaft, Aachen 2008
Mensching, Oliver/ Bauer, Andreas F.	Die geplante Neufassung des § 8a KStG: Auswirkungen auf Finanzierungsstrukturen und Unternehmenskauf, in BB 2003, 2429
Mössner, Manfred/ Seeger, Siegbert F.	Körperschaftsteuerkommentar, Herne, Stand: Januar 2009 zitiert: Bearbeiter, in Mössner/Seeger, KStG
Mückl, Norbert/ Remplik, Alexander	Die neue Sanierungsklausel gem. § 8c Abs. 1a KStG n.F., in FR 2009, 689
Müller, Thomas/ Stöcker, Ernst E.	Die Organschaft, 7. Auflage, Herne 2008
Müller-Gatermann, Gert	Überlegungen zur Änderung der Organschaftsbesteuerung, in Festschrift für Wolfgang Ritter, Köln 1997, S. 457 – 473 zitiert: Müller-Gatermann, in FS Ritter
Nagel, Christian/ Thies, Björn	Steuerliche Behandlung der Schlußauflösung von organschaftlichen Ausgleichsposten bei Kapitalgesellschaften, in GmbHR 2004, 35

Neumann, Ralf/ Stimpel, Thomas — Zweifelsfragen zu den Steuerfolgen von § 8a KStG n.F. bei Kapital- und Personengesellschaften im Inland, in GmbHR 2004, 392

Neumann, Ralf/ Stimpel, Thomas — Wesentliche Änderungen für Kapitalgesellschaften und deren Gesellschafter durch das JStG 2008, in GmbHR 2008, 57

Neumann, Ralf/ Stimpel, Thomas — Die Sanierungsklausel in § 8c KStG – erste Überlegungen, in Der Konzern 2009, 409

Neumann, Steffen — Mehr- und Minderabführungen – ein altes Thema mit immer wieder neuen Fragestellungen, in Ubg 2010, 673

Oesterwinter, Petra/ Pellmann, Eva — Zweifelsfragen zur schädlichen Einlagenrückgewähr nach § 22 Abs. 1 S. 6 Nr. 3 UmwStG – Dringender Klarstellungsbedarf insbesondere bei Einbringungen in Organgesellschaften, in BB 2008, 2769

Paltizsch, Werner — Der besondere Ausgleichsposten beim Organträger nach der KSt-Reform, in StBp 1978, 181

Pelka, Jürgen/ Niemann, Walter — Beck'sches Steuerberater-Handbuch 2008/2009, 12. Auflage, München 2008 zitiert: Bearbeiter, in Beck'sches Steuerberater-Handbuch 2008/2009

Pfaar, Michael/ Welke, Gernot — Verschmelzungen und Spaltungen auf Organgesellschaften – Auswirkungen von Mehr- und Minderabführungen an den Organträger durch steuerneutrales Übernahmeergebnis, in GmbHR 2002, 516

Pohl, Carsten — Thesaurierungsbegünstigung nach § 34a EStG in Organschaftsfällen, in DB 2008, 84

Prinz, Ulrich/ Freeden, Arne von — Erwerb eigener Anteile als Ausschüttungsalternative bei einer Kapitalgesellschaft, in FR 2005, 533

Reiß, Wolfram	Steuerliche Einkommenszurechnung, handelsrechtliche Gewinnabführung und steuerliche Ausgleichsposten im Rahmen der Organschaft – München locuta, causa finita?, in Der Konzern 2008, 9
Reiß, Wolfram	Organschaftliche Ausgleichsposten unter dem Regime des Halbeinkünfteverfahrens – Ausgewählte Einzelfragen, in StuB 2004, 812
Rouenhoff, Andre	Keine Auswirkung von passiven Ausgleichsposten auf ergebnisneutrale Verschmelzungen, in DStR 2005, 1636
Richter, Lutz	Die Auswirkungen des § 8b KStG i.d.F. des „Korb II-Gesetzes" auf (die Vorteilhaftigkeit) von Organschaftskonzernstrukturen, in GmbHR 2004, 1192
Rödder, Thomas	Unternehmensteuerreformgesetz 2008, in DStR 2007, Beilage zu Heft 40, Seite 1
Rödder, Thomas	Steuerfreie Beteiligungserträge der Organgesellschaft, in Herzig, Organschaft (Festschrift für Jochen Thiel), Stuttgart 2003, Seite 143 zitiert: Rödder, in Herzig, Organschaft
Rödder, Thomas	Vororganschaftlich verursachte Mehrabführungen i.S. des § 14 Abs. 3 KStG n.F., in DStR 2005, 217
Rödder, Thomas/ Herlinghaus, Andreas/ Lishaut, Ingo van	Kommentar zum Umwandlungssteuergesetz, Köln 2007 zitiert: Bearbeiter, in Rödder/Herlinghaus/van Lishaut, UmwStG
Rödder, Thomas/ Stangl, Ingo	Einbringungsgewinn I: „Automatische" schädliche Einlagenrückgewähr bei Organschaft?, in Ubg 2008, 39

Rödder, Thomas/ Schumacher, Andreas	Unternehmenssteuerfortentwicklungsgesetz: Wesentliche Änderungen des verkündeten Gesetzes gegenüber dem Regierungsentwurf, in DStR 2002, 105
Rödder, Thomas/ Schumacher, Andreas	Das kommende SEStEG – Teil II: Das geplante neue Umwandlungssteuergesetz – Der Regierungsentwurf eines Gesetzes über steuerliche Begleitmaßnahmen zur Einführung der Europäischen Gesellschaft und zur Änderung weiterer steuerlicher Vorschriften, in DStR 2006, 1525
Rödder, Thomas/ Schumacher, Andreas	Das BMF-Schreiben zu § 8b KStG, in DStR 2003, 909
Rodewald, Jörg/ Pohl, Matthias	Neuregelung des Erwerbs von eigenen Anteilen durch die GmbH im Bilanzrechtsmodernisierungsgesetz (BilMoG) – Möglichkeit einer vereinfachten Kapitalherabsetzung oder (nur) verminderte Aussagekraft der Bilanz?, in GmbHR 2009, 32
Rogall, Matthias	Thesaurierungsbegünstigung – Regelungslücken bei der Organschaft und der doppelstöckigen Personengesellschaft, in DStR 2008, 429
Rose, Gerd	Rücklagen – Veränderungen und steuerliche Ergebnisdifferenzen im Rahmen organschaftlicher Ergebnisabführungsvereinbarungen – Teil I und II, in DB 1966, 515 und 556
Schaumburg, Harald/ Rödder, Thomas	Unternehmensteuerreform 2008, München 2007 zitiert: Bearbeiter, in Schaumburg/Rödder, Unternehmensteuerreform 2008
Schaumburg, Heide	Rückwirkung und Planungssicherheit im Steuerrecht – Ein Plädoyer für einen dispositionsbezogenen Rückwirkungsbegriff und mehr Vertrauensschutz, in DB 2000, 1884

Schiffers, Joachim	Anmerkungen zum Anwendungsschreiben zur Begünstigung der nicht entnommenen Gewinne nach § 34a EStG, in DStR 2008, 1805
Schiffers, Joachim	Unternehmensteuerreform 2008: Sondertarif für nicht entnommene Gewinne nach § 34a EStG – Fluch oder Segen?, in GmbHR 2007, 841
Schlotter, Carsten	Teilwertabschreibung und Wertaufholung zwischen Steuerbilanz und Verfassungsrecht, Köln 2005
Schmidt, Ludwig	Kommentar zum Einkommensteuergesetz, 28. Auflage, München 2009 zitiert: Bearbeiter, in Schmidt, EStG
Schmidt, Rolf	Abbau der einkommensteuerlichen Förderung von Handelsschiffen verfassungsgemäß – zugleich Anmerkung zum Beschluss des BVerfG vom 3.12.1997 2 BvR 882/97, in DB 1998, 1199
Schmitt, Joachim/ Hörtnagl, Robert/ Stratz, Rolf-Christian	Kommentar zum Umwandlungsgesetz und Umwandlungs-steuergesetz, 5. Auflage, München 2009 zitiert: Schmitt/Hörtnagl/Stratz, UmwStG
Schneider, Norbert/ Hinz, Wiebke	Verunglückte Organschaften – Ursachen und Heilungsmöglichkeiten, in Ubg 2009, 738
Schröder, Siegfried	Der besondere Ausgleichsposten in der Steuerbilanz des Organträgers, in StBp 1975, 149 und 176
Schröder, Siegfried	Körperschaftsteuerrechtliche Behandlung vorvertraglicher versteuerter stiller Rücklagen von Organgesellschaften, in StBp 1986, 269
Schultes-Schnitzlein, Stefan/ Keese, Christian	Steuersatzermäßigung für Personengesellschaften – Neue Aspekte für die Rechtsformwahl, in NWB Fach 3, 14683

Schumacher, Andreas	Übertragung von Beteiligungen an Organgesellschaften und die "vororganschaftliche Zeit" im Sinne des § 14 Abs. 3 KStG, in DStR 2006, 310
Schumacher, Andreas	Mehr- und Minderabführungen i.S.d. § 14 Abs. 3 und 4 KStG im Rahmen von Umwandlungen, in Festschrift für Harald Schaumburg, Köln 2009, Seite 477 ff. zitiert: Schumacher, in FS Schaumburg
Schumacher, Andreas	Ausgleichszahlungen an außenstehende Anteilseigner, in Herzig (Hrsg.), Organschaft (Festschrift für Jochen Thiel), Stuttgart 2003, Seite 193 ff. zitiert: Schumacher, in Herzig, Organschaft
Schumacher, Andreas/ Neumann, Ralf	Ausgewählte Zweifelsfragen zur Auf- und Abspaltung von Kapitalgesellschaften und Einbringung von Unternehmensteilen in Kapitalgesellschaften, in DStR 2008, 325
Schumann, Tina/ Kempf, Andreas	Vororganschaftliche Mehr-/Minderabführungen: Definitionsversuch und Analyse der Rechtsfolgen, in FR 2006, 219
Schwetlik, Harald	Handelsrechtlicher step-up bei Einbringungen in Organgesellschaften, in GmbHR 2009, 1307
Sedemund, Jan	Ungelöste Fragen bei vor- und innerorganschaftlichen Mehr- und Minderabführungen, in DB 2010, 1255
Seer, Roman/ Drüen, Klaus-Dieter	Der rückwirkende Steuerzugriff auf private Veräußerungsgewinne bei hergestellten Gebäuden auf dem verfassungsrechtlichen Prüfstand – Die Reduktion des § 23 Abs. 1 Satz 1 Nr. 1 Satz 2 EStG als Beispiel für verfassungsgebotenen Rückwirkungsschutz, in FR 2006, 661
Semler, Johannes/ Stengel, Arndt	Umwandlungsgesetz mit Spruchverfahrensgesetz, 2. Auflage, München 2007 zitiert:Bearbeiter, in Semler/Stengel, UmwG

Söffing, Matthias/ Worgulla, Niels — Außerbilanzielle Hinzurechnungen sind ausgeschlossen – Gewinnbegriff des § 34a EStG, in NWB 2009, 841

Spindler, Wolfgang — Verfassungsrechtliche Grenzen einer Rückwirkung von Steuergesetzen, in DStR 1998, 953

Stadler, Rainer/ Bindl, Elmar — Das unverzinsliche Darlehen in der Konzernsteuerplanung, in DB 2010, 862

Starke, Peter — Anpassung der Handelsbilanz an die Steuerbilanz bei körperschaftsteuerlicher Organschaft, in DB 1996, 1490

Strahl, Martin — Beratungsrelevante Aspekte rund um das JStG 2008, in KÖSDI 2008, 15896

Streck, Michael — Körperschaftsteuergesetz mit Nebengesetzen, 7. Auflage, München 2008 zitiert: Bearbeiter, in Streck, KStG

Suchanek, Markus — Neues zu vororganschaftlich verursachten Mehr- und Minderabführungen, in INF 2005, 21

Suchanek, Markus/ Herbst, Christian — Ausgleichsposten bei Organschaft nach dem JStG 2008: Unzulässige Rückbewirkung der Rechtsfolgen des § 14 Abs. 4 KStG durch die Anwendungsvorschrift, in FR 2008, 112

Teiche, Andreas — Maßgeblichkeit von Umwandlungen – trotz SEStEG?, in DStR 2008, 1757

Tesdorpf, Werner — Besondere Ausgleichsposten bei der Organschaft, in BB 1973, 1575

Tesdorpf, Werner — Rücklagen, Ausgleichsposten und verwendbares Eigenkapital bei der körperschaftsteuerlichen Organschaft, in StBp 1981, 82

Tesdorpf, Werner	Die Änderungen des Bewertungsgesetzes und des Vermögensteuergesetzes im Steueränderungsgesetz 1992, in DStR 1979, 524
Teß, Wolfgang	Die Änderungen des Bewertungsgesetzes und des Vermögensteuergesetzes im Steueränderungsgesetz 1992, in BB 1992, 1692
Thiel, Jochen	Nach 50 Jahren immer noch aktuell: Die besonderen Ausgleichsposten in der Steuerbilanz des Organträgers, in Festschrift für Joachim Lang, Köln 2010, S. 755 ff. zitiert: Jochen Thiel, in FS Lang
Thiel, Jochen	Probleme beim Übergang vom Halbeinkünfteverfahren zur Organschaft – Mehr- und Minderabführungen nach § 14 Abs. 3 KStG, in Festschrift für Arndt Raupach, Köln 2006, Seite 543 ff. zitiert: Jochen Thiel, in FS Raupach
Thiel, Jochen	Europäisierung des Umwandlungssteuerrechts: Grundprobleme der Verschmelzung, in DB 2005, 2316
Thiel, Rudolf	Die Überführung von Rücklagen vom Organ auf den Organträger, in BB 1960, 735
Thiel, Rudolf	Grundsätzliche Probleme des Körperschaftsteuerrechts, in StbJb 1961/62, 199
Thiel, Rudolf	Ein Grundsatzurteil des Bundesfinanzhofes zur körperschaftsteuerlichen Organschaft, in BB 1965, 743
Tipke, Klaus/ Kruse, Wilhelm	Kommentar zur Abgabenordnung und Finanzgerichtsordnung, Köln, Stand: Juni 2009 zitiert: Bearbeiter, in Tipke/Kruse, AO
Tipke, Klaus/ Lang, Joachim	Steuerrecht, 20. Auflage, Köln 2010 zitiert: Bearbeiter, in Tipke/Lang, Steurrecht

Trossen, Nils	Die neue Sanierungsklausel des § 8c Abs. 1a KStG, in GmbH-StB 2009, 227
Vanselow, Marcus	Mehrstufige Organschaft im kleinen GmbH-Konzern Ausgewählte Steuerrechtsfragen und -antworten anhand typischer Beispiele, in GmbH-StB 2004, 305
Vogel, Thorsten	Zweifelsfragen der Organschaft in Umwandlungsfällen, in Ubg 2010, 618
Voß, Achim	Rücklagenbildung und –auflösung aus Sicht des § 7a KStG, in DStR 1971, 402
Wacker, Roland	Notizen zur Thesaurierungsbegünstigung nach § 34a EStG, in FR 2008, 605
Walter, Wolfgang/ Stümper, Franz-Peter	Bilanzielle Behandlung von vororganschaftlichen BP-Mehrsteuern bei Organgesellschaften, in GmbHR 2003, 825
Wassermeyer, Franz	Können organschaftliche Mehrabführungen Gewinnausschüttungen sein?, in GmbHR 2003, 313
Wassermeyer, Franz	Widersprüchlichkeiten bei der Organschaft, in DStR 2004, 214
Wassermeyer, Franz	§ 8a KStG n.F. und die gescheiterte Rückkehr zur Fiktionstheorie – keine Auswirkung auf Gesellschafterebene, in DStR 2004, 749
Wassermeyer, Franz	Inner- und vororganschaftlich verursachte Mehr- und Minderabführungen, steuerliche Ausgleichsposten, in Herzig (Hrsg.), Organschaft (Festschrift für Jochen Thiel), Stuttgart 2003, Seite 208 ff. zitiert: Wassermeyer, in Herzig, Organschaft
Weber-Grellet, Heinrich	Erfolgsneutrale Auflösung eines passiven Ausgleichspostens – Anmerkungen zum BFH-Urteil vom 7.2.2007 – I R 5/05, in StuB 2007, 623

Weich, Gerhard	Gewinnänderungen durch Betriebsprüfungen von Organgesellschaften mit Gewinnabführung, in StBp 1973, 6
Wendt, Michael	„Meistbegünstigung" des nicht entnommenen Gewinns nach § 34a EStG, in DStR 2009, 406
Widmann, Siegfried/ Mayer, Dieter	Kommentar zum Umwandlungsrecht, Bonn/Berlin, Stand: Mai 2009 zitiert: Bearbeiter, in Widmann/Mayer
Winnefeld, Robert	Bilanz-Handbuch, 4. Auflage, München 2006
Winter, Rolf Arend	Das Schachtelprivileg im Rahmen der körperschaftsteuerlichen Organschaft, in BB 1965, 1306
Witt, Georg	Die Organschaft im Ertragsteuerrecht, Stuttgart 1999
Zöllner, Wolfgang/ Noack, Ulrich	Kölner Kommentar zum Aktiengesetz, Band 6, 3. Auflage, Köln 2004 zitiert: Bearbeiter, in Kölner Kommentar, AktG

Finanz- und Steuerrecht in Deutschland und Europa

Herausgegeben von Klaus-Dieter Drüen, Hanno Kube
und Rainer Wernsmann

Band 1 Gordon Dreher: Das Alterseinkünftegesetz. Systematische Darstellung und verfassungsrechtliche Zweifelsfragen. 2007.

Band 2 Nils Meyer-Sandberg: Die Duale Einkommensteuer als Modell ungleicher Besteuerung von Arbeit und Kapital. 2008.

Band 3 Alexander Pfab: Die Behandlung von Bildungsaufwendungen im deutschen Einkommensteuerrecht. 2008.

Band 4 Christian Johannes Müller: Einnahmeverzicht im Einkommensteuerrecht – insbesondere durch verbilligte Wohnungsüberlassung an nahe Angehörige. 2009.

Band 5 Melanie Falkner: Die Einkunftserzielungsabsicht als subjektives Besteuerungsmerkmal. Eine Analyse subjektiver Tatbestandsmerkmale im Steuerrecht. Zugleich ein Beitrag zur Liebhaberei im Steuerrecht. 2009.

Band 6 Steffen Ott: Die Vertreterbetriebsstätte nach OECD-MA. 2009.

Band 7 Christoph Wagner: Steuergleichheit unter Standortvorbehalt? Verfassungsrechtliche Grenzen einer ungleichen Einkommensbesteuerung von Kapital und Arbeit. 2010.

Band 8 Andreas Goetze: Die Ersetzung der sieben Einkunftsarten des EStG durch eine einzige. Zur Gleichheit aller Erwerbsgrundlagen in einem vereinfachten Steuerrecht. 2010.

Band 9 Hanno Kube: Der bundesstaatliche Finanzausgleich. Verfassungsrechtlicher Rahmen, aktuelle Ausgestaltung, Entwicklungsperspektiven. 2011.

Band 10 Katharina Brauer: Abgrenzung der Lebensmittellieferung von der Restaurationsdienstleistung im Umsatzsteuerrecht. 2011.

Band 11 Marc Schubert: Die Verfassungswidrigkeit der Erbschaft- und Schenkungsteuer und die verfassungsrechtlichen Anforderungen an eine Neuregelung. 2011.

Band 12 Martin Rehberg: Der Zuzug und Wegzug von Kapitalgesellschaften in gesellschafts- und steuerrechtlicher Hinsicht. 2011.

Band 13 Dirk Wünschig: Perspektiven eines europarechtskonformen Gemeinnützigkeits- und Zuwendungsrechts. Eine Untersuchung nach „Stauffer" und „Persche" bei gleichzeitiger Kritik an der Neufassung des Gemeinnützigkeitsrechts nach dem Jahressteuergesetz 2009. 2011.

Band 14 Sebastian Grimm: Die negative Konkurrentenklage im Steuerrecht. 2011.

Band 15 Arne von Freeden: Minder- und Mehrabführungen nach § 14 Abs. 4, § 27 Abs. 6 KStG. Ausgleichspostenlösung und Einlagelösung. 2011.

www.peterlang.de